普通高等教育“十四五”规划教材

# 高级财务会计

陈志勇　黄晶　梁超 / 主编



立信会计出版社
LIXIN ACCOUNTING PUBLISHING HOUSE

**图书在版编目(CIP)数据**

高级财务会计 / 陈志勇，黄晶，梁超主编. -- 上海 ：立信会计出版社，2024. 9. -- ISBN 978-7-5429-7776-2

Ⅰ. F234.4

中国国家版本馆 CIP 数据核字第 2024KK8942 号

策划编辑　赵志梅
责任编辑　赵志梅
美术编辑　吴博闻

**高级财务会计**

GAOJI CAIWU KUAIJI

| | | | |
|---|---|---|---|
| 出版发行 | 立信会计出版社 | | |
| 地　　址 | 上海市中山西路 2230 号 | 邮政编码 | 200235 |
| 电　　话 | (021)64411389 | 传　　真 | (021)64411325 |
| 网　　址 | www.lixinaph.com | 电子邮箱 | lixinaph2019@126.com |
| 网上书店 | http://lixin.jd.com | | http://lxkjcbs.tmall.com |
| 经　　销 | 各地新华书店 | | |

| | | | |
|---|---|---|---|
| 印　　刷 | 常熟市华顺印刷有限公司 | | |
| 开　　本 | 787 毫米×1092 毫米 | 1/16 | |
| 印　　张 | 22 | | |
| 字　　数 | 563 千字 | | |
| 版　　次 | 2024 年 9 月第 1 版 | | |
| 印　　次 | 2024 年 9 月第 1 次 | | |
| 书　　号 | ISBN 978-7-5429-7776-2/F | | |
| 定　　价 | 59.00 元 | | |

# 前 言
FOREWORD

2006年财政部颁布《企业会计准则——基本准则》和38项具体准则后，为与国际会计准则体系趋同，对其进行了大量的补充与修订。2014年、2017年到2022年，财政部先后发布或修订了《企业会计准则第41号——在其他主体中权益的披露》《企业会计准则第42号——持有待售的非流动资产、处置组和终止经营》《企业会计准则第14号——收入》《企业会计准则第16号——政府补助》《企业会计准则第22号——金融工具确认和计量》《企业会计准则第23号——金融资产转移》《企业会计准则第24号——套期会计》《企业会计准则第37号——金融工具列报》《企业会计准则——基本准则》《企业会计准则第7号——非货币性资产交换》《企业会计准则第12号——债务重组》《企业会计准则第21号——租赁》等。我们根据最新的企业会计准则的内容，编写了本教材。

"高级财务会计"是会计学专业的主干课程，是"中级财务会计"课程的延续。本教材主要阐述了非货币性资产交换，债务重组，政府补助，外币折算，企业合并，合并财务报表，每股收益，公允价值计量，股份支付，所得税，租赁，持有待售的非流动资产，处置组和终止经营等内容。教师在教学时可根据本校本专业的教学情况选择本教材中的全部或部分章节。

本教材在编写过程中，力求做到以下几点：

(1) 理论与实践相结合。

(2) 内容与国家相关考试相适应。

(3) 注重学生能力的培养，尤其是职业判断能力的培养。

本教材由上海理工大学陈志勇、黄晶和梁超担任主编，是上海理工大学一流本科系列教材建设项目之一。本教材在编写过程中参阅了全国注册会计师辅导教材《会计》、全国会计专业技术资格考试辅导教材《中级会计实务》，以及最新企业会计准则和应用指南等相关资料，并得到了国家自然科学基金青年项目(72101150)和吉林省哲学社会科学项目2023C30的支持，在此一并表示感谢。

本教材可作为普通高等教育财经类专业的教材，也可作为实务工作者的参考用书。

本教材如有不妥之处，敬请指正，以便再版时修正。

编　者

2024年9月

# 目 录
CONTENTS

# 第一章

# 非货币性资产交换

课程思政

## 本章导读

在会计中，企业获得非货币性资产的方式是用货币性资产换取非货币性资产，即通常所说的用钱购买非货币资产。但在特殊情况下，企业间有可能会出现非货币性资产交换，即所谓的“以物易物”。

非货币性资产交换的会计处理主要解决三个问题：

(1) 如何确定换入资产的价值。因为换入资产或换出资产可能存在公允价值，且其公允价值与账面价值可能并不相同。

(2) 是否要确认损益及如何确认损益。

(3) 在涉及以一换多或者以多换多的交易中，如何将成本在换入的多项资产之间进行分配。

本章根据2019年6月10日施行的《企业会计准则第7号——非货币性资产交换》编写。

## 本章导图

- 非货币性资产交换
  - 非货币性资产交换概述
    - 非货币性资产和非货币性资产交换的概念
    - 非货币性资产交换的认定
    - 非货币性资产交换不涉及的交易或事项
  - 非货币性资产交换的确认和计量
    - 非货币性资产交换的确认原则
    - 非货币性资产交换的计量原则
    - 商业实质的判断
  - 非货币性资产交换的会计处理
    - 以公允价值为基础计量的会计处理
    - 以账面价值为基础计量的会计处理
    - 涉及多项非货币性资产交换的会计处理
  - 非货币性资产交换的相关披露

# 第一节 非货币性资产交换概述

## 一、非货币性资产和非货币性资产交换的概念

### (一) 非货币性资产的概念

资产按未来经济利益流入(表现形式是货币金额)是否固定或可确定,分为货币性资产和非货币性资产。

货币性资产是指企业持有的货币资金和收取固定或可确定金额的货币资金的权利,包括现金、银行存款、应收账款和应收票据等。

非货币性资产是指货币性资产以外的资产,如存货(原材料、包装物、低值易耗品、库存商品等)、固定资产、在建工程、生产性生物资产、无形资产、投资性房地产、长期股权投资等。

非货币性资产是相对于货币性资产而言的。非货币性资产有别于货币性资产的最基本特征是其在将来为企业带来的经济利益(即货币金额)是不固定的或不可确定的。如果资产在将来为企业带来的经济利益(即货币金额)是固定的或可确定的,则该资产是货币性资产;反之,如果资产在将来为企业带来的经济利益(即货币金额)是不固定的或不确定的,则该资产是非货币性资产。

### (二) 非货币性资产交换的概念

非货币性资产交换是指企业主要以固定资产、无形资产、投资性房地产和长期股权投资等非货币性资产进行的交换。该交换不涉及或只涉及少量的货币性资产(即补价)。从非货币性资产交换的定义可以看出,非货币性资产交换具有如下特征:

(1) 非货币性资产交换的交易对象主要是非货币性资产。企业用货币性资产(如现金、银行存款)来交换非货币性资产(如存货、固定资产等)的交易最为普遍,但是在有些情况下,企业为了满足各自生产经营的需要,同时减少货币性资产的流入和流出,而进行非货币性资产交换交易。比如,A 企业需要 B 企业闲置的生产设备,B 企业需要 A 企业闲置的办公楼,双方在货币性资产短缺的情况下,可能会出现非货币性资产交换的交易行为。

(2) 非货币性资产交换是以非货币性资产进行交换的行为。交换通常是指一家企业和另一家企业之间的互惠转让,通过转让,企业以让渡其他资产、劳务或者承担其他义务而取得资产、劳务或偿还负债。非互惠的非货币性资产转让不属于本章所述的非货币性资产交换,如企业捐赠非货币性资产等。

(3) 非货币性资产交换一般不涉及货币性资产,但有时也可能涉及少量的货币性资产。

通常情况下,交易双方对于某项交易是否为非货币性资产交换的判断是一致的。需要注意的是,对非货币性资产交换进行判断,企业应从自身的角度,根据交易的实质判断相关交易是否属于本章定义的非货币性资产交换,不应基于交易双方的情况进行判断。例如,投资方以一项固定资产出资取得对被投资方的权益性投资,对投资方来说,换出资产为固定资产,换入资产为长期股权投资,属于非货币性资产交换;对于被投资方来说,虽取得了实物资产,但属于接受权益性投资,不属于非货币性资产交换。

## 二、非货币性资产交换的认定

非货币性资产交换一般不涉及货币性资产，或只涉及少量货币性资产，即补价。

《企业会计准则第 7 号——非货币性资产交换》规定，认定涉及少量货币性资产的交换为非货币性资产交换，通常以补价占整个资产交换金额的比例是否低于 25%作为参考比例。具体来说，从收到补价的企业来看，收到补价的公允价值占换出资产公允价值（或占换入资产公允价值和收到的货币性资产之和）的比例低于 25%的，视为非货币性资产交换；从支付补价的企业来看，支付的货币性资产占换出资产公允价值与支付的补价的公允价值之和（或占换入资产公允价值）的比例低于 25%的，视为非货币性资产交换；如果上述比例高于 25%（含 25%），则不视为非货币性资产交换，适用《企业会计准则第 14 号——收入》等相关准则的规定。

## 三、非货币性资产交换不涉及的交易或事项

《企业会计准则第 7 号——非货币性资产交换》属于劣后准则，即交易或事项如涉及其他准则的非货币性资产交换先适用其他准则，因此本章所指非货币性资产交换不涉及以下交易或事项。

1. 换出资产为存货的非货币性资产交换

企业以存货换取客户的非货币性资产（如固定资产、无形资产等）的，换出存货的企业相关的会计处理适用《企业会计准则第 14 号——收入》。

2. 非货币性资产交换涉及的企业合并

非货币性资产交换中涉及企业合并的，适用《企业会计准则第 20 号——企业合并》《企业会计准则第 2 号——长期股权投资》和《企业会计准则第 33 号——合并财务报表》。

3. 非货币性资产交换涉及的金融资产

非货币性资产交换涉及由《企业会计准则第 22 号——金融工具确认和计量》规范的金融资产的，金融资产的确认、终止确认和计量适用《企业会计准则第 22 号——金融工具确认和计量》和《企业会计准则第 23 号——金融资产转移》。

4. 非货币性资产交换涉及的使用权资产或应收融资租赁款等

非货币资产交换中涉及由《企业会计准则第 21 号——租赁》规范的使用权资产或应收融资租赁款等的，相关资产的确认、终止确认和计量适用《企业会计准则第 21 号——租赁》。

5. 非货币性资产交换构成的权益性交易

非货币性资产交换的一方直接或间接对另一方持股且以股东身份进行交易，或者非货币性资产交换的双方均受同一方或相同的多方最终控制，且该非货币性资产交换的交易实质是交换的一方向另一方进行了权益性分配，或交换的一方接受了另一方的权益性投入，应当适用权益性交易的有关会计处理规定。

例如，集团重组中发生的非货币性资产划拨、划转行为，在股东或最终控制方的安排下，企业无代价或以明显不公平的代价将非货币性资产转让给其他企业，或接受其他企业的非货币性资产，该类转让的实质是企业进行了权益性分配或接受了权益性投入，不适用本章所述的非货币性资产交换会计处理，应当适用权益性交易的有关会计处理规定。企业应当遵循实质重于形式的原则，判断非货币性资产交换是否构成权益性交易。

6. 其他不适用《企业会计准则第 7 号——非货币性资产交换》的交易或事项

其他不适用《企业会计准则第 7 号——非货币性资产交换》的交易或事项如下：

(1) 企业从政府无偿取得非货币性资产(比如，政府无偿提供非货币性资产给企业建造固定资产等)的，适用《企业会计准则第 16 号——政府补助》。

(2) 企业将非流动资产或处置组分配给所有者的，适用《企业会计准则第 42 号——持有待售的非流动资产、处置组和终止经营》。

(3) 企业以非货币性资产向职工发放非货币性福利的，适用《企业会计准则第 9 号——职工薪酬》。

(4) 企业以发行股票形式取得的非货币性资产，相当于以权益工具换入非货币性资产，其成本确定适用相关资产准则。

(5) 企业用于非货币性资产交换的非货币性资产应当符合资产的定义并满足资产的确认条件，且作为资产列报于企业的资产负债表上。因此，企业用于交换的资产目前尚未列报于资产负债表上，或不存在或尚不属于本企业的，适用其他相关会计准则。

## 第二节　非货币性资产交换的确认和计量

### 一、非货币性资产交换的确认原则

企业应当分别按照下列原则对非货币性资产交换中的换入资产进行确认，对换出资产终止确认：

(1) 对于换入资产，应当在其符合资产定义并满足资产确认条件时予以确认。

(2) 对于换出资产，应当在其满足资产终止确认条件时终止确认。

例如，某企业在非货币性资产交换中的换入资产或换出资产均为固定资产，按照《企业会计准则第 4 号——固定资产》和《企业会计准则第 14 号——收入》的规定，换入的固定资产应当在与该固定资产有关的经济利益很可能流入企业，且成本能够可靠地计量时确认；换出的固定资产应当以换入企业取得该固定资产控制权时点作为处置时点终止确认。

非货币性资产交换中的资产应当符合资产的定义并满足资产的确认条件，且作为资产列报于企业的资产负债表上。因此，在通常情况下，换入资产的确认时点与换出资产的终止确认时点应当相同或相近。然而在会计实务中，资产控制权转移所必需的运输或转移程序等方面的原因(如资产运输至对方地点所需的合理运输时间、办理股权或房产过户手续等)，可能导致换入资产满足确认条件的时点与换出资产满足终止确认条件的时点存在短暂不一致，企业可以按照重要性原则，在换入资产满足确认条件和换出资产满足终止确认条件孰晚的时点进行会计处理。在换入资产的确认时点与换出资产的终止确认时点存在不一致的情形下，在资产负债表日，企业应当按照下列原则进行会计处理：

(1) 换入资产满足资产确认条件，换出资产尚未满足终止确认条件的，在确认换入资产的同时，将交付换出资产的义务确认为一项负债，如其他应付款。

(2) 换入资产尚未满足资产确认条件，换出资产满足终止确认条件的，在终止确认换出资产的同时，将取得换入资产的权利确认为一项资产，如其他应收款。

## 二、非货币性资产交换的计量原则

非货币性资产交换的计量基础有公允价值与账面价值两种。其适用情形不同,相应的计量原则也不同。

**(一) 以公允价值为基础计量**

非货币性资产交换同时满足下列两个条件的,应当以公允价值和应支付的相关税费作为换入资产的成本,公允价值与换出资产账面价值的差额计入当期损益:

(1) 该项交换具有商业实质。

(2) 换入资产或换出资产的公允价值能够可靠地计量。

换入资产和换出资产公允价值均能够可靠计量的,应当以换出资产公允价值作为确定换入资产成本的基础。一般来说,取得资产的成本应当按照所放弃资产的对价来确定,在非货币性资产交换中,换出资产就是放弃的对价。如果其公允价值能够可靠确定,应当优先考虑按照换出资产的公允价值作为确定换入资产成本的基础;如果有确凿证据表明换入资产的公允价值更加可靠,应当以换入资产公允价值为基础确定换入资产的成本。

对于非货币资产交换中换入资产和换出资产的公允价值均能够可靠计量的情形,企业在判断是否有确凿证据表明换入资产的公允价值更加可靠时,应当考虑确定公允价值所使用的输入值层次,企业可以参考以下情况:第一层次输入值为公允价值提供了最可靠的证据,第二层次直接或间接可观察的输入值比第三层次不可观察输入值为公允价值提供更确凿的证据。在会计实务中,在考虑了补价因素的调整后,正常交易中换入资产和换出资产的公允价值通常是一致的。

**(二) 以账面价值为基础计量**

不具有商业实质或交换涉及资产的公允价值均不能可靠计量的非货币性资产交换,应当按照换出资产的账面价值和应支付的相关税费,作为换入资产的成本,无论是否支付补价,均不确认损益;收到或支付的补价作为确定换入资产成本的调整因素。

## 三、商业实质的判断

非货币性资产交换具有商业实质,是能够以公允价值为基础计量的重要条件之一。

在确定资产交换是否具有商业实质时,企业应当重点考虑由于发生了该项资产交换预期使企业未来现金流量发生变动的程度,通过比较换出资产和换入资产预计产生的未来现金流量或其现值,确定非货币性资产交换是否具有商业实质。只有当换出资产和换入资产预计未来现金流量或其现值两者之间的差额较大时,才能表明交易的发生使企业经济状况发生了明显改变,非货币性资产交换因而具有商业实质。

**(一) 判断条件**

企业发生的非货币性资产交换,满足下列条件之一的,视为具有商业实质:

第一,换入资产的未来现金流量在风险、时间分布或金额方面与换出资产显著不同。

企业应当对比考虑换入资产与换出资产的未来现金流量在风险、时间分布或金额三个方面,对非货币性资产交换是否具有商业实质进行综合判断。在通常情况下,只要换入资产和换出资产的未来现金流量在其中某个方面存在显著不同,即表明满足商业实质的判断条件。

例如，某企业以对联营企业的投资换入一项设备，对联营企业的投资与设备两者产生现金流量的时间相差较大，则可以判断上述对联营企业投资与固定资产的未来现金流量显著不同，因而该两项资产的交换具有商业实质。又如，A 企业以其用于经营出租的一幢公寓楼，与 B 企业同样用于经营出租的一幢公寓楼进行交换，两幢公寓楼的租期、每期租金总额均相同，但是 A 企业的租户是一家财务及信用状况良好的企业（该企业租用该公寓是给其单身职工居住），B 企业的客户则都是单个租户，相比较而言，A 企业取得租金的风险较小，B 企业由于租给散户，租金的取得依赖于各单个租户的财务和信用状况。因此，两者现金流量流入的风险或不确定性程度存在明显差异，则两幢公寓楼的未来现金流量显著不同，进而可判断该两项资产的交换具有商业实质。

第二，使用换入资产所产生的预计未来现金流量现值与继续使用换出资产所产生的预计未来现金流量现值不同，且其差额与换入资产和换出资产的公允价值相比是重大的。

企业如按照上述第一个条件难以判断某项非货币性资产交换是否具有商业实质，即可根据第二个条件，通过计算换入资产和换出资产的预计未来现金流量现值，进行比较后作出判断。资产预计未来现金流量现值，应当按照资产在持续使用过程和最终处置时预计产生的税后未来现金流量（使用企业自身的所得税税率），根据企业自身而不是市场参与者对资产特定风险的评价，选择恰当的折现率对预计未来现金流量折现后的金额加以确定，以体现资产对企业自身的特定价值。

从市场参与者的角度分析，换入资产和换出资产预计未来现金流量在风险、时间分布或金额方面可能相同或相似，但是，鉴于换入资产的性质和经营活动的特征等因素，换入资产与换入企业其他现有资产相结合，能够比换出资产产生更大的效益，使换入企业受该换入资产影响的经营活动部分产生的现金流量，与换出资产明显不同，即换入资产对换入企业的使用价值与换出资产对该企业的使用价值明显不同，使换入资产预计未来现金流量现值与换出资产发生明显差异，则表明交换具有商业实质。

例如，某企业以一项专利权换入另一企业拥有的长期股权投资，假定从市场参与者来看，该项专利权与该项长期股权投资的公允价值相同，两项资产未来现金流量的风险、时间分布或金额亦相同。但是，对换入企业来讲，换入该项长期股权投资使该企业对被投资方由重大影响变为控制关系，从而对换入企业产生的预计未来现金流量现值与换出的专利权有较大差异；另一企业换入的专利权能够解决生产中的技术难题，从而对换入企业产生的预计未来现金流量现值与换出的长期股权投资有明显差异，因而该交换具有商业实质。

**（二）交换涉及的资产类别与商业实质的关系**

企业在判断非货币性资产交换是否具有商业实质时，还可以从资产是否属于同一类别进行分析。

（1）一般来说，不同类非货币性资产产生的未来现金流量的风险、时间分布或金额存在差异，因而不同类非货币性资产之间的交换是否具有商业实质，通常较易判断。

不同类非货币性资产是指在资产负债表中列示为不同报表项目的资产，如固定资产、投资性房地产、生物资产、长期股权投资、无形资产等都是不同类别的非货币性资产。例如，企业以一项用于出租的投资性房地产交换一项固定资产自用，属于不同类非货币性资产交换。在这种情况下，企业将未来现金流量由每期产生的租金流，转化为该项资产独立产生或包括该项资产的资产组协同产生的现金流。在通常情况下，由定期租金带来的现金流量与用于生产经营的固定资产产生的现金流量的风险、时间分布或金额存在差异，因此，该两项资产的交换具有商业实质。

（2）同类非货币性资产交换是否具有商业实质，通常较难判断，需要根据上述两项判断条件作出综合判断。

企业应当重点关注的是换入资产和换出资产为同类资产的情况，同类资产产生的未来现金流量既可能相同，也可能显著不同，其之间的交换因而可能具有商业实质，也可能不具有商业实质。比如，A 企业将自己拥有一幢建筑物，与 B 企业拥有的在同一地点的另一幢建筑物相交换，两幢建筑物的建造时间、建造成本等均相同，但两者未来现金流量的风险、时间分布或金额可能显著不同。

## 第三节　非货币性资产交换的会计处理

### 一、以公允价值为基础计量的会计处理

非货币性资产交换具有商业实质且公允价值能够可靠计量的，应当以换出资产的公允价值和应支付的相关税费作为换入资产的成本，除非有确凿证据表明换入资产的公允价值比换出资产的公允价值更加可靠。其中，计入换入资产的应支付的相关税费应当符合相关企业会计准则对资产初始计量成本的规定，换入资产为存货的，包括相关税费、使该资产达到目前场所和状态所发生的运输费、装卸费、保险费及可归属于该资产的其他成本；换入资产为固定资产的，包括相关税费、使该资产达到预定可使用状态前所发生的可归属于该资产的运输费、装卸费、安装费和专业人员服务费等。

在以公允价值为基础计量的情况下，不论是否涉及补价，只要换出资产的公允价值与其账面价值不同，就一定会涉及损益的确认，因为换出资产的公允价值与换出资产的账面价值的差额，通常通过非货币性资产交换予以实现。

企业应当在换出资产终止确认时，将换出资产的公允价值与其账面价值之间的差额计入当期损益。换出资产的公允价值不能够可靠计量，或换入资产和换出资产的公允价值均能够可靠计量但有确凿证据表明换入资产的公允价值更加可靠的，应当在终止确认时，将换入资产的公允价值与换出资产的账面价值之间的差额计入当期损益。

非货币性资产交换的会计处理，视换出资产的类别不同而有所区别：

（1）换出资产为固定资产、在建工程、生产性生物资产、无形资产的，换出资产的公允价值和换出资产的账面价值的差额，计入资产处置损益。

（2）换出资产为长期股权投资的，换出资产的公允价值和换出资产的账面价值的差额，计入投资收益。

（3）换出资产为投资性房地产的，按换出资产的公允价值或换入资产的公允价值确认其他业务收入，按换出资产的账面价值结转其他业务成本，两者之间的差额计入当期损益。

换入资产与换出资产涉及相关税费的，按照相关税收规定计算确定。

**（一）不涉及补价的情况**

**【例 1-1】**　甲公司和乙公司均为增值税一般纳税人，适用的增值税税率均为 13%。经

协商，甲公司与乙公司于2×24年1月30日签订资产交换合同，当日生效。合同约定，甲公司以生产经营过程中使用的一台设备与乙公司生产的一批办公家具进行交换，用于交换的设备和办公家具当日的公允价值均为7.5万元。合同签订日即交换日，甲公司设备的账面价值为7.4万元(其中账面原价为10万元，已计提折旧2.6万元)；乙公司办公家具的账面价值为7万元。甲公司将换入的办公家具作为固定资产使用和管理；乙公司将换入的设备作为固定资产使用和管理。甲公司和乙公司开具的增值税专用发票注明的计税价格均为7.5万元，增值税额为9 750元。在交易过程中，甲公司以银行存款支付设备清理费用1 500元。

假设甲公司和乙公司此前均未对上述资产计提减值准备；在整个交易过程中未发生除增值税外的其他税费。

**分析：**在本例中，对甲公司来说，整个资产交换过程没有涉及收付货币性资产，交换的资产为办公家具和设备，属于非货币性资产交换。

对甲公司来说，换入的办公家具虽然也作为固定资产使用和管理，但其未来现金流量通过员工的使用来实现，而换出的设备的未来现金流量通过生产产品并对外销售而产生，两者产生的现金流量的风险、时间和金额存在明显差异，因而交换具有商业实质。同时，两项资产的公允价值都能够可靠地计量，符合以公允价值为基础计量的条件。假设没有确凿证据表明换入资产的公允价值更加可靠，按照《企业会计准则第7号——非货币性资产交换》的规定，甲公司以换出资产的公允价值为基础确定换入资产的成本，并确认换出资产产生的损益。

甲公司的账务处理如下：

| | | |
|---|---|---|
| 借：固定资产清理 | 85 250 | |
| 　　累计折旧 | 26 000 | |
| 　　贷：固定资产——设备 | | 100 000 |
| 　　　　银行存款 | | 1 500 |
| 　　　　应交税费——应交增值税(销项税额) | | 9 750 |
| 借：固定资产——办公家具 | 75 000 | |
| 　　应交税费——应交增值税(进项税额) | 9 750 | |
| 　　资产处置损益 | 500 | |
| 　　贷：固定资产清理 | | 85 250 |

对乙公司来说，相关收入应当按照《企业会计准则第14号——收入》的相关规定进行会计处理。假定换出存货的交易符合该准则规定的收入确认条件。

乙公司的账务处理如下：

| | | |
|---|---|---|
| 借：固定资产——设备 | 75 000 | |
| 　　应交税费——应交增值税(进项税额) | 9 750 | |
| 　　贷：主营业务收入 | | 75 000 |
| 　　　　应交税费——应交增值税(销项税额) | | 9 750 |

同时，乙公司还应将换出存货的成本结转为当期主营业务成本。

**【例1-2】** 2×24年6月15日，甲公司为了提高产品质量，需要乙公司的一项专利权。

经协商，甲公司与乙公司签订合同，甲公司以其持有的对其联营企业丙公司的20%股权作为对价购买乙公司的专利权。合同开始日，甲公司长期股权投资和乙公司专利权的公允价值均为650万元。过户手续于2×24年6月28日完成，专利权被正式转移至甲公司。乙公司取得对丙公司的20%股权后，向丙公司派遣1名董事替代原甲公司派遣的董事，能够对丙公司实施重大影响，丙公司成为乙公司的联营企业。丙公司的股权过户、董事更换、相关董事会决议和章程修订于2×24年6月30日完成并生效。2×24年6月30日，甲公司的长期股权投资的账面价值为630万元(其中，投资成本为670万元，损益调整为－40万元)；乙公司专利权的账面价值为680万元(其中，账面原价为800万元，累计摊销额为120万元)。

假设甲公司和乙公司此前均未对上述资产计提减值准备。丙公司自成立以来未发生其他综合收益变动。整个交易过程未发生相关税费。

**分析：**在本例中，整个资产交换过程没有涉及收付货币性资产，交换的资产为长期股权投资和无形资产，属于非货币性资产交换。

对甲公司来说，换入的专利权能够大幅度改善产品质量，通过生产高质量的产品并对外销售而产生的现金流量，与换出的对丙公司的长期股权投资通过获得股利产生的现金流量相比，其预计未来现金流量的风险、时间和金额均不相同，因而交换具有商业实质；对乙公司来说，换入的对丙公司的长期股权投资，使丙公司成为其联营企业，可通过参与丙公司的财务和经营政策等方式，对其实施重大影响，可从丙公司活动中获取现金流量，与换出的专利权预计产生的未来现金流量的风险、时间和金额均不相同，因而交换具有商业实质。同时，两项资产的公允价值都能够可靠地计量，符合以公允价值为基础计量的条件。假设均没有确凿证据表明换入资产的公允价值更加可靠，按照《企业会计准则第7号——非货币性资产交换》的规定，甲公司和乙公司均以换出资产的公允价值为基础确定换入资产的成本，并确认换出资产产生的损益。

专利权和股权过户等原因导致换入资产和换出资产满足确认条件和终止确认条件的时点存在短暂不一致，甲公司和乙公司按照重要性原则在2×24年6月30日进行会计处理。

甲公司的账务处理如下：

| | | |
|---|---|---|
| 借：无形资产——专利权 | 6 500 000 | |
| 　　长期股权投资——损益调整 | 400 000 | |
| 　　贷：长期股权投资——投资成本 | | 6 700 000 |
| 　　　　投资收益 | | 200 000 |

乙公司的账务处理如下：

| | | |
|---|---|---|
| 借：长期股权投资——投资成本 | 6 500 000 | |
| 　　累计摊销 | 1 200 000 | |
| 　　资产处置损益 | 300 000 | |
| 　　贷：无形资产——专利权 | | 8 000 000 |

### (二) 涉及补价的情况

在以公允价值为基础确定换入资产成本的情况下，发生补价的，支付补价方和收到补价方应当分别以下情况进行处理。

1. 支付补价方

(1) 以换出资产的公允价值为基础计量的，应当以换出资产的公允价值，加上支付补价的公允价值和应支付的相关税费，作为换入资产的成本，换出资产的公允价值与其账面价值之间的差额计入当期损益。

(2) 有确凿证据表明换入资产的公允价值更加可靠的，即以换入资产的公允价值为基础计量的，应当以换入资产的公允价值和应支付的相关税费作为换入资产的初始计量金额，换入资产的公允价值减去支付补价的公允价值，与换出资产账面价值之间的差额计入当期损益。

2. 收到补价方

(1) 以换出资产的公允价值为基础计量的，应当以换出资产的公允价值，减去收到补价的公允价值，加上应支付的相关税费，作为换入资产的成本，换出资产的公允价值与其账面价值之间的差额计入当期损益。

(2) 有确凿证据表明换入资产的公允价值更加可靠的，即以换入资产的公允价值为基础计量的，应当以换入资产的公允价值和应支付的相关税费作为换入资产的初始计量金额，换入资产的公允价值加上收到补价的公允价值，与换出资产账面价值之间的差额计入当期损益。

在涉及补价的情况下，对于支付补价方而言，作为补价的货币性资产构成换入资产所放弃对价的一部分；对于收到补价方而言，作为补价的货币性资产构成换入资产的一部分。

**【例 1-3】** 承[例 1-1]，假设其他条件不变，合同约定甲公司用于交换的设备公允价值为 7.5 万元，乙公司用于交换的办公家具的公允价值为 9 万元，甲公司以银行存款向乙公司支付补价 1.5 万元。甲公司开具的增值税专用发票注明的计税价格为 7.5 万元，增值税额为 9 750 元；乙公司开具的增值税专用发票注明的计税价格为 9 万元，增值税额为 1.17 万元；甲公司以银行存款向乙公司支付增值税差额 1 950 元。

**分析：**本例涉及收付货币性资产，应当计算货币性资产占整个资产交换的比例。对于甲公司来说，支付的货币性资产 1.5 万元占换入资产公允价值 9 万元(或换出资产公允价值 7.5 万元和支付的货币性资产 1.5 万元之和)的比例为 16.67%，小于 25%，属于非货币性资产交换。

甲公司的账务处理如下：

| | | |
|---|---|---|
| 借：固定资产清理 | 85 250 | |
| 　　累计折旧 | 26 000 | |
| 　　贷：固定资产——设备 | | 100 000 |
| 　　　　银行存款 | | 1 500 |
| 　　　　应交税费——应交增值税(销项税额) | | 9 750 |

| | | |
|---|---|---|
| 借：固定资产——办公家具 | 90 000 | |
| 　　应交税费——应交增值税(进项税额) | 11 700 | |
| 　　资产处置损益 | 500 | |
| 　　贷：固定资产清理 | | 85 250 |
| 　　　　银行存款 | | 16 950 |

## 二、以账面价值为基础计量的会计处理

非货币性资产交换不具有商业实质，或者虽然具有商业实质但换入资产和换出资产的公允价值均不能可靠计量的，应当以换出资产的账面价值为基础确定换入资产的成本，无论是否支付补价，均不确认损益。

**（一）不涉及补价的情况**

在以账面价值为基础计量的情况下，对于换入资产，应当以换出资产的账面价值和应支付的相关税费作为换入资产的初始计量金额；对于换出资产，终止确认时不确认损益。

**（二）涉及补价的情况**

对于以账面价值为基础计量的非货币性资产交换，涉及补价的，应当将补价作为确定换入资产初始计量金额的调整因素，分别下列情况进行处理：

(1) 支付补价方：应当以换出资产的账面价值，加上支付补价的账面价值和应支付的相关税费，作为换入资产的初始计量金额，不确认损益。

(2) 收到补价方：应当以换出资产的账面价值，减去收到补价的公允价值，加上应支付的相关税费，作为换入资产的初始计量金额，不确认损益。

**【例 1-4】** 丙公司拥有一台专有设备，该设备的账面原价为 450 万元，已计提折旧 330 万元，丁公司拥有一项长期股权投资，其账面价值为 90 万元，两项资产均未计提减值准备。丙公司决定以其专有设备交换丁公司的长期股权投资，该专有设备是生产某种产品必需的设备。由于专有设备系当时专门制造、性质特殊，其公允价值不能可靠计量；丁公司拥有的长期股权投资的公允价值也不能可靠计量。经双方商定，丁公司支付了 20 万元补价。假定交易不考虑相关税费。

**分析：** 该项资产交换涉及收付货币性资产，即补价 20 万元。对丙公司而言，收到的补价÷换出资产账面价值＝20÷120×100%＝16.7%，小于 25%。该项交换属于非货币性资产交换，丁公司的情况也类似。两项资产的公允价值不能可靠计量，因此丙公司和丁公司换入资产的成本均应当按照换出资产的账面价值确定。

丙公司的账务处理如下：

| | | |
|---|---|---|
| 借：固定资产清理 | 1 200 000 | |
| 　　累计折旧 | 3 300 000 | |
| 　　贷：固定资产——专有设备 | | 4 500 000 |
| 借：长期股权投资 | 1 000 000 | |
| 　　银行存款 | 200 000 | |
| 　　贷：固定资产清理 | | 1 200 000 |

丁公司的账务处理如下：

| | | |
|---|---|---|
| 借：固定资产——专有设备 | 1 100 000 | |
| 　　贷：长期股权投资 | | 900 000 |
| 　　　　银行存款 | | 200 000 |

从本例可以看出，尽管丁公司支付了 20 万元补价，但整个非货币性资产交换是以账面价值为基础计量的，支付补价方和收到补价方均不确认损益。对丙公司而言，换入资产是长

期股权投资和银行存款20万元，换出资产专有设备的账面价值为120万元(450－330)，因此，长期股权投资的成本就是换出设备的账面价值减去货币性资产补价的差额，即100万元(120－20)；对丁公司而言，换出资产是长期股权投资和银行存款20万元，换入资产专有设备的成本等于换出资产的账面价值，即110万元(90＋20)。由此可见，在以账面价值为基础计量的情况下，发生的补价用来调整换入资产的成本，不涉及确认损益问题。

**【例1-5】** 承[例1-1]，假设其他条件不变，合同约定甲公司用于交换的设备的公允价值为7.5万元，乙公司用于交换的办公家具的公允价值为9万元，甲公司以银行存款向乙公司支付补价1.5万元。甲公司开具的增值税专用发票注明的计税价格为7.5万元，增值税额为9 750元；乙公司开具的增值税专用发票注明的计税价格为9万元，增值税额为1.17万元；甲公司以银行存款向乙公司支付增值税差额1 950元。

**分析：** 本例涉及收付货币性资产，应当计算货币性资产占整个资产交换的比例。对于甲公司，支付的货币性资产1.5万元占换入资产公允价值9万元(或换出资产公允价值7.5万元和支付的货币性资产1.5万元之和)的比例为16.67%，小于25%，属于非货币性资产交换。

甲公司的账务处理如下：

| | | |
|---|---|---|
| 借：固定资产清理 | 85 250 | |
| 　　累计折旧 | 26 000 | |
| 　　贷：固定资产——设备 | | 100 000 |
| 　　　　银行存款 | | 1 500 |
| 　　　　应交税费——应交增值税(销项税额) | | 9 750 |
| 借：固定资产——办公家具 | 90 000 | |
| 　　应交税费——应交增值税(进项税额) | 11 700 | |
| 　　资产处置损益 | 500 | |
| 　　贷：固定资产清理 | | 85 250 |
| 　　　　银行存款 | | 16 950 |

**【例1-6】** 承[例1-2]，假设其他条件不变，丙公司是上市公司，按照合同开始日的股票价格计算，丙公司的20%股权的公允价值为700万元。乙公司专利权的公允价值为650万元，系第三方报价机构使用乙公司自身数据通过估值技术确定的。甲公司迫切需要该专利权来提高产品质量，同意乙公司以银行存款支付补价40万元。2×24年6月30日，丙公司可辨认净资产公允价值为3 200万元。

**分析：** 本例涉及收付货币性资产，应当计算货币性资产占整个资产交换的比例。补价40万元占整个资产交换金额的比例小于25%，属于非货币性资产交换。

由于用于交换的两项资产的公允价值均能够可靠地计量，企业应当考虑是否有确凿证据表明换入资产的公允价值更加可靠。由于丙公司是上市公司，其20%的股权的公允价值是基于股票价格计算的，其公允价值输入值的层次为第一层次，即活跃市场上未经调整的报价。乙公司专利权的公允价值是基于估值技术的评估值，其公允价值输入值的层次为第三层次。对甲公司来说，应当以换出资产丙公司的20%股权的公允价值(700万元)减去收到的补价(40万元)作为换入资产专利权的成本(700万元－40万元＝660万元)，换出资产的公允价值与其账面价值之间的差额计入当期损益(700万元－630万元＝70万元)；对乙公司来说，有确凿证据表明换入资产丙公司的20%股权的公允价值更加可靠，应当以换入资产丙公司的20%股权的公允价值(700万元)作为其初始计量金额,换入资产的公允价值减去支付的补价,与换出资产专利权的账面价值之间的差额计入当期损益(700万元－40万元－680万元＝－20万元)。

甲公司的账务处理如下:

| | | |
|---|---|---|
| 借:无形资产——专利权 | 6 600 000 | |
| 长期股权投资——损益调整 | 400 000 | |
| 银行存款 | 400 000 | |
| 贷:长期股权投资——投资成本 | | 6 700 000 |
| 投资收益 | | 700 000 |

乙公司的账务处理如下:

| | | |
|---|---|---|
| 借:长期股权投资——投资成本 | 7 000 000 | |
| 累计摊销 | 1 200 000 | |
| 资产处置损益 | 200 000 | |
| 贷:无形资产——专利权 | | 8 000 000 |
| 银行存款 | | 400 000 |

## 三、涉及多项非货币性资产交换的会计处理

企业以一项非货币性资产同时换入另一企业的多项非货币性资产,或同时以多项非货币性资产换入另一企业的一项非货币性资产,或以多项非货币性资产同时换入多项非货币性资产,也可能涉及补价。涉及多项资产的非货币性资产交换,企业无法将换出的某一资产与换入的某一特定资产相对应。与单项非货币性资产之间的交换一样,涉及多项资产的非货币性资产交换的计量,企业也应当先判断是否符合以公允价值计量的两个条件,再分别以下情况确定各项换入资产的成本。

### (一)以公允价值为基础计量的会计处理

1. 以换出资产的公允价值为基础计量的

(1)对于同时换入的多项资产,由于通常无法将换出资产与换入的某项特定资产相对应,应当按照各项换入资产的公允价值的相对比例(换入资产的公允价值不能可靠计量的,可以按照换入的金融资产以外的各项资产的原账面价值的相对比例或其他合理的比例),将换出资产的公允价值总额(涉及补价的,加上支付补价的公允价值或减去收到补价的公允价值)分摊至各项换入资产,以分摊额和应支付的相关税费作为各项换入资产的成本进行初始计量。需要说明的是,如果同时换入的多项非货币性资产中包含由《企业会计准则第22号——金融工具确认和计量》规范的金融资产,则应当按照《企业会计准则第22号——金融工具确认和计量》的规定进行会计处理。在确定换入的其他多项资产的初始计量金额时,应当将金融资产的公允价值从换出资产的公允价值总额中扣除。

(2)对于同时换出的多项资产,应当将各项换出资产的公允价值与其账面价值之间的差额,在各项换出资产终止确认时计入当期损益。

2. 以换入资产的公允价值为基础计量的

(1)对于同时换入的多项资产,应当以各项换入资产的公允价值和应支付的相关税费

作为各项换入资产的初始计量金额。

（2）对于同时换出的多项资产，由于通常无法将换出资产与换入的某项特定资产相对应，应当按照各项换出资产的公允价值的相对比例（换出资产的公允价值不能够可靠计量的，可以按照各项换出资产的账面价值的相对比例），将换入资产的公允价值总额（涉及补价的，减去支付补价的公允价值或加上收到补价的公允价值）分摊至各项换出资产，分摊额与各项换出资产的账面价值之间的差额，在各项换出资产终止确认时计入当期损益。需要说明的是，如果同时换出的多项非货币性资产中包含由《企业会计准则第 22 号——金融工具确认和计量》规范的金融资产，则应当按照《企业会计准则第 22 号——金融工具确认和计量》和《企业会计准则第 23 号——金融资产转移》的规定判断换出的该金融资产是否满足终止确认条件并进行终止确认的会计处理。在确定其他各项换出资产终止确认的相关损益时，终止确认的金融资产的公允价值应当从换入资产公允价值总额中扣除。

**【例 1-7】** 甲公司和乙公司均为增值税一般纳税人。经协商，甲公司和乙公司于 2×24 年1月 25 日签订资产交换合同，当日生效。合同约定，甲公司用于交换的资产包括：一间生产用厂房，公允价值为 110 万元；一幢自购入时就全部用于经营出租的公寓楼，公允价值为 390 万元。乙公司用于交换的资产包括：一块土地的使用权，公允价值为 240 万元；在经营过程中使用的 10 辆货车，公允价值为 300 万元。甲公司以银行存款向乙公司支付补价 40 万元。双方于 2×24 年 2 月 1 日完成了资产交换手续。交换当日，甲公司的厂房的账面价值为 120 万元（其中，账面原价为 150 万元，已计提折旧 30 万元），作为采用成本模式计量的投资性房地产的公寓楼的账面价值为 360 万元（其中，账面原价为 420 万元，已计提折旧 60 万元），乙公司的土地使用权的账面价值为 210 万元（其中，成本为 220 万元，累计摊销额为 10 万元），10 辆货车的账面价值为 320 万元（其中，账面原价为 400 万元，已计提折旧 80 万元）。甲公司开具两张增值税专用发票，分别注明厂房的计税价格为 110 万元，增值税额为 9.9 万元；公寓楼的计税价格为 390 万元，增值税额为 35.1 万元。乙公司开具两张增值税专用发票，分别注明土地使用权的计税价格为 240 万元，增值税额为 21.6 万元；10 辆货车的计税价格为 300 万元，增值税额为 39 万元。甲公司以银行存款向乙公司支付增值税差额 15.6 万元。在交易过程中，甲公司用银行存款支付了土地使用权的契税及过户费用 5 万元，乙公司用银行存款分别支付了厂房和公寓楼的契税及过户费用 3 万元和 10 万元。

假设甲公司和乙公司此前均未对上述资产计提减值准备，上述资产交换后的用途不发生改变。不考虑其他税费。

**分析：**本例涉及收付货币性资产，应当计算货币性资产占整个资产交换的比例。补价 40 万元占整个资产交换金额 540 万元的比例为 7.41%，小于 25%，属于非货币性资产交换。

在本例中，用于交换的厂房通过在厂房使用寿命内与其他资产协同生产产品并对外销售产生现金流量，公寓楼通过经营出租并定期收取租金产生稳定均衡的现金流量，土地使用权通过在其上建造房屋后与房屋共同产生现金流量，货车通过使用或提供服务产生独立的现金流量，各项资产的未来现金流量的风险、时间和金额均明显不同，因而交换具有商业实质。同时，各项资产的公允价值都能够可靠地计量，符合以公允价值为基础计量的条件。假设均没有确凿证据表明换入资产的公允价值更加可靠，甲公司和乙公司均以换出资产的公允价值为基础确定各项换入资产的成本，并确认各项换出资产产生的损益。

甲公司的会计处理如下：

(1) 确定各项换入资产的初始计量金额,如表1-1所示。

表1-1　各项换入资产的初始计量金额表　单位:元

| 换入资产 | 公允价值 | 换出资产公允价值总额+补价 | 分摊额 | 相关税费 | 初始计量金额 |
|---|---|---|---|---|---|
| 无形资产——土地使用权 | 2 400 000 | — | 2 400 000 | 50 000 | 2 450 000 |
| 固定资产——货车 | 3 000 000 | — | 3 000 000 | 0 | 3 000 000 |
| 合计 | 5 400 000 | 5 400 000 | 5 400 000 | 50 000 | 5 450 000 |

(2) 确定各项换出资产终止确认的相关损益,如表1-2所示。

表1-2　各项换出资产终止确认的相关损益表　单位:元

| 换出资产 | 账面价值 | 公允价值 | 处置损益 |
|---|---|---|---|
| 固定资产——厂房 | 1 200 000 | 1 100 000 | −100 000 |
| 投资性房地产 | 3 600 000 | 3 900 000 | 300 000 |
| 合计 | 4 800 000 | 5 000 000 | 200 000 |

(3) 甲公司的账务处理如下:

终止确认换出的厂房,转入固定资产清理:

借:固定资产清理　1 299 000
　累计折旧——厂房　300 000
　贷:固定资产厂房　1 500 000
　　应交税费——应交增值税(销项税额)　99 000

确认换入的土地使用权和货车,同时确认换出资产相关损益:

借:无形资产——土地使用权　2 400 000
　固定资产——货车　3 000 000
　应交税费——应交增值税(进项税额)　606 000
　资产处置损益　100 000
　贷:固定资产清理　1 299 000
　　其他业务收入　3 900 000
　　应交税费——应交增值税(销项税额)　351 000
　　银行存款　556 000

确认换入的土地使用权的相关税费:

借:无形资产——土地使用权　50 000
　贷:银行存款　50 000

终止确认换出的投资性房地产,结转其他业务成本:

借:其他业务成本　3 600 000
　投资性房地产累计折旧　600 000
　贷:投资性房地产　4 200 000

乙公司的会计处理如下：

（1）确定各项换入资产的初始计量金额，如表1-3所示。

表1-3　各项换入资产的初始计量金额表　单位：元

| 换入资产 | 公允价值 | 换出资产公允价值总额—补价 | 分摊额 | 相关税费 | 初始计量金额 |
|---|---|---|---|---|---|
| 固定资产——厂房 | 1 100 000 | — | 1 100 000 | 30 000 | 1 130 000 |
| 投资性房地产 | 3 900 000 | — | 3 900 000 | 100 000 | 4 000 000 |
| 合计 | 5 000 000 | 5 000 000 | 5 000 000 | 130 000 | 5 130 000 |

（2）确定各项换出资产终止确认的相关损益，如表1-4所示。

表1-4　各项换出资产终止确认的相关损益表　单位：元

| 换出资产 | 账面价值 | 公允价值 | 处置损益 |
|---|---|---|---|
| 无形资产——土地使用权 | 2 100 000 | 2 400 000 | 300 000 |
| 固定资产——货车 | 3 200 000 | 3 000 000 | －200 000 |
| 合计 | 5 300 000 | 5 400 000 | 100 000 |

（3）乙公司的账务处理如下：

终止确认换出的10辆货车，转入固定资产清理：

借：固定资产清理　3 590 000
　累计折旧——货车　800 000
　贷：固定资产——货车　4 000 000
　　应交税费——应交增值税（销项税额）　390 000

确认换入的厂房和公寓楼，同时确认换出资产的相关损益：

借：固定资产——厂房　1 100 000
　投资性房地产　3 900 000
　应交税费——应交增值税（进项税额）　450 000
　银行存款　556 000
　累计摊销　100 000
　贷：无形资产——土地使用权　2 200 000
　　应交税费——应交增值税（销项税额）　216 000
　　资产处置损益　100 000
　　固定资产清理　3 590 000

确认换入的厂房和公寓楼的相关税费：

借：固定资产——厂房　30 000
　投资性房地产　100 000
　贷：银行存款　130 000

**【例 1-8】** 承[例 1-7]，假设其他条件不变，合同约定甲公司用于交换的资产还包括一项对 P 公司的股票投资，甲公司将该投资作为交易性金融资产核算。该股票投资在 2×24 年 1 月 25 日的公允价值为 30 万元，账面价值为 25 万元。由于该股票有较好的前景，按合同约定甲公司向乙公司支付补价 8 万元。

**分析：** 在本例中，沿用[例 1-7]的分析，甲公司和乙公司均以换出资产的公允价值为基础确定各项换入资产的成本，并确认各项换出资产产生的损益。另外，甲公司和乙公司用于交换的非货币性资产包含交易性金融资产，属于由《企业会计准则第 22 号——金融工具确认和计量》规范的金融资产。甲公司和乙公司应按照《企业会计准则第 22 号——金融工具确认和计量》和《企业会计准则第 23 号——金融资产转移》的规定，分别对换出和换入的交易性金融资产进行会计处理。

甲公司的会计处理如下：

(1) 确定各项换入资产的初始计量金额，如表 1-5 所示。

**表 1-5　各项换入资产的初始计量金额表**　　单位：元

| 换入资产 | 公允价值 | 换出资产公允价值总额＋补价 | 分摊金额 | 相关税费 | 初始计量金额 |
|---|---|---|---|---|---|
| 无形资产——土地使用权 | 2 400 000 | — | 2 391 100 | 50 000 | 2 441 100 |
| 固定资产——货车 | 3 000 000 | — | 2 988 900 | 0 | 2 988 900 |
| 合计 | 5 400 000 | 5 380 000 | 5 380 000 | 50 000 | 5 430 000 |

(2) 确定各项换出资产终止确认的相关损益表，如 1-6 所示。

**表 1-6　各项换出资产终止确认的相关损益表**　　单位：元

| 换出资产 | 账面价值 | 公允价值 | 处置损益 |
|---|---|---|---|
| 交易性金融资产——P 公司股票 | 250 000 | 300 000 | 50 000 |
| 固定资产——厂房 | 1 200 000 | 1 100 000 | －100 000 |
| 投资性房地产 | 3 600 000 | 3 900 000 | 300 000 |
| 合计 | 5 050 000 | 5 300 000 | 250 000 |

(3) 甲公司的账务处理：略。

乙公司的会计处理如下：

(1) 确定各项换入资产的初始计量金额。

乙公司换入的多项资产包含由《企业会计准则第 22 号——金融工具确认和计量》规范的交易性金融资产，应当按照《企业会计准则第 22 号——金融工具确认和计量》的规定进行会计处理。乙公司在确定换入的其他多项资产的初始计量金额时，应当将该金融资产的公允价值从换出资产的公允价值总额(涉及补价的，加上支付补价的公允价值或减去收到补价的公允价值)中扣除。

用于分摊的金额计算，如表 1-7 所示。

表 1-7　　用于分摊的金额计算表　　单位：元

| 项　目 | | 金额 |
|---|---|---|
| 换出资产的公允价值 | 无形资产——土地使用权 | 2 400 000 |
| | 固定资产——货车 | 3 000 000 |
| 换出资产的公允价值总额 | | 5 400 000 |
| 减：收到的补价 | | −80 000 |
| | | 5 320 000 |
| 减：换入的金融资产的公允价值 | | −300 000 |
| 用于分摊的金额 | | 5 020 000 |

分摊的计算，如表 1-8 所示。

表 1-8　　分摊的计算表　　单位：元

| 换入资产 | 公允价值 | 用于分摊的金额 | 分摊金额 | 相关税费 | 初始计量金额 |
|---|---|---|---|---|---|
| 固定资产——厂房 | 1 100 000 | — | 1 104 400 | 30 000 | 1 134 400 |
| 投资性房地产 | 3 900 000 | — | 3 915 600 | 100 000 | 4 015 600 |
| 合计 | 5 000 000 | 5 020 000 | 5 020 000 | 130 000 | 5 150 000 |
| 交易性金融资产——P 公司股票 | 3 300 000 | — | — | 0 | 300 000 |

(2) 确定各项换出资产终止确认的相关损益。

(3) 乙公司的账务处理：略。

### (二) 以账面价值为基础计量的会计处理

对于以账面价值为基础计量的非货币性资产交换，如涉及换入多项资产或换出多项资产，或者同时换入和换出多项资产，应当分别对换入的多项资产、换出的多项资产进行会计处理。

(1) 对于换入的多项资产，由于通常无法将换出资产与换入的某项特定资产相对应，应当按照各项换入资产的公允价值的相对比例(换入资产的公允价值不能够可靠计量的，也可以按照各项换入资产的原账面价值的相对比例或其他合理的比例)，将换出资产的账面价值总额(涉及补价的，加上支付补价的账面价值或减去收到补价的公允价值)分摊至各项换入资产，加上应支付的相关税费，作为各项换入资产的初始计量金额。

(2) 对于同时换出的多项资产，各项换出资产终止确认时均不确认损益。

**【例 1-9】** 甲公司是一家制药公司，因经营战略发生重大转变，将专注于疫苗的生产和销售，其拥有的一项生产抗生素的专利权难以满足新的经营战略。乙公司也是一家制药公司，正在开展一系列抗生素方面的新业务。2×24 年 3 月 30 日，甲公司和乙公司协商后决定，甲公司将其抗生素的专利权转让给乙公司，作为交换，乙公司将其刚申请专利的一项传染病疫苗配方转让给甲公司，由其进行生产推广。当日，甲公司换出的抗生素专利权的账面价值为 45 万元(其中,账面原价为 60 万元,累计摊销额为 15 万元);乙公司刚申请专利的传染病疫苗已转为无形资产核算,账面价值为 50 万元,尚未进行摊销。假设两项专利权的公允价值不能可靠地计量。

假设整个交易过程没有发生相关税费。双方取得专利权后仍分别作为无形资产核算。

**分析:** 在本例中,整个资产交换过程没有涉及收付货币性资产,交换的资产为无形资产,属于非货币性资产交换。用于交换的两项药物专利权的公允价值不能可靠地计量,因此甲公司和乙公司均应当以换出资产的账面价值为基础确定换入资产的初始计量金额,换出资产不确认损益。

甲公司的账务处理如下:

借:无形资产——传染病疫苗专利权　　450 000
　　累计摊销——抗生素专利权　　150 000
　　贷:无形资产——抗生素专利权　　600 000

乙公司的账务处理如下:

借:无形资产——抗生素专利权　　500 000
　　贷:无形资产——传染病疫苗专利权　　500 000

**【例 1-10】** 承[例 1-9],假设其他条件不变,在甲公司和乙公司进行专利权交换的同时,甲公司还将一套抗生素生产专用设备转移给乙公司,乙公司将一套专门用于传染病疫苗存储的设备转移给甲公司。2×24 年 3 月 30 日,甲公司换出的专用设备的账面价值为 420 万元(其中,账面原价为 500 万元,已计提折旧 80 万元),乙公司换出的疫苗存储设备账面价值为 400 万元(其中,账面原价为 700 万元,已计提折旧 300 万元)。假设两项设备均为自行研究制造的专用设备,其公允价值不能可靠计量。

**分析:** 在本例中,用于交换的两项药物专利和两套设备的公允价值均不能可靠地计量,因此甲公司和乙公司均应当以换出资产的账面价值为基础确定换入资产的初始计量金额,换出资产不确认损益。对于同时换入的多项资产,由于换入资产的公允价值不能可靠地计量,甲公司和乙公司均按照各项换入资产的原账面价值的相对比例,将换出资产的账面价值总额分摊至各项换入资产,作为各项换入资产的初始计量金额。对于同时换出的多项资产,终止确认时按照账面价值转销,不确认损益。

甲公司的会计处理如下:

(1) 确定各项换入资产的初始计量金额,如表 1-9 所示。

**表 1-9　各项换入资产的初始计量金额**　　单位:元

| 换入资产 | 换出方的原账面价值 | 换出资产的账面价值 | 初始计量金额 |
|---|---|---|---|
| 无形资产——传染病疫苗专利权 | 500 000 | — | 516 667 |
| 固定资产——疫苗存储设备 | 4 000 000 | — | 4 133 333 |
| 合计 | 4 500 000 | 4 650 000 | 4 650 000 |

(2) 对于同时换出的多项资产,终止确认时按照账面价值转销,确认损益。

(3) 甲公司的账务处理如下:

借：固定资产清理　　4 200 000
　　累计折旧——抗生素专用设备　　800 000
　　贷：固定资产——抗生素专用设备　　5 000 000

借：无形资产——传染病疫苗专利权　　516 667
　　固定资产——疫苗存储设备　　4 133 333
　　累计摊销——抗生素专利权　　150 000
　　贷：无形资产——抗生素专利权　　600 000
　　　　固定资产清理　　4 200 000

乙公司的会计处理如下：

(1) 确定各项换入资产的初始计量金额，如表1-10所示。

表1-10　各项换入资产的初始计量金额表　单位：元

| 换入资产 | 换出方的原账面价值 | 换出资产的账面价值 | 初始计量金额 |
|---|---|---|---|
| 无形资产——抗生素专利权 | 450 000 | — | 435 484 |
| 固定资产——抗生素专用设备 | 4 200 000 | — | 4 064 516 |
| 合计 | 4 650 000 | 4 500 000 | 4 500 000 |

(2) 对于同时换出的多项资产，终止确认时按照账面价值转销，不确认损益。

(3) 乙公司的账务处理如下：

借：固定资产清理　　4 000 000
　　累计折旧——疫苗存储设备　　3 000 000
　　贷：固定资产——疫苗存储设备　　7 000 000

借：无形资产——抗生素专利权　　435 484
　　固定资产——抗生素专用设备　　4 064 516
　　贷：无形资产——传染病疫苗专利权　　500 000
　　　　固定资产清理　　4 000 000

## 第四节　非货币性资产交换的相关披露

《企业会计准则第7号——非货币性资产交换》规定，企业应当在附注中披露有关非货币性资产交换的下列信息：

(1) 非货币性资产交换是否具有商业实质及其原因。

(2) 换入资产和换出资产的类别。

(3) 换入资产初始计量金额的确定方式。

(4) 换入资产和换出资产的公允价值及换出资产的账面价值。

(5) 非货币性资产交换确认的损益。

需要说明的是，在披露非货币性资产交换是否具有商业实质的原因时，如果能够通过定性分析即可得出结论认定换入资产的未来现金流量的风险、时间或金额与换出资产显著不同，交换因而具有商业实质，则应当披露定性分析中所考虑的相关因素和相关结论。在这种情况下，不需要进一步披露使用换入资产和继续使用换出资产所产生的预计未来现金流量现值，以及通过计算进行的定量分析。如果难以通过定性分析直接得出结论认定非货币性资产交换具有商业实质，则应当披露使用换入资产进行相关经营的预计未来现金流量现值和继续使用换出资产进行相关经营的预计未来现金流量现值，以及相关的定量分析和结论。

练习题

# 第二章

# 债务重组

课程思政

## 本章导读

处在激烈竞争的市场环境中，企业可能因自己或交易对手不能到期偿还债务而进入债务重组。

在债务重组中，债权人面临以下问题：

(1) 债权是否要终止确认及何时终止确认(出资产负债表)。

(2) 受让的资产或权益工具何时确认及以何种计量属性计量(进资产负债表)。

(3) 如何确认债务重组损益(进利润表)。

在债务重组中，债务人面临以下问题：

(1) 债务是否要终止确认及何时终止确认(出资产负债表)。

(2) 如何确认债务重组损益(进利润表)。

本章根据2019年6月17日开始施行的《企业会计准则第12号——债务重组》编写。

## 本章导图

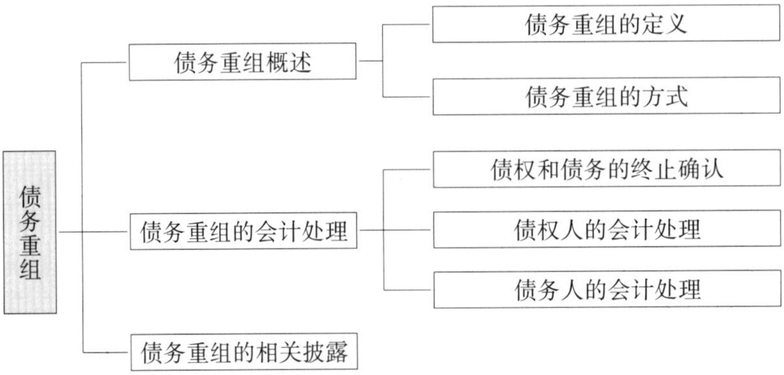

# 第一节 债务重组概述

## 一、债务重组的定义

债务重组是指在不改变交易对手方的情况下，经债权人和债务人协定或法院裁定，就清偿债务的时间、金额或方式等重新达成协议的交易。债务重组涉及债权人和债务人，对债权人而言为债权重组，对债务人而言为债务重组，为便于表述，将其统称为债务重组。

### （一）关于交易对手方

债务重组是在不改变交易对手方的情况下进行的交易。在会计实务中，经常出现第三方参与相关交易的情形。例如，某公司以不同于原合同条款的方式代债务人向债权人偿债。又如，新组建的公司承接原债务人的债务，与债权人进行债务重组。再如，资产管理公司从债权人处购得债权，再与债务人进行债务重组。在上述情形下，企业应当先考虑债权和债务是否发生终止确认，应适用《企业会计准则第 22 号——金融工具确认和计量》和《企业会计准则第 23 号——金融资产转移》，再就债务重组交易适用《企业会计准则第 12 号——债务重组》。

债务重组不强调在债务人发生财务困难的背景下进行，也不论债权人是否作出让步（这是企业会计准则变化最大的地方）。也就是说，无论何种原因导致债务人未按原定条件偿还债务，也无论双方是否同意债务人以低于债务的金额偿还债务，只要债权人和债务人就债务条款重新达成了协议，就符合债务重组的定义。例如，债权人在减免债务人部分债务本金的同时提高剩余债务的利息，或者债权人同意债务人用等值库存商品抵偿到期债务等，均属于债务重组。

### （二）关于债权和债务的范围

《企业会计准则第 12 号——债务重组》规范了债务重组涉及的债权和债务，即《企业会计准则第 22 号——金融工具确认和计量》规范的债权和债务，不包括合同资产、合同负债、预计负债，但包括租赁应收款和租赁应付款。

债务重组中涉及的债权、重组债权、债务、重组债务和其他金融工具的确认、计量和列报，适用《企业会计准则第 22 号——金融工具确认和计量》和《企业会计准则第 37 号——金融工具列报》等金融工具相关准则。

### （三）关于债务重组的范围

《企业会计准则第 12 号——债务重组》规范了债务重组的确认、计量和相关信息的披露，经法院裁定进行债务重整并按持续经营进行会计核算的，适用该准则。债务人在破产清算期间进行的债务重组不属于该准则规范的范围，应当按照企业破产清算的有关会计处理规定处理。

下列事项不属于该准则的规范范围：

第一，通过债务重组形成企业合并的，应适用《企业会计准则第 20 号——企业合并》。债务人以股权投资清偿债务或者将债务转为权益工具，可能对应导致债权人取得被投资单位或债务人控制权，在合并财务报表层面，债权人取得资产和负债的确认与计量适用《企业会计准则第 20 号——企业合并》。

第二，债务重组构成权益性交易的，应适用权益性交易的有关会计处理规定，债权人和债务人不确认构成权益性交易的债务重组相关损益。债务重组构成权益性交易的情形包括：

(1) 债权人直接或间接对债务人持股，或者债务人直接或间接对债权人持股，且持股方以股东身份进行债务重组。

(2) 债权人与债务人在债务重组前后均受同一方或相同的多方最终控制，且该债务重组的交易实质是债权人或债务人进行了权益性分配或接受了权益性投入。

例如，甲公司是乙公司股东，为了弥补乙公司临时性经营现金流短缺，甲公司向乙公司提供 1 000 万元无息借款，并约定于 6 个月后收回。借款期满时，尽管乙公司具有充足的现金流，甲公司仍然决定免除乙公司部分本金还款义务，仅收回 200 万元借款。在此项交易中，如果甲公司不以股东身份，而以市场交易者身份参与交易，则甲公司在乙公司具有足够偿债能力的情况下不会免除乙公司部分本金。因此，甲公司和乙公司应当将该交易作为权益性交易，不确认债务重组相关损益。

在债务重组中不属于权益性交易的部分，仍然应当确认债务重组相关损益。例如，假设前例中债务人乙公司确实出现财务困难，其他债权人对其债务普遍进行了减半的豁免，那么甲公司作为股东比其他债务人多豁免 300 万元债务的交易应当作为权益性交易，正常豁免 500 万元债务的交易应当确认债务重组相关损益。

企业在判断债务重组是否构成权益性交易时，应当遵循实质重于形式原则。例如，假设债权人对债务人的权益性投资通过其他人代持，债权人不具有股东身份，但实质上拥有股东权利，以股东身份进行债务重组，债权人和债务人应当认为该债务重组构成权益性交易。

## 二、债务重组的方式

债务重组的方式主要包括四种形式：债务人以资产清偿债务、债务人将债务转为权益工具、修改其他条款，以及组合方式。

### (一) 债务人以资产清偿债务

债务人以资产清偿债务是债务人转让其资产给债权人以清偿债务的债务重组方式。

债务人用于偿债的资产，通常是已经在资产负债表中确认的资产。例如，现金、应收账款、长期股权投资、投资性房地产、固定资产、在建工程、生物资产、无形资产等。债务人以日常活动产出的商品或服务清偿债务的，用于偿债的资产可能体现为存货等资产。

在受让上述资产后，按照相关企业会计准则要求及本企业会计核算要求，债权人核算相关受让资产的类别可能与债务人相同，也可能不同。例如，债务人以作为固定资产核算的房产清偿债务，债权人可能将受让的房产作为投资性房地产核算；债务人以部分长期股权投资清偿债务，债权人可能将受让的投资作为金融资产核算；债务人以存货清偿债务，债权人可能将受让的资产作为固定资产核算等。

除上述已经在资产负债表中确认的资产外，债务人也可能以不符合确认条件而未予确认的资产清偿债务。例如，债务人以未确认的内部产生品牌清偿债务，债权人在获得的商标权符合无形资产确认条件的前提下作为无形资产核算。在少数情况下，债务人还可能以处置组(即一组资产和与这些资产直接相关的负债)清偿债务。

**（二）债务人将债务转为权益工具**

债务人将债务转为权益工具，这里的权益工具，是指根据《企业会计准则第 37 号——金融工具列报》分类为权益工具的金融工具，在会计处理上体现为“股本”“实收资本”“资本公积”等科目。

在会计实务中，有些债务重组名义上采用“债转股”的方式，但同时附加相关条款，如约定债务人在未来某个时点有义务以某一金额回购股权，或债权人持有的股份享有强制分红权等。对于债务人，这些股权可能并不是根据《企业会计准则第 37 号——金融工具列报》分类为权益工具的金融工具，从而不属于债务人将债务转为权益工具的债务重组方式。债权人和债务人还可能达成协议，以一项同时包含金融负债成分和权益工具成分的复合金融工具替换原债权债务，这类交易也不属于债务人将债务转为权益工具的债务重组方式。

**（三）修改其他条款**

修改债权和债务的其他条款，是债务人不以资产清偿债务，也不将债务转为权益工具，而是改变债权和债务的其他条款的债务重组方式，如调整债务本金、改变债务利息、变更还款期限等。经修改其他条款的债权和债务分别形成重组债权和重组债务。

**（四）组合方式**

组合方式，是指采用债务人以资产清偿债务、债务人将债务转为权益工具、修改其他条款三种方式中一种以上方式的组合来清偿债务的债务重组方式。例如，债权人和债务人约定，由债务人以机器设备清偿部分债务，将另一部分债务转为权益工具，调减剩余债务的本金，但利率和还款期限不变。又如，债务人以现金清偿部分债务，同时将剩余债务展期等。

## 第二节 债务重组的会计处理

### 一、债权和债务的终止确认

债务重组中涉及的债权和债务的终止确认，应当遵循《企业会计准则第 22 号——金融工具确认计量》和《企业会计准则第 23 号——金融资产转移》有关金融资产和金融负债终止确认的规定，即债权人在收取债权现金流量的合同权利终止时终止确认债权，债务人在债务的现时义务解除时终止确认债务。

债权人与债务人之间进行的债务重组涉及债权和债务的认定，以及清偿方式和期限等的协商，因此债务重组通常需要经历较长时间。例如，在破产重整中的债务重组。债务人只有在符合上述终止确认条件时才能终止确认相关债务，并确认债务重组相关损益。在签署债务重组合同的时点，如果债务的现时义务尚未解除，则债务人不能确认债务重组相关损益。

对于在报告期间已经开始协商，但在报告期资产负债表日后的债务重组，不属于资产负债表日后调整事项。

对于终止确认的债权，债权人应当结转已计提的减值准备中对应该债权终止确认部分的金额。对于终止确认的分类为以公允价值计量且其变动计入其他综合收益的债权，之前计入其他综合收益的累计利得或损失应当从其他综合收益中转出，记入“投资收益”科目。

**（一）以资产清偿债务或将债务转为权益工具**

对于以资产清偿债务或者将债务转为权益工具方式进行的债务重组，债权人在拥有或控制相关资产时，通常其收取债权现金流量的合同权利也同时终止，因此债权人一般可以终止确认该债权。同样地，债务人通过交付资产或权益工具解除了其清偿债务的现时义务，因此债务人一般可以终止确认该债务。

**（二）修改其他条款**

对于债权人，债务重组通过调整债务本金、改变债务利息、变更还款期限等修改合同条款方式进行的，合同修改前后的交易对手方没有发生改变，合同涉及的本金、利息等现金流量很难在本息之间及债务重组前后作出明确分割，即很难单独识别合同的特定可辨认现金流量。

因此，在通常情况下，应当整体考虑是否对全部债权的合同条款作出了实质性修改。如果作出实质性修改，或者债权人与债务人之间签订协议，以获取实质上不同的新金融资产方式替换债权，则应当终止确认原债权，并按照修改后的条款或新协议确认新金融资产。

对于债务人，如果对债务或部分债务的合同条款作出“实质性修改”形成重组债务，或者债权人与债务人之间签订协议，以承担“实质上不同”的重组债务方式替换债务，则债务人应当终止确认原债务，同时按照修改后的条款确认一项新金融负债。其中，如果重组债务未来现金流量（包括支付和收取的某些费用）现值与原债务的剩余期间现金流量现值之间的差异超过10%，则意味着新的合同条款进行了“实质性修改”或者重组债务是“实质上不同”的，有关现值的计算均采用原债务的实际利率。

**（三）组合方式**

对于债权人，与上述修改其他条款部分的分析类似，在通常情况下应当整体考虑是否终止确认全部债权。由于组合方式涉及多种债务重组方式，一般可以认为对全部债权的合同条款作出了实质性修改，从而终止确认全部债权，并按照修改后的条款确认新金融资产。

对于债务人，在组合中以资产清偿债务或者将债务转为权益工具方式进行的债务重组，如果债务人清偿该部分债务的现时义务已经解除，则应当终止确认该部分债务。在组合中以修改其他条款方式进行的债务重组，需要根据具体情况，判断对应的部分债务是否满足终止确认条件。

## 二、债权人的会计处理

**（一）以资产清偿债务或将债务转为权益工具**

债务重组采用以资产清偿债务或者将债务转为权益工具方式进行的，债权人应当在受让的相关资产符合其定义和确认条件时予以确认。

1. 债权人受让金融资产

债权人受让包括现金在内的单项或多项金融资产的，应当按照《企业会计准则第22号——金融工具确认和计量》的规定进行确认和计量。金融资产初始确认时应当以其公允价值计量，金融资产确认金额与债权终止确认日账面价值之间的差额，记入“投资收益”科目。但是，收取的金融资产的公允价值与交易价格（即放弃债权的公允价值）存在差异的，应当按照《企业会计准则第22号——金融工具确认和计量》第34条的规定处理。

2. 债权人受让非金融资产

债权人初始确认受让的金融资产以外的资产，应当按照下列原则以成本计量：

（1）存货的成本，包括放弃债权的公允价值，以及使该资产达到当前位置和状态所发生的可直接归属于该资产的税金、运输费、装卸费、保险费等其他成本。

（2）对联营企业或合营企业投资的成本，包括放弃债权的公允价值，以及可直接归属于该资产的税金等其他成本。

（3）投资性房地产的成本，包括放弃债权的公允价值，以及可直接归属于该资产的税金等其他成本。

（4）固定资产的成本，包括放弃债权的公允价值，以及使该资产达到预定可使用状态前所发生的可直接归属于该资产的税金、运输费、装卸费、安装费、专业人员服务费等其他成本。确定固定资产成本时，应当考虑预计弃置费用因素。

（5）生物资产的成本，包括放弃债权的公允价值，以及可直接归属于该资产的税金、运输费、保险费等其他成本。

（6）无形资产的成本，包括放弃债权的公允价值，以及可直接归属于使该资产达到预定用途所发生的税金等其他成本。

放弃债权的公允价值与账面价值之间的差额，记入“投资收益”科目。

债权人和债务人以资产清偿债务方式进行债务重组的，债权人初始确认受让非金融资产时，应以放弃债权的公允价值和可直接归属于受让资产的其他成本作为受让资产初始计量成本。如果债权人与债务人间的债务重组是在公平交易的市场环境中达成的交易，则放弃债权的公允价值通常与受让资产的公允价值相等，且通常不高于放弃债权的账面余额。

3. 债权人受让多项资产

债权人受让多项非金融资产，或者包括金融资产、非金融资产在内的多项资产的，应当按照《企业会计准则第22号——金融工具确认和计量》的规定确认和计量受让的金融资产；按照受让的金融资产以外的各项资产在债务重组合同生效日的公允价值比例，对放弃债权在合同生效日的公允价值扣除受让金融资产当日公允价值后的净额进行分配，并以此为基础分别确定各项资产的成本。放弃债权的公允价值与账面价值之间的差额，记入“投资收益”科目。

4. 债权人受让处置组

债务人以处置组清偿债务的，债权人应当分别按照《企业会计准则第22号——金融工具确认和计量》和其他相关准则的规定，对处置组中的金融资产和负债进行初始计量，然后按照金融资产以外的各项资产在债务重组合同生效日的公允价值比例，对放弃债权在合同生效日的公允价值及承担的处置组中负债的确认金额之和，扣除受让金融资产当日公允价值后的净额进行分配，并以此为基础分别确定各项资产的成本。放弃债权的公允价值与账面价值之间的差额，记入“投资收益”科目。

5. 债权人将受让的资产或处置组划分为持有待售类别

债务人以资产或处置组清偿债务，且债权人在取得日未将受让的相关资产或处置组作为非流动资产和非流动负债核算，而是将其划分为持有待售类别的，债权人应当在初始计量时，比较假定其不划分为持有待售类别情况下的初始计量金额和公允价值减去出售费用后的净额，以两者孰低计量，公允价值减去出售费用后的净额低于不划分为持有待售类别情况下的初始计量金额的差额，记入“资产减值损失”科目。

**（二）修改其他条款**

修改其他条款可能导致债权终止确认，也可能未导致债权终止确认：

（1）债务重组采用以修改其他条款方式进行的，如果修改其他条款导致全部债权终止确认，则债权人应当按照修改后的条款以公允价值初始计量新的金融资产，新金融资产的确认金额与债权终止确认日账面价值之间的差额，记入“投资收益”科目。

（2）如果修改其他条款未导致债权终止确认，债权人应当根据其分类，继续以摊余成本、公允价值计量且其变动计入其他综合收益，或者以公允价值计量且其变动计入当期损益进行后续计量。对于以摊余成本计量的债权，债权人应当根据重新议定合同的现金流量变化情况，重新计算该重组债权的账面余额，并将相关利得或损失记入“投资收益”科目。重新计算的该重组债权的账面余额，应当根据将重新议定或修改的合同现金流量按债权原实际利率折现的现值确定，购买或源生的已发生信用减值的重组债权，应按经信用调整的实际利率折现。对于修改或重新议定合同所产生的成本或费用，债权人应当调整修改后的重组债权的账面价值，并在修改后重组债权的剩余期限内摊销。

**（三）组合方式**

债务重组采用组合方式进行的，一般可以认为对全部债权的合同条款作出了实质性修改，债权人应当按照修改后的条款以公允价值初始计量新的金融资产和受让的新金融资产，按照受让的金融资产以外的各项资产在债务重组合同生效日的公允价值比例，对放弃债权在合同生效日的公允价值扣除受让金融资产和重组债权当日公允价值后的净额进行分配，并以此为基础分别确定各项资产的成本。放弃债权的公允价值与账面价值之间的差额，记入“投资收益”科目。

## 三、债务人的会计处理

**（一）债务人以资产清偿债务**

债务重组采用以资产清偿债务方式进行的，债务人应当将所清偿债务账面价值与转让资产账面价值之间的差额计入当期损益。

1. 债务人以金融资产清偿债务

为与金融工具相关准则衔接，《企业会计准则第 12 号——债务重组》要求债务人以单项或多项金融资产清偿债务的，债务的账面价值与偿债金融资产账面价值的差额，记入“投资收益”科目。偿债金融资产已计提减值准备的，应结转已计提的减值准备。对于已分类为以公允价值计量且其变动计入其他综合收益的债务工具投资清偿债务的，之前计入其他综合收益的累计利得或损失应当从其他综合收益中转出，记入“投资收益”科目。对于以指定为以公允价值计量且其变动计入其他综合收益的非交易性权益工具投资清偿债务的，之前计入其他综合收益的累计利得或损失应当从其他综合收益中转出，记入“盈余公积”“利润分配——未分配利润”等科目。

2. 债务人以非金融资产清偿债务

债务人以单项或多项非金融资产清偿债务，或者以包括金融资产和非金融资产在内的多项资产清偿债务的，不需要区分资产处置损益和债务重组损益，也不需要区分不同资产的处置损益，而应将所清偿债务账面价值与转让资产账面价值之间的差额，记入“其他收益——债务重组收益”科目。偿债资产已计提减值准备的，应结转已计提的减值准备。

债务人以包含非金融资产的处置组(处置组中的资产均为长期股权投资的除外)清偿债务的，应当将所清偿债务和处置组中负债的账面价值之和，与处置组中资产的账面价值之间的差额，记入“其他收益——债务重组收益”科目。处置组所属的资产组或资产组组合按照《企业会计准则第 8 号——资产减值》分摊了企业合并中取得的商誉的，该处置组应当包含分摊至处置组的商誉。处置组中的资产已计提减值准备的，应结转已计提的减值准备。

在通常情况下，债务重组不属于企业的日常活动，因此，债务重组中债务人以日常活动产出的商品或服务清偿债务的，不应按《企业会计准则第 14 号——收入》确认为商品或服务的销售处理。债务人以日常活动产出的商品或服务清偿债务的(以企业的存货或提供服务清偿债务)，应当将所清偿债务账面价值与存货等相关资产账面价值之间的差额，记入“其他收益——债务重组收益”科目。

**(二) 债务人将债务转为权益工具**

债务重组采用将债务转为权益工具方式进行的，债务人初始确认权益工具时，应当按照权益工具的公允价值计量；权益工具的公允价值不能可靠计量的，应当按照所清偿债务的公允价值计量。所清偿债务账面价值与权益工具确认金额之间的差额，记入“投资收益”科目。债务人因发行权益工具而支出的相关税费等，应当依次冲减资本公积(资本溢价或股本溢价)、盈余公积、未分配利润等。

**(三) 修改其他条款**

债务重组采用修改其他条款方式进行的，其会计处理分为如下情形：

(1) 如果修改其他条款导致债务终止确认，则债务人应当按照公允价值计量重组债务，终止确认的债务账面价值与重组债务确认金额之间的差额，记入“投资收益”科目。

(2) 如果修改其他条款未导致债务终止确认，或者仅导致部分债务终止确认，则对于未终止确认的部分债务，债务人应当根据其分类，继续以摊余成本、公允价值计量且其变动计入当期损益或其他适当方法进行后续计量。对于以摊余成本计量的债务，债务人应当根据重新议定合同的现金流量变化情况，重新计算该重组债务的账面价值，并将相关利得或损失记入“投资收益”科目。重新计算的该重组债务的账面价值，应当根据将重新议定或修改的合同现金流量按债务的原实际利率或按《企业会计准则第 24 号——套期会计》第 23 条规定的重新计算的实际利率(如适用)折现的现值确定。对于修改或重新议定合同所产生的成本或费用，债务人应当调整修改后的重组债务的账面价值，并在修改后重组债务的剩余期限内摊销。

**(四) 组合方式**

债务重组采用以资产清偿债务、将债务转为权益工具、修改其他条款等方式的组合进行的，对于权益工具，债务人应当在初始确认时按照权益工具的公允价值计量；权益工具的公允价值不能可靠计量的，应当按照所清偿债务的公允价值计量。对于修改其他条款形成的重组债务，债务人应当根据企业会计准则的相关规定，确认和计量重组债务。所清偿债务的账面价值与转让资产的账面价值及权益工具和重组债务的确认金额之和的差额，记入“其他收益——债务重组收益”或“投资收益”(仅涉及金融工具时)科目。

值得注意的是，对于企业因破产重整而进行的债务重组交易，由于涉及破产重整的债务重组协议执行过程及结果存在重大不确定性，企业通常应在破产重整协议履行完毕后确认债务重组收益，除非有确凿证据表明上述重大不确定性已经消除。

**【例 2-1】** 2×24 年 6 月 18 日，甲公司向乙公司销售商品一批，应收乙公司款项的入账金额为 95 万元。甲公司将该应收款项分类为以摊余成本计量的金融资产。乙公司将该应付账款分类为以摊余成本计量的金融负债。2×24 年 10 月 18 日，双方签订债务重组合同，乙公司以一项作为无形资产核算的非专利技术偿还该欠款。该无形资产的账面余额为 100 万元，累计摊销额为 10 万元，已计提减值准备 2 万元。10 月 22 日，双方办理完成该无形资产转让手续，甲公司支付评估费用 4 万元。当日，甲公司应收款项的公允价值为 87 万元，已计提坏账准备 7 万元，乙公司应付款项的账面价值仍为 95 万元；假设不考虑相关税费。

(1) 债权人的会计处理。2×24 年 10 月 22 日，债权人甲公司取得该无形资产的成本为债权公允价值 87 万元与评估费用 4 万元的合计 91 万元。甲公司的账务处理如下：

| | | |
|---|---|---|
| 借：无形资产 | 910 000 | |
| 　　坏账准备 | 70 000 | |
| 　　投资收益 | 10 000 | |
| 　　贷：应收账款 | | 950 000 |
| 　　　　银行存款 | | 40 000 |

(2) 债务人的会计处理。乙公司 2×24 年 10 月 22 日的账务处理如下：

| | | |
|---|---|---|
| 借：应付账款 | 950 000 | |
| 　　累计摊销 | 100 000 | |
| 　　无形资产减值准备 | 20 000 | |
| 　　贷：无形资产 | | 1 000 000 |
| 　　　　其他收益——债务重组收益 | | 70 000 |

假设甲公司管理层决议，受让该非专利技术后将在半年内将其出售，当日无形资产的公允价值为 87 万元，预计未来出售该非专利技术时将发生 1 万元的出售费用，该非专利技术满足持有待售资产确认条件。

**分析：**10 月 22 日，甲公司对该非专利技术进行初始确认时，按照无形资产的入账价值 91 万元与公允价值减出售费用 86 万元(87－1)孰低计量。债权人甲公司的账务处理如下：

| | | |
|---|---|---|
| 借：持有待售资产——无形资产 | 860 000 | |
| 　　坏账准备 | 70 000 | |
| 　　资产减值损失 | 60 000 | |
| 　　贷：应收账款 | | 950 000 |
| 　　　　银行存款 | | 40 000 |

**【例 2-2】** 2×23 年 2 月 10 日，甲公司从乙公司购买一批材料，约定 6 个月后甲公司应结清款项 100 万元(假定无重大融资成分)。乙公司将该应收款项分类为以公允价值计量且其变动计入当期损益的金融资产；甲公司将该应付款项分类为以摊余成本计量的金融负债。2×23 年 8 月 12 日，甲公司因无法支付货款与乙公司协商进行债务重组，双方商定乙公司将该债权转为对甲公司的股权投资。2×23 年 10 月 20 日，乙公司办结了对

甲公司的增资手续,甲公司和乙公司分别支付手续费等相关费用1.5万元和1.2万元。债转股后,甲公司总股本为100万元,乙公司持有的抵债股权占甲公司总股本的25%,对甲公司具有重大影响,甲公司股权公允价值不能可靠计量。甲公司应付款项的账面价值仍为100万元。

2×23年6月30日,应收款项和应付款项的公允价值均为85万元。

2×23年8月12日,应收款项和应付款项的公允价值均为76万元。

2×23年10月20日,应收款项和应付款项的公允价值仍为76万元。

假定不考虑其他相关税费。

(1) 债权人的会计处理。乙公司的账务处理如下:

2×23年6月30日:

| | | |
|---|---|---|
| 借:公允价值变动损益 | 150 000 | |
| 贷:交易性金融资产——公允价值变动 | | 150 000 |

2×23年8月12日:

| | | |
|---|---|---|
| 借:公允价值变动损益 | 90 000 | |
| 贷:交易性金融资产——公允价值变动 | | 90 000 |

2×23年10月20日,乙公司对甲公司长期股权投资成本为应收款项公允价值76万元与相关税费1.2万元的合计77.2万元。

| | | |
|---|---|---|
| 借:长期股权投资——甲公司 | 772 000 | |
| 交易性金融资产——公允价值变动 | 240 000 | |
| 贷:交易性金融资产——成本 | | 1 000 000 |
| 银行存款 | | 12 000 |

(2) 债务人的会计处理。2×23年10月20日,由于甲公司股权的公允价值不能可靠计量,初始确认权益工具公允价值时应当按照所清偿债务的公允价值76万元计量,并扣除因发行权益工具支出的相关税费1.5万元。甲公司的账务处理如下:

| | | |
|---|---|---|
| 借:应付账款 | 1 000 000 | |
| 贷:实收资本 | | 250 000 |
| 资本公积——资本溢价 | | 495 000 |
| 银行存款 | | 15 000 |
| 投资收益 | | 240 000 |

**【例2-3】** 2×23年11月5日,甲公司向乙公司赊购一批材料,含税价为234万元。2×24年9月10日,甲公司因发生财务困难,无法按合同约定偿还债务,双方协商进行债务重组。乙公司同意甲公司用其生产的商品、作为固定资产管理的机器设备和一项债券投资抵偿欠款。当日,该债权的公允价值为210万元,甲公司用于抵债的商品市价(不含增值税)为90万元,抵债设备的公允价值为75万元,用于抵债的债券投资市价为23.55万元。

抵债资产于2×24年9月20日转让完毕,甲公司发生设备运输费用0.65万元,乙公司发生设备安装费用1.5万元。

乙公司以摊余成本计量该项债权。2×24年9月20日,乙公司对该债权已计提坏账准备19万元，债券投资市价为21万元。乙公司将受让的商品、设备和债券投资分别作为低值易耗品、固定资产和以公允价值计量且其变动计入当期损益的金融资产核算。

甲公司以摊余成本计量该项债务。2×24年9月20日，甲公司用于抵债的商品成本为70万元；抵债设备的账面原价为150万元，累计折旧为40万元，已计提减值准备18万元；甲公司以摊余成本计量用于抵债的债券投资，其债券票面价值总额为15万元，票面利率与实际利率一致，按年计息。当日，该项债务的账面价值仍为234万元。

甲公司和乙公司均为增值税一般纳税人，适用的增值税税率为13%，经税务机关核定，该项交易中商品和设备的计税价格分别为90万元和75万元。不考虑其他相关税费。

(1) 债权人的会计处理。

低值易耗品可抵扣增值税＝90×13%＝11.7(万元)

设备可抵扣增值税＝75×13%＝9.75(万元)

低值易耗品和固定资产的成本应当以其公允价值比例(90∶75)对放弃债权公允价值扣除受让金融资产公允价值后的净额进行分配后的金额为基础确定。

低值易耗品的成本＝90÷(90＋75)×(210－23.55－11.7－9.75)＝90(万元)

固定资产的成本＝75÷(90＋75)×(210－23.55－11.7－9.75)＝75(万元)

2×24年9月20日，乙公司的账务处理如下：

结转债务重组相关损益时：

| | | |
|---|---|---|
| 借：周转材料——低值易耗品 | 900 000 | |
| 　　在建工程——在安装设备 | 750 000 | |
| 　　应交税费——应交增值税(进项税额) | 214 500 | |
| 　　交易性金融资产 | 210 000 | |
| 　　坏账准备 | 190 000 | |
| 　　投资收益 | 75 500 | |
| 　　贷：应收账款——甲公司 | | 2 340 000 |

支付安装成本时：

| | | |
|---|---|---|
| 借：在建工程——在安装设备 | 15 000 | |
| 　　贷：银行存款 | | 15 000 |

安装完毕达到可使用状态时：

| | | |
|---|---|---|
| 借：固定资产——××设备 | 765 000 | |
| 　　贷：在建工程在安装设备 | | 765 000 |

(2) 债务人的会计处理。甲公司2×24年9月20日的账务处理如下：

| | | |
|---|---|---|
| 借：固定资产清理 | 920 000 | |
| 　　累计折旧 | 400 000 | |
| 　　固定资产减值准备 | 180 000 | |
| 　　贷：固定资产 | | 1 500 000 |

| | | |
|---|---|---|
| 借：固定资产清理 | 6 500 | |
| 　　贷：银行存款 | | 6 500 |

借：应付账款　2 340 000

　贷：固定资产清理　926 500

　　库存商品　700 000

　　应交税费——应交增值税（销项税额）　214 500

　　债权投资——成本　150 000

　　其他收益——债务重组收益　349 000

**【例 2-4】** A 公司为上市公司，2×20 年 1 月 1 日，A 公司取得 B 银行贷款 5 000 万元，约定贷款期限为 4 年（即 2×23 年 12 月 31 日到期），年利率为 6%，按年付息，A 公司已按时支付所有利息。2×23 年 12 月 31 日，A 公司出现严重资金周转问题，多项债务违约，信用风险增加，无法偿还贷款本金。2×24 年 1 月 10 日，B 银行同意与 A 公司就该项贷款重新达成协议，新协议约定：

(1) A 公司将一项作为固定资产核算的房产转让给 B 银行，用于抵偿债务本金 1 000 万元，该房产账面原值 1 200 万元，累计折旧 400 万元，未计提减值准备。

(2) A 公司向 B 银行增发股票 500 万股，每股面值为 1 元，占 A 公司股份总额的 1%，用于抵偿债务本金 2 000 万元，A 公司股票于 2×24 年 1 月 10 日的每股收盘价为 4 元。

(3) 在 A 公司履行上述偿债义务后，B 银行免除 A 公司 500 万元债务本金，并将尚未偿还的债务本金 1 500 万元展期至 2×24 年 12 月 31 日，年利率为 8%；如果 A 公司未能履行上述(1)和(2)所述偿债义务，B 银行有权终止债务重组协议，尚未履行的债权调整协议随之失效。

B 银行以摊余成本计量该贷款，已计提贷款损失准备 300 万元。该贷款于 2×24 年 1 月 10 日的公允价值为 4 600 万元，予以展期的贷款的公允价值为 1 500 万元。2×24 年 3 月 2 日，双方办理完成房产转让手续，B 银行将该房产作为投资性房地产核算。2×24 年 3 月 31 日，B 银行为该笔贷款补提了 100 万元的损失准备。2×24 年 5 月 9 日，双方办理完成股权转让手续，B 银行将该股权投资分类为以公允价值计量且其变动计入当期损益的金融资产，A 公司股票当日每股收盘价为 4.02 元。

A 公司以摊余成本计量该贷款，截至 2×24 年 1 月 10 日，该贷款的账面价值为 5 000 万元。不考虑相关税费。

(1) 债权人的会计处理。A 公司与 B 银行以组合方式进行债务重组，同时涉及以资产清偿债务、将债务转为权益工具、包括债务豁免的修改其他条款等方式，可以认为对全部债权的合同条款作出了实质性修改，债权人在收取债权现金流量的合同权利终止时应当终止确认全部债权，即在 2×24 年 5 月 9 日该债务重组协议的执行过程和结果不确定性消除时，可以确认债务重组相关损益，并按照修改后的条款确认新金融资产。债权人 B 银行的账务处理如下：

2×24 年 3 月 2 日：

投资性房地产成本＝放弃债权公允价值－受让股权公允价值－重组债权公允价值

＝4 600－2 000－1 500＝1 100（万元）

借：投资性房地产　11 000 000

　贷：贷款——本金　11 000 000

2×24 年 3 月 31 日：

借：信用减值损失　　1 000 000
　　贷：贷款损失准备　　1 000 000

2×24 年 5 月 9 日：

受让股权的公允价值＝4.02×500＝2 010(万元)

借：交易性金融资产　　20 100 000
　　贷款——本金　　15 000 000
　　贷款损失准备　　4 000 000
　　贷：贷款　　39 000 000
　　　　投资收益　　100 000

(2) 债务人的会计处理。该债务重组协议的执行过程和结果不确定性于 2×24 年 5 月 9 日消除时，债务人清偿该部分债务的现时义务已经解除，可以确认债务重组相关损益，并按照修改后的条款确认新金融负债。债务人 A 公司的账务处理如下：

2×24 年 3 月 2 日：

借：固定资产清理　　8 000 000
　　累计折旧　　4 000 000
　　贷：固定资产　　12 000 000

借：长期借款——本金　　8 000 000
　　贷：固定资产清理　　8 000 000

2×24 年 5 月 9 日：

借款的新现金流量＝1 500×(1＋8%)÷(1＋6%)＝1 528.3(万元)

现金流变化＝(1 528.3－1 500)÷1 500×100%＝1.89%＜10%

因此，针对 1 500 万元本金部分的合同条款的修改不构成实质性修改，不终止确认该部分负债。

在本例中，即使没有“A 公司未能上述履行(1)和(2)所述偿债义务，B 银行有权终止债务重组协议，尚未履行的债权调整承诺随之失效”的条款，债务人仍然应当谨慎处理，考虑在债务的现时义务解除时终止确认原债务。

## 第三节　债务重组的相关披露

债务重组中涉及的债权、重组债权、债务、重组债务和其他金融工具的披露，应当按照《企业会计准则第 37 号——金融工具列报》的规定处理。此外，债权人和债务人还应当在附注中披露与债务重组有关的额外信息。

债权人应当在附注中披露与债务重组有关的下列信息：

(1) 根据债务重组方式，分组披露债权账面价值和债务重组相关损益。分组时，债权人可以按照以资产清偿债务方式、将债务转为权益工具方式、修改其他条款方式和组合方式为标准分组，也可以根据重要性原则以更细化的标准分组。

（2）债务重组导致的对联营企业或合营企业的权益性投资增加额，以及该投资占联营企业或合营企业股份总额的比例。

债务人应当在附注中披露与债务重组有关的下列信息：

（1）根据债务重组方式，分组披露债务账面价值和债务重组相关损益。分组的标准与对债权人的要求类似。

（2）债务重组导致的股本等所有者权益的增加额。

报表使用者可能关心与债务重组相关的其他信息。例如，债权人和债务人是否具有关联方关系。又如，如何确定债务转为权益工具方式中的权益工具，以及修改其他条款方式中的新重组债权或重组债务等的公允价值。再如，是否存在与债务重组相关的或有事项等，企业应当根据《企业会计准则第 13 号——或有事项》《企业会计准则第 22 号——金融工具确认和计量》《企业会计准则第 36 号——关联方披露》《企业会计准则第 37 号——金融工具列报》《企业会计准则第 39 号——公允价值计量》等规定，披露相关信息。

练习题

# 第三章 政府补助

课程思政

## 本章导读

世界各国政府为了促进本国或本地区的经济发展，往往给予特定行业的特定企业一定形式的政府补助。这些政府补助如何进入损益是本章需要解决的问题。

在实务中，政府补助可能用于构建长期资产，而长期资产的使用期较长，政府补助进入利润表则必须与资产使用期相匹配。如政府补助与资产购建无关，则当期即可进入损益，当然其进入损益的方式与其是否是企业日常活动有关。

本章根据 2017 年 6 月 12 日开始施行的《企业会计准则第 16 号——政府补助》编写。

## 本章导图

- 政府补助
  - 政府补助概述
    - 政府补助的定义
    - 政府补助的特征
    - 政府补助的分类
  - 政府补助的会计处理
    - 政府补助的确认条件和会计处理方法
    - 与资产相关的政府补助
    - 与收益相关的政府补助
    - 政府补助的退回
    - 特定业务政府补助的会计处理
  - 政府补助的列报
    - 政府补助在利润表上的列示
    - 政府补助的附注披露

# 第一节 政府补助概述

## 一、政府补助的定义

政府补助是指企业从政府无偿取得货币性资产或非货币性资产。其主要形式包括政府对企业的无偿拨款、税收返还、财政贴息,以及无偿给予非货币性资产等。

在通常情况下,直接减征、免征、增加计税抵扣额、抵免部分税额等不涉及资产直接转移的经济资源,不适用《企业会计准则第16号——政府补助》。

但是,部分减免税款需要按照《企业会计准则第16号——政府补助》进行会计处理。例如,属于一般纳税人的加工型企业根据税法规定招用自主就业退役士兵,并按定额扣减增值税的,应当将减征的税额计入当期损益,借记"应交税费——应交增值税(减免税款)"科目,贷记"其他收益"科目。又如,即征即退的增值税,先按规定交纳增值税,然后根据退回的增值税额,借记"银行存款"等科目,贷记"其他收益"科目。另外,按规定直接减免应交的增值税额的,也计入其他收益。还需要说明的是,增值税出口退税不属于政府补助。根据税法规定,在对出口货物取得的收入免征增值税的同时,退付出口货物前道环节发生的进项税额,增值税出口退税实际上是政府退回企业事先垫付的进项税,所以不属于政府补助。企业超比例安排残疾人就业或者为安排残疾人就业作出显著成绩,按规定收到的奖励,记入"其他收益"科目。

## 二、政府补助的特征

政府补助具有以下特征。

**(一)政府补助是来源于政府的经济资源**

这里的政府主要是指行政事业单位及类似机构。对企业收到的来源于其他方的补助,如有确凿证据表明政府是补助的实际拨付者,其他方只是起到代收代付的作用,则该项补助也属于来源于政府的经济资源。例如,某集团公司母公司收到一笔政府补助款,有确凿证据表明该补助款实际的补助对象为该母公司下属子公司,母公司只是起到代收代付的作用,在这种情况下,该补助款属于对子公司的政府补助。

**(二)政府补助是无偿的**

政府补助是无偿的,即企业取得来源于政府的经济资源,不需要向政府交付商品或服务等对价。无偿性是政府补助的基本特征。这一特征将政府补助与政府作为企业所有者投入的资本、政府购买服务等互惠性交易区别开来。需要说明的是,政府补助通常附有一定条件,这与政府补助的无偿性并无矛盾,只是政府为了推行其宏观经济政策,对企业使用政府补助的时间、范围和方向进行了限制。

政府如以企业所有者身份向企业投入资本,则政府享有相应的所有者权益,此时政府与企业之间是投资者与被投资者的关系,属于互惠交易。

企业从政府取得的经济资源,如果与企业销售商品或提供劳务等活动密切相关,且来源于政府的经济资源是企业商品或服务的对价或者是对价的组成部分,应当按照《企业会计准则第 14 号——收入》的规定进行会计处理，不适用《企业会计准则第 16 号——政府补助》。例如，新能源汽车厂商通常以低于成本的价格销售新能源汽车，是考虑了其能够从政府取得的补贴。中央和地方财政补贴实质上是为消费者购买新能源汽车承担和支付了部分销售价款，该补贴与其销售新能源汽车密切相关，且是新能源汽车销售对价的组成部分，应属于新能源汽车厂商销售新能源汽车的收入。因此，新能源汽车厂商应当按照《企业会计准则第 14 号——收入》的规定对该补贴进行会计处理，根据中央和地方的相关补贴政策合理估计未来补贴款的金额，在满足收入确认条件时将其确认为收入。

**【例 3-1】** 甲企业是一家生产和销售高效照明产品的企业。国家为了支持高效照明产品的推广使用，通过统一招标的形式确定中标企业、高效照明产品及其中标协议供货价格。甲企业作为中标企业，需以中标协议供货价格减去财政补贴资金后的价格将高效照明产品销售给终端用户，并按照高效照明产品实际安装数量、中标供货协议价格、补贴标准，申请财政补贴资金。2×24 年度，甲企业销售高效照明产品获得财政资金 5 000 万元。

在本例中，甲企业虽然取得财政补贴资金，但最终受益人是从甲企业购买高效照明产品的大宗用户和城乡居民，相当于政府以中标协议供货价格从甲企业购买了高效照明产品，再以中标协议供货价格减去财政补贴资金后的价格将产品销售给终端用户。实际操作时，政府并没有直接从事高效照明产品的购销，但以补贴资金的形式通过甲企业的销售行为实现了政府推广使用高效照明产品的目标。对甲企业而言，销售高效照明产品是其日常经营活动，甲企业实际按照中标协议供货价格销售了产品，其销售收入由两部分构成：一是终端用户支付的购买价款，二是财政补贴资金，财政补贴资金是甲企业产品对价的组成部分。可见，甲企业收到的补贴资金 5 000 万元应当按照《企业会计准则第 14 号——收入》的规定进行会计处理。

**【例 3-2】** 2×24 年 2 月，乙企业与所在城市的开发区人民政府签订了项目合作投资协议，实施“退城进园”技改搬迁。根据协议，乙企业在开发区内投资约 4 亿元建设电子信息设备生产基地。生产基地占地面积 400 亩(1 亩≈667 平方米，下同)，该宗项目用地按开发区工业用地基准地价挂牌出让，乙企业摘牌并按挂牌出让价格交纳土地款及相关税费 4 800 万元。乙企业自开工之日起须在 18 个月内完成搬迁工作，从原址搬迁至开发区，同时将乙企业位于城区繁华地段的原址用地(200 亩，按照所在地段工业用地基准地价评估为 1 亿元)移交给开发区政府收储，开发区政府将向乙企业支付补偿资金 1 亿元。

在本例中，为实施“退城进园”技改搬迁，乙企业将其位于城区繁华地段的原址用地移交给开发区政府收储，开发区政府为此向乙企业支付补偿资金 1 亿元。开发区政府对乙企业的搬迁补偿是基于乙企业原址用地的公允价值确定的，实质是政府按照相应资产的市场价格向企业购买资产，企业从政府取得的经济资源是企业让渡其资产的对价，双方的交易是互惠性交易，不符合政府补助无偿性的特点，因此乙企业收到的 1 亿元搬迁补偿资金不作为政府补助处理，而应作为处置非流动资产的收入。

**【例 3-3】** 丙企业是一家生产和销售重型机械的企业。为推动科技创新，丙企业所在地政府于 2×24 年 8 月向丙企业拨付了 3 000 万元资金，要求丙企业将这笔资金用于技术改造项目研究，研究成果归丙企业享有。

在本例中，丙企业的日常经营活动是生产和销售重型机械，其从政府取得了 3 000 万元资金用于研发支出，且研究成果归丙企业享有。所以这项财政拨款具有无偿性，丙企业收到的 3 000 万元资金应当按照《企业会计准则第 16 号——政府补助》的规定进行会计处理。

### 三、政府补助的分类

确定了来源于政府的经济利益属于政府补助后，企业还应当对其进行恰当的分类。根据《企业会计准则第 16 号——政府补助》的规定，政府补助应当划分为与资产相关的政府补助和与收益相关的政府补助，这是因为两类政府补助给企业带来经济利益或者弥补相关成本或费用的形式不同，从而在具体账务处理上存在差别。

**（一）与资产相关的政府补助**

与资产相关的政府补助，是指企业取得的、用于购建或以其他方式形成长期资产的政府补助。

在通常情况下，相关补助文件会要求企业将补助资金用于取得长期资产。长期资产将在较长的期间内给企业带来经济利益，会计上有两种处理方法可供选择：一是将与资产相关的政府补助确认为递延收益，随着资产的使用而逐步结转入损益，即总额法；二是将补助冲减资产的账面价值，以反映长期资产的实际取得成本，即净额法。

**（二）与收益相关的政府补助**

与收益相关的政府补助，是指除与资产相关的政府补助外的政府补助。此类补助主要是用于补偿企业已发生或即将发生的费用或损失。其受益期相对较短，所以通常在满足补助所附条件时计入当期损益或冲减相关成本。

**【例 3-4】** 甲公司租赁某物业，租赁期为 5 年，每 3 个月支付一次租金。为支持甲公司经营发展，当地政府为其提供租金扶持补贴，甲公司在每 3 个月支付租金后，向政府提交租金支付凭证等申请资料，政府审核通过后发放相应的租金扶持补贴。

在通常情况下，与资产相关的政府补助的相关文件会要求企业将补助资金用于取得固定资产或无形资产等长期资产。在本例中，甲公司收到的政府补助在性质上为政府对企业所付物业租金的补贴，弥补的是企业相关期间的租赁成本费用，不符合与资产相关的政府补助的定义，因此其属于与收益相关的政府补助。

## 第二节　政府补助的会计处理

### 一、政府补助的确认条件和会计处理方法

**（一）政府补助的确认条件**

根据《企业会计准则第 16 号——政府补助》的规定，政府补助同时满足下列条件的，才能予以确认：

（1）企业能够满足政府补助所附条件。

（2）企业能够收到政府补助。判断企业能够收到政府补助，应着眼于分析和落实企业能够符合财政扶持政策规定的相关条件且预计能够收到财政扶持资金的“确凿证据”。例如，关注政府补助的发放主体是否具备相应的权力和资质，补助文件中索引的政策依据是否

适用，申请政府补助的流程是否合法合规，是否已经履行完毕补助文件中的要求，实际收取资金前是否需要政府部门的实质性审核，同类型政府补助以前实际发放情况，补助文件是否有明确的支付时间，政府是否具备履行支付义务的能力等。在计量方面，政府补助为货币性资产的，应当按照收到或应收的金额计量。如果企业已经实际收到补助资金，则应当按照实际收到的金额计量；如果资产负债表日企业尚未收到补助资金，但企业在符合了相关政策规定后获得了收款权，且与之相关的经济利益很可能流入企业，则企业应当在这项补助成为应收款时按照应收的金额计量。政府补助为非货币性资产的，应当按照公允价值计量；公允价值不能可靠取得的，按照名义金额计量。

**（二）政府补助的会计处理方法**

政府补助有两种会计处理方法：

（1）总额法，即在确认政府补助时将政府补助全额确认为收益，而不是作为相关资产账面价值或者费用的扣减。

（2）净额法，即将政府补助作为相关资产账面价值或所补偿费用的扣减。

企业应当根据经济业务的实质，判断某一类政府补助业务应当采用总额法还是净额法，在通常情况下，企业对同类或类似政府补助业务只能选用同一种方法，同时，企业对该业务应当一贯地运用该方法，不得随意变更。

与企业日常活动相关的政府补助，应当按照经济业务实质，计入其他收益或冲减相关成本费用。与企业日常活动无关的政府补助，应计入营业外收支。在通常情况下，若政府补助补偿的成本费用是营业利润的项目，或该补助与日常销售等经营行为密切相关，如增值税即征即退等，则认为该政府补助与日常活动相关。企业选择总额法对与日常活动相关的政府补助进行会计处理的，应在“其他收益”科目进行核算。

“其他收益”科目核算总额法下与日常活动相关的政府补助，以及其他与日常活动相关且应直接记入本科目的项目。对于总额法下与日常活动相关的政府补助，企业在实际收到或应收时，或者将先确认为“递延收益”的政府补助分摊计入损益时，借记“银行存款”“其他应收款”“递延收益”等科目，贷记“其他收益”科目。

## 二、与资产相关的政府补助

在会计实务中，企业通常先收到补助资金，再按照政府要求将补助资金用于购建固定资产或无形资产等长期资产。企业在收到补助资金时，有以下两种会计处理方法可供选择：

一是总额法，即先按照补助资金的金额，借记“银行存款”等科目，贷记“递延收益”科目；再在相关资产使用寿命内按合理、系统的方法分期计入损益。如果企业先收到补助资金，再购建长期资产，则应当在开始对相关资产计提折旧或摊销时将递延收益分期计入损益；如果企业先开始购建长期资产，再收到补助资金，则应当在相关资产的剩余使用寿命内按照合理、系统的方法将递延收益分期计入损益。如果对应的长期资产在持有期间发生减值损失，则递延收益的摊销仍保持不变，不受减值因素的影响。企业对与资产相关的政府补助选择总额法后，为避免出现前后方法不一致的情况，结转递延收益时不得冲减相关成本费用，而应将递延收益分期转入其他收益或营业外收入，借记“递延收益”科目，贷记“其他收益”（与企业日常活动相关的政府补助）或“营业外收入”（与企业日常活动无关的政府补助）科目。相关资产在使用寿命结束时或结束前被处置（出售、转让、报废等），尚未分摊的递延收益余额应当一次性转入资产处置当期的损益，不再予以递延。

二是净额法，即将补助冲减相关资产账面价值，企业按照扣减了政府补助后的资产价值对相关资产计提折旧或进行摊销。

在会计实务中，存在政府无偿给予企业长期非货币性资产的情况，如无偿给予的土地使用权和天然起源的天然林等。企业在收到无偿给予的非货币性资产时，应当按照公允价值，借记有关资产科目，贷记“递延收益”科目，在相关资产使用寿命内按合理、系统的方法分期计入损益，借记“递延收益”科目，贷记“其他收益”或“营业外收入”科目。对以名义金额(1元)计量的政府补助，企业在取得时应计入当期损益。

**【例3-5】** 按照国家有关政策，企业购置环保设备可以申请补贴以补偿其环保支出。丁企业于2×18年1月向政府有关部门提交了210万元的补助申请，作为对其购置环保设备的补贴。2×18年3月15日，丁企业收到了政府补贴款210万元。2×18年4月20日，丁企业购入不需安装环保设备，实际成本为480万元，使用寿命为10年，采用直线法计提折旧(不考虑净残值)。2×26年4月，丁企业的这台设备发生毁损。暂不考虑相关税费。

丁企业的账务处理如下：

方法一：丁企业选择总额法进行会计处理。

(1) 2×18年3月15日，实际收到政府补贴款，确认递延收益时：

| | | |
|---|---|---|
| 借：银行存款 | 2 100 000 | |
| 贷：递延收益 | | 2 100 000 |

(2) 2×18年4月20日，购入设备时：

| | | |
|---|---|---|
| 借：固定资产 | 4 800 000 | |
| 贷：银行存款 | | 4 800 000 |

(3) 自2×18年5月起，每月月末计提折旧，同时分摊递延收益时：

计提折旧时(假设该设备用于污染物排放测试，折旧费用计入制造费用)：

| | | |
|---|---|---|
| 借：制造费用 | 40 000 | |
| 贷：累计折旧 | | 40 000 |

分摊递延收益时(月末)：

| | | |
|---|---|---|
| 借：递延收益 | 17 500 | |
| 贷：其他收益 | | 17 500 |

(4) 2×26年4月，设备毁损，同时转销递延收益余额时：

设备毁损：

| | | |
|---|---|---|
| 借：固定资产清理 | 960 000 | |
| 累计折旧 | 3 840 000 | |
| 贷：固定资产 | | 4 800 000 |
| 借：营业外支出 | 960 000 | |
| 贷：固定资产清理 | | 960 000 |

转销递延收益余额时：

借：递延收益　　420 000
　贷：营业外收入　　420 000

方法二：丁企业选择净额法进行会计处理。

(1) 2×18 年 3 月 15 日，实际收到政府补贴款时：

借：银行存款　　2 100 000
　贷：递延收益　　2 100 000

(2) 2×18 年 4 月 20 日，购入设备时：

借：固定资产　　4 800 000
　贷：银行存款　　4 800 000

借：递延收益　　2 100 000
　贷：固定资产　　2 100 000

(3) 自 2×18 年 5 月起，每月月末计提折旧时：

借：制造费用　　22 500
　贷：累计折旧　　22 500

(4) 2×26 年 4 月，设备毁损时：

借：固定资产清理　　540 000
　累计折旧　　2 160 000
　贷：固定资产　　2 700 000

借：营业外支出　　540 000
　贷：固定资产清理　　540 000

## 三、与收益相关的政府补助

对于与收益相关的政府补助，企业应当选择采用总额法或净额法进行会计处理。选择总额法的，应当计入其他收益或营业外收入；选择净额法的，应当冲减相关成本费用或营业外支出。

### (一) 用于补偿企业以后期间的相关成本费用或损失的政府补助的会计处理

企业在收到用于补偿企业以后期间的相关成本费用或损失的政府补贴时，应当先判断企业能否满足政府补助所附条件。根据《企业会计准则第 16 号——政府补助》的规定，只有满足政府补助确认条件的才能予以确认。客观情况表明企业能够满足政府补助所附条件的，企业应当将补助确认为递延收益，并在确认相关费用或损失的期间，计入当期损益或冲减相关成本。

**【例 3-6】** 甲企业于 2×22 年 3 月 15 日与企业所在地地方政府签订合作协议，根据协议约定，当地政府将向甲企业提供 1 000 万元补助资金，用于企业的人才激励和人才引进奖励，甲企业必须按年向当地政府报送详细的资金使用计划并按规定用途使用资金。协议同时还约定，甲企业自获得奖励起 10 年内注册地址不迁离本区，否则政府有权追回补助资金。甲企业于 2×22 年 4 月 10 日收到 1 000 万元补助资金，分别于 2×22 年 12 月、2×23 年

12 月、2×24 年 12 月使用了 400 万元、300 万元和 300 万元，用于向总裁级别类高管发放年度奖金。

在本例中，甲企业在实际收到补助资金时，应当先判断是否满足递延收益确认条件。如果客观情况表明甲企业在未来 10 年内离开该地区的可能性很小（比如，通过成本效益分析认为甲企业迁离该地区的成本大大高于收益），则甲企业在收到补助资金时，应当记入“递延收益”科目，实际按规定用途使用补助资金时，再计入当期损益。

甲企业选择净额法对此类补助进行会计处理，其账务处理如下：

（1）2×22 年 4 月 10 日，甲企业实际收到补助资金时：

| | | |
|---|---|---|
| 借：银行存款 | 10 000 000 | |
| 　贷：递延收益 | | 10 000 000 |

（2）2×22 年 12 月、2×23 年 12 月、2×24 年 12 月，甲企业将补助资金作为奖金发放给高管，相应结转递延收益时：

2×22 年 12 月：

| | | |
|---|---|---|
| 借：递延收益 | 4 000 000 | |
| 　贷：管理费用 | | 4 000 000 |

2×23 年 12 月：

| | | |
|---|---|---|
| 借：递延收益 | 3 000 000 | |
| 　贷：管理费用 | | 3 000 000 |

2×24 年 12 月：

| | | |
|---|---|---|
| 借：递延收益 | 3 000 000 | |
| 　贷：管理费用 | | 3 000 000 |

如果甲企业在收到补助资金时暂时无法确定能否满足政府补助所附条件（即在未来 10 年内不得离开该地区），则应当将收到的补助资金先记入“其他应付款”科目，待客观情况表明企业能够满足政府补助所附条件后，再转入“递延收益”科目。

### （二）用于补偿企业已发生的相关成本费用或损失的政府补助的会计处理

用于补偿企业已发生的相关成本费用或损失的政府补助，直接计入当期损益或冲减相关成本。这类政府补助通常与企业已经发生的行为有关，是对企业已发生的成本费用或损失的补偿，或是对企业过去行为的奖励。

**【例 3-7】** 乙企业销售其自主开发生产的动漫软件，按照国家有关规定，该企业的这种产品适用增值税即征即退政策，按 13% 的税率征收增值税后，对其增值税实际税负超过 3% 的部分，实行即征即退。乙企业 2×24 年 8 月在进行纳税申报时，对归属于 7 月的增值税即征即退提交退税申请，经主管税务机关审核后的退税额为 10 万元。软件企业即征即退增值税与企业的日常销售密切相关，属于与企业日常活动相关的政府补助。乙企业于 2×24 年 8 月申请退税并确定了增值税退税额，账务处理如下：

| | | |
|---|---|---|
| 借：其他应收款 | 100 000 | |
| 　贷：其他收益 | | 100 000 |

【例 3-8】 丙企业 2×24 年 11 月遭受重大自然灾害，并于 2×24 年 12 月 20 日收到了政府补助资金 200 万元。

2×24 年 12 月 20 日，丙企业实际收到补助资金并选择按总额法进行会计处理，其账务处理如下：

借：银行存款　　2 000 000
　　贷：营业外收入　　2 000 000

【例 3-9】 丁企业是集乙烯、芳烃技术研发、生产于一体的高新技术企业。其主要原料是石脑油。石脑油按成品油项目在生产环节征消费税。根据国家有关规定，对使用燃料油、石脑油生产乙烯、芳烃的企业购进并用于生产乙烯、芳烃类化工产品的石脑油、燃料油，按实际耗用数量退还所含消费税。假设丁企业石脑油每吨单价为 5 333 元（其中，消费税每吨 2 105 元）。本期将 115 吨石脑油投入生产，石脑油转换率 1.15∶1（即 1.15 吨石脑油可生产 1 吨乙烯、芳烃），共生产乙烯、芳烃 100 吨。丁企业根据当期产量及所购原料供应商的消费税证明，申请退还相应的消费税。当期应退消费税为 242 075 元（100×1.15×2 105），丁企业在期末结转存货成本和主营业务成本之前，账务处理如下：

借：其他应收款　　242 075
　　贷：生产成本　　242 075

## 四、政府补助的退回

已计入损益的政府补助需要退回的，应当在需要退回的当期分情况按照以下规定进行会计处理：

（1）初始确认时冲减相关资产账面价值的，调整资产账面价值。

（2）存在相关递延收益的，冲减相关递延收益账面余额，超出部分计入当期损益。

（3）属于其他情况的，直接计入当期损益。此外，对于属于前期差错的政府补助退回，应当按照前期差错更正进行追溯调整。

【例 3-10】 承[例 3-5]，假设 2×19 年 5 月，有关部门在对丁企业的检查中发现，丁企业不符合申请补助的条件，要求丁企业退回政府补贴款。丁企业于当月退回了政府补贴款 210 万元。

丁企业的账务处理如下：

方法一：丁企业选择总额法进行会计处理，应当结转递延收益，并将超出部分计入当期损益。因为以前期间计入其他收益，所以在本例中这部分退回的政府补贴款冲减应退回当期的其他收益。

2×19 年 5 月，丁企业退回政府补贴款时：

借：递延收益　　1 890 000
　　其他收益　　210 000
　　贷：银行存款　　2 100 000

方法二：丁企业选择净额法进行会计处理，应当视同一开始就没有收到政府补助，调整固定资产的账面价值，将实际退回金额与账面价值调整数之间的差额计入当期其他收益。

2×19 年 5 月，丁企业退回政府补贴款时：

借：固定资产　　2 100 000
　其他收益　　210 000
　贷：银行存款　　2 100 000
　　累计折旧　　210 000

**【例 3-11】** 甲企业于 2×21 年 11 月与某开发区政府签订合作协议，在开发区内投资设立生产基地。协议约定，开发区政府自协议签订之日起 6 个月内向甲企业提供 300 万元产业补贴资金用于奖励该企业在开发区内投资，甲企业自获得产业补贴资金起 5 年内注册地址不迁离本区。如果甲企业在此期限内提前搬离开发区，则开发区政府允许甲企业按照实际留在本区的时间保留部分产业补贴资金，并按剩余时间追回产业补贴资金。甲企业于 2×22 年 1 月 3 日收到产业补贴资金。

假设甲企业在实际收到产业补助资金时，客观情况表明甲企业在未来 5 年内搬离开发区的可能性很小，甲企业应当在收到产业补助资金时，记入"递延收益"科目。协议约定如果甲企业提前搬离开发区，开发区政府有权追回部分产业补助资金，这说明企业每留在开发区内一年，就有权取得这一年相关的产业补助资金，与这一年产业补助资金有关的不确定性基本消除，补贴收益得以实现。因此，甲企业应当将该产业补助资金在 5 年内平均摊销结转计入损益。

甲企业的账务处理如下：

(1) 2×22 年 1 月 3 日，甲企业实际收到产业补助资金时：

借：银行存款　　3 000 000
　贷：递延收益　　3 000 000

(2) 2×22 年 12 月 31 日及以后年度，甲企业分期将递延收益结转入当期损益时：

借：递延收益　　600 000
　贷：其他收益　　600 000

假设 2×24 年 1 月，因甲企业重大战略调整，搬离开发区，开发区政府根据协议要求甲企业退回产业补助资金 180 万元时：

借：递延收益　　1 800 000
　贷：其他应付款　　1 800 000

## 五、特定业务政府补助的会计处理

### (一) 综合性项目政府补助

综合性项目政府补助同时包含与资产相关的政府补助和与收益相关的政府补助。企业应当采取合理的方法将其进行分解并分别进行会计处理。确实难以区分的，企业应当将其整体归类为与收益相关的政府补助进行处理。

**【例 3-12】** 2×23 年 6 月 15 日，某市科技创新委员会与乙企业签订了科技计划项目合同书，拟对乙企业的新药临床研究项目提供研究补助资金。该项目总预算为 600 万元，其中，市科技创新委员会资助200万元，乙企业自筹400万元。政府资助的200万元用于补助设备费60万元、材料费15万元、测试化验加工费95万元、差旅费10万元、会议费5万元、专家咨询费8万元、管理费用7万元，在本例中除设备费外的其他各项费用都计入研究支出。市科技创新委员会应当在合同签订之日起30日内将研究补助资金拨付给乙企业。根据双方约定，乙企业应当按合同规定的开支范围，对市科技创新委员会资助的经费实行专款专用。项目实施期限为自合同签订之日起30个月，期满后乙企业如未通过验收，则其在该项目实施期满后3年内不得再向市政府申请科技补贴资金。乙企业于2×23年7月10日收到研究补助资金，在项目期内按照合同约定的用途使用了研究补助资金，其中，乙企业于2×23年7月25日按项目合同书的约定购置了相关设备，设备成本为150万元，其中，使用研究补助资金60万元，该设备使用年限为10年，采用直线法计提折旧（不考虑净残值）。假设不考虑相关税费。

在本例中，乙企业收到的研究补助资金是综合性项目政府补助，需要区分与资产相关的政府补助和与收益相关的政府补助并分别进行处理。假设乙企业对收到的与资产相关的政府补助选择净额法进行会计处理。乙企业的账务处理如下：

(1) 2×23年7月10日，乙企业实际收到研究补助资金时：

借：银行存款　　2 000 000

　贷：递延收益　　2 000 000

(2) 2×23年7月25日，购入设备时：

借：固定资产　　1 500 000

　贷：银行存款　　1 500 000

借：递延收益　　600 000

　贷：固定资产　　600 000

(3) 自2×23年8月起每月月末计提折旧，折旧费用计入研发支出时：

借：研发支出　　7 500

　贷：累计折旧　　7 500

(4) 对其他与收益相关的政府补助，乙企业应当按照相关经济业务的实质确定是计入其他收益还是冲减相关成本费用，在企业按规定用途实际使用时计入损益，或者在实际使用的当期期末根据当期累计使用的金额计入损益，借记“递延收益”科目，贷记有关损益科目。

### （二）政策性优惠贷款贴息

政策性优惠贷款贴息是政府为支持特定领域或区域发展，根据国家宏观经济形势和政策目标，对承贷企业的银行借款利息给予的补贴。

企业取得政策性优惠贷款贴息的，应当区分财政将贴息资金拨付给贷款银行和财政将贴息资金直接拨付给受益企业两种情况，分别进行会计处理。

1. 财政将贴息资金拨付给贷款银行

在财政将贴息资金拨付给贷款银行的情况下，由贷款银行以政策性优惠利率向企业提供贷款。在这种方式下，受益企业按照优惠利率向贷款银行支付利息，没有直接从政府取得利息补助，企业可以选择下列方法之一进行会计处理：第一种方法是以实际收到的金额作为借款的入账价值，按照借款本金和该政策性优惠利率计算借款费用。在通常情况下，实际收到的金额即为借款本金。第二种方法是以借款的公允价值作为借款的入账价值并按照实际利率法计算借款费用，实际收到的金额与借款公允价值之间的差额确认为递延收益，递延收益在借款存续期内采用实际利率法摊销，冲减相关借款费用。企业选择了上述两种方法之一后，应当保持一致，不得随意变更。在这种情况下，向企业发放贷款的银行并不是受益主体，其仍然按照市场利率收取利息，只是一部分利息来自企业，另一部分利息来自财政贴息。金融企业发挥的是中介作用，并不需要确认与贷款相关的递延收益。

**【例 3-13】** 2×23 年 1 月 1 日，丙企业向银行贷款 1 000 000 元，期限为 2 年，按月计息，按季度付息，到期一次还本。这笔贷款资金将被用于国家扶持产业，符合财政贴息的条件，因此贷款利率显著低于丙企业取得同类贷款的市场利率。假设丙企业取得同类贷款的年市场利率为 9%，丙企业与银行签订的贷款合同约定的年利率为 3%，丙企业按季度向银行支付贷款利息，财政按年向银行拨付贴息资金。贴息后实际支付的年利息率为 3%，贷款期间的利息费用满足资本化条件，计入相关在建工程的成本。相关计算见表 3-1。

表 3-1　**相关借款费用的测算和递延收益的摊销**　单位：元

| 月度 | 实际支付银行的利息① | 财政贴息② | 实际现金流（利息支出）③ | 实际现金流折现④ | 长期借款各期实际利息⑤ | 摊销金额⑥ | 长期借款的期末账面价值⑦ |
|---|---|---|---|---|---|---|---|
| | | | | | | | 890 554 |
| 1 | 7 500 | 5 000 | 2 500 | 2 481 | 6 679 | 4 179 | 894 733 |
| 2 | 7 500 | 5 000 | 2 500 | 2 463 | 6 711 | 4 211 | 898 944 |
| 3 | 7 500 | 5 000 | 2 500 | 2 445 | 6 742 | 4 242 | 903 186 |
| 4 | 7 500 | 5 000 | 2 500 | 2 426 | 6 774 | 4 274 | 907 460 |
| 5 | 7 500 | 5 000 | 2 500 | 2 408 | 6 806 | 4 306 | 91 766 |
| 6 | 7 500 | 5 000 | 2 500 | 2 390 | 6 838 | 4 338 | 916 104 |
| 7 | 7 500 | 5 000 | 2 500 | 2 373 | 6S71 | 4 371 | 920 475 |
| 8 | 7 500 | 5 000 | 2 500 | 2 355 | 6 904 | 4 404 | 924 878 |
| 9 | 7 500 | 5 000 | 2 500 | 2 337 | 6 937 | 4 437 | 929 315 |
| 10 | 7 500 | 5 000 | 2 500 | 2 320 | 6 970 | 4 470 | 933 785 |
| 11 | 7 500 | 5 000 | 2 500 | 2 303 | 7 003 | 4 503 | 938 288 |
| 12 | 7 500 | 5 000 | 2 500 | 2 286 | 7 037 | 4 537 | 942 825 |
| 13 | 7 500 | 5 000 | 2 500 | 2 269 | 7 071 | 4 571 | 947 397 |
| 14 | 7 500 | 5 000 | 2 500 | 2 252 | 7 105 | 4 605 | 952 002 |
| 15 | 7 500 | 5 000 | 2 500 | 2 235 | 1 140 | 4 640 | 956 642 |
| 16 | 7 500 | 5 000 | 2 500 | 2 218 | 7 175 | 4 675 | 961 317 |
| 17 | 7 500 | 5 000 | 2 500 | 2 202 | 7 210 | 4 710 | 966 027 |

（续表）

| 月度 | 实际支付银行的利息① | 财政贴息② | 实际现金流(利息支出)③ | 实际现金流折现④ | 长期借款各期实际利息⑤ | 摊销金额⑥ | 长期借款的期末账面价值⑦ |
|---|---|---|---|---|---|---|---|
| 18 | 7 500 | 5 000 | 2 500 | 2 185 | 7 245 | 4 745 | 970 772 |
| 19 | 7 500 | 5 000 | 2 500 | 2 169 | 7 281 | 4 781 | 975 553 |
| 20 | 7 500 | 5 000 | 2 500 | 2 153 | 7 317 | 4 817 | 980 369 |
| 21 | 7 500 | 5 000 | 2 500 | 2 137 | 7 353 | 4 853 | 985 222 |
| 22 | 7 500 | 5 000 | 2 500 | 2 121 | 7 389 | 4 889 | 990 111 |
| 23 | 7 500 | 5 000 | 2 500 | 2 105 | 7 426 | 4 926 | 995 037 |
| 24 | 7 500 | 5 000 | 1 002 500 | 837 921 | 7 463 | 4 963 | 1 000 000 |
| 合计 | | | | 890 554 | | 109 446 | |

注：(1) 实际现金流折现④为各月实际现金流(利息支出)③按照月市场利率 0.75%(9%÷12)折现的金额。例如，第一个月实际现金流折现＝2 500÷(1＋0.75%)＝2 481(元)，第二个月实际现金流折现＝2 500÷(1＋0.75%)2＝2 463(元)。

(2) 长期借款各期实际利息⑤为各月长期借款的期末账面价值⑦与月市场利率 0.75%的乘积。例如，第一个月长期借款实际利息＝本月初长期借款账面价值×0.75%＝890 554×0.75%＝6 679(元)，第二个月长期借款实际利息＝本月初长期借款账面价值×0.75%＝894 733×0.75%＝6 710(元)。

(3) 摊销金额⑥是长期借款各期实际利息⑤扣减每月实际现金流(利息支出)③后的金额。例如，第一个月摊销金额＝当月长期借款实际利息－当月实际支付的利息＝6 679－2 500＝4 179(元)，第二个月摊销金额＝当月长期借款实际利息－当月实际支付的利息＝6 711－2 500＝4 211(元)。

在这两种方法下，计入在建工程的利息支出是一致的，均为 2 500 元。差异在于：在第一种方法下，银行贷款在资产负债表中反映的账面价值为 1 000 000 元；在第二种方法下，银行贷款的入账价值为 890 554 元，递延收益为 109 446 元，各月需要按照实际利率法进行摊销。

2. 财政将贴息资金直接拨付给受益企业

在财政将贴息资金直接拨付给受益企业的情况下，企业先按照同类贷款市场利率向银行支付利息，财政部门定期与企业结算贴息。在这种方式下，由于企业先按照同类贷款市场利率向银行支付利息，所以实际收到的借款金额通常就是借款的公允价值，企业应当将对应的贴息冲减相关借款费用。

**【例 3-14】** 承[例 3-13]，丙企业与银行签订的贷款合同约定的年利率为 9%，丙企业按月计提利息，按季度向银行支付贷款利息，以付息凭证向财政申请贴息资金，财政按年与丙企业结算贴息资金。丙企业的账务处理如下：

(1) 2×23 年 1 月 1 日，丙企业取得银行贷款 1 000 000 元时：

| | | |
|---|---|---|
| 借：银行存款 | 1 000 000 | |
| 　贷：长期借款——本金 | | 1 000 000 |

(2) 2×23 年 1 月 31 日起每月月末，丙企业按月计提利息，应向银行支付的利息金为 7 500 元(1 000 000×9%÷12)，企业实际承担的利息支出为 2 500 元(1 000 000×3%÷12)，应收政府贴息为 5 000 元时：

| | | |
|---|---|---|
| 借：在建工程 | 7 500 | |
| 　　贷：应付利息 | | 7 500 |
| 借：其他应收款 | 5 000 | |
| 　　贷：在建工程 | | 5 000 |

## 第三节　政府补助的列报

### 一、政府补助在利润表上的列示

计入递延收益的政府补助在资产负债表作为非流动负债，在“递延收益”项目中单独列示。

企业应当在利润表中的“营业利润”项目之上单独列报“其他收益”项目，计入其他收益的政府补助在该项目中反映。冲减相关成本费用的政府补助，在相关成本费用项目中反映。与企业日常经营活动无关的政府补助，在利润表的营业外收支项目中列报。

### 二、政府补助的附注披露

企业应当在附注中披露与政府补助有关的下列信息：政府补助的种类、金额和列报项目；计入当期损益的政府补助金额；本期退回的政府补助金额及原因。

因政府补助涉及递延收益、其他收益、营业外收入及成本费用等多个报表项目，为了全面反映政府补助情况，企业应当在附注中单设项目披露政府补助的相关信息。

练习题

# 第四章

# 外币折算

课程思政

## 本章导读

在全球化浪潮下，很多企业存在外币交易和境外经营，如何将外币交易和境外经营报表进行折算成为一个重要问题。

外币交易的折算一般在中级财务会计里予以讲解，故这里不再赘述。

境外经营报表折算主要是编制合并财务报表的要求。我国企业会计准则对境外经营报表采用现实汇率法，在资产负债表、利润表和所有者权益变动表折算时，可能会采用不同汇率(如资产负债表绝大部分项目折算采用资产负债表日即期汇率，利润表项目采用交易日即期汇率，所有者权益变动表的项目有采用历史汇率也有采用资产负债表日汇率的)，因此就会出现外币财务报表折算差额。如何对差额进行处理值得关注。

本章根据2006年颁布的《企业会计准则第19号——外币折算》编写。

## 本章导图

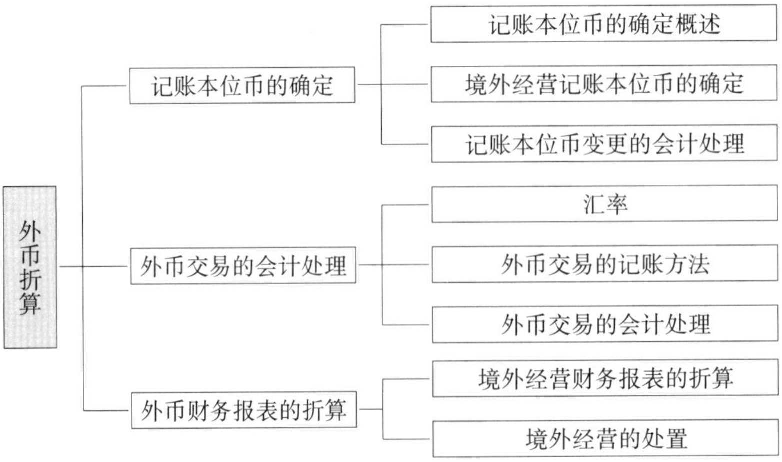

# 第一节　记账本位币的确定

## 一、记账本位币的确定概述

记账本位币是指企业经营所处的主要经济环境中的货币。主要经济环境通常是指企业主要产生和支出现金的环境,使用该环境中的货币最能反映企业主要交易的经济结果。例如,我国大多数企业主要产生和支出现金的环境在国内,因此,一般以人民币为记账本位币。

《中华人民共和国会计法》规定,业务收支以人民币以外的货币为主的单位,可以选定其中一种货币作为记账本位币,但是编报的财务会计报告(又称财务报告)应当折算为人民币。企业记账本位币的选定,应当考虑下列因素:

(1) 从日常活动收入的角度看,所选择的货币能够对企业商品和劳务销售价格起主要作用,通常以该货币进行商品和劳务销售价格的计价和结算。

(2) 从日常活动支出的角度看,所选择的货币能够对商品和劳务所需人工、材料和其他费用产生主要影响,通常以该货币进行这些费用的计价和结算。

(3) 融资活动获得的资金及保存从经营活动中收取款项时所使用的货币。即视融资活动获得的资金在其生产经营活动中的重要性,或者企业通常留存销售收入的货币而定。

**【例 4-1】** 国内 A 外商投资企业超过 80%的营业收入来自向各国的出口收入,其商品销售价格一般以美元结算,主要受美元的影响,因此,从影响商品和劳务销售价格的角度看,A 企业应选择美元作为记账本位币。

如果 A 企业除厂房设施、25%的人工成本在国内以人民币采购,生产所需原材料、机器设备及 75%以上的人工成本都来自美国投资者以美元在国际市场的采购,则可进一步确定 A 企业的记账本位币是美元。

如果 A 企业的人工成本、原材料及相应的厂房设施、机器设备等 95%以上在国内采购并以人民币计价,与日常活动收入的主要币种不一致,则难以确定 A 企业的记账本位币,需要考虑第三项因素。如果 A 企业出口销售取得的美元价款汇入国内账户可随时换成人民币存款,且 A 企业对所有以美元结算的资金往来的外币风险都进行了套期保值,则 A 企业应当选择人民币为其记账本位币。

在确定企业的记账本位币时,上述因素的重要程度因企业具体情况不同而不同,需要企业管理当局根据实际情况进行判断。在一般情况下,综合考虑前两项即可确定企业的记账本位币,第三项为参考因素,视其对企业收支现金的影响程度而定。在综合考虑前两项因素仍不能确定企业记账本位币的情况下,第三项因素对企业记账本位币的确定起重要作用。

需要强调的是,企业管理当局根据实际情况确定的记账本位币只有一种,该货币一经确定,不得改变,除非与确定记账本位币相关的企业经营所处的主要经济环境发生重大变化。

## 二、境外经营记账本位币的确定

### (一) 境外经营的含义

境外经营通常是指企业在境外的子公司、合营企业、联营企业、分支机构。当企业在境内的子公司、联营企业、合营企业或者分支机构选定的记账本位币不同于企业的记账本位币时，也应当视同境外经营。

区分某实体是否为该企业的境外经营的关键因素有两项：一是该实体与企业的关系，即该实体是否为企业的子公司、联营企业、合营企业或者分支机构；二是该实体的记账本位币是否与企业记账本位币相同，而不是以该实体是否在企业所在地的境外作为标准。

**(二) 境外经营记账本位币的具体确定**

境外经营记账本位币的确定也应当考虑企业选择确定记账本位币需要考虑的上述因素。同时，境外经营是企业的子公司、联营企业、合营企业或者分支机构，因此，境外经营记账本位币的选择还应当考虑该境外经营与企业的关系：

(1) 境外经营对其所从事的活动是否拥有很强的自主性。如果境外经营所从事的活动是视同企业经营活动的延伸，则该境外经营应当选择与企业记账本位币相同的货币作为记账本位币；如果境外经营所从事的活动拥有极大的自主性，则应根据其所处的主要经济环境选择记账本位币。

(2) 境外经营活动中与企业的交易是否在境外经营活动中占有较大比重。如果境外经营与企业的交易在境外经营活动中所占的比例较高，则境外经营应当选择与企业记账本位币相同的货币作为记账本位币；反之，则应根据其所处的主要经济环境选择记账本位币。

(3) 境外经营活动产生的现金流量是否直接影响企业的现金流量，是否可以随时汇回。如果境外经营活动产生的现金流量直接影响企业的现金流量，并可随时汇回，则境外经营应当选择与企业记账本位币相同的货币作为记账本位币；反之，则应根据其所处的主要经济环境选择记账本位币。

(4) 境外经营活动产生的现金流量是否足以偿还其现有债务和可预期的债务。如果境外经营活动产生的现金流量在企业不提供资金的情况下，难以偿还其现有债务和正常情况下可预期的债务，则境外经营应当选择与企业记账本位币相同的货币作为记账本位币；反之，则应根据其所处的主要经济环境选择记账本位币。

### 三、记账本位币变更的会计处理

企业因经营所处的主要经济环境发生重大变化，确需变更记账本位币的，应当采用变更当日的即期汇率将所有项目折算为变更后的记账本位币，折算后的金额作为新的记账本位币的历史成本。采用同一即期汇率进行折算，因此不会产生汇兑差额。当然，企业需要提供确凿的证据证明企业经营所处的主要经济环境确实发生了重大变化，并应当在附注中披露变更的理由。

## 第二节　外币交易的会计处理

### 一、汇率

汇率是指两种货币相兑换的比率，是一种货币单位用另一种货币单位所表示的价格。

汇率通常有三种表示方式：买入价、卖出价和中间价。买入价是银行买入其他货币的价格，卖出价是银行出售其他货币的价格，中间价是银行买入价与卖出价的平均价。银行的卖出价一般高于买入价，以获取其中的差价。

无论是在交易日对外币交易进行初始确认时，还是在资产负债表日对外币交易余额进行处理或者对外币财务报表折算时，均涉及折算汇率的选择。《企业会计准则第 19 号——外币折算》规定有两种折算汇率，即即期汇率和即期汇率的近似汇率。

**（一）即期汇率**

即期汇率是相对于远期汇率而言的。远期汇率是在未来某一日交付时的结算价格。无论是买入价，还是卖出价，立即交付的结算价格都是即期汇率。为方便核算，《企业会计准则第 19 号——外币折算》中企业用于记账的即期汇率一般指当日中国人民银行公布的人民币汇率的中间价。但是，在企业发生单纯的货币兑换交易或涉及货币兑换的交易时，仅中间价不能反映货币买卖的损益，需要使用买入价或卖出价折算。

企业发生的外币交易只涉及人民币与美元、欧元、日元、港元等之间折算的，可直接采用中国人民银行每日公布的人民币汇率的中间价作为即期汇率进行折算；企业发生的外币交易涉及人民币与其他货币之间折算的，应按照国家外汇管理局公布的各种货币对美元折算率采用套算的方法进行折算，发生的外币交易涉及人民币以外的货币之间折算的，可直接采用国家外汇管理局公布的各种货币对美元折算率进行折算。

**（二）即期汇率的近似汇率**

当汇率变动不大时，为简化核算，企业在外币交易日或对外币报表的某些项目进行折算时，也可以选择即期汇率的近似汇率折算。即期汇率的近似汇率是按照系统合理的方法确定的、与交易发生日即期汇率近似的汇率，通常是指当期平均汇率或加权平均汇率等。加权平均汇率需要采用外币交易的外币金额作为权重进行计算。

确定即期汇率的近似汇率的方法应在前后各期保持一致。如果汇率波动使得采用即期汇率的近似汇率折算不适当，则应当采用交易发生日的即期汇率折算。至于何时不适当，需要企业根据汇率变动情况及计算近似汇率的方法等进行判断。

## 二、外币交易的记账方法

外币交易的记账方法有外币统账制和外币分账制两种。

（1）外币统账制是指企业在发生外币交易时，即折算为记账本位币入账的外币交易记账方法。

（2）外币分账制是指企业在日常核算时分币种记账，资产负债表日，分货币性项目和非货币性项目进行调整：货币性项目按资产负债表日即期汇率折算，非货币性项目按交易日即期汇率折算，产生的汇兑差额计入当期损益。

从我国目前的情况看，绝大多数企业采用外币统账制，只有银行等少数金融企业由于外币交易频繁，涉及外币币种较多，可以采用外币分账制进行日常核算。无论是采用外币分账制，还是采用外币统账制，虽然账务处理的程序不同，但产生的结果应当相同，即计算出的汇兑差额相同；相应的会计处理也相同，即均计入当期损益。

## 三、外币交易的会计处理

外币是指企业记账本位币以外的货币。外币交易是指企业发生以外币计价或者结算的

交易,包括以下三个方面:

(1) 买入或者卖出以外币计价的商品或者劳务。例如,以人民币为记账本位币的国内A公司向国外B公司销售商品,货款以美元结算;A公司购买S公司发行的H股股票,A公司从境外以美元购买固定资产或生产用原材料等。

(2) 借入或者借出外币资金。例如,以人民币为记账本位币的甲公司从中国银行借入欧元,经批准向海外发行美元债券等。

(3) 其他以外币计价或者结算的交易。这是指除上述(1)和(2)外,以记账本位币以外的货币计价或结算的其他交易。例如,接受外币现金捐赠等。

**(一) 初始确认**

企业发生外币交易的,应在初始确认时采用交易日的即期汇率或即期汇率的近似汇率,将外币金额折算为记账本位币金额。这里的即期汇率可以是外汇牌价的买入价或卖出价,也可以是中间价。在与银行不进行货币兑换的情况下,一般以中间价作为即期汇率。

**【例 4-2】** 乙股份有限公司的记账本位币为人民币,对外币交易采用交易日的即期汇率折算。2×24 年 3 月 3 日,乙股份有限公司从境外丙公司购入不需要安装的设备一台,设备价款为 250 000 美元,购入该设备当日的即期汇率为 1 美元=6.5 元人民币,适用的增值税税率为 13%,款项尚未支付,增值税以银行存款支付。有关会计分录如下:

| | | |
|---|---|---|
| 借:固定资产——机器设备(250 000×6.5) | 1 625 000 | |
| 　应交税费——应交增值税(进项税额) | 211 250 | |
| 　贷:应付账款——丙公司(美元) | | 1 625 000 |
| 　　银行存款 | | 211 250 |

企业收到投资者以外币投入的资本,无论是否有合同约定汇率,均不采用合同约定汇率和即期汇率的近似汇率折算,而是采用交易日即期汇率折算。这样,外币投入资本与相应的货币性项目的记账本位币金额相等,不产生外币资本折算差额。

**【例 4-3】** 我国乙有限责任公司(简称乙公司)以人民币为记账本位币,2×24 年 6 月 1 日,乙公司与美国甲公司签订投资合同,甲公司将向乙公司出资 2 000 000 美元,占乙公司注册资本的 23%;甲公司的出资款将在合同签订后一年内分两次汇到乙公司账上;合同约定汇率为 1 美元=6.5 元人民币。当日的即期汇率为 1 美元=6.45 元人民币。

2×24 年 9 月 10 日,乙公司收到甲公司汇来的第一期出资款,当日的即期汇率为 1 美元=6.35 元人民币。有关会计分录如下:

| | | |
|---|---|---|
| 借:银行存款——美元(1 000 000×6.35) | 6 350 000 | |
| 　贷:实收资本 | | 6 350 000 |

2×25 年 5 月 25 日,乙公司收到甲公司汇来的第二期出资款,当日的即期汇率为 1 美元=6.4 元人民币。有关会计分录如下:

| | | |
|---|---|---|
| 借:银行存款——美元(1 000 000×6.4) | 6 400 000 | |
| 　贷:实收资本 | | 6 400 000 |

【例 4-4】 乙股份有限公司以人民币为记账本位币，对外币交易采用交易日的即期汇率折算。2×24 年 6 月 1 日，将 50 000 美元到银行兑换为人民币，银行当日的美元买入价为 1 美元＝6.55 元人民币，中间价为 1 美元＝6.60 元人民币。

在本例中，企业与银行发生货币兑换，兑换所用汇率为银行的买入价，而通常记账所用的即期汇率为中间价，由于汇率变动而产生的汇兑差额计入当期财务费用。有关会计分录如下：

| | | |
|---|---|---|
| 借：银行存款——人民币(50 000×6.55) | 327 500 | |
| 　　财务费用——汇兑差额 | 2 500 | |
| 　　贷：银行存款——美元(50 000×6.6) | | 330 000 |

### (二) 期末调整或结算

期末，企业应当分外币货币性项目和外币非货币性项目进行处理。

1. 货币性项目

货币性项目是企业持有的货币和将以固定或可确定金额的货币收取的资产或者偿付的负债。货币性项目分为货币性资产和货币性负债，其中，货币性资产包括现金、银行存款、应收账款、其他应收款和长期应收款等；货币性负债包括应付账款、其他应付款、短期借款、应付债券、长期借款和长期应付款等。

期末结算货币性项目时，应以当日即期汇率折算外币货币性项目，该项目因当日即期汇率不同于该项目初始入账时或前一期末即期汇率产生的汇兑差额计入当期损益。

企业为购建或生产符合资本化条件的资产而借入的专门借款为外币借款时，在借款费用资本化期间，因外币借款在取得日、使用日及结算日的汇率不同产生的汇兑差额，应当予以资本化，计入相关资产成本。

【例 4-5】 国内甲公司的记账本位币为人民币。2×24 年 1 月 1 日，为建造某固定资产专门借入长期借款 20 000 美元，期限为 2 年，年利率为 5%，每年年初支付利息，到期还本。2×24 年 1 月 1 日的即期汇率为 1 美元＝6.45 元人民币，2×24 年 12 月 31 日的即期汇率为 1 美元＝6.2 元人民币。假定不考虑相关税费的影响。

(1) 2×24 年 12 月 31 日，甲公司计提当年利息应作以下会计分录：

| | | |
|---|---|---|
| 借：在建工程(20 000×5%×6.2) | 6 200 | |
| 　　贷：应付利息——美元 | | 6 200 |

(2) 2×24 年 12 月 31 日，甲公司美元借款本金由于汇率变动产生的汇兑差额，应作以下会计分录：

| | | |
|---|---|---|
| 借：长期借款——美元[20 000×(6.45－6.2)] | 5 000 | |
| 　　贷：在建工程 | | 5 000 |

(3) 2×25 年 1 月 1 日，甲公司支付 2×24 年利息，该利息由于汇率变动产生的汇兑差额应当予以资本化，计入在建工程成本。2×25 年 1 月 1 日的即期汇率为 1 美元＝6.22 元人民币，相应的会计分录为：

借：应付利息　　6 200
　　在建工程[20 000×5%×(6.4−6.2)]　　20
　　贷：银行存款　　6 220

2. 非货币性项目

非货币性项目是货币性项目以外的项目，如预付账款、预收账款、合同负债、存货、长期股权投资、交易性金融资产(股票、基金)、固定资产、无形资产等。

第一，对于以历史成本计量的外币非货币性项目，已在交易发生日按当日即期汇率折算，资产负债表日不应改变其原记账本位币金额，不产生汇兑差额。

第二，对于以成本与可变现净值孰低计量的存货，如果其可变现净值以外币确定，则在确定存货的期末价值时，应先将可变现净值折算为记账本位币，再与以记账本位币反映的存货成本进行比较。

**【例 4-6】** P上市公司以人民币为记账本位币。2×24 年 11 月 2 日，从英国 W 公司采购国内市场尚无的 A 商品 10 000 件，每件价格为 1 000 英镑，当日即期汇率为 1 英镑=10 元人民币。2×24 年 12 月 31 日，尚有 1 000 件 A 商品未销售出去，国内市场仍无 A 商品供应，A 商品在国际市场的价格降至 900 英镑。12 月 31 日的即期汇率是 1 英镑=9.7 元人民币。假定不考虑相关税费。

在本例中，存货在资产负债表日采用成本与可变现净值孰低计量，因此，在以外币购入存货并且该存货在资产负债表日确定的可变现净值以外币反映时，计提存货跌价准备应当考虑汇率变动的影响。该公司应作会计分录如下：

11 月 2 日，购入 A 商品时：

借：库存商品——A(10 000×1 000×10)　　100 000 000
　　贷：银行存款——英镑　　100 000 000

12 月 31 日，计提存货跌价准备时：

1 000×1 000×10−1 000×900×9.7=1 270 000(元人民币)

借：资产减值损失　　1 270 000
　　贷：存货跌价准备　　1 270 000

第三，对于以公允价值计量的股票、基金等非货币性项目，如果期末的公允价值以外币反映，则应当先将该外币按照公允价值确定当日的即期汇率折算为记账本位币金额，再与原记本位币金额进行比较，其差额作为公允价值变动。

**【例 4-7】** 国内甲公司的记账本位币为人民币。2×24 年 9 月 10 日，以每股 1.5 美元的价格购入乙公司 B 股股票 10 000 股作为交易性金融资产，当日汇率为 1 美元=6.3 元人民币，款项已付。2×24 年 12 月 31 日，由于市价变动，购入的乙公司 B 股股票的市价变为每股 1 美元，当日汇率为 1 美元=6.2 元人民币。假定不考虑相关税费的影响。

2×24 年 12 月 10 日，甲公司对上述交易应作会计分录如下：

借：交易性金融资产(1.5×10 000×6.3)　　94 500
　　贷：银行存款——美元　　94 500

根据《企业会计准则第 22 号——金融工具确认和计量》，交易性金融资产以公允价值计量。由于该项交易性金融资产以外币计价，在资产负债表日，不仅应考虑股票市价的变动，还应一并考虑美元与人民币之间汇率变动的影响，上述交易性金融资产在资产负债表日的人民币金额为 62 000 元(1×10 000×6.2)，与原账面价值 94 500 元的差额为－32 500 元人民币，计入公允价值变动损益。相应的会计分录为：

借：公允价值变动损益　　32 500

　　贷：交易性金融资产　　32 500

32 500 元人民币既包含甲公司所购乙公司 B 股股票公允价值变动的影响，又包含人民币与美元之间汇率变动的影响。

2×25 年 1 月 10 日，甲公司将所购乙公司 B 股股票按当日市价每股 1.2 美元全部售出，所得款为 12 000 美元，按当日汇率 1 美元＝6.25 元人民币折算为人民币金额为 75 000 元，与其原账面价值人民币金额 62 000 元的差额为 13 000 元人民币，对于汇率的变动和股票市价的变动不进行区分，均作为投资收益进行处理。因此，售出当日，甲公司应作会计分录如下：

借：银行存款——美元(1.2×10 000×6.25)　　75 000

　　贷：交易性金融资产(94 500－32 500)　　62 000

　　　　投资收益　　13 000

第四，形成的汇兑差额，应当计入当期损益；外币非货币性金融资产形成的汇兑差额，与其公允价值变动一并计入其他综合收益。但是，采用实际利率法计算的金融资产的外币利息产生的汇兑差额，应当计入当期损益；非交易性权益工具投资的外币现金股利产生的汇兑差额，应当计入当期损益。

**【例 4-8】** 上海甲公司的记账本位币为人民币。2×24 年 2 月 10 日，以每股 15 港元的价格购入乙公司 H 股股票 10 000 股，指定为以公允价值计量且其变动计入其他综合收益的金融资产，当日汇率为 1 港元＝0.9 元人民币，款项已付。2×24 年 12 月 31 日，由于市价变动，购入的乙公司 H 股股票的市价变为每股 18 港元，当日汇率为 1 港元＝0.85 元人民币。假定不考虑相关税费的影响。

2×24 年 2 月 10 日，甲公司对上述交易应作以下处理：

借：其他权益工具投资(15×10 000×0.9)　　135 000

　　贷：银行存款——港元　　135 000

根据《企业会计准则第 22 号——金融工具确认和计量》，指定为以公允价值计量且其变动计入其他综合收益的非交易性权益工具投资，除了获得的股利收入(作为投资成本部分收回的股利收入除外)计入当期损益，其他相关的利得和损失(包括汇兑损益)均计入其他综合收益，且后续不得转入损益。由于该项金融资产以外币计价，在资产负债表日，不仅应考虑股票市价的变动，还应一并考虑港元与人民币之间汇率变动的影响，上述金融资产在资产负债表日的人民币金额为 153 000 元(18×10 000×0.85)，与原账面价值 135 000 元的差额为 18 000 元人民币，计入其他综合收益。相应的会计分录为：

借：其他权益工具投资　　18 000

　　贷：其他综合收益　　18 000

18 000 元人民币既包含甲公司所购乙公司 H 股股票公允价值变动的影响，又包含人民币与港元之间汇率变动的影响。

# 第三节　外币财务报表的折算

在将企业的境外经营通过合并、权益法核算等纳入企业的财务报表时，需要将企业境外经营的财务报表折算为以企业记账本位币反映的财务报表，这一过程就是外币财务报表的折算。可见，境外经营及其记账本位币的确定是进行财务报表折算的关键。有关境外经营记账本位币的确定可见本章第一节。

## 一、境外经营财务报表的折算

### (一) 对外币报表的折算

对外币报表的折算，常见的方法一般有四种：流动和非流动法、货币性和非货币性法、时态法与现时汇率法。

为与我国《企业会计准则第 33 号——合并财务报表》保持一致，我国《企业会计准则第 19 号——外币折算》基本采用现时汇率法。

在对企业境外经营财务报表进行折算前，应当调整境外经营的会计期间和会计政策，使之与企业会计期间和会计政策相一致，根据调整后会计政策及会计期间编制相应货币(记账本位币以外的货币)的财务报表，再按照以下方法对境外经营财务报表进行折算：

(1) 资产负债表的资产和负债项目，采用资产负债表日的即期汇率折算，所有者权益项目除“未分配利润”项目外，其他项目采用发生时的即期汇率折算。

(2) 利润表的收入和费用项目，采用交易发生日的即期汇率或即期汇率的近似汇率折算。

(3) 产生的外币财务报表折算差额，在编制合并财务报表时，应在合并资产负债表中“其他综合收益”项目列示。

比较财务报表的折算比照上述规定处理。

**【例 4-9】** 国内甲公司的记账本位币为人民币，该公司在境外有一家子公司——乙公司，乙公司的记账本位币为美元。根据合同约定，甲公司拥有乙公司 70%的股权，并能够控制乙公司。甲公司采用当期平均汇率折算乙公司利润表项目。乙公司的有关资料如下：

2×24 年 12 月 31 日的汇率为 1 美元=6.2 元人民币；2×24 年的平均汇率为 1 美元=6.4 元人民币，实收资本、资本公积发生日的即期汇率为 1 美元=7 元人民币，2×24 年 12 月 31 日的股本为 500 万美元，折算为人民币为 3 500 万元；累计盈余公积为 50 万美元，折算为人民币为 345 万元，累计未分配利润为 120 万美元，折算为人民币为 835 万元，甲、乙公司均在年末提取盈余公积，乙公司当年提取的盈余公积为 70 万美元。报表折算如表 4-1～表 4-3所示。

表 4-1　　资产负债表(简表)

2×24 年 12 月 31 日

| 资产 | 期末数(美元) | 折算汇率 | 折算为人民币金额(元) | 负债和所有者权益(或股东权益) | 期末数(美元) | 折算汇率 | 折算为人民币金额(元) |
|---|---|---|---|---|---|---|---|
| 流动资产: | | | | 流动负债: | | | |
| 货币资金 | 1 900 000 | 6.2 | 11 780 000 | 短期借款 | 450 000 | 6.2 | 2 790 000 |
| 应收账款 | 1 900 000 | 6.2 | 11 780 000 | 应付账款 | 2 850 000 | 6.2 | 17 670 000 |
| 存货 | 2 400 000 | 6.2 | 14 880 000 | 其他流动负债 | 1 100 000 | 6.2 | 6 820 000 |
| 其他流动资产 | 2 000 000 | 6.2 | 12 400 000 | 流动负债合计 | 4 400 000 | — | 27 280 000 |
| 流动资产合计 | 8 200 000 | — | 50 840 000 | 非流动负债: | | | |
| 非流动资产 | | | | 长期借款 | 1 400 000 | 6.2 | 8 680 000 |
| 长期应收款 | 1 200 000 | 6.2 | 7 440 000 | 应付债券 | 800 000 | 6.2 | 4 960 000 |
| 固定资产 | 5 500 000 | 6.2 | 34 100 000 | 其他非流动负债 | 900 000 | 6.2 | 5 580 000 |
| 在建工程 | 800 000 | 6.2 | 4 960 000 | 非流动负债合计 | 3 100 000 | — | 19 220 000 |
| 无形资产 | 1 000 000 | 6.2 | 6 200 000 | 负债合计 | 7 500 000 | | 46 500 000 |
| 其他非流动资产 | 300 000 | 6.2 | 1 860 000 | 股东权益: | | | |
| 非流动资产合计 | 8 800 000 | — | 54 560 000 | 股本 | 5 000 000 | 7 | 35 000 000 |
| | | | | 盈余公积 | 1 200 000 | | 7 930 000 |
| | | | | 未分配利润 | 3 300 000 | | 21 790 000 |
| | | | | 其他综合收益(外币报表折算差额) | | | −5 820 000 |
| | | | | 股东权益合计 | 9 500 000 | | 58 900 000 |
| 资产总计 | 17 000 000 | | 105 400 000 | 负债和所有者权益(或股东权益)总计 | 17 000 000 | | 105 400 000 |

表 4-2　　利润表(简表)

2×24 年度

| 项目 | 期末数(美元) | 折算汇率 | 折算为人民币金额(元) |
|---|---|---|---|
| 一、营业收入 | 20 000 000 | 6.4 | 128 000 000 |
| 减:营业成本 | 15 000 000 | 6.4 | 96 000 000 |
| 税金及附加 | 400 000 | 6.4 | 2 560 000 |
| 管理费用 | 1 000 000 | 6.4 | 6 400 000 |
| 财务费用 | 100 000 | 6.4 | 640 000 |
| 加:投资收益 | 300 000 | 6.4 | 1 920 000 |
| 二、营业利润 | 3 800 000 | — | 24 320 000 |
| 加:营业外收入 | 400 000 | 6.4 | 2 560 000 |
| 减:营业外支出 | 200 000 | 6.4 | 1 280 000 |
| 三、利润总额 | 4 000 000 | — | 25 600 000 |
| 减:所得税费用 | 1 200 000 | 6.4 | 7 680 000 |
| 四、净利润 | 2 800 000 | — | 17 920 000 |
| 五、每股收益 | | | |
| 六、其他综合收益 | | | |
| 七、综合收益总额 | | | |

表 4-3

## 所有者权益变动表(简表)

2×24 年度

| 项目 | 实收资本 | | | 盈余公积 | | | 未分配利润 | | 其他综合收益 | 股东权益合计 |
|---|---|---|---|---|---|---|---|---|---|---|
| | 美元 | 折算汇率 | 人民币元 | 美元 | 折算汇率 | 人民币元 | 美元 | 人民币元 | 人民币元 | 人民币元 |
| 一、本年年初余额 | 5 000 000 | 7 | 35 000 000 | 500 000 | | 3 450 000 | 1 200 000 | 8 350 000 | | 46 800 000 |
| 二、本年增减变动金额 | | | | | | | | | | |
| (一)净利润 | | | | | | | 2 800 000 | 17 920 000 | | 17 920 000 |
| (二)其他综合收益 | | | | | | | | | | −5 820 000 |
| 其中:外币报表折算差额 | | | | | | | | | −5 820 000 | −5 820 000 |
| (三)利润分配 | | | | | | | | | | |
| 提取盈余公积 | | | | 700 000 | 6.4 | 4 480 000 | −700 000 | −4 480 000 | | 0 |
| 三、本年年末余额 | 5 000 000 | 7 | 35 000 000 | 1 200 000 | | 7 930 000 | 3 300 000 | 21 790 000 | −5 820 000 | 58 900 000 |

当期计提的盈余公积采用当期平均汇率折算，期初盈余公积为以前年度计提的盈余公积按相应年度平均汇率折算后金额的累计，期初未分配利润记账本位币金额为以前年度未分配利润记账本位币金额的累计。

外币报表折算差额为以记账本位币反映的净资产减去以记账本位币反映的实收资本、资本公积、累计盈余公积及累计未分配利润后的余额。

**（二）包含境外经营的合并财务报表编制的特殊处理**

1. 少数股东应分担的外币报表折算差额

在企业境外经营为其子公司的情况下，企业在编制合并财务报表时，应按少数股东在境外经营所有者权益中所享有的份额计算少数股东应分担的外币报表折算差额，并入少数股东权益列示于合并资产负债表。

2. 实质上构成对境外经营净投资的外币货币性项目产生的汇兑差额在编制合并财务报表时的处理

母公司含有实质上构成对子公司（境外经营）净投资的外币货币性项目的情况下，在编制合并财务报表时，应分以下两种情况编制抵销分录：

（1）实质上构成对子公司净投资的外币货币性项目以母公司或子公司的记账本位币反映，则应在抵销长期应收应付项目的同时，将其产生的汇兑差额转入“其他综合收益”项目。即借记或贷记“财务费用——汇兑差额”项目，贷记或借记“其他综合收益”项目。

（2）实质上构成对子公司净投资的外币货币性项目以母公司或子公司的记账本位币以外的货币反映，则应将母公司或子公司此项外币货币性项目产生的汇兑差额相互抵销，差额转入“其他综合收益”项目。

如果合并财务报表中各子公司之间也存在实质上构成对另一子公司（境外经营）净投资的外币货币性项目，在编制合并财务报表时应比照上述方法编制相应的抵销分录。

## 二、境外经营的处置

企业可能通过出售、清算、返还股本或放弃全部或部分权益等方式处置其在境外经营中的利益。在包含境外经营的财务报表中，将已列入其他综合收益的外币报表折算差额中与该境外经营相关部分，自所有者权益项目中转入处置当期损益；如果是部分处置境外经营，则应当按处置的比例计算处置部分的外币报表折算差额转入处置当期损益；处置的境外经营为子公司的，将已列入其他综合收益的外币报表折算差额中归属于少数股东的部分，视全部处置或部分处置分别予以终止确认或转入少数股东权益。

练习题

# 第五章

# 企业合并

课程思政

## 本章导读

与《企业会计准则第 2 号——长期股权投资》一致,《企业会计准则第 20 号——企业合并》将企业合并分为同一控制下的企业合并和非同一控制下的企业合并。理解本章,学生需注意以下问题:

(1) 同一控制下的企业合并和非同一控制下的企业合并采用不同的处理方法,前者为权益结合法,后者为购买法。

(2) 一定要将企业合并与购买资产区别开来。

(3) 反向购买是本章的重点和难点,理解它的关键是运用实质重于形式原则。

本章根据 2006 年的《企业会计准则第 20 号——企业合并》编写。

## 本章导图

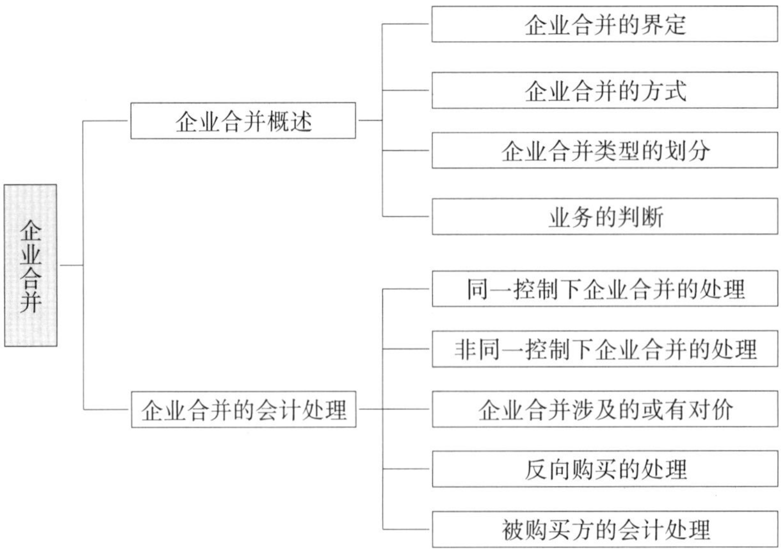

# 第一节 企业合并概述

## 一、企业合并的界定

企业合并是将两个或两个以上单独的企业(主体)合并形成一个报告主体的交易或事项。从会计角度来看,交易是否构成企业合并,进而是否能够按照《企业会计准则第20号——企业合并》的有关规定进行会计处理,主要应关注以下两个方面。

**(一) 被购买方是否构成业务**

企业合并本质上是一种购买行为,但其不同于单项资产的购买,而是一组有内在联系、为了某一既定的生产经营目的存在的多项资产组合或是多项资产、负债构成的净资产的购买。企业合并的结果通常是一个企业取得了对一个或多个业务的控制权。即要形成会计意义上的“企业合并”,前提是被购买的资产或资产负债组合要形成“业务”。如果一个企业取得了对另一个或多个企业的控制权,而被购买方(或被合并方)并不构成业务,则该交易或事项不形成企业合并。

业务是指企业内部某些生产经营活动或资产负债的组合,该组合具有投入、加工处理过程和产出能力,能够独立计算其成本费用或所产生的收入。要构成业务,不需要有关资产、负债的组合一定构成一个企业,或是具有某一具体法律形式。在会计实务中,虽然也有企业只经营单一业务,但一般情况下企业的分公司、独立的生产车间、不具有独立法人资格的分部等也会构成业务。值得注意的是,有关的资产组合或资产、负债组合是否构成业务,不是看其在出售方手中如何经营,也不是看购买方在购入该部分资产或资产、负债组合后准备如何使用。为保持业务判断的客观性,对一组资产或资产、负债的组合是否构成业务,要看在正常的市场条件下,从一定的商业常识和行业惯例等出发,有关的资产或资产、负债的组合是否具有内在联系,是否为了同一生产经营目的而整合起来使用。

区分业务的购买,即构成企业合并的交易与不构成企业合并的资产或资产负债组合的购买,意义在于其会计处理存在实质上的差异:

(1) 企业取得了不形成业务的一组资产或资产、负债的组合时,应识别并确认所取得的单独可辨认资产(包括符合《企业会计准则第6号——无形资产》中无形资产定义和确认标准的资产)及承担的负债,并将购买成本基于购买日所取得各项可辨认资产、负债的相对公允价值,在各单独可辨认资产和负债间进行分配,不按照《企业会计准则第20号——企业合并》进行处理。分配的结果是取得的有关资产、负债的初始入账价值有可能不同于购买时点的公允价值(但若资产的初始确认金额高于其公允价值,需考虑是否存在资产减值),资产或资产、负债打包购买中多付或少付的部分均需要分解到取得的资产、负债项目中,从而不会产生商誉或购买利得。在被购买资产构成业务,需要作为企业合并处理时,购买日(合并日)的确定,合并中取得资产、负债的计量,合并差额的处理等均需要按照《企业会计准则第20号——企业合并》的有关规定进行处理。如在构成非同一控制下企业合并的情况下,合并中自被购买方取得的各项可辨认资产、负债应当按照其在购买日的公允价值计量,合并成本与取得的可辨认净资产公允价值份额的差额应当确认为单独的一项资产——商誉,或是在合并成本小于合并中取得可辨认净资产公允价值份额的情况下（廉价购买），将该差额确认计入当期损益。

（2）交易费用在购买资产交易中通常作为转让对价的一部分，并根据适用的企业会计准则资本化为所购买的资产成本的一部分；而在企业合并中，交易费用应被费用化。

（3）企业会计准则禁止对在以下交易所记录的资产和负债初始确认时产生的暂时性差异确认递延所得税：非业务合并，且既不影响会计利润也不影响应纳税所得额或可抵扣亏损。相应地，在资产购买中因账面价值与计税基础不同形成的暂时性差异不应确认递延所得税资产或负债；而业务合并中购买的资产和承担的债务因账面价值与计税基础不同形成的暂时性差异应确认递延所得税影响。

**（二）交易发生前后是否涉及对标的业务控制权的转移**

从企业合并的定义看，是否形成企业合并，除要看取得的资产或资产、负债组合是否构成业务外，还要看有关交易或事项发生前后，是否引起报告主体的变化。报告主体的变化产生于控制权的变化。在交易事项发生以后，投资方拥有对被投资方的权力，通过参与被投资方的相关活动享有可变回报，且有能力运用对被投资方的权力影响其回报金额的，投资方对被投资方具有控制关系，如形成母子公司关系，则涉及控制权的转移。该交易或事项发生以后，子公司需要纳入母公司合并财务报表的范围，从合并财务报告角度形成报告主体的变化；交易事项发生以后，一方能够控制另一方的全部净资产，被合并的企业在合并后失去其法人资格，也涉及控制权及报告主体的变化，形成企业合并。

假定在企业合并前，A、B两个企业为各自独立的法律主体，且均构成业务，则《企业会计准则第20号——企业合并》所界定的企业合并，包括但不限于以下情形：

（1）A企业通过增发自身的普通股自B企业原股东处取得B企业的全部股权，该交易事项发生后，B企业仍持续经营。

（2）A企业支付对价取得B企业的全部净资产，该交易事项发生后，撤销B企业的法人资格。

（3）A企业以自身持有的资产作为出资投入B企业，取得对B企业的控制权，该交易事项发生后，B企业仍维持其独立法人资格，继续经营。

## 二、企业合并的方式

企业合并按合并方式不同划分，可分为控股合并、吸收合并和新设合并。

**（一）控股合并**

合并方（或购买方，下同）通过企业合并交易或事项取得对被合并方（或被购买方，下同）的控制权，企业合并后能够通过所取得的股权等主导被合并方的生产经营决策并从被合并方的生产经营活动中获益，被合并方在企业合并后仍维持其独立法人资格继续经营的，为控股合并。

该类企业在合并中，因合并方通过企业合并交易或事项取得了对被合并方的控制权，被合并方成为其子公司。在企业合并发生后，被合并方应当纳入合并方合并财务报表的编制范围。从合并财务报表角度来看，报告的主体发生了变化。

**（二）吸收合并**

合并方在企业合并中取得被合并方的全部净资产，并将有关资产、负债并入合并方自身生产经营活动。企业合并完成后，注销被合并方的法人资格，由合并方持有合并中取得的被合并方的资产和负债，在新的基础上继续经营，该类合并为吸收合并。

在吸收合并中，因被合并方（或被购买方）在合并发生以后被注销，从合并方（或购买方）的角度需要解决的问题是，其在合并日（或购买日）取得的被合并方有关资产、负债入账价值的确定，以及为了进行企业合并支付的对价与所取得被合并方资产、负债的入账价值之间差额的处理。

企业合并继后期间，合并方应将合并中取得的资产和负债作为本企业的资产和负债核算。

**（三）新设合并**

参与合并的各方在企业合并后法人资格均被注销，重新注册成立一家新的企业，由新注册成立的企业持有参与合并各企业的资产和负债，在新的基础上经营，为新设合并。在新设合并中，各参与合并企业投入新设企业的资产和负债价值及相关构成新设企业的资本等，一般应按照有关法律法规及各参与合并方的合同、协议执行。

## 三、企业合并类型的划分

我国的《企业会计准则第20号——企业合并》中将企业合并按照一定的标准划分为两大基本类型——同一控制下的企业合并与非同一控制下的企业合并。企业合并的类型划分不同，所遵循的会计处理原则也不同。

## 四、业务的判断

业务是指企业内部某些生产经营活动或资产负债的组合。该组合具有投入、加工处理过程和产出能力，能够独立计算其成本费用或所产生的收入等，其目的在于为投资者提供股利、降低成本或带来其他经济利益。有关资产或资产、负债的组合具备了投入和加工处理过程两个要素即可认为构成一项业务。对于取得的资产、负债组合是否构成业务，应当由企业结合实际情况进行判断。

**（一）构成业务的要素**

根据《企业会计准则第20号——企业合并》的规定，涉及构成业务的合并应当比照《企业会计准则第20号——企业合并》的规定进行处理。合并方在合并中取得的生产经营活动或资产的组合（以下简称组合）构成业务，通常应具有下列三个要素：

（1）投入，是指原材料、人工、必要的生产技术等无形资产及构成产出能力的机器设备等其他长期资产的投入。

（2）加工处理过程，是指具有一定的管理能力、运营过程，能够组织投入形成产出能力的系统、标准、协议、惯例或规则。

（3）产出，包括为客户提供的产品或服务、为投资者或债权人提供的股利或利息等投资收益，以及企业日常活动产生的其他的收益。

**（二）构成业务的判断条件**

合并方在合并中取得的组合应当至少同时具有一项投入和一项实质性加工处理过程，且两者相结合对产出能力有显著贡献，该组合才构成业务。合并方在合并中取得的组合是否有实际产出并不是判断其构成业务的必要条件。企业应当考虑产出的下列情况，分别判断加工处理过程是否是实质性的：

（1）该组合在合并日无产出，同时满足下列条件的加工处理过程，应判断为是实质性的：一是该加工处理过程对投入转化为产出至关重要；二是具备执行该过程所需技能、知识或经验的有组织的员工，且具备必要的材料、权利、其他经济资源等投入，如技术、研究和开发项目、房地产或矿区权益等。

（2）该组合在合并日有产出，满足下列条件之一的加工处理过程，应判断为是实质性的：一是该加工处理过程对持续产出至关重要，且具备执行该过程所需技能、知识或经验的有组织的员工；二是该加工处理过程对产出能力有显著贡献，且该过程是独有、稀缺或难以取代的。

企业在判断组合是否构成业务时，应当从市场参与者角度考虑可以将其作为业务进行管理和经营，而不是根据合并方的管理意图或被合并方的经营历史来判断。

**（三）集中度测试**

集中度测试是非同一控制下企业合并的购买方在判断取得的组合是否构成一项业务时，可以选择采用的一种简化判断方式。在进行集中度测试时，如果购买方取得的总资产的公允价值几乎相当于其中某一单独可辨认资产或一组类似可辨认资产的公允价值的，则该组合通过集中度测试，应判断为不构成业务，且购买方无须按照上述构成业务的判断条件进行判断；如果该组合未通过集中度测试，则购买方仍应按照上述构成业务的判断条件的规定进行判断。购买方应当按照下列规定进行集中度测试：

（1）计算确定取得的总资产的公允价值。取得的总资产不包括现金及现金等价物、递延所得税资产及由递延所得税负债影响形成的商誉。购买方通常可以通过下列公式之一来计算确定取得的总资产的公允价值：

公式一：总资产的公允价值＝合并中取得的非现金资产的公允价值＋（购买方支付的对价＋购买日被购买方少数股东权益的公允价值＋购买日前持有被购买方权益的公允价值－合并中所取得的被购买方可辨认净资产的公允价值）－递延所得税资产－由递延所得税负债影响形成的商誉。

公式二：总资产的公允价值＝购买方支付的对价＋购买日被购买方少数股东权益的公允价值＋购买日前持有被购买方权益的公允价值＋取得负债的公允价值（不包括递延所得税负债）－取得的现金及现金等价物－递延所得税资产－由递延所得税负债影响形成的商誉。

（2）关于单独可辨认资产。单独可辨认资产是企业合并中作为一项单独可辨认资产予以确认和计量的一项资产或资产组。如果资产（包括租赁资产）及其附着物分拆成本重大，则应当将其一并作为一项单独可辨认资产，如土地和建筑物。

（3）关于一组类似资产。企业在评估一组类似资产时，应当考虑其中每项单独可辨认资产的性质及其与管理产出相关的风险等。下列情形通常不能作为一组类似资产：一是有形资产和无形资产；二是不同类别的有形资产，如存货和机器设备；三是不同类别的可辨认无形资产，如商标权和特许权；四是金融资产和非金融资产；五是不同类别的金融资产，如应收款项和权益工具投资；六是同一类别但风险特征存在重大差别的可辨认资产等。

# 第二节 企业合并的会计处理

## 一、同一控制下企业合并的处理

同一控制下的企业合并，是指参与合并的企业在合并前后均受同一方或相同的多方最终控制且该控制并非暂时性的。同一控制下企业合并的定义包含两个核心要素：一是合并方与被合并方在合并前后受同一方或相同的多方最终控制；二是该最终控制并非暂时性的（通常指1年以上）。

(1) 能够对参与合并各方在合并前后均实施最终控制的一方通常指企业集团的母公司。同一控制下的企业合并一般发生于企业集团内部，如集团内母子公司之间、子公司与子公司之间等。该类合并本质上是集团内部企业之间的资产或权益的转移，不涉及自集团外购入子公司或是向集团外其他企业出售子公司的情况，故能够对参与合并企业在合并前后均实施最终控制的一方为集团的母公司。

(2) 能够对参与合并的企业在合并前后均实施最终控制的相同多方，是指根据合同或协议的约定，拥有最终决定参与合并企业的财务和经营政策，并从中获取利益的投资者群体。

(3) 实施控制的时间性要求，是指参与合并各方在合并前后较长时间内为最终控制方所控制。具体是指在企业合并之前（即合并日之前），参与合并各方在最终控制方的控制时间一般在1年以上（含1年），企业合并后所形成的报告主体在最终控制方的控制时间也应达到1年以上（含1年）。

(4) 企业之间的合并是否属于同一控制下的企业合并，应综合构成企业合并交易的各方面情况，按照实质重于形式的原则进行判断。在通常情况下，同一控制下的企业合并是指发生在同一企业集团内部企业之间的合并。同受国家控制的企业之间发生的合并，不应仅仅因为参与合并各方在合并前后均受国家控制，而将其作为同一控制下的企业合并。

## 二、非同一控制下企业合并的处理

非同一控制下的企业合并，是指参与合并各方在合并前后不受同一方或相同的多方最终控制的合并交易，即除判断属于同一控制下企业合并外的其他企业合并。

**【例 5-1】** 甲公司为某省国资委控制的国有企业。2×24年10月，该省国资系统出于整合同类业务的需要，由甲公司通过定向发行其普通股的方式给乙公司部分股东，取得对乙公司的控制权。该项交易前，乙公司的股权由该省国资委下属丙投资公司持有并控制。双方签订的协议约定：

(1) 以2×24年9月30日为评估基准日，以独立的评估机构评估确定的乙公司全部股权的公允价值4.02亿元为基础确定甲公司应支付的对价。

(2) 甲公司普通股每股作价5元，在该项交易中，甲公司向丙投资公司发行3 700万股甲公司普通股，取得乙公司46%股权。

(3) 甲公司在本次交易中定向发行的3 700万股向丙投资公司发行后，即有权力调整和更换乙公司董事会成员，该事项不受本次交易中股东名册变更及乙公司有关工商注册变更的影响。

2×24 年 12 月 10 日，甲公司向丙投资公司定向发行了 3 700 万股并于当日对乙公司董事会进行改选。

甲公司对乙公司的合并应当属于哪一种类型？

**分析：**在本例中，合并方甲公司与被合并方乙公司在合并前均为独立的市场主体，其特殊性在于甲公司在合并前直接被当地国资委控制，乙公司是当地国资委通过下属投资公司间接控制。判断本项交易的合并类型关键在于找到是否存在于合并交易发生前后对参与合并各方均能够实施控制的一个最终控制方，在本例中，最终控制方即当地国资委。虽然该项交易是当地国资委出于整合同类业务的需要，安排甲公司、乙公司的原控股股东丙投资公司进行的，但交易中作价是完全按照市场价格确定的，同时《企业会计准则第 20 号——企业合并》中明确，同受国家控制的两个企业进行合并，不能仅因为其为国有企业即作为同一控制下企业合并。

该项合并应当作为非同一控制下企业合并处理。

**【例 5-2】** 甲公司于 2×24 年 2 月通过公开市场购入乙公司 600 万股股票，占乙公司公开发行在外股份的 2%，该部分股份取得以后，甲公司将其作为以公允价值计量且其变动计入当期损益的金融资产核算。2×25 年，甲公司与乙公司签订以下协议：

(1) 甲公司向乙公司捐赠其 100%持股的 3 家公司股权，按照双方确定的评估基准日 2×25 年 6 月 30 日，三家公司股权的评估价值合计为 65 000 万元。

(2) 双方应于 2×25 年 7 月 31 日前办妥上述 3 家公司股权过户手续。

(3) 乙公司应于 2×25 年 8 月 31 日前通过股东大会决议，以公积金转增股本的方式向甲公司发行股份 16 250 万股(每股股价为 4 元)。

2×25 年 8 月 10 日，乙公司股东大会通过以公积金转增股本的方式向甲公司发行 16 250 万股乙公司股票。

该股份发行后，甲公司向乙公司董事会派出 4 名成员(乙公司董事会由 7 人组成)，日常财务和生产经营决策由董事会决定，所有董事会表决事项均需半数以上董事同意方可表决通过；甲公司持有乙公司发行在外股份的 36.43%，除甲公司所持股份外，乙公司其他股东持有其股份的情况如表 5-1 所示。

表 5-1　　乙公司其他股东持有其股份的情况

| 股东 | 持有乙公司股权比例 |
| --- | --- |
| A | 10% |
| B | 8% |
| C | 7% |
| D | 6% |
| 其他社会公众股(持股较为分散，最高持有不到 1%) | 32.57% |

甲公司合并乙公司属于哪一种类型？

**分析：**2×24 年，甲公司自公开市场取得乙公司 2%的股份，未以任何方式参与乙公司生产经营决策，不能施加重大影响，故该项股权投资作为交易性金融资产核算。

2×25 年，甲公司通过先向乙公司捐赠，乙公司再以等量资本公积金转增股本的方式向甲公司定向发行乙公司股份。该次发行完成后，甲公司持有乙公司 36.43%的股份，通过分析乙公司股权结构、甲公司对乙公司董事会的影响可知，该项股份发行后，甲公司能够控制乙公司，从而构成企业合并。

在本次交易发生前，甲公司虽然持有乙公司 2%的股份，但不构成控制。交易完成后，甲公司控制乙公司，乙公司持有甲公司原 3 家子公司 100%股权，并能够对这 3 家公司实施控制。该项交易前后，找不到一个最终控制方能够控制所有参与合并的企业（乙公司、甲公司及其原持有的 3 家全资子公司），不属于同一控制下企业合并，应当按照非同一控制下企业合并处理。

非同一控制下企业合并成本的确定及相关会计处理参见长期股权投资与合营安排相关企业会计准则的介绍。应予说明的是，企业合并发生的当期期末，因合并中取得的各项可辨认资产、负债及或有负债的公允价值或企业合并成本只能暂时确定，购买方应当以所确定的暂时价值为基础对企业合并进行确认和计量。购买日后 12 个月内对确认的暂时价值进行调整的，视为在购买日确认和计量。

## 三、企业合并涉及的或有对价

企业合并涉及的或有对价分同一控制下的合并和非同一控制下的合并，其会计处理不同：

（1）同一控制下企业合并形成的控股合并，在确认长期股权投资初始投资成本时，应按照《企业会计准则第 13 号——或有事项》的规定，判断是否应就或有对价确认预计负债或者确认资产，以及应确认的金额；确认预计负债或资产的，该预计负债或资产金额与后续或有对价结算金额的差额不影响当期损益，而应当调整资本公积（资本溢价或股本溢价），资本公积（资本溢价或股本溢价）不足冲减的，调整留存收益。

（2）非同一控制下企业合并涉及或有对价时长期股权投资成本的计量。在某些情况下，企业合并各方可能在合并协议中约定，根据未来一项或多项或有事项的发生，购买方通过发行额外证券、支付额外现金或其他资产等方式追加合并对价，或者要求返还之前已经支付的对价，这将导致产生企业合并的或有对价问题。企业会计准则规定，购买方应当将合并协议约定的或有对价作为企业合并转移对价的一部分，按照其在购买日的公允价值计入企业合并成本。或有对价符合权益工具和金融负债定义的，购买方应当将支付或有对价的义务确认为一项权益或负债；符合资产定义并满足资产确认条件的，购买方应当将符合合并协议约定条件、可收回的部分已支付合并对价的权利确认为一项资产。同时规定，购买日 12 个月内出现对购买日已存在情况的新的或进一步证据需要调整或有对价的，应当予以确认并对原计入合并商誉的金额进行调整；在其他情况下发生的或有对价变化或调整，应当区分情况进行会计处理：或有对价为权益性质的，不进行会计处理；或有对价为资产或负债性质的，如果属于会计准则规定的金融工具，则应当按照以公允价值计量且其变动计入当期损益进行会计处理，不得指定为以公允价值计量且其变动计入其他综合收益的金融资产。

上述关于或有对价的规定，主要侧重于两个方面：一是在购买日应当合理估计或有对价并将其计入企业合并成本，购买日后12个月内取得新的或进一步证据表明购买日已存在状况，从而需要对企业合并成本进行调整的，可以据以调整企业合并成本；二是无论是购买日后12个月内还是其他时点，如果是由于出现新的情况导致对原估计或有对价进行调整的，则不能再对企业合并成本进行调整，相关或有对价属于金融工具的，应以公允价值计量，公允价值变动计入当期损益。上述会计处理的出发点在于，对企业合并交易原则上确认和计量时点应限定为购买日，购买日以后视新的情况对原购买成本进行调整的，不能视为购买日的状况，因此也就不能据以对企业合并成本进行调整。

**【例5-3】** A上市公司于2×23年1月2日以现金3亿元自B公司购买其持有的C公司100%股权，并于当日向C公司董事会派出成员，主导其财务和生产经营决策。股权转让协议约定，B公司就C公司在收购完成后的经营业绩向A上市公司作出承诺：C公司2×23年、2×24年、2×25年经审计扣除非经常性损益后归属于母公司股东的净利润分别不低于2 000万元、3 000万元和4 000万元。如果C公司未达到承诺业绩，则B公司将在C公司每一相应年度的审计报告出具后30日内，按C公司实际实现的净利润与承诺利润的差额，以现金方式对A上市公司进行补偿。

购买日，A上市公司根据C公司所处市场状况及行业竞争力等情况判断，预计C公司能够完成承诺期利润。

2×23年，C公司实现净利润2 200万元。2×24年，由于整体宏观经济形势变化，C公司实现净利润2 400万元，且预期2×25年该趋势将持续，预计能够实现净利润约2 600万元。

**分析：**在本例中，A上市公司与E公司在交易前不存在关联关系，该项企业合并应为非同一控制下企业合并。

购买日为2×23年1月2日，当日A上市公司支付了有关价款3亿元，同时估计C公司能够实现承诺利润，或有对价估计为0。A上市公司应当确认对C公司长期股权投资成本为3亿元。

| | | |
|---|---|---|
| 借：长期股权投资 | 300 000 000 | |
| 　贷：银行存款 | | 300 000 000 |

2×23年C公司实现了预期利润，A上市公司无须进行会计处理。

2×24年C公司未实现预期利润，且预计2×25年也无法实现，则A上市公司需要估计该或有对价的公允价值并予以确认。因该预期利润未实现的情况是在购买日后新发生的，在购买日后超过12个月且不属于对购买日已存在状况的进一步证据，应于资产负债表日将该或有对价公允价的变动计入当期损益。B公司对有关利润差额的补偿将以现金支付，该或有对价属于金融工具，应当按照金融工具的原则进行处理。2×24年年末，A上市公司估计该或有对价的公允价值为2 000万元，并进行如下会计处理：

| | | |
|---|---|---|
| 借：交易性金融资产 | 20 000 000 | |
| 　贷：公允价值变动损益 | | 20 000 000 |

在本例中，有关或有对价的公允价值调整在个别财务报表中不作为对长期股权投资成本的调整，相应地，在合并财务报表中，亦不能调整购买日原已确认商誉金额。但由于C公司未实现预期利润，可能表明购买日原已确认商誉已发生减值，A上市公司应当对商誉及相关长期资产进行减值测试。

## 四、反向购买的处理

### (一) 反向购买的会计处理

非同一控制下的企业合并,以发行权益性证券交换股权的方式进行的,通常发行权益性证券的一方为购买方。但在某些企业合并中,发行权益性证券一方因其生产经营决策在合并后被参与合并的另一方所控制的,发行权益性证券一方虽然为法律上的母公司,但其为会计上的被购买方,该类企业合并通常称为反向购买。

例如,A公司为一家规模较小的上市公司,B公司为一家规模较大的公司。B公司拟通过收购A公司的方式达到上市目的,但该交易通过A公司向B公司原股东发行普通股用以交换B公司原股东持有的对B公司股权的方式实现。该项交易发生后,B公司原控股股东持有A公司50%以上股权,A公司持有B公司50%以上股权,A公司为法律上的母公司,B公司为法律上的子公司,但从会计的角度来看,A公司为被购买方,B公司为购买方。

1. 企业合并成本

在反向购买中,法律上的子公司(购买方)的企业合并成本是指其如果以发行权益性证券的方式为获取在合并后报告主体的股权比例,应向法律上母公司(被购买方)的股东发行的权益性证券数量与其公允价值计算的结果。购买方的权益性证券在购买日存在公开报价的,通常应以公开报价作为其公允价值;购买方的权益性证券在购买日不存在可靠公开报价的,应参照购买方的公允价值和被购买方的公允价值两者之中有更为明显证据支持的一个作为基础,确定购买方假定应发行权益性证券的公允价值。

2. 合并财务报表的编制

反向购买后,法律上的母公司应当遵从以下原则编制合并财务报表:

(1) 在合并财务报表中,法律上子公司的资产、负债应以其在合并前的账面价值进行确认和计量。

(2) 合并财务报表中的留存收益和其他权益余额应当反映的是法律上子公司在合并前的留存收益和其他权益余额。

(3) 合并财务报表中的权益性工具的金额应当反映法律上子公司合并前发行在外的股份面值,以及假定在确定该项企业合并成本过程中新发行的权益性工具的金额。但是,在合并财务报表中的权益结构应当反映法律上母公司的权益结构,即法律上母公司发行在外权益证券的数量和种类。

(4) 法律上母公司的有关可辨认资产、负债在并入合并财务报表时,应以其在购买日确定的公允价值进行合并,企业合并成本大于合并中取得的法律上母公司(被购买方)可辨认资产公允价值的份额体现为商誉,小于合并中取得的法律上母公司(被购买方)可辨认净资产公允价值的份额确认为合并当期损益。

(5) 合并财务报表的比较信息应当是法律上子公司的比较信息(即法律上子公司的前期合并财务报表)。

(6) 法律上子公司的有关股东在合并过程中未将其持有的股份转换为法律上母公司股份的,该部分股东享有的权益份额在合并财务报表中应作为少数股东权益列示。因法律上子公司的部分股东未将其持有的股份转换为法律上母公司的股权,其享有的权益份额仍仅限于对法律上子公司的部分,该部分少数股东权益反映的是少数股东按持股比例计算享有法律上子公司合并前净资产账面价值的份额。另外，对于法律上母公司的所有股东，虽然该项合并中其被认为是被购买方，但其享有合并形成报告主体的净资产及损益，不应作为少数股东权益列示。

上述反向购买的会计处理原则仅适用于合并财务报表的编制。法律上母公司在该项合并中形成的对法律上子公司长期股权投资成本的确定，应当遵从《企业会计准则第 2 号——长期股权投资》的相关规定。

3. 每股收益的计算

发生反向购买当期，用于计算每股收益的发行在外普通股加权平均数为：

（1）自当期期初至购买日，发行在外的普通股数量应假定为在该项合并中法律上母公司向法律上子公司股东发行的普通股数量。

（2）自购买日至期末发行在外的普通股数量，为法律上母公司实际发行在外的普通股股数。

反向购买后对外提供比较合并财务报表的，其比较前期合并财务报表中的基本每股收益，应以法律上子公司在每一比较报表期间归属于普通股股东的净损益除以在反向购买中法律上母公司向法律上子公司股东发行的普通股股数计算确定。

上述业务假定法律上子公司发行的普通股股数在比较期间内和自反向购买发生期间的期初至购买日之间未发生变化。如果法律上子公司发行的普通股股数在此期间发生了变动，则计算每股收益时应适当考虑其影响进行调整。

**【例 5-4】** A 上市公司于 2×24 年 9 月 30 日通过定向增发本企业普通股对 B 企业进行合并，取得 B 企业 100%股权。假定不考虑所得税影响。A 公司和 B 企业在合并前简化资产负债表如表 5-2 所示。

**表 5-2　　A 公司和 B 企业合并前简化资产负债表**　　单位：元

| 项目 | A 公司 | B 企业 |
|---|---|---|
| 流动资产 | 30 000 000 | 45 000 000 |
| 非流动资产 | 210 000 000 | 600 000 000 |
| 资产总额 | 240 000 000 | 645 000 000 |
| 流动负债 | 12 000 000 | 15 000 000 |
| 非流动负债 | 3 000 000 | 30 000 000 |
| 负债总额 | 15 000 000 | 45 000 000 |
| 所有者权益： | | |
| 股本 | 15 000 000 | 9 000 000 |
| 资本公积 | | |
| 盈余公积 | 60 000 000 | 171 000 000 |
| 未分配利润 | 150 000 000 | 420 000 000 |
| 所有者权益总额 | 225 000 000 | 600 000 000 |

其他资料：

（1）2×24 年 9 月 30 日，A 公司通过定向增发本公司普通股，以 2 股换 1 股的比例自 B 企业原股东处取得了 B 企业全部股权。A 公司共发行了 1 800 万股普通股以取得 B 企业全部900万股普通股。

(2) A公司每股普通股在2×24年9月30日的公允价值为20元,B企业每股普通股当日的公允价值为40元。A公司、B企业每股普通股的面值为1元。

(3) 2×24年9月30日,A公司除非流动资产公允价值较账面价值高4 500万元外,其他资产、负债项目的公允价值与其账面价值相同。

(4) 假定A公司与B企业在合并前不存在任何关联方关系。

对于该项企业合并,虽然在合并中发行权益性证券的一方为A公司,但因其生产经营决策的控制权在合并后由B企业原股东控制,B企业应为购买方,A公司为被购买方。

1. 确定该项合并中B企业的合并成本

A公司在该项合并中向B企业原股东增发了1 800万股普通股,合并后B企业原股东持有A公司的股权比例为54.55%(1 800÷3 300)。如果假定B企业发行本企业普通股在合并后主体享有同样的股权比例,则B企业应当发行的普通股股数为750万股(900÷54.55%－900),其公允价值为30 000万元,企业合并成本为30 000万元。

2. 企业合并成本在可辨认资产、负债中的分配

| | |
|---|---|
| 企业合并成本 | 300 000 000 |
| A公司可辨认资产、负债: | |
| 流动资产 | 30 000 000 |
| 非流动资产 | 255 000 000 |
| 流动负债 | 12 000 000 |
| 非流动负债 | 3 000 000 |
| 商誉 | 30 000 000 |

A公司合并B企业后简化资产负债表如表5-3所示。

**表5-3　　A公司合并B企业后简化资产负债表**　　单位:元

| 项目 | 金额 |
|---|---|
| 流动资产 | 75 000 000 |
| 非流动资产 | 855 000 000 |
| 商誉 | 30 000 000 |
| 资产总额 | 960 000 000 |
| 流动负债 | 27 000 000 |
| 非流动负债 | 33 000 000 |
| 负债总额 | 60 000 000 |
| 所有者权益: | |
| 股本(3 300万股普通股) | 16 500 000 |
| 资本公积 | 292 500 000 |
| 盈余公积 | 171 000 000 |
| 未分配利润 | 420 000 000 |
| 所有者权益总额 | 900 000 000 |

3. 每股收益

在本例中，假定B企业2×23年实现合并净利润1 800万元，2×24年A公司与B企业形成的主体实现合并净利润为3 450万元，2×23年1月1日至2×24年9月30日，B企业发行在外的普通股股数未发生变化。

A公司2×24年基本每股收益为：

34 500 000÷(18 000 000×9÷12+33 000 000×3÷12)=1.59(元)

提供比较报表的情况下，比较报表中的每股收益应进行调整：

A公司2×23年的基本每股收益=1 800÷1 800=1(元)。

B企业的全部股东中，假定只有其中的90%以原持有的对B企业股权换取了A公司增发的普通股。A公司应发行普通股股数为1 620万股(900×90%×2)。企业合并后，B企业的股东拥有合并后报告主体的股权比例为51.92%(1 620÷3 120×100%)。假定B企业向A公司发行本企业普通股在合并后主体享有同样的股权比例，在计算B企业须发行的普通股数量时，不考虑少数股权的因素，B企业应当发行的普通股股数为750万股(900×90%÷51.92%－900×90%)，B企业该项合并成本为30 000万元[(1 560－810)×40]，B企业未参与股权交换的股东拥有B企业的股份为10%，享有B企业合并前净资产的份额为6 000万元，在合并财务报表中应作为少数股东权益列示。

在反向购买中，被购买方(即上市公司)构成业务的，购买方应按照非同一控制下企业合并的原则进行处理；被购买方不构成业务的，购买方应按照权益性交易的原则进行处理，不得确认商誉或当期损益。

**(二) 非上市公司购买上市公司股权实现间接上市的会计处理**

非上市公司以所持有的对子公司投资等资产为对价取得上市公司的控制权，构成反向购买的，上市公司编制合并财务报表时应当注意区别以下情况并进行处理：

(1) 交易发生时，上市公司未持有任何资产、负债或仅持有现金、交易性金融资产等不构成业务的资产或负债的，上市公司在编制合并财务报表时，购买企业应按照权益性交易的原则进行处理，不得确认商誉或确认廉价购买利得计入当期损益。

(2) 交易发生时，上市公司保留的资产、负债构成业务，对于形成非同一控制下企业合并的，企业合并成本与取得的上市公司可辨认净资产公允价值份额的差额应当确认为商誉或计入当期损益。

非上市公司取得上市公司的控制权，构成反向购买的，上市公司在其个别财务报表中应当按照长期股权投资与合营安排相关企业会计准则的规定确定取得资产的入账价值。上市公司的前期比较个别报表应为其自身个别财务报表。

## 五、被购买方的会计处理

非同一控制下的企业合并中，被购买方在企业合并后仍持续经营的，如购买方取得被购买方100%股权，则被购买方可以按合并中确定的有关资产、负债的公允价值调账；在其他情况下，被购买方不应因企业合并改记资产、负债的账面价值。

练习题

# 第六章

# 合并财务报表

课程思政

## 本章导读

本章是“高级财务会计”课程最重要的一章。

合并财务报表是企业集团的报表，其会计主体不是法律主体，而是虚拟的企业集团。学习本章，学生需注意以下几点：

（1）第一节篇幅最大，涉及的内容主要是会计判断而非会计计量。之所以花费那么多笔墨的原因在于：其一，如果确定合并范围错误，后边的处理程序无论如何正确，最后出具的合并财务报表一定是错误的；其二，现实中有一些企业通过各种手段来缩小或扩大合并范围以达到转移负债或利润的目的，审计人员需要通过鉴定各项资料，审慎确定合并范围。

（2）第三节和第四节的内容和逻辑都是一致的，均为母公司的长期股权投资和子公司所有者权益的抵销处理，不同之处在于一个是同一控制下的，而另一个是非同一控制下的。其中内容的理解需要长期股权投资相关知识的支撑。

（3）第五节到第八节可理解成一个板块，即狭义内部交易的抵销处理。这个板块学习时：一是应始终牢记合并财务报表的会计主体是企业集团，只要是企业集团内部的交易都需全额抵销；二是先理解个别财务报表最初的处理，再理解企业集团的会计处理，最后就能理解调整和抵销分录的编制了。

本章根据2014年7月1日施行的《企业会计准则第33号——合并财务报表》编写。为方便教学，本章会计分录和会计报表单位采用万元。

## 本章导图

- 合并财务报表
  - 合并范围的确定
  - 合并财务报表概述
  - 长期股权投资与所有者权益的合并处理(同一控制下企业合并)
  - 长期股权投资与所有者权益的合并处理(非同一控制下企业合并)
  - 内部商品交易的合并处理
  - 内部债权债务的合并处理
  - 内部固定资产交易的合并处理
  - 内部无形资产交易的合并处理
  - 特殊交易在合并财务报表中的会计处理
  - 所得税会计相关的合并处理
  - 合并现金流量表的编制

# 第一节 合并范围的确定

## 一、合并范围确定概述

合并财务报表的合并范围应当以控制为基础予以确定。

控制是指投资方拥有对被投资方的权力,通过参与被投资方的相关活动而享有可变回报,并且有能力运用对被投资方的权力影响其回报金额,当投资方因参与被投资方的相关活动而享有可变回报,且有能力运用对被投资方的权力来影响上述回报时,投资方即控制被投资方。

投资方要实现控制,必须具备以下基本要素:

(1) 投资方拥有对被投资方的权力。

(2) 因参与被投资方的相关活动而享有可变回报。

(3) 有能力运用对被投资方的权力影响其回报金额。

当且仅当投资方具备上述三个要素时,才能表明投资方能够控制被投资方。

## 二、投资方要实现控制的基本要素

### (一) 投资方拥有对被投资方的权力

投资方拥有对被投资方的权力是判断控制的第一要素,这就要求投资方识别评估被投资方的设立目的和设计，识别被投资方的相关活动及其决策机制，确定投资方拥有的与被投资方相关的权力等，以确定投资方当前是否有能力主导被投资方的相关活动。

1. 评估被投资方的设立目的和设计

被投资方可能是一个有限责任公司、股份有限公司、尚未进行公司制改建的国有企业，也可能是一个合伙企业、信托、专项资产管理计划等，在少数情况下，还可能包括被投资方的一个可分割部分。

在判断投资方对被投资方是否拥有权力时，通常要结合被投资方的设立目的和设计。评估被投资方的设立目的和设计，有助于识别被投资方的哪些活动是相关活动，相关活动的决策机制，被投资方相关活动的主导方，以及涉入被投资方的哪一方能从相关活动中取得可变回报。

(1) 被投资方的设计安排表明表决权是判断控制的决定因素。当对被投资方的控制是通过持有其一定比例表决权或是潜在表决权的方式时，在不存在其他改变决策的安排的情况下，主要根据通过行使表决权来决定被投资方的财务和经营政策的情况判断控制。例如，在不存在其他因素时，通常持有半数以上表决权的投资方控制被投资方，但是，当章程或者其他协议存在某些特殊约定(例如，被投资方相关活动的决策需要 2/3 以上表决权比例通过)时，拥有半数以上但未达到约定比例等并不意味着能够控制被投资方。

(2) 被投资方的设计安排表明表决权不是判断控制的决定因素。当表决权仅与被投资方的日常行政管理活动有关，不能作为判断控制被投资方的决定性因素，被投资方的相关活动可能由其他合同安排规定时，投资方应结合被投资方设计产生的风险和收益、被投资方转移给其他方的风险和收益，以及投资方面临的风险和收益等判断是否控制被投资方。

需要强调的是，在判断控制的各环节都需要考虑被投资方的设立目的和设计。

**【例 6-1】** A 企业为有限合伙企业，经营期限为 3 年。A 企业将其资金全部用于对非关联方 B 公司的一家全资子公司 C 公司增资，增资完成后，A 企业持有 C 公司 60%的股权及表决权，B 公司持有 C 公司 40%的股权及表决权。根据协议，B 公司将在 3 年后以固定价格回购 A 企业持有的 C 公司股权。C 公司是专门建造一个大型资产并用于租赁的项目公司，其建造期为 5 年，A 企业增资的时候，C 公司的资产已经建造了 2 年。

在本例中，被投资方的业务活动是用 5 年的时间建造一个大型资产，之后以租金的方式取得回报。A 企业增资的时候，C 公司的资产建造已经开始，很可能许多与建造事项有关的重要事项的决策已完成，当 A 企业的经营期限结束并将持有的 C 公司股份以固定价格出售给 B 公司时，C 公司刚刚完成建造活动，尚未开始产生回报。在这种情况下，A 企业并不能主导 C 公司的相关活动，而且 A 企业也无法通过参与 C 公司活动取得可变回报，A 企业是通过 B 公司回购股权来收回其投资成本并取得收益的。因此，即使 A 企业拥有半数以上的表决权，也不能控制被投资方 C 公司。

2. 识别被投资方的相关活动及其决策机制

(1) 被投资方的相关活动。被投资方为经营目的而从事众多活动，但这些活动并非都是相关活动，相关活动是对被投资方的回报产生重大影响的活动。

识别被投资方相关活动的目的是确定投资方对被投资方是否拥有权力。不同企业的相关活动可能是不同的，应当根据企业的行业特征、业务特点、发展阶段、市场环境等具体情况来进行判断，这些活动可能包括但不限于下列活动：①商品或劳务的销售和购买；②金融资产的管理；③资产的购买和处置；④研究与开发；⑤融资活动。对许多企业而言，经营和财务活动通常对其回报产生重大影响。

**【例 6-2】** B投资公司（以下简称B公司）由A资产管理公司（以下简称A公司）设立，A公司持有B公司30%有表决权的股份，剩余70%的股份由与A公司无关联关系的公众投资者持有，这些投资者的持股比例十分分散。此外，B公司还向其他公众投资者发行债务工具。B公司使用发行债务工具和权益工具所筹集的资金进行金融资产组合投资，并均投资于债务工具，这样，B公司将可能面临投资本金和利息不能收回的信用风险。为此，双方在协议中明确，当所持金融资产组合投资出现违约事项时，B公司的权益工具持有人首先承担由违约事项带来的损失，在违约事项带来的损失超过权益工具金额之后，剩余损失由债务工具持有人承担；在违约事项带来的损失超过权益工具金额之前，A公司管理B公司的投资组合；在违约事项带来的损失超过权益工具金额之后，由债务工具持有人指定的其他方管理B公司存在违约事项的资产及剩余金融资产的投资。

在本例中，在未发生违约事项或违约事项带来的损失小于权益工具金额的情况下，B公司的相关活动是金融资产投资组合的管理，而在违约事项带来的损失超过权益工具的金额后，B公司的相关活动转变为对存在违约事项的资产及剩余金融资产投资的管理。同一公司不同时间的相关活动不同，需要进一步判断哪一相关活动为最显著影响其可变回报的相关活动。

（2）被投资方相关活动的决策机制。投资方是否拥有权力，不仅取决于被投资方的相关活动，还取决于对相关活动进行决策的方式，例如，对被投资方的经营、融资等活动作出决策（包括编制预算）的方式，任命被投资方的关键管理人员、给付薪酬及终止劳动合同关系的决策方式等。

相关活动一般由企业章程、协议中约定的权力机构（如股东会、董事会）来决策，特殊情况下，相关活动也可能根据合同协议约定等由其他主体决策，如专门设置的管理委员会等。有限合伙企业的相关活动可能由合伙人大会决策，也可能由普通合伙人或者投资管理公司等决策。

被投资方通常从事若干相关活动，并且这些活动可能不是同时进行的。《企业会计准则第33号——合并财务报表》规定，当两个或两个以上投资方能够分别单方面主导被投资方的不同相关活动时，能够主导对被投资方回报产生最重大影响的活动的一方拥有对被投资方的权力，此时，企业通常需要考虑的因素包括：①被投资方的设立目的和设计；②影响被投资方利润率、收入和企业价值的决定因素；③每一投资方有关上述因素的决策职权范围及其对被投资方回报的影响程度；④投资方承担可变回报风险的大小。

**【例 6-3】** A公司和B公司共同投资设立C公司。C公司的主营业务活动为药品研发和销售。根据C公司章程和合资协议的约定，在所研发药品获得相关监管部门的生产批准前，A公司可以单方面主导C公司药品研发活动，而在获得相关监管部门的生产批准后，则由B公司单方面主导该药品的生产和营销决策。

在本例中，C公司的药品研发、生产和营销活动均会对C公司的回报产生重大影响。投资方在判断是否对C公司拥有权力时，除了需要结合上述四点进行综合分析以外，还需要考虑下列因素：获得监管部门批准的不确定性和难易程度、被投资方成功开发药品并获取生产批准的历史纪录、产品定位、当前药品所处的开发阶段、所需开发时间、同类药品开发的难易程度、取得同类药品营销渠道的难易程度、开发完成后可实际控制该药品相关经营活动的投资方等。

3. 确定投资方拥有的与被投资方相关的权力

在通常情况下，当被投资方从事一系列对其回报产生显著影响的经营及财务活动，且需要就这些活动连续地进行实质性决策时，表决权或类似权利本身或者结合其他安排，将赋予投资方拥有权力。但在一些情况下，表决权不能对被投资方回报产生重大影响（例如，表决权可能仅与日常行政活动有关），被投资方的相关活动由一项或多项合同安排决定。

1）投资方拥有多数表决权的权力

表决权是对被投资方经营计划、投资方案、年度财务预算方案和决算方案、利润分配方案和弥补亏损方案、内部管理机构的设置、聘任或解聘公司经理及确定其报酬、公司的基本管理制度等事项进行表决而持有的权利。表决权比例通常与其出资比例或持股比例是一致的，但公司章程另有规定的除外。

在通常情况下，当被投资方的相关活动由持有半数以上表决权的投资方决定，或者主导被投资方相关活动的管理层多数成员（管理层决策由多数成员表决通过）由持有半数以上表决权的投资方聘任时，无论该表决权是否行使，持有被投资方过半数表决权的投资方拥有对被投资方的权力，但下述两种情况除外：

一是存在其他安排赋予被投资方的其他投资方拥有对被投资方的权力。例如，存在赋予其他方拥有表决权或实质性潜在表决权的合同安排，且该其他方不是投资方的代理人时，投资方不拥有对被投资方的权力。

二是投资方拥有的表决权不是实质性权利。例如，有确凿证据表明，由于客观原因无法获得必要的信息或存在法律法规的障碍，投资方虽持有半数以上表决权但无法行使该表决权时，该投资方不拥有对被投资方的权力。

投资方在判断是否拥有对被投资方的权力时，应当仅考虑与被投资方相关的实质性权利，包括自身所享有的实质性权利以及其他方所享有的实质性权利。

实质性权利是持有人在对相关活动进行决策时有实际能力行使的可执行权利。判断一项权利是否为实质性权利，应当综合考虑所有相关因素，包括：权利持有人行使该项权利是否存在财务、价格、条款、机制、信息、运营、法律法规等方面的障碍；当权利由多方持有或者行权需要多方同意时，是否存在实际可行的机制使得这些权利持有人在其愿意的情况下能够一致行权；权利持有人是否可从行权中获利等。实质性权利通常是当前可执行的权利，但某些情况下当前不可行使的权利也可能是实质性权利。

**【例 6-4】** 投资方持有一份将于 25 天后结算的远期股权购买合同，该合同赋予投资方行权后能够持有被投资方的多数表决权股份。另外，能够对被投资方相关活动进行决策的最早时间是 30 天后才能召开的特别股东大会。其他投资方不能对被投资方相关活动现行的政策作出任何改变。

在本例中，虽然投资方持有的远期股权购买合同 25 天后才能结算，不是当前可执行的权利，但是由于股东大会最早召开的时间在 30 天后，晚于远期合同的可行权日（25 天后），在投资方执行远期合同之前，没有其他任何一方可以改变与被投资方的相关活动有关的决策。

因此，虽然该权利当前不可执行，但仍然为一项实质性权利。

对于投资方拥有的实质性权利，即便投资方并未实际行使，也应在评估投资方是否对被投资方拥有权力时予以考虑。

有时，其他投资方也可能拥有可行使的实质性权利，使得投资方不能控制被投资方。其他投资方拥有的可行使的实质性权利包括提出议案的主动性权利和对议案予以批准或否定的被动性权利，当这些权利不仅仅是保护性权利时，其他方拥有的这些权利可能导致投资方不能控制被投资方。

保护性权利仅为了保护权利持有人利益却没有赋予持有人对相关活动的决策权，通常包括应由股东大会（或股东会，下同）行使的修改公司章程，增加或减少注册资本，发行公司债券，公司合并、分立、解散或变更公司形式等事项持有的表决权。例如，少数股东批准超过正常经营范围的资本性支出或发行权益工具、债务工具的权利。又如，贷款方限制借款方从事损害贷款方权利的活动的权利，这些活动将对借款方信用风险产生不利影响从而损害贷款方权利，以及贷款方在借款方发生违约行为时扣押其资产的权利等。

保护性权利通常只能在被投资方发生根本性改变或某些例外情况发生时才能够行使，它既没有赋予其持有人对被投资方拥有权力，也不能阻止被投资方的其他投资方对被投资方拥有权力。仅享有保护性权利的投资方不拥有对被投资方的权力。

保护性权利通常只能在被投资方发生根本性改变或某些例外情况发生时才能够行使，但并不是所有在例外情况下行使的权利或在不确定事项发生时才能行使的权利都是保护性权利。例如，当被投资方的活动和回报已被预先设定，只有在发生某些特定事项时才需要进行决策，且这些决策将对被投资方的回报产生重大影响时，这些特定事项引发的活动才属于相关活动，就此行使的权利就不是保护性权利。对于有权主导这些相关活动的投资者，在判断其对被投资方是否拥有权力时，不需要考虑这些特定事项是否已经发生。

对于被投资方作为特许权经营方（被特许人）的情况，特许经营协议通常赋予特许人保护特许品牌的权利，也赋予特许人一些与被特许人经营相关的决策权。一般而言，这些权利并不限制其他方作出对被特许人回报产生重大影响的决策权利，也不一定使得特许人当前有能力主导对被特许人的相关活动。被特许人依据特许经营协议的条款能够自行决定其业务运营。在对被投资方进行分析时，需要区分两种不同的权利：一是当前有能力作出对被特许人回报产生重大影响的决策权利；二是有能力作出保护特许品牌的决策权利。被特许人的法律形式和资本结构等基本决策也可以由特许人之外的其他方行使，并会对被特许人的回报产生重大影响。当其他方享有现时权利使其当前有能力主导被特许人的相关活动时，特许人没有拥有对被特许人的权力。特许人提供的财务支持越少，特许人面临的被特许人的回报的可变性越小，则特许人就越有可能只拥有保护性权利。

投资方持有被投资方半数以上表决权的情况通常包括如下三种：一是投资方直接持有被投资方半数以上表决权；二是投资方间接持有被投资方半数以上表决权；三是投资方以直接和间接方式合计持有被投资方半数以上表决权。

2）投资方持有被投资方半数或以下表决权，但通过与其他表决权持有人之间的协议能够控制半数以上表决权

投资方自己持有的表决权虽然只有半数或以下，但通过与其他表决权持有人之间的协议使其可以持有足以主导被投资方相关活动的表决权，从而拥有对被投资方的权力。该类

协议安排需确保投资方能够主导其他表决权持有人的表决，即其他表决权持有人按照投资方的意愿进行表决，而不是投资方与其他表决权持有人协商并根据双方协商一致的结果进行表决。

3）投资方拥有多数表决权但没有权力

确定持有半数以上表决权的投资方是否拥有权力，关键在于该投资方现时是否有能力主导被投资方的相关活动。当其他投资方现时有权力能够主导被投资方的相关活动，且其他投资方不是投资方的代理人时，投资方就不拥有对被投资方的权力。当表决权不是实质性权利时，即使投资方持有被投资方多数表决权，也不拥有对被投资方的权力。例如，被投资方相关活动被政府、法院、管理人、接管人、清算人或监管人等其他方主导时，投资方虽然持有多数表决权，但也不可能主导被投资方的相关活动。被投资方自行清算的除外。

4）持有被投资方半数或半数以下表决权

持有半数或半数以下表决权的投资方（或者虽持有半数以上表决权，但表决权比例仍不足以主导被投资方相关活动的投资方，本部分以下同），应综合考虑下列事实和情况，以判断其持有的表决权与相关事实和情况相结合是否赋予投资方拥有对被投资方的权力。

（1）投资方持有的表决权份额相对于其他投资方持有的表决权份额的大小，以及其他投资方持有表决权的分散程度。投资方持有的绝对表决权比例或相对于其他投资方持有的表决权比例越高，其现时能够主导被投资方相关活动的可能性越大；为否决投资方意见而需要联合的其他投资方越多，投资方现时能够主导被投资方相关活动的可能性越大。

**【例6-5】** A公司持有B公司48%有表决权股份，剩余股份由分散的小股东持有，所有小股东单独持有的有表决权股份均未超过1%，且他们之间或其中一部分股东均未达成进行集体决策的协议。

在本例中，在判断A公司是否拥有对B公司的权力时，由于A公司虽然持有的B公司有表决权的股份（48%）不足50%，但是，根据其他股东持有股份的相对规模及其分散程度，且其他股东之间未达成集体决策协议等情况，可以判断A公司拥有对B公司的权力。

（2）投资方和其他投资方持有的潜在表决权。潜在表决权是获得被投资方表决权的权利。例如，可转换工具、可执行认股权证、远期股权购买合同或其他期权所产生的权利。确定潜在表决权是否赋予其持有者权力时需要考虑下列三方面：①潜在表决权工具的设立目的和设计，以及投资方涉入被投资方其他方式的目的和设计；②潜在表决权是否为实质性权利，判断控制仅考虑满足实质性权利要求的潜在表决权；③投资方是否持有其他表决权或其他与被投资方相关的表决权，这些权利与投资方持有的潜在表决权结合后是否赋予投资方拥有对被投资方的权力。

**【例6-6】** A公司与B公司分别持有被投资方70%及30%有表决权的股份。A公司与B公司签订的期权合同规定，B公司可以在当前及未来2年内以固定价格购买A公司持有的被投资方50%有表决权股份，该期权在当前及预计未来2年内都是深度价外期权（即依据期权合约的条款设计，使得买方B公司到期前行权的可能性极小）。历史上，A公司一直通过表决权主导被投资方的相关活动。

在本例中，B公司当前持有购买A公司有表决权股份的可行使期权，如果行使该期权，将使B公司持有被投资方80%有表决权的股份。但由于这些期权在当前及预计未来2年内都是深度价外期权，B公司无法从该期权的行使中获利，这些期权并不构成实质性权利，在评估B公司是否拥有对被投资方的权力时不应予以考虑。

**【例6-7】** A公司与其他2个投资方各自持有被投资方1/3的表决权。除权益工具外，A公司同时持有被投资方发行的可转换债券，这些可转换债券可以在当前及未来2年内任何时间以固定价格转换为被投资方的普通股。按照该价格，当前该期权为价外期权，但非深度价外期权。被投资方的经营活动与A公司密切相关(例如，降低A公司的运营成本、确保稀缺产品的供应等)。如可转换债券全部转换为普通股，则A公司将持有被投资方60%的表决权。

在本例中，可转换债券到期可转换为普通股且全部转换为普通股后，A公司将持有被投资方60%的表决权，而其他2个投资方各持有被投资方20%的表决权，据此可以判断A公司能够主导被投资方的相关活动并从中获益。因此，A公司持有的潜在表决权为实质性权利。A公司持有的表决权与实质性潜在表决权相结合，使得A公司拥有对被投资方的权力。

(3) 其他合同安排产生的权利。投资方可能通过持有的表决权和其他决策权相结合的方式使其当前能够主导被投资方的相关活动。例如，合同安排赋予投资方能够聘任被投资方董事会或类似权力机构多数成员，这些成员能够主导董事会或类似权力机构对相关活动的决策。但是，在不存在其他权利时，仅仅是被投资方对投资方的经济依赖(如供应商和其主要客户的关系)不会导致投资方对被投资方拥有权力。

**【例6-8】** A公司持有B公司40%有表决权股份，其他12个投资方各持有B公司5%有表决权股份，且他们之间或其中一部分股东之间不存在进行集体决策的协议。根据全体股东协议，A公司有权聘任或解聘董事会多数成员，董事会主导被投资者的相关活动。

在本例中，A公司持有的B公司有表决权股份(40%)不足50%，且其他12个投资方各持有B公司5%有表决权股份，根据A公司自身持有股份的绝对规模和其他股东的相对规模，难以得出A公司对B公司拥有权力。但是，综合考虑全体股东协议授予A公司聘任或解聘董事会多数成员，以及其他股东之间不存在集体决策的协议，可以判断A公司对B公司拥有权力。

(4) 其他相关事实或情况。如果根据上述第(1)项至第(3)项所列因素尚不足以判断投资方是否控制被投资方，则应综合考虑投资方享有的权利、被投资方以往表决权行使情况及下列事实或情况进行判断：

一是投资方是否能够任命或批准被投资方的关键管理人员，这些关键管理人员能够主导被投资方的相关活动。

二是投资方是否能够出于自身利益决定或者否决被投资方的重大交易。

三是投资方是否能够控制被投资方董事会等类似权力机构成员的任命程序，或者从其他表决权持有人手中获得代理投票权。

四是投资方与被投资方的关键管理人员或董事会等类似权力机构中的多数成员是否存在关联关系(例如，被投资方首席执行官与投资方首席执行官为同一人)。

五是投资方与被投资方之间是否存在特殊关系。在评价投资方是否拥有对被投资方的权力时，应当适当考虑这种特殊关系的影响，这种特殊关系可能为投资方享有权力提供了证据。特殊关系通常包括：被投资方的关键管理人员是投资方的现任或前任职工，被投资方的经营活动依赖于投资方(例如,被投资方依赖于投资方提供经营活动所需的大部分资金,投资方为被投资方的大部分债务提供了担保,被投资方在关键服务、技术、供应或原材料方面依赖于投资方,投资方掌握了诸如专利权、商标等对被投资方经营而言至关重要的资产,被投资方依赖于投资方为其提供具备与被投资方经营活动相关专业知识等的关键管理人员等),被投资方活动的重大部分有投资方参与其中或者是以投资方的名义进行,投资方自被投资方承担可变回报的风险(或享有可变回报的收益)的程度远超过其持有的表决权或其他类似权利的比例(例如,投资方承担或有权获得被投资方回报的比例为70%,但仅持有不到半数的表决权)等。

投资方持有被投资方表决权比例越低,否决投资方提出的关于相关活动的议案所需一致行动的其他投资者数量越少,投资者就越需要在更大程度上运用上述证据,以判断是否拥有主导被投资方相关活动的权力。

在被投资方的相关活动是通过表决权进行决策的情况下,当投资方持有的表决权比例不超过半数时,投资方在考虑了所有相关情况和事实后仍不能确定投资方是否拥有被投资方的权力的,投资方不控制被投资方。

**【例 6-9】** A公司持有B公司45%有表决权股份,其他11个投资方各持有B公司5%有表决权股份。

在本例中,根据A公司持有股份的绝对规模和与其他股东股份的相对规模难以判断A公司对B公司拥有权力。需要考虑其他事实和情况提供的证据,以判断A公司是否拥有对B公司的权力。

4. 权力来自表决权之外的其他权利

投资方对被投资方的权力通常来自表决权,但有时投资方对一些主体的权力不是来自表决权,而是由一项或多项合同安排决定。例如,证券化产品、资产支持融资工具、部分投资基金等结构化主体。

结构化主体是指在确定其控制方时没有将表决权或类似权利作为决定因素而设计的主体。主导该主体相关活动的依据通常是合同安排或其他安排形式。有关结构化主体的判断见《企业会计准则第41号——在其他主体中权益的披露》。

由于主导结构化主体的相关活动不是来自表决权(或类似权利),而是由合同安排决定,这无形中加大了投资方有关是否拥有对该类主体权力的判断难度。投资方需要评估合同安排,以评价其享有的权利是否足够使其拥有对被投资方的权力。在评估时,投资方通常应考虑下列四方面:

(1) 在设立被投资方时的决策及投资方的参与度。在评估被投资方的设立目的和设计时,投资者应考虑设立被投资方时的决策及投资方的参与度,以判断相关交易条款与参与特点是否为投资方提供了足以获得权力的权利。参与被投资方的设立本身虽然不足以表明参与方控制被投资方,但可能使参与方有机会获得使其拥有对被投资方权力的权利。

(2) 相关合同安排。投资方需考虑结构化主体设立之初的合同安排是否赋予投资方主导结构化主体相关活动的权利。例如,看涨期权、看跌期权、清算权等可能为投资方提供权力的合同安排。在评估对结构化主体是否拥有权力时,应当考虑投资方在这些合同安排中享有的决策权。

(3) 仅在特定情况或事项发生时开展的相关活动。结构化主体的活动及其回报在其设计时就已经明确,除非特定情况或事项发生,当特定情况或事项发生时,只有对结构化主体回报产生重大影响的活动才属于相关活动。相应地,对这些相关活动具有决策权的投资方才享有权力。决策权依赖于特定情况或特定事件的发生这一事实本身并不表示该权利为保护性权利。

(4) 投资方对被投资方作出的承诺。为确保结构化主体持续按照原定设计和计划开展活动,投资方可能会作出一些承诺(包括明确的承诺和暗示性的承诺),因而可能会扩大投资方承担的可变回报风险,由此促使投资方更有动机获取足够多的权利,使其能够主导结构化主体的相关活动。投资方作出的确保此类主体遵守原定设计经营的承诺可能是投资方拥有权力的迹象,但其本身并不赋予投资方权力,也不会阻止其他方拥有权力。

**【例 6-10】** A 公司为一家小额贷款公司,发起设立 C 主体,A 公司向 C 主体转让一个资产池,其中包含多笔 A 公司向不同的第三方发放的期限在 12 个月内的小额贷款。C 主体经批准以该资产池为基础资产公开发行一项资产管理计划,计划存续期为 3 年,存续期内分期发行,每期期限为 1 年。第三方投资者共认购该计划 75%的份额(每个单一投资者认购的比例都小于 0.5%),A 公司认购剩余 25%的份额。

根据 C 主体设立时订立的章程和协议安排,C 主体唯一的经营活动是按照既定的还款计划向贷款人收取本金和利息,并在收到款项后,在既定时间内扣除按与市场水平相当的费率计算的固定比例收取的手续费后,将款项按份额比例支付给资产管理计划的投资方。C 主体日常活动的事务,如人事、财务、行政等管理事务均由与 A 公司和 C 主体不存在关联关系的第三方资产管理公司——B 公司负责管理并按市价收取管理费。资产管理计划存续期间的所有相关资金流均由独立于各方的第三方银行——D 银行托管并按市价收取资金托管费。

如果 C 主体在既定还款时间收取既定的款项,则 C 主体按照投资者的投资比例将收取的款项分配给投资者。如果 C 主体未能在既定的还款时间内收取既定的款项,则 C 主体先将已收取的款项按约定比例分配后支付给除 A 公司外的投资者,剩余部分再支付给 A 公司。当应收款项出现违约时,A 公司有权根据违约时间、抵押品情况、违约方信用等级调整 C 主体下一步的收款计划。当已收取的款项已经无法向除 A 公司外的投资方进行足额支付时,C 主体按照某一事先约定的价格将应收款项全部出售给 A 公司,由 A 公司开展进一步的收款或者债务重组安排。

本例中,第一,首先判断 C 主体为结构化主体且为被投资方,A 公司参与了 C 主体的设立。C 主体设立的目的是管理和回收 A 公司发放的小额贷款。A 公司在 C 主体设立时的安排,包括认购资产管理计划的较大份额(25%)、承担劣后偿付的风险(即如果 C 主体未能在既定的还款时间内收取既定的款项,则 C 主体先将已收取的款项按约定比例分配后支付给除 A 公司外的投资者,剩余部分再支付给 A 公司),以及 A 公司将以固定价格收回全部应收款项(当已收取的款项已经无法向除 A 公司外的投资方进行足额支付时)的承诺均显示出 A 公司承担了重大的回报可变性,表明其有动机获取对 C 主体的权力。

第二,确定 C 主体的相关活动是对违约应收款项的管理活动。原因在于:C 主体在应收款项违约之前的活动仅仅是按照固定的还款计划向贷款人收取预先确定的款项并过手转交给投资方,同时收取固定比例的收款手续费,C 主体的回报不存在重大不确定性;在应收款项出现违约时，A公司根据实际情况管理违约应收款项并调整收款计划的方式，以及按照固定价格收回应收款项的约定，都会对C主体的回报产生重大影响。因此，C主体的相关活动是对违约应收款项的管理活动，即使应收款项出售给A公司后，管理违约资产的活动由A公司开展，而并非在C主体的法律框架下开展。

第三，在确定C主体的相关活动后，评估投资方对C主体的权力时，只应考虑与管理违约应收款项相关的权利，尽管该权利只会在应收款项发生违约的特定情况下才会被运用。当应收款项出现违约时，A公司有权调整C主体下一步的收款计划或者债务重组安排，因此，A公司享有对C主体的权力。

另外，结构化主体在设立后的运营中，由其法律上的权力机构表决的事项通常仅与行政事务相关，表决权与投资方的回报往往不具有重大的直接联系。因此，投资方在评估结构化主体设立目的和设计时，应考虑其被专门设计用于承担回报可变性的类型、投资方通过参与其相关活动是否承担了部分或全部的回报可变性等。

**（二）因参与被投资方的相关活动而享有可变回报**

判断投资方是否控制被投资方的第二项基本要素是：因参与被投资方的相关活动而享有可变回报。

可变回报是不固定的并可能随被投资方业绩而变动的回报，其可能是正数，也可能是负数，或者有正有负。投资方在判断其享有被投资方的回报是否变动以及如何变动时，应当以合同安排的实质，而非法律形式为依据。例如，投资方持有固定利率的交易性债券投资时，虽然利率是固定的，但该利率取决于债券违约风险及债券发行方的信用风险，因此，固定利率也可能属于可变回报。又如，管理被投资方资产获得的固定管理费也属于可变回报，因为管理者是否能获得此回报依赖于被投资方是否能够产生足够的收益以用于支付该固定管理费。其他可变回报的例子包括：

（1）股利、被投资方经济利益的其他分配（例如，被投资方发行的债务工具产生的利息）、投资方对被投资方投资的价值变动。

（2）因向被投资方的资产或负债提供服务而得到的报酬、因提供信用支持或流动性支持收取的费用或承担的损失、被投资方清算时在其剩余净资产中所享有的权益、税务利益，以及因涉入被投资方而获得的未来流动性。

（3）其他利益持有方无法得到的回报。例如，投资方将自身资产与被投资方的资产一并使用，以实现规模经济，节约成本、为稀缺产品提供资源、获得专有技术或限制某些运营或资产，从而提高投资方其他资产的价值。

投资方的可变回报通常体现为从被投资方获取股利。受法律法规的限制，投资方有时无法通过分配被投资方利润或盈余的形式获得回报，例如，当被投资方的法律形式为信托机构时，其盈利可能不是以股利形式分配给投资者。此时，需要根据具体情况，以投资方的投资目的为出发点，综合分析投资方是否获得除股利以外的其他可变回报。被投资方不能进行利润分配并不必然代表投资方不能获取可变回报。

另外，即使只有一个投资方控制被投资方，也不能说明只有该投资方才能获取可变回报。例如，少数股东可以分享被投资方的利润。

**【例6-11】** 承[例6-10]，由于A公司认购了C主体发行资产计划25%的份额，故承担了C主体应收款项无法收回时本金和利息损失的重大风险。此外，A公司认购的份额还属于劣后偿付级别，且A公司将以固定价格收回全部应收款项（当已收取的款项已经无法向除A公司以外的投资方进行足额支付时）。这些情况表明，与其他投资方相比，A公司承担了更大的回报可变性。A公司承担的可变回报与其对C主体所拥有的权力密切相关。

本例中，A公司通过行使其对C主体所拥有的权力主导C主体的相关活动（即对违约应收款项的管理），这一权力的实际行使情况将直接影响到A公司从C主体获得的可变回报。

综合上述及[例6-10]中的分析，A公司享有对C主体的控制权，应将C主体纳入合并范围。

**（三）有能力运用对被投资方的权力影响其回报金额**

判断控制的第三项基本要素是，有能力运用对被投资方的权力影响其回报金额。只有当投资方不仅拥有对被投资方的权力，通过参与被投资方的相关活动而享有可变回报，并且有能力运用对被投资方的权力来影响其回报的金额时，投资方才控制被投资方。因此，拥有决策权的投资方在判断是否控制被投资方时，需要考虑其决策行为是以主要责任人（即实际决策人）的身份进行还是以代理人的身份进行。此外，在其他方拥有决策权时，投资方还需要考虑其他方是否是以代理人的身份代表该投资方行使决策权。

1. 投资方的代理人

代理人是相对于主要责任人而言的，其代表主要责任人行动并服务于该主要责任人的利益。主要责任人可能将其对被投资方的某些或全部决策权授予代理人，但在代理代表主要责任人行使决策权时，代理人并不对被投资方拥有控制权。主要责任人的权力有时可以通过代理人根据主要责任人的利益持有并行使，但权力行使人不会仅仅因为其他方能从其行权中获益而成为代理人。

在判断控制时，代理人的决策权应被视为由主要责任人直接持有，权力属于主要责任人而非代理人，因此，投资方应当将授予代理人的决策权视为自己直接持有的决策权，即使被投资方有多个投资方且其中2个或2个以上投资方有代理人。

决策者在确定其是否为代理人时，根据《企业会计准则第33号——合并财务报表》第19条规定，应综合考虑该决策者与被投资方及其他方之间的关系，尤其需要考虑下列四项：

(1) 决策者对被投资方的决策权范围。在评估决策权范围时，应考虑相关协议或法规允许决策者决策的活动，以及决策者对这些活动进行决策时的自主程度。与该评估相关的因素包括但不限于：被投资方的设立目的与设计、被投资方面临的风险及转移给其他投资方的风险，以及决策者在设计被投资方过程中的参与程度。例如，如果决策者参与被投资方设计的程度较深（包括确定决策权范围），则可能表明决策者有机会、也有动机获得使其有能力主导相关活动的权利，但这一情况本身并不足以认定决策者必然能够主导相关活动。允许决策者（如资产管理人）主导被投资方相关活动的决策权范围越广，越能表明决策者拥有权力，但并不意味着该决策者一定是主要责任人。

(2) 其他方享有的实质性权利。其他方享有的实质性权利可能会影响决策者主导被投资方相关活动的能力。其他方持有实质性罢免权或其他权利并不一定表明决策者是代理人。存在单独一方拥有实质性罢免权并能够无理由罢免决策者的事实，足以表明决策者是代理人。当拥有此权利者超过一方，且不存在未经其他方同意即可罢免决策者的一方时，这些权利本身不足以表明决策者为其他方的代理人。在罢免决策者时需要联合起来行使罢免权的各方的数量越多,决策者的其他经济利益(即薪酬和其他利益)的比重和可变动性越强,则其他方所持有的权利在判断决策者是否是代理人时的权重就越轻。

在判断决策者是否是代理人时,应考虑其他方所拥有的限制决策者决策的实质性权利,这与考虑上述罢免权的方法相似。例如,决策者决策所需取得认可的其他方的数量越少,该决策者越有可能是代理人。在考虑其他方持有的权利时,应评估被投资方董事会(或其他权力机构)可行使的权利及其对决策权的影响。

(3) 决策者的薪酬水平。相对于被投资方获得的预期回报,决策者薪酬的比重(量级)和可变动性越大,决策者越有可能不是代理人。当同时满足下列两个条件时,决策者有可能是代理人:一是决策者的薪酬与其所提供的服务相称;二是薪酬协议仅包括在公平交易基础上有关类似服务和技能水平商定的安排中常见的条款、条件或金额。决策者不能同时满足上述两个条件的,不可能是代理人。

(4) 决策者因持有被投资方的其他利益而承担可变回报的风险。持有被投资方其他利益表明该决策者可能是主要责任人。对于在被投资方持有其他利益(如对被投资方进行投资或提供被投资方业绩担保)的决策者,在判断其是否为代理人时,应评估决策者因该利益所面临的可变回报的风险。评估时,决策者应考虑:

一是决策者享有的经济利益(包括薪酬和其他利益)的比重和可变动性。决策者享有的经济利益的比重和可变动性越大,该决策者越有可能是主要责任人。

二是决策者面临的可变回报风险是否与其他投资方不同,如果是,应考虑这些不同是否会影响其行为。例如,决策者持有次级权益,或向被投资方提供其他形式的信用增级,表明决策者可能是主要责任人。

决策者还应评估所承担的可变回报风险相对于被投资方回报总体变动的风险而言的程度。该评估主要应根据预期从被投资方的活动中得到的回报,但也应考虑决策者通过持有其他利益而承担的被投资方可变回报的最大风险。

综合上述四项因素的分析,当存在单独一方持有实质性罢免权并能无理由罢免决策者时,决策者属于代理人。此外,需综合考虑上述四项因素,以判断决策者是否作为代理人行使决策权。

**【例 6-12】** A 主体作为资产管理人发起设立一项投资计划,为多个投资者提供投资机会。A 主体在投资授权设定的范围内,以全体投资者的利益最大化为前提作出决策,并拥有较大主导投资计划相关活动的决策权,包括具体资产的配置、买入卖出时点以及投资资产出现风险时(如信用违约等)的后续管理等。A 主体按照计划资产净值的 1%加上达到特定盈利水平后投资计划利润的 20%收取管理费,该管理费符合市场和行业惯例,与 A 主体提供的服务相称。

情形一:参与该计划的投资者人数较多,单个投资者的投资比例均小于 0.5%且投资者之间不存在关联关系;该投资计划设有年度投资者大会,经出席该会议的投资者所持份额的 2/3 以上一致通过,可以罢免 A 主体的资产管理人资格,不存在可以无理由罢免 A 主体的资产管理人资格的单独一方的投资者;A 主体自身持有该投资计划 2%的份额,A 主体没有为该计划的其他投资者提供保证其收回初始投资及最低收益率的承诺,A 主体对超过其 2%投资以外的损失不承担任何义务。

情形二:在 A 主体违反合同的情况下,其他投资者有权罢免 A 主体。A 主体自身持有该投资计划20%的份额,A主体没有为该计划的其他投资者提供保证收回初始投资及最低收益率的承诺,A主体没有对超过该20%的投资承担任何额外损失的义务。

情形三:投资计划设有董事会,所有董事都独立于A主体,并由其他投资者任命。董事会每年任命资产管理人。如果董事会决定不再继续聘任A主体,则A主体提供的服务可以由同行业的其他主体接替。A主体自身持有该投资计划20%的份额,A主体没有为该计划的其他投资者提供保证收回初始投资及最低收益率的承诺,A主体没有对超过该20%的投资承担任何额外损失的义务。

情形四:在A主体违反合同的情况下,其他投资者有权罢免A主体。A主体自身持有该投资计划5%的份额,A主体为该投资计划的其他投资者提供了保证收回初始投资的承诺。

**分析:**

情形一:由于没有任何一方可以无条件罢免A主体的资产管理人资格,A主体在确定其是投资计划的主要责任人还是代理人时,需要结合其他因素进一步分析。

A主体对于投资计划享有较大的决策权,可以主导投资计划的相关活动。虽然投资计划设立了年度投资者大会,但投资者人数较多,且单个投资者之间不存在关联关系,不太可能出现较多非关联的投资者集合在一起进行表决并否决A主体的情况。因此,结合A主体的决策权范围和其他方持有的权利,可以得出A主体拥有对该投资计划的权力。

A主体收取的管理费与其服务相称这一事实表明,A主体可能作为代理人行使权力。为进一步判断A主体是否为代理人,还需要考虑A主体持有的份额,A主体还持有该投资计划2%的份额,该投资加大了A主体面临的可变回报风险,但该风险尚未重大到表明A主体是主要责任人的程度。

根据上述分析,A主体为该投资计划的代理人。

情形二:投资方有权在A主体违约时罢免A主体。由于该权利只有在A主体违约时才能行使,该权利属于保护性权利,但是,A主体通过与其服务相称的管理费以及20%的直接投资承担并有权获取投资计划的可变回报,且该回报的比重和可变动性均较为重大的情况表明,A主体通过对投资计划行使权力而影响其回报的金额和程度较大,A主体享有较大的实质性权利。因此,A主体为该投资计划的主要责任人。

在不同事实和情况下(例如,资产管理人的薪酬或其他因素不同),形成控制所要求的投资比例可能会不同。

情形三:A主体收取的管理费以及持有的20%投资表明,A主体承担并有权获取投资计划的可变回报,并且该回报的比重和可变动性足以表明其是主要责任人,但是,独立于A主体的投资者组成的董事会可以罢免A主体,这样,有权任命董事的其他投资者拥有罢免A主体的实质性权利。应综合考虑董事会的构成、决策机制等情况判断该罢免权是否为实质性权利。如果该罢免权属于实质性权利,则在分析A主体是否为代理人时,应给予该项实质性罢免权以更大的权重。因此,尽管A主体拥有较大的决策权,并面临重大的可变回报风险,但如果综合相关因素判断其他投资者享有实质性罢免权,则表明A主体是代理人。

情形四:A主体拥有对该投资计划的实质性权利,其他投资者拥有的罢免权为保护性权利。尽管A主体通过管理费以及5%的投资面临的可变回报风险不足以表明A主体是主要责任人,但A主体为计划的其他投资者提供保证本金收回的事实表明,A主体承担的可变回报风险较大，同时表明，A主体所面临的可变回报风险与其他投资者不同。这种情况下，应进一步结合投资计划可能的业绩情况，评估A主体承担的可变回报风险程度(包括考虑该项可变回报风险的差异是否会影响A主体的行为)，从而判断A主体是主要责任人还是代理人。

2. 实质代理人

在判断控制时，投资方应当考虑与所有其他方之间的关系、他们是否代表投资方行动(即识别投资方的实质代理人)，以及其他方之间、其他方与投资方之间如何互动。上述关系不一定在合同安排中列明。当投资方(或有能力主导投资方活动的其他方)能够主导某一方代表其行动时，被主导方为投资方的实质代理人。在这种情况下，投资方在判断是否控制被投资方时，应将其实质代理人的决策权及通过实质代理人而间接承担(或享有)的可变回报风险(或权利)与其自身的权利一并考虑。

根据各方的关系，表明一方可能是投资方的实质代理人的情况包括但不限于：投资方的关联方；因投资方出资或提供贷款而取得在被投资方中权益的一方；未经投资方同意，不得出售、转让或抵押其持有的被投资方权益的一方(不包括此项限制系通过投资方和其他非关联方之间自愿协商同意的情形)；没有投资方的财务支持难以获得资金支持其经营的一方；被投资方权力机构的多数成员或关键管理人员与投资方权力机构的多数成员或关键管理人员相同；与投资方具有紧密业务往来的一方，如专业服务的提供者与其中一家重要客户的关系。

## 三、对被投资方可分割部分的控制

投资方通常应当对是否控制被投资方整体进行判断。但在少数情况下，如果有确凿证据表明同时满足下列条件并且符合相关法律法规规定的，则投资方应当将被投资方的一部分(以下简称该部分)视为被投资方可分割部分，进而判断是否控制该部分：

(1) 该部分的资产是偿付该部分负债或该部分其他权益的唯一来源，不能用于偿还该部分以外的被投资方的其他负债。

(2) 除与该部分相关的各方外，其他方不享有与该部分资产相关的权利，也不享有与该部分资产剩余现金流量相关的权利。

因此，实质上该部分的所有资产、负债及相关权益均与被投资方的其他部分相隔离，即该部分的资产产生的回报不能由该部分以外的被投资方其他部分使用，该部分的负债也不能用该部分以外的被投资方资产偿还。

如果被投资方的一部分资产和负债及相关权益满足上述条件，构成可分割部分，则投资方应当基于控制的判断标准确定其是否能够控制该可分割部分，包括考虑该可分割部分的相关活动及其决策机制，投资方是否有能力主导可分割部分的相关活动并据以从中取得可变回报等。如果投资方控制该可分割部分，则应将其进行合并。此时，其他方在考虑是否控制并合并被投资方时，应仅对被投资方的剩余部分进行评估，不包括该可分割部分。

**【例6-13】** A公司为有限责任公司，专门从事房地产开发，其主要经营活动为在B地块上开发住宅和商业地产项目。B地块的开发分三期执行，各期地块的开发成本和销售收入分设三个独立子账套进行单独核算管理，但与各期开发相关的开发支出均由A公司作为同一法人主体进行清偿。各期项目相关的增值税、土地增值税及所得税等相关税收也均由A公司作为同一纳税主体进行统一申报和清算。各地块的相关经营决策互相独立,其经营损益分别归属于不同的权利人。

在本例中,虽然各期开发项目区分了三个账套进行独立核算管理,但是,这并不足以说明其中一期开发项目的有关资产、负债和权益均与其余各期的剩余部分相隔离。各期开发支出和相应税负仍以A公司作为单一主体进行清偿就表明某期资产并非仅承担与该期资产相关的负债,某期资产也并非与该期开发相关的负债的唯一支付来源。因此,本例中的各期开发项目并非可分割的部分,不应被认定为可分割部分。

## 四、控制的持续评估

控制的评估是持续的,当环境或情况发生变化时,投资方需要评估控制的三项基本要素中的一项或多项是否发生了变化。如果有任何事实或情况表明控制的三项基本要素中的一项或多项发生了变化,则投资方应重新评估对被投资方是否具有控制。

(1) 如果对被投资方的权力的行使方式发生变化,则该变化必须反映在投资方对被投资方权力的评估中。例如,决策机制的变化可能意味着投资方不再通过表决权主导相关活动,而是由协议或者合同等其他安排赋予其他方主导相关活动的现时权利。

(2) 某些事件即使不涉及投资方,也可能导致该投资方获得或丧失对被投资方的权力。例如,其他方以前拥有的能阻止投资方控制被投资方的决策权到期失效,则可能使投资方因此而获得权力。

(3) 投资方应考虑因其参与被投资方相关活动而承担的可变回报风险敞口的变化带来的影响。例如,如果拥有权力的投资方不再享有可变回报(如与业绩相关的管理费合同到期),则该投资方将由于不满足控制三要素的第二要素而丧失对被投资方的控制。

(4) 投资方还应考虑其作为代理人或主要责任人的判断是否发生了变化。投资方与其他方之间整体关系的变化可能意味着原为代理人的投资方不再是代理人;反之则反。例如,如果投资方或其他方的权利发生了变化,投资方应重新评估其代理人或主要责任人的身份。

投资方有关控制的判断结论,或者初始评估其是主要责任人或代理人的结果,不会仅因为市场情况的变化(如因市场情况的变化导致被投资方的可变回报发生变化)而变化,除非市场情况的变化导致控制三要素的一项或多项发生了变化,或导致主要责任人与代理人之间的关系发生变化。

## 五、合并范围的豁免——投资性主体

### (一) 豁免规定

母公司应当将其全部子公司(包括母公司所控制的被投资单位可分割部分、结构化主体)纳入合并范围。但是,如果母公司是投资性主体,则只应将那些为投资性主体的投资活动提供相关服务的子公司纳入合并范围,其他子公司不应予以合并,母公司对其他子公司的投资应当按照以公允价值计量且其变动计入当期损益的金融资产进行核算。

一个投资性主体的母公司如果其本身不是投资性主体,则应当将其控制的全部主体,包括投资性主体及通过投资性主体间接控制的主体，纳入合并财务报表范围。

**（二）投资性主体的定义**

当母公司同时满足以下三个条件时，该母公司属于投资性主体：

（1）该公司以向投资方提供投资管理服务为目的，从一个或多个投资者获取资金。这是投资性主体与其他主体的显著区别。

（2）该公司的唯一经营目的，是通过资本增值、投资收益或两者兼有而让投资者获得回报。投资性主体的经营目的一般可能通过其设立目的、投资管理方式、投资期限、投资退出战略等体现出来，具体表现形式可以是通过募集说明书、公司章程或合伙协议，以及所发布的其他公开信息。例如，如果一个基金在募集说明书中说明其投资的目的是实现资本增值、一般情况下的投资期限较长、制定了比较清晰的投资退出战略等，则这些描述与投资性主体的经营目的是一致的；反之，如果该基金的经营目的是与被投资方合作开发、生产或者销售某种产品，则其不是投资性主体。

（3）该公司按照公允价值对几乎所有投资的业绩进行计量和评价。对于投资性主体而言，相对于合并子公司财务报表或者按照权益法核算对联营企业或合营企业的投资，公允价值计量所提供的信息更具有相关性。公允价值计量体现为：在企业会计准则允许的情况下，在向投资方报告其财务状况和经营成果时应当以公允价值计量其投资；向其关键管理人员提供公允价值信息，以供他们据此评估投资业绩或作出投资决策。但是，投资性主体没必要以公允价值计量其固定资产等非投资性资产或其负债。

**（三）投资性主体的特征**

投资性主体通常应当符合下列四个特征：

（1）拥有一个以上投资。投资性主体通常会同时持有多项投资以分散风险，但通过直接或间接投资于另一个持有多项投资的投资性主体的，也可能是投资性主体。另外，当投资性主体刚设立、尚未寻找到多个符合要求的投资项目，或者刚处置了部分投资、尚未进行新的投资，或者正处于清算过程中时，也有可能仅持有一项投资。

（2）拥有一个以上投资者。典型的投资性主体通常拥有多个投资者，多个投资者通过投资性主体集中资金，以获取单个投资者可能无法单独获取的投资管理服务和投资机会。拥有多个投资者使投资性主体或其集团成员获取除资本增值、投资收益以外的收益的可能性减小。一个投资性主体在过渡期也可能只有一个投资者。例如，当投资性主体刚刚设立、正在积极识别合格投资者，或者原持有的权益已经赎回、正在寻找新的投资者，或者处于清算过程中时，或者是为了代表或支持一个较大的投资者集合的利益而设立的（如某企业设立的年金基金），也有可能仅拥有一个投资者。

（3）投资者不是该主体的关联方。投资性主体通常拥有若干投资者，这些投资者既不是其关联方，也不是该投资主体所在集团的成员，这一情况使投资性主体或其集团成员获取除资本增值和投资收益外的收益的可能性减小；反之，一个主体的投资方中包括了与该主体存在关联关系的投资方，则该主体或者关联投资方更有可能存在除获取资本增值或者投资收益外的其他投资目的，在这种情况下，需要更为谨慎的判断和确凿的证据来证明其唯一的经营目的是取得资本增值或投资收益或两者兼有。但是，关联投资者的存在并非表明该主体一定不是投资性主体。例如，某基金的投资方之一可能是该基金的关键管理人员出资设立的企业，其目的是更好地激励基金的关键管理人员，这一安排并不影响该基金符合投资性主体的定义。

(4) 该主体的所有者权益以股权或类似权益存在。一个投资性主体并不一定必须是单独的法律实体,但无论其采取什么样的法律形式,其所有者权益应该采取股份、合伙权益或者类似权益份额的形式,且净资产按照所有者权益比例份额享有。然而,拥有不同类型的投资者,并且其中一些投资者可能仅对某类或某组特定投资拥有权利,或者不同类型的投资者对净资产享有不同比例的分配权的情况,并不说明该主体不是一个投资性主体。

可见,上述特征仅仅是投资性主体的常见特征,当主体不完全具备上述四个特征时,需要审慎评估,判断是否有确凿证据证明虽然缺少其中一个或几个特征,但该主体仍然符合投资性主体的定义。

**(四) 因投资性主体转换引起的合并范围的变化**

当母公司由非投资性主体转变为投资性主体时,除仅将为其投资活动提供相关服务的子公司纳入合并财务报表范围编制合并财务报表外,企业自转变日起对其他子公司不应予以合并,其会计处理参照部分处置子公司股权但不丧失控制权的处理原则:终止确认与其他子公司相关资产(包括商誉)及负债的账面价值,以及其他子公司相关少数股东权益(包括属于少数股东的其他综合收益)的账面价值,并按照对该子公司的投资在转变日的公允价值确认一项以公允价值计量且其变动计入当期损益的金融资产,同时将对该子公司的投资在转变日的公允价值作为处置价款,其与当日合并财务报表中该子公司净资产(资产、负债及相关商誉之和,扣除少数股东权益)的账面价值之间的差额,调整资本公积(资本溢价或股本溢价),资本公积不足冲减的,依次冲减盈余公积和未分配利润。

当母公司由投资性主体转变为非投资性主体时,应将原未纳入合并财务报表范围的子公司于转变日纳入合并财务报表范围,将转变日视为购买日,原未纳入合并财务报表范围的子公司于转变日的公允价值视为购买的交易对价,按照非同一控制下企业合并的会计处理方法进行会计处理。

# 第二节　合并财务报表概述

## 一、合并财务报表的特点和编制原则

合并财务报表作为财务报表,必须符合财务报表编制的一般原则和基本要求。这些基本要求包括真实可靠、内容完整。与个别财务报表相比,合并财务报表又具有下列特点:①反映的对象是由母公司和其全部子公司组成的会计主体;②编制者是母公司,但所对应的会计主体是由母公司及其控制的所有子公司所构成的企业集团。合并财务报表是站在合并财务报表主体的立场上,以纳入合并范围的企业个别财务报表为基础,根据其他有关资料,抵销母公司与子公司、子公司相互之间发生的内部交易,考虑了特殊交易事项对合并财务报表的影响后编制的,旨在反映合并财务报表主体作为一个整体的财务状况、经营成果和现金流量。因此,合并财务报表的编制除遵循财务报表编制的一般原则和要求外,还应当遵循以下原则和要求:

(1) 以个别财务报表为基础编制。合并财务报表并不是直接根据母公司和子公司的账簿编制，而是利用母公司和子公司编制的反映各自财务状况和经营成果的财务报表提供的数据，通过合并财务报表的特有方法进行编制。以纳入合并范围的个别财务报表为基础，可以说是客观性原则在合并财务报表编制时的具体体现。

(2) 一体性原则。合并财务报表反映的是企业集团的财务状况和经营成果，反映的是由多个法人企业组成的一个会计主体的财务情况，在编制合并财务报表时应当将母公司和所有子公司作为整体来看待，视为一个会计主体，母公司和子公司发生的经营活动都应当从企业集团这一整体的角度进行考虑。因此，在编制合并财务报表时，对于母公司与子公司、子公司相互之间发生的经济业务，应当视同同一会计主体内部业务处理，视同同一会计主体之下的不同核算单位的内部业务。

(3) 重要性原则。与个别财务报表相比，合并财务报表涉及多个法人主体，涉及的经营活动的范围很广，母公司与子公司经营活动往往跨越不同行业界限，有时母公司与子公司经营活动甚至相差很大。这样，合并财务报表要综合反映这样的会计主体的财务情况，必然要涉及重要性的判断问题。特别是在拥有众多子公司的情况下，更是如此。在编制合并财务报表时，特别强调重要性原则的运用。如对一些项目在企业集团中的某一企业具有重要性，但对于整个企业集团则不一定具有重要性，在这种情况下根据重要性的要求对财务报表项目进行取舍，则具有重要的意义。此外，母公司与子公司、子公司相互之间发生的经济业务，对整个企业集团财务状况和经营成果影响不大时，为简化合并手续，也应根据重要性原则进行取舍，可以不编制抵销分录而直接编制合并财务报表。

## 二、合并财务报表的构成

合并财务报表至少包括合并资产负债表、合并利润表、合并所有者权益变动表(或合并股东权益变动表)、合并现金流量表和附注，它们分别从不同的方面反映企业集团的财务状况、经营成果及其现金流量情况，构成一个完整的合并财务报表体系。

(1) 合并资产负债表。合并资产负债表是反映母公司和子公司所形成的企业集团某一特定日期财务状况的报表。

(2) 合并利润表。合并利润表是反映母公司和子公司所形成的企业集团整体在一定期间内经营成果的报表。

(3) 合并所有者权益变动表(或合并股东权益变动表)。合并所有者权益变动表(或合并股东权益变动表)是反映母公司在一定期间内，包括经营成果分配在内的所有者(或股东)权益增减变动情况的报表。它是从母公司的角度，站在母公司所有者的立场反映企业所有者(或股东)在母公司中的权益增减变动情况的报表。

(4) 合并现金流量表。合并现金流量表是反映母公司和子公司所形成的企业集团在一定期间现金流入、流出量以及现金净增减变动情况的报表。

(5) 附注。附注是对在合并资产负债表、合并利润表、合并现金流量表和合并所有者权益变动表(或合并股东权益变动表)等报表中列示项目的文字描述或明细资料，以及对未能在这些报表中列示项目的说明等。

## 三、合并财务报表编制的前期准备事项

合并财务报表的编制涉及多个子公司，有的合并财务报表的合并范围甚至包括数百个

子公司。为了使编制的合并财务报表准确、全面地反映企业集团的真实情况，必须做好一系列的前期准备事项。这些前期准备事项主要包括以下四个方面。

**（一）统一母子公司的会计政策**

会计政策是编制财务报表的基础，统一母公司和子公司的会计政策是保证母公司和子公司财务报表各项目反映内容一致的基础。为此，在编制财务报表前，应当尽可能统一母公司和子公司的会计政策，统一要求子公司所采用的会计政策与母公司保持一致。对一些境外子公司，由于所在国或地区法律、会计准则等方面的原因，确实无法使其采用的会计政策与母公司所采用的会计政策保持一致，则应当要求其按照母公司所采用的会计政策重新编报财务报表，也可以由母公司根据自身所采用的会计政策对境外子公司报送的财务报表进行调整，以重编或调整编制的境外子公司财务报表，作为编制合并财务报表的基础。

**（二）统一母子公司的资产负债表日及会计期间**

财务报表总是反映一定日期的财务状况和一定会计期间的经营成果，母公司和子公司的个别财务报表只有在反映财务状况的日期和反映经营成果的会计期间一致的情况下，才能进行合并。为了编制合并财务报表，必须统一企业集团内所有子公司的资产负债表日和会计期间，使子公司的资产负债表日和会计期间与母公司的资产负债表日和会计期间保持一致，以便于子公司提供资产负债表日和会计期间相同的财务报表。

对于境外子公司，由于当地法律限制确实不能与母公司财务报表决算日和会计期间一致的，母公司应当按照自身的资产负债表日和会计期间对子公司的财务报表进行调整，以调整后的子公司财务报表为基础编制合并财务报表，也可以要求子公司按照母公司的资产负债表日和会计期间另行编制报送其个别财务报表。

**（三）对子公司以外币表示的财务报表进行折算**

对母公司和子公司的财务报表进行合并，其前提必须是母子公司个别财务报表所采用的货币计量单位一致。我国允许外币业务比较多的企业采用某一外币作为记账本位币，境外企业一般也是采用其所在国或地区的货币作为其记账本位币。在将这些企业的财务报表纳入合并时，则必须将其折算为母公司所采用的记账本位币表示的财务报表。有关外币财务报表的具体折算方法在外币业务中已作论述，在此不再赘述。

**（四）收集编制合并财务报表的相关资料**

合并财务报表以母公司和其子公司的财务报表及其他有关资料为依据，由母公司合并有关项目的数额编制。为编制合并财务报表，母公司应当要求子公司及时提供下列有关资料：①子公司相应期间的财务报表；②与母公司及与其他子公司之间发生的内部购销交易、债权债务、投资及其产生的现金流量和未实现内部销售损益的期初、期末余额及变动情况等资料；③子公司所有者权益变动和利润分配的有关资料；④编制合并财务报表所需要的其他资料，如非同一控制下企业合并购买日的公允价值资料。

## 四、合并财务报表的编制程序

合并财务报表的编制是一项极为复杂的工作，不仅涉及本企业会计业务和财务报表，而且还涉及纳入合并范围的子公司的会计业务和财务报表。为了使合并财务报表的编制工作有条不紊，必须按照一定程序，分步骤进行。合并财务报表的编制程序大致如下：

（1）设置合并工作底稿。合并工作底稿的作用是为合并财务报表的编制提供基础。在合并工作底稿中，对母公司和纳入合并范围的子公司的个别财务报表各项目的数额进行汇总和抵销处理，最终计算得出合并财务报表各项目的合并数。

(2) 将母公司、纳入合并范围的子公司个别资产负债表、利润表及所有者权益变动表各项目的数据过入合并工作底稿，并在合并工作底稿中对母公司和子公司个别财务报表各项目的数据进行加总，计算得出个别资产负债表、个别利润表及个别所有者权益变动表各项目合计数额。

(3) 编制调整分录与抵销分录，将母公司与子公司、子公司相互之间发生的经济业务对个别财务报表有关项目的影响进行调整抵销处理。编制调整分录与抵销分录，进行调整抵销处理，是合并财务报表编制的关键和主要内容，其目的在于将因会计政策及计量基础的差异而对个别财务报表的影响进行调整，以及将个别财务报表各项目的加总数据中重复的因素等予以抵销。

(4) 计算合并财务报表各项目的合并数额。即在母公司和纳入合并范围的子公司个别财务报表各自加总数额的基础上，分别计算财务报表中的资产项目、负债项目、所有者权益项目、收入项目和费用项目的合并数。其计算方法如下：

一是资产类项目，其合并数根据该项目加总的数额，加上该项目调整分录与抵销分录的借方发生额，减去该项目调整分录与抵销分录的贷方发生额计算确定。

二是负债类项目和所有者权益类项目，其合并数根据该项目加总的数额，减去该项目调整分录与抵销分录的借方发生额，加上该项目调整分录与抵销分录的贷方发生额计算确定。

三是有关收益类项目，其合并数根据该项目加总的数额，减去该项目调整分录与抵销分录的借方发生额，加上该项目调整分录与抵销分录的贷方发生额计算确定。

四是有关成本费用类项目和有关利润分配的项目，其合并数根据该项目加总的数额，加上该项目调整分录与抵销分录的借方发生额，减去该项目调整分录与抵销分录的贷方发生额计算确定。

五是填列合并财务报表。即根据合并工作底稿中计算出的资产、负债、所有者权益、收入、成本费用类各项目的合并数，填列正式的合并财务报表。

## 五、编制合并财务报表需要调整抵销的项目

### (一) 编制合并资产负债表需要调整抵销的项目

合并资产负债表是以母公司和纳入合并范围的子公司的个别资产负债表为基础编制的。个别资产负债表则是以单个企业为会计主体进行会计核算的结果，它从母公司本身或从子公司本身的角度对自身的财务状况进行反映。对于企业集团内部发生的经济业务，从发生内部经济业务的企业来看，发生经济业务的双方都在其个别资产负债表中进行了反映。例如，集团内部母公司与子公司之间发生的商品赊购赊销业务，对于赊销企业来说，一方面确认营业收入、结转营业成本、计算营业利润，另一方面在其个别资产负债表中反映为应收账款；而对于赊购企业来说，在内部购入的存货未实现对外销售的情况下，则在其个别资产负债表中反映为存货和应付账款。在这种情况下，资产、负债和所有者权益类各项目的加总数额中，必然包含重复计算的因素。作为反映企业集团整体财务状况的合并资产负债表，必须将这些重复计算的因素予以扣除，对这些重复的因素进行抵销处理。这些需要扣除的重复因素，就是合并财务报表编制时需要进行抵销处理的项目。

编制合并资产负债表时需要进行抵销处理的主要有如下项目：

(1) 母公司对子公司股权投资项目与子公司所有者权益(或股东权益)项目。

(2) 母公司与子公司、子公司相互之间未结算的内部债权债务项目。

(3) 存货项目，即内部购进存货价值中包含的未实现内部销售损益。

(4) 固定资产项目(包括固定资产原价和累计折旧项目)，即内部购进固定资产价值中包含的未实现内部销售损益。

(5) 无形资产项目，即内部购进无形资产价值包含的未实现内部销售损益。

**(二) 编制合并利润表和合并所有者权益变动表需要调整抵销的项目**

合并利润表和合并所有者权益变动表是以母公司和纳入合并范围的子公司的个别利润表和个别所有者权益变动表为基础编制的。利润表和所有者权益变动表作为以单个企业为会计主体进行会计核算的结果，从母公司本身或从子公司本身反映一定会计期间经营成果的形成及其分配情况。以其个别利润表及个别所有者权益变动表为基础计算的收益和费用等项目的加总数额，必然包含重复计算的因素。在编制合并利润表和合并所有者权益变动表时，需要将这些重复的因素予以扣除。

编制合并利润表和合并所有者权益变动表时需要进行抵销处理的主要有如下项目：

(1) 内部销售收入和内部销售成本项目。

(2) 内部投资收益项目，包括内部利息收入与利息支出项目、内部股权投资收益项目。

(3) 信用减值损失、资产减值损失项目，即与内部交易相关的内部应收账款、存货、固定资产、无形资产等项目的减值损失。

(4) 纳入合并范围的子公司利润分配项目。

**(三) 编制合并现金流量表需要调整抵销的项目**

合并现金流量表是综合反映母公司及其子公司组成的企业集团，在一定会计期间现金流入、现金流出数量以及其增减变动情况的财务报表。合并现金流量表以母公司和子公司的现金流量表为基础，在抵销母公司与子公司、子公司相互之间发生内部交易对合并现金流量表的影响后，由母公司编制。

在以母公司和子公司个别现金流量表为基础编制合并现金流量表时，需要进行抵销的内容主要有：

(1) 母公司与子公司、子公司相互之间当期以现金投资或收购股权增加的投资所产生的现金流量。

(2) 母公司与子公司、子公司相互之间当期取得投资收益收到的现金与分配股利、利润或偿付利息支付的现金。

(3) 母公司与子公司、子公司相互之间以现金结算债权债务所产生的现金流量。

(4) 母公司与子公司、子公司相互之间当期销售商品所产生的现金流量。

(5) 母公司与子公司、子公司相互之间处置固定资产、无形资产和其他长期资产收回的现金净额与购建固定资产、无形资产和其他长期资产支付的现金。

(6) 母公司与子公司、子公司相互之间当期发生的其他内部交易所产生的现金流量。

## 六、合并财务报表的格式

合并财务报表格式通常在个别财务报表基础上，增加下列项目。

**(一) 合并资产负债表**

(1) 在所有者权益项目下增加“归属于母公司所有者权益合计”项目，用来反映企业集团的所有者权益中归属于母公司所有者权益的部分，包括实收资本(或股本)、其他权益工具、资本公积、库存股、其他综合收益、盈余公积、未分配利润、其他等项目的金额。

(2) 在所有者权益项目下增加“少数股东权益”项目，用来反映非全资子公司的所有者权益中不属于母公司的份额。具体格式可参见表6-6。

**(二) 合并利润表**

(1) 在“净利润”项目下增加“归属于母公司所有者的净利润”和“少数股东损益”两个项目，分别反映净利润中由母公司所有者享有的份额和非全资子公司当期实现的净利润中归属于少数股东的份额。同一控制下企业合并增加子公司的，当期合并利润表中还应在“净利润”项目下增加“其中：被合并方在合并前实现的净利润”项目，用来反映同一控制下企业合并中取得的被合并方在合并日前实现的净利润。

(2) 在“综合收益总额”项目下增加“归属于母公司所有者的综合收益总额”和“归属于少数股东的综合收益总额”两个项目，分别反映综合收益总额中由母公司所有者享有的份额和非全资子公司当期综合收益总额中归属于少数股东的份额。具体格式可参见表6-7。

**(三) 合并现金流量表**

合并现金流量表格式与《企业会计准则第31号——现金流量表》应用指南中现金流量表的格式基本相同。

**(四) 合并所有者权益变动表**

合并所有者权益变动表应增加“少数股东权益”栏目，反映少数股东权益变动的情况。另外，参照合并资产负债表中的“资本公积”“其他权益工具”“其他综合收益”等项目的列示，合并所有者权益变动表中应单列上述各栏目反映。具体格式可参见表6-8。

对于纳入合并财务报表的子公司既有一般工商企业，又有金融企业等的，如果母公司在企业集团经营中权重较大，则以母公司主业是一般企业还是金融企业确定其报表类别，根据集团其他业务适当增加其他报表类别的相关项目；如果母公司在企业集团经营中权重不大，则以企业集团的主业确定其报表类别，根据集团其他业务适当增加其他报表类别的相关项目；对于不符合上述情况的，合并财务报表采用一般企业报表格式，根据集团其他业务适当增加其他报表类别的相关项目。

## 第三节 长期股权投资与所有者权益的合并处理(同一控制下企业合并)

在一般情况下，企业取得子公司的途径主要有两条：①对外进行直接投资组建新的被投资企业使其成为子公司，这里包括单独投资组建全资子公司、与其他企业合资组建非全资子公司等情况；②通过企业合并，对现有企业的股权进行并购，使其成为子公司，这里包括购买同一控制下的企业的股权使其成为直接的子公司、购买非同一控制下的企业的股权使其成为子公司两种情况。

## 一、同一控制下取得子公司合并日合并财务报表的编制

根据企业会计准则，母公司在合并日可以编制合并日的合并资产负债表、合并利润表、合并现金流量表等合并财务报表。母公司在将购买取得子公司股权登记入账后，在编制合并日合并资产负债表时，只需将对子公司长期股权投资与子公司所有者权益中母公司所拥有的份额相抵销。

**【例 6-14】** 甲公司于 2×24 年 1 月 1 日以 28 600 万元的价格取得 A 公司 80%的股权。A 公司净资产的公允价值为 35 000 万元。甲公司在购买 A 公司过程中发生审计、法律服务等相关费用 120 万元。上述价款均以银行存款支付。甲公司与 A 公司均为同一控制下的企业，且均为非金融企业。A 公司采用的会计政策与甲公司一致。A 公司 2×24 年 1 月 1 日的资产负债表的数据参见表 6-1 中 A 公司的数据（A 公司个别财务报表中的资产、负债数据与其在最终控制方合并财务报表中的数据相同）。

由于 A 公司与甲公司均为同一控制下的企业，故按同一控制下企业合并的规定进行处理。根据 A 公司资产负债表，A 公司股东权益总额为 32 000 万元，其中，股本为 20 000 万元，资本公积为 8 000 万元，盈余公积为 1 200 万元，未分配利润为 2 800 万元。合并后，甲公司在 A 公司股东权益中所拥有的份额为 25 600 万元。甲公司对 A 公司长期股权投资的初始投资成本为 25 600 万元。至于购买该股权过程中发生的审计、估值等相关费用，则直接计入当期损益，即计入当期管理费用。

2×24 年 1 月 1 日，甲公司在对 A 公司投资进行账务处理后编制的资产负债表，以及 A 公司当日各项资产、负债在最终控制方合并财务报表中的账面价值，如表 6-1 所示。

在本例中，对于甲公司为购买 A 公司所发生的审计等费用实际上已支付给会计师事务所等中介机构，不属于甲公司与 A 公司所构成的企业集团内部交易，不涉及抵销处理的问题。编制合并日合并资产负债表时，假定不考虑留存收益恢复因素，甲公司应当进行如下抵销处理（单位：万元）：

借：股本　　20 000
　　资本公积　　8 000
　　盈余公积　　1 200
　　未分配利润　　2 800
　　贷：长期股权投资　　25 600
　　　　少数股东权益　　6 400

根据上述抵销分录，编制合并工作底稿如表 6-1 所示。

**表 6-1**　　**合并工作底稿**　　单位：万元

| 项目 | 甲公司 | A 公司 | 合计数 | 抵销分录 | | 少数股东权益 | 合并数 |
|---|---|---|---|---|---|---|---|
| | | | | 借方 | 贷方 | | |
| 流动资产： | | | | | | | |
| 货币资金 | 9 000 | 4 200 | 13 200 | | | | 13 200 |
| 交易性金融资产 | 4 000 | 1 800 | 5 800 | | | | 5 800 |

（续表）

| 项目 | 甲公司 | A公司 | 合计数 | 抵销分录 | | 少数股东权益 | 合并数 |
|---|---|---|---|---|---|---|---|
| | | | | 借方 | 贷方 | | |
| 衍生金融资产 | | | | | | | |
| 应收票据 | 4 700 | 3 000 | 7 700 | | | | 7 700 |
| 应收账款 | 5 800 | 3 920 | 9 720 | | | | 9 720 |
| 预付款项 | 2 000 | 880 | 2 880 | | | | 2 880 |
| 其他应收款 | 4 200 | 0 | 4 200 | | | | 4 200 |
| 存货 | 31 000 | 20 000 | 51 000 | | | | 51 000 |
| 持有待售资产 | | | | | | | |
| 一年内到期的非流动资产 | | | | | | | |
| 其他流动资产 | 1 300 | 1 200 | 2 500 | | | | 2 500 |
| 流动资产合计 | 62 000 | 35 000 | 97 000 | | | | 97 000 |
| 非流动资产： | | | | | | | |
| 债权投资 | 11 400 | 0 | 11 400 | | | | 11 400 |
| 其他债权投资 | 10 000 | 0 | 10 000 | | | | 10 000 |
| 长期应收款 | | | | | | | |
| 长期股权投资 | 25 600 | 0 | 25 600 | | 25 600 | | 0 |
| 投资性房地产 | | | | | | | |
| 固定资产 | 21 000 | 18 000 | 39 000 | | | | 39 000 |
| 在建工程 | 20 000 | 3 400 | 23 400 | | | | 23 400 |
| 无形资产 | 4 000 | 1 600 | 5 600 | | | | 5 600 |
| 开发支出 | | | | | | | |
| 商誉 | 2 000 | 0 | 2 000 | | | | 2 000 |
| 长期待摊费用 | | | | | | | |
| 递延所得税资产 | | | | | | | |
| 其他非流动资产 | 0 | 0 | 0 | | | | 0 |
| 非流动资产合计 | 94 000 | 23 000 | 117 000 | | 25 600 | | 91 400 |
| 资产总计 | 156 000 | 58 000 | 214 000 | | 25 600 | | 188 400 |
| 流动负债： | | | | | | | |
| 短期借款 | 12 000 | 5 000 | 17 000 | | | | 17 000 |
| 交易性金融负债 | 3 800 | 0 | 3 800 | | | | 3 800 |
| 衍生金融负债 | | | | | | | |
| 应付票据 | 10 000 | 3 000 | 13 000 | | | | 13 000 |

（续表）

| 项目 | 甲公司 | A公司 | 合计数 | 抵销分录 | | 少数股东权益 | 合并数 |
|---|---|---|---|---|---|---|---|
| | | | | 借方 | 贷方 | | |
| 应付账款 | 18 000 | 4 200 | 22 200 | | | | 22 200 |
| 预收款项 | 3 000 | 1 300 | 4 300 | | | | 4 300 |
| 应付职工薪酬 | 6 000 | 1 600 | 7 600 | | | | 7 600 |
| 应交税费 | 2 000 | 1 200 | 3 200 | | | | 3 200 |
| 其他应付款 | 4 000 | 4 000 | 8 000 | | | | 8 000 |
| 持有待售负债 | | | | | | | |
| 一年内到期的非流动负债 | | | | | | | |
| 其他流动负债 | 1 200 | 700 | 1 900 | | | | 1 900 |
| 流动负债合计 | 60 000 | 21 000 | 81 000 | | | | 81 000 |
| 非流动负债： | | | | | | | |
| 长期借款 | 4 000 | 3 000 | 7 000 | | | | 7 000 |
| 应付债券 | 20 000 | 2 000 | 22 000 | | | | 22 000 |
| 长期应付款 | 2 000 | 0 | 2 000 | | | | 2 000 |
| 其他非流动负债 | 0 | 0 | 0 | | | | 0 |
| 非流动负债合计 | 26 000 | 5 000 | 31 000 | | | | 31 000 |
| 负债合计 | 86 000 | 26 000 | 112 000 | | | | 112 000 |
| 股东权益： | | | | | | | |
| 股本 | 40 000 | 20 000 | 60 000 | 20 000 | | | 40 000 |
| 其他权益工具 | | | | | | | |
| 其中：优先股 | | | | | | | |
| 永续债 | | | | | | | |
| 资本公积 | 10 000 | 8 000 | 18 000 | 8 000 | | | 10 000 |
| 减：库存股 | | | | | | | |
| 其他综合收益 | | | | | | | |
| 专项储备 | | | | | | | |
| 盈余公积 | 11 000 | 1 200 | 12 200 | 1 200 | | | 11 000 |
| 未分配利润 | 9 000 | 2 800 | 11 800 | 2 800 | | | 9 000 |
| 归属于母公司股东权益合计 | 70 000 | 32 000 | 102 000 | 32 000 | | | 70 000 |
| 少数股东权益 | | | | | | 6 400 | 6 400 |
| 股东权益合计 | 70 000 | 32 000 | 102 000 | 32 000 | | 6 400 | 76 400 |
| 负债和股东权益总计 | 156 000 | 58 000 | 214 000 | 32 000 | | 6 400 | 188 400 |

## 二、直接投资及同一控制下取得子公司合并日后合并财务报表的编制

编制合并日后合并财务报表时，首先，将母公司对子公司长期股权投资由成本法核算的结果调整为权益法核算的结果，使母公司对子公司长期股权投资项目反映其在子公司所有者权益中所拥有权益的变动情况；其次，将母公司对子公司长期股权投资项目与子公司所有者权益项目等内部交易相关的项目进行抵销处理，将内部交易对合并财务报表的影响予以抵销；最后，在编制合并日合并工作底稿的基础上，编制合并财务资产负债表。

### （一）长期股权投资成本法核算的结果调整为权益法核算的结果

将成本法核算调整为权益法核算时，应当自取得对子公司长期股权投资的年度起，逐年按照子公司当年实现的净利润中属于母公司享有的份额，调整增加对子公司长期股权投资的金额，并调整增加当年投资收益；对于子公司当期分派的现金股利或宣告分派的股利中母公司享有的份额，则调整冲减长期股权投资的账面价值，同时调整减少原投资收益。之所以要按子公司分派或宣告分派的现金股利调整减少投资收益，是因为在成本法核算的情况下，母公司在当期的财务报表中已按子公司分派或宣告分派的现金股利确认投资收益。

在取得子公司长期股权投资的第二年，将成本法调整为权益法核算的结果时，则在调整计算第一年年末权益法核算的对子公司长期股权投资的金额的基础上，按第二年子公司实现的净利润中母公司所拥有的份额，调增长期股权投资的金额；按子公司分派或宣告分派的现金股利中母公司所拥有的份额，调减长期股权投资的金额。以后年度的调整，则比照上述做法进行调整处理。

子公司除净损益外所有者权益的其他变动，在按照权益法对成本法核算的结果进行调整时，应当根据子公司本期除损益外的所有者权益的其他变动计入资本公积或其他综合收益的金额中所享有的金额，对长期股权投资的金额进行调整。在以后年度将成本法调整为权益法核算的结果时，也应当持续考虑这一因素对长期股权投资的金额进行调整。

**【例6-15】** 承[例6-14]，甲公司于2×24年1月1日以28 600万元的价格取得A公司80%的股权，使其成为子公司。甲公司和A公司2×25年度个别财务报表如表6-2～表6-4所示。

**表6-2** 资产负债表(合并基础) 会企01表

编制单位： 2×25年12月31日 单位：万元

| 资产 | 甲公司 | A公司 | 负债和所有者权益(或股东权益) | 甲公司 | A公司 |
|---|---|---|---|---|---|
| 流动资产： | | | 流动负债： | | |
| 货币资金 | 5 700 | 6 500 | 短期借款 | 10 000 | 4 800 |
| 交易性金融资产 | 3 000 | 5 000 | 交易性金融负债 | 4 000 | 2 400 |
| 衍生金融资产 | | | 衍生金融负债 | | |

（续表）

| 资产 | 甲公司 | A 公司 | 负债和所有者权益（或股东权益） | 甲公司 | A 公司 |
|---|---|---|---|---|---|
| 应收票据 | 7 200 | 3 600 | 应付票据 | 13 000 | 3 600 |
| 应收账款 | 8 500 | 5 100 | 应付账款 | 18 000 | 5 200 |
| 应收款项融资 | | | 预收款项 | 4 000 | 3 900 |
| 预付款项 | 1 500 | 2 500 | 合同负债 | | |
| 其他应收款 | 5 300 | 1 300 | 应付职工薪酬 | 5 000 | 1 600 |
| 存货 | 37 000 | 18 000 | 应交税费 | 2 700 | 1 400 |
| 合同资产 | | | 其他应付款 | 5 300 | 5 200 |
| 持有待售资产 | | | 持有待售负债 | | |
| 一年内到期的非流动资产 | | | 一年内到期的非流动负债 | | |
| 其他流动资产 | 1 800 | 1 000 | 其他流动负债 | 2 000 | 900 |
| 流动资产合计 | 70 000 | 43 000 | 流动负债合计 | 64 000 | 29 000 |
| 非流动资产： | | | 非流动负债： | | |
| 债权投资 | 8 000 | 0 | 长期借款 | 4 000 | 5 000 |
| 其他债权投资 | 13 000 | 4 000 | 应付债券 | 20 000 | 7 000 |
| 长期应收款 | | | 租赁负债 | | |
| 长期股权投资 | | | 长期应付款 | 6 000 | 0 |
| 其他权益工具投资 | | | 预计负债 | | |
| 其他非流动金融资产 | 40 000 | 0 | 递延收益 | | |
| 投资性房地产 | | | 递延所得税负债 | | |
| 固定资产 | 28 000 | 26 000 | 其他非流动负债 | 0 | 0 |
| 在建工程 | 13 000 | 4 200 | 非流动负债合计 | 30 000 | 12 000 |
| 生产性生物资产 | | | 负债合计 | 94 000 | 41 000 |
| 油气资产 | | | 股东权益： | | |
| 使用权资产 | | | 股本 | 40 000 | 20 000 |
| 无形资产 | 6 000 | 1 800 | 其他权益工具 | | |
| 开发支小 | | | 其中：优先股 | | |
| 商誉 | 2 000 | 0 | 永续债 | | |

（续表）

| 资产 | 甲公司 | A 公司 | 负债和所有者权益（或股东权益） | 甲公司 | A 公司 |
|---|---|---|---|---|---|
| 长期待摊费用 | | | 资本公积 | 10 000 | 8 000 |
| 递延所得税资产 | | | 减：库存股 | | |
| 其他非流动资产 | 0 | 0 | 其他综合收益 | | |
| 非流动资产合计 | 110 000 | 36 000 | 专项储备 | | |
| | | | 盈余公积 | 18 000 | 3 200 |
| | | | 未分配利润 | 18 000 | 6 800 |
| | | | 股东权益合计 | 86 000 | 38 000 |
| 资产总计 | 180 000 | 79 000 | 负债和股东权益总计 | 180 000 | 79 000 |

**表 6-3**　　**利润表(合并基础)**　　会企 02 表

编制单位：　　2×24 年度　　单位：万元

| 项目 | 甲公司 | A 公司 |
|---|---|---|
| 一、营业收入 | 150 000 | 94 800 |
| 减：营业成本 | 96 000 | 73 000 |
| 税金及附加 | 1 800 | 1 000 |
| 销售费用 | 5 200 | 3 400 |
| 管理费用 | 6 000 | 3 900 |
| 研发费用 | | |
| 财务费用 | 1 200 | 800 |
| 其中：利息费用 | 1 200 | 800 |
| 利息收入 | | |
| 加：其他收益 | | |
| 投资收益(损失以“—”号填列) | 9 800 | 200 |
| 其中：对联营企业和合营企业的投资收益 | | |
| 以摊余成本计量的金融资产终止确认收益(损失以“—”号填列) | | |
| 净敞口套期收益(损失以“—”号填列) | | |
| 公允价值变动收益(损失以“—”号填列) | 0 | 0 |
| 信用减值损失(损失以“—”号填列) | 200 | 140 |

（续表）

| 项目 | 甲公司 | A公司 |
|---|---|---|
| 资产减值损失（损失以“—”号填列） | 400 | 160 |
| 资产处置收益（损失以“—”号填列） | | |
| 二、营业利润（亏损以“—”号填列） | 49 000 | 12 600 |
| 加：营业外收入 | 1 600 | 2 400 |
| 减：营业外支出 | 2 600 | 1 000 |
| 三、利润总额（亏损总额以“—”号填列） | 48 000 | 14 000 |
| 减：所得税费用 | 12 000 | 3 500 |
| 四、净利润（净亏损以“—”号填列） | 36 000 | 10 500 |
| （一）持续经营净利润（净亏损以“—”号填列） | 36 000 | 10 500 |
| （二）终止经营净利润（净亏损以“—”号填列） | | |
| 五、其他综合收益的税后净额 | | |
| （一）不能重分类进损益的其他综合收益 | | |
| 1. 重新计量设定受益计划变动额 | | |
| 2. 权益法下不能转损益的其他综合收益 | | |
| 3. 其他权益工具投资公允价值变动 | | |
| 4. 企业自身信用风险公允价值变动 | | |
| …… | | |
| （二）将重分类进损益的其他综合收益 | | |
| 1. 权益法下可转损益的其他综合收益 | | |
| 2. 其他债权投资公允价值变动 | | |
| 3. 金融资产重分类计入其他综合收益的金额 | | |
| 4. 其他债权投资信用减值准备 | | |
| 5. 现金流量套期储备 | | |
| 6. 外币财务报表折算差额 | | |
| …… | | |
| 六、综合收益总额 | 36 000 | 10 500 |
| 七、每股收益： | | |
| （一）基本每股收益 | | |
| （二）稀释每股收益 | | |
| …… | | |

**表 6-4**

## 股东权益变动表(合并基础)

2×24 年度

会企 04 表

单位：万元

| 项目 | 甲公司 | | | | | | | | | A 公司 | | | | | | | | |
|---|---|---|---|---|---|---|---|---|---|---|---|---|---|---|---|---|---|---|
| | 股本 | 其他权益工具 | 资本公积 | 减：库存股 | 其他综合收益 | 专项储备 | 盈余公积 | 未分配利润 | 股东权益合计 | 股本 | 其他权益工具 | 资本公积 | 减：库存股 | 其他综合收益 | 专项储备 | 盈余公积 | 未分配利 | 股东权益合计 |
| 一、上年年末余额 | 40 000 | | 10 000 | | | | 11 000 | 9 000 | 70 000 | 20 000 | | 8 000 | | | | 1 200 | 2 800 | 32 000 |
| 加：会计政策变更 | | | | | | | | | | | | | | | | | | |
| 前期差错更正 | | | | | | | | | | | | | | | | | | |
| 其他 | | | | | | | | | | | | | | | | | | |
| 二、本年年初余额 | 40 000 | | 10 000 | | | | 11 000 | 9 000 | 70 000 | 20 000 | | 8 000 | | | | 1 200 | 2 800 | 32 000 |
| 三、本年增减变动金额(减少以“—”号填列) | | | | | | | | | | | | | | | | | | |
| (一)综合收益总额 | | | | | | | | 36 000 | 36 000 | | | | | | | | 10 500 | 10 500 |
| (二)所有者投入和减少资本 | | | | | | | | | | | | | | | | | | |
| 1. 所有者投入的普通股 | | | | | | | | | | | | | | | | | | |
| 2. 其他权益工具持有者投入资本 | | | | | | | | | | | | | | | | | | |
| 3. 股份支付计入所有者权益的金额 | | | | | | | | | | | | | | | | | | |

（续表）

| 项目 | 甲公司 | | | | | | | | | A公司 | | | | | | | | |
|---|---|---|---|---|---|---|---|---|---|---|---|---|---|---|---|---|---|---|
| | 股本 | 其他权益工具 | 资本公积 | 减：库存股 | 其他综合收益 | 专项储备 | 盈余公积 | 未分配利润 | 股东权益合计 | 股本 | 其他权益工具 | 资本公积 | 减：库存股 | 其他综合收益 | 专项储备 | 盈余公积 | 未分配利 | 股东权益合计 |
| 4. 其他 | | | | | | | | | | | | | | | | | | |
| （三）利润分配 | | | | | | | | | | | | | | | | | | |
| 1. 提取盈余公积 | | | | | | | 7 000 | 7 000 | | | | | | | | 2 000 | 2 000 | |
| 2. 对股东的分配 | | | | | | | | 20 000 | 20 000 | | | | | | | | 4 500 | 4 500 |
| 3. 其他 | | | | | | | | | | | | | | | | | | |
| （四）股东权益内部结转 | | | | | | | | | | | | | | | | | | |
| 1. 资本公积转增股本 | | | | | | | | | | | | | | | | | | |
| 2. 盈余公积转增股本 | | | | | | | | | | | | | | | | | | |
| 3. 盈余公积弥补亏损 | | | | | | | | | | | | | | | | | | |
| 4. 设定受益计划变动额结转留存收益 | | | | | | | | | | | | | | | | | | |
| 5. 其他综合收益结转留存收益 | | | | | | | | | | | | | | | | | | |
| 6. 其他 | | | | | | | | | | | | | | | | | | |
| 四、本年年末余额 | 40 000 | | 10 000 | | | | 18 000 | 18 000 | 86 000 | 20 000 | | 8 000 | | | | 3 200 | 6 800 | 38 000 |

A公司2×25年1月1日股东权益总额为32 000万元，其中，股本为20 000万元，资本公积为8 000万元，盈余公积为1 200万元，未分配利润为2 800万元；2×25年12月31日，股东权益总额为38 000万元，其中，股本为20 000万元，资本公积为8 000万元，盈余公积为3 200万元，未分配利润为6 800万元。

在本例中，A公司当年实现净利润10 500万元，经公司董事会提议并经股东会批准，2×25年提取盈余公积2 000万元，向股东宣告分派现金股利4 500万元。甲公司对A公司长期股权投资取得时的账面价值为25 600万元，2×25年12月31日仍为25 600万元，甲公司当年确认投资收益3 600万元。

将成本法核算的结果调整为权益法核算的结果相关的调整分录如下(单位：万元)：

| | | |
|---|---|---|
| 借：长期股权投资——A公司 | 8 400① | |
| 　贷：投资收益 | | 8 400 |
| 借：投资收益 | 3 600② | |
| 　贷：长期股权投资——A公司 | | 3 600 |

经过上述调整分录后，甲公司对A公司长期股权投资的账面价值为30 400万元(25 600＋8 400－3 600)。甲公司对A公司长期股权投资的账面价值30 400万元正好与母公司在A公司股东权益中所拥有的份额相等。

### (二) 合并抵销处理

在合并工作底稿中，按照上述权益法核算的要求，对长期股权投资的金额进行调整后，长期股权投资的金额正好反映母公司在子公司所有者权益中所拥有的份额。要编制合并财务报表，在此基础上还必须按编制合并财务报表的要求进行合并抵销处理，将母公司与子公司之间的内部交易对合并财务报表的影响予以抵销。

编制合并财务报表时，首先，必须将母公司对子公司长期股权投资与子公司所有者权益中所拥有的份额予以抵销。根据母公司在子公司所有者权益中拥有份额的多少不同，可以将子公司分为全资子公司和非全资子公司。对于全资子公司，进行抵销处理时，将对子公司长期股权投资的金额与子公司所有者权益全额抵销；而对于非全资子公司，则将长期股权投资与子公司所有者权益中母公司所拥有的份额进行抵销，不属于母公司的份额，即属于子公司少数股东的权益，应将其转为少数股东权益。

**【例6-16】** 承[例6-15]，调整后，甲公司对A公司的长期股权投资为30 400万元；A公司股东权益总额为38 000万元，甲公司拥有80%的股权，即在子公司股东权益中拥有30 400万元；其余20%则属于少数股东权益。

长期股权投资与子公司所有者权益相互抵销时，其抵销分录如下(单位：万元)：

| | | |
|---|---|---|
| 借：股本 | 20 000③ | |
| 　资本公积 | 8 000 | |
| 　盈余公积 | 3 200 | |
| 　未分配利润 | 6 800 | |
| 　贷：长期股权投资 | | 30 400 |
| 　　少数股东权益 | | 7 600 |

其次，还必须将对子公司的投资收益与子公司当年利润分配相抵销，使合并财务报表反

映母公司股东权益变动的情况。从单一企业来讲，当年实现的净利润加上年初未分配利润是企业利润分配的来源，企业对其进行分配，提取盈余公积、向股东分配股利以及留待以后年度的未分配利润(未分配利润可以理解为将这部分利润分配到下一会计年度)等，则是利润分配的去向。而子公司当年实现的净利润，可以分为两部分：一部分属于母公司所有，即母公司的投资收益；另一部分则属于少数股东所有，即少数股东本期收益。为了使合并财务报表反映母公司股东权益的变动情况及财务状况，则必须将母公司投资收益、少数股东收益和期初未分配利润与子公司当年利润分配以及未分配利润的金额相抵销。

甲公司进行上述抵销处理时，其抵销分录如下(单位：万元)：

借：投资收益　　8 400④

　　少数股东损益　　2 100

　　年初未分配利润　　2 800

　　贷：提取盈余公积　　2 000

　　　　向股东分配利润　　4 500

　　　　年末未分配利润　　6 800

同时，对于同一控制下企业合并取得的子公司，被合并方在企业合并前实现的留存收益、其中，综合收益中归属于合并方的部分，自资本公积转入留存收益等(在本例中，暂不考虑留存收益等的恢复)。

另外，在本例中A公司本年宣告分派现金股利4 500万元，股利款项尚未支付，A公司已将其计列应付股利4 500万元。甲公司根据A公司宣告的分派现金股利的公告，按照其所享有的金额，已确认应收股利，并在其资产负债表中计列应收股利3 600万元。这属于母公司与子公司之间的债权债务，在编制合并财务报表时必须将其予以抵销，其抵销分录如下(单位：万元)：

借：应付股利　　3 600

　　贷：应收股利　　3 600⑤

根据上述调整分录①和②和抵销分录③至⑤，编制合并工作底稿如表6-5所示。

**表6-5　　合并工作底稿**

2×24年度　　单位：万元

| 项目 | 母公司 | 子公司 | 合计数 | 调整分录 | | 抵销分录 | | 少数股东权益 | 合并数 |
|---|---|---|---|---|---|---|---|---|---|
| | | | | 借方 | 贷方 | 借方 | 贷方 | | |
| (资产负债表项目) | | | | | | | | | |
| 流动资产： | | | | | | | | | |
| 货币资金 | 5 700 | 6 500 | 12 200 | | | | | | 12 200 |
| 交易性金融资产 | 3 000 | 5 000 | 8 000 | | | | | | 8 000 |
| 衍生金融资产 | | | | | | | | | |
| 应收票据 | 7 200 | 3 600 | 10 800 | | | | | | 10 800 |
| 应收账款 | 8 500 | 5 100 | 13 600 | | | | | | 13 600 |

（续表）

| 项目 | 母公司 | 子公司 | 合计数 | 调整分录 | | 抵销分录 | | 少数股东权益 | 合并数 |
|---|---|---|---|---|---|---|---|---|---|
| | | | | 借方 | 贷方 | 借方 | 贷方 | | |
| 预付款项 | 1 500 | 2 500 | 4 000 | | | | | | 4 000 |
| 其他应收款 | 5 300 | 1 300 | 6 600 | | | | 3 600⑤ | | 3 000 |
| 存货 | 37 000 | 18 000 | 55 000 | | | | | | 55 000 |
| 持有待售资产 | | | | | | | | | |
| 一年内到期的非流动资产 | | | | | | | | | |
| 其他流动资产 | 1 800 | 1 000 | 2 800 | | | | | | 2 800 |
| 流动资产合计 | 70 000 | 43 000 | 113 000 | | | | 3 600 | | 109 400 |
| 非流动资产： | | | | | | | | | |
| 债权投资 | 8 000 | 0 | 8 000 | | | | | | 8 000 |
| 其他债权投资 | 13 000 | 4 000 | 17 000 | | | | | | 17 000 |
| 长期股权投资 | 40 000 | 0 | 40 000 | 8 400① | 3 600② | | 30 400③ | | 14 400 |
| 固定资产 | 28 000 | 26 000 | 54 000 | | | | | | 54 000 |
| 在建工程 | 13 000 | 4 200 | 17 200 | | | | | | 17 200 |
| 无形资产 | 6 000 | 1 800 | 7 800 | | | | | | 7 800 |
| 商誉 | 2 000 | 0 | 2 000 | | | | | | 2 000 |
| 其他非流动资产 | 0 | 0 | 0 | | | | | | 0 |
| 非流动资产合计 | 110 000 | 36 000 | 146 000 | 8 400 | 3 600 | | 30 400 | | 120 400 |
| 资产总计 | 180 000 | 79 000 | 259 000 | 8 400 | 3 600 | | 34 000 | | 229 800 |
| 流动负债： | | | | | | | | | |
| 短期借款 | 10 000 | 4 800 | 14 800 | | | | | | 14 800 |
| 交易性金融负债 | 4 000 | 2 400 | 6 400 | | | | | | 6 400 |
| 衍生金融负债 | | | | | | | | | |
| 应付票据 | 13 000 | 3 600 | 16 600 | | | | | | 16600 |
| 应付账款 | 18 000 | 5 200 | 23 200 | | | | | | 23 200 |
| 预收款项 | 4 000 | 3 900 | 7 900 | | | | | | 7 900 |
| 应付职工薪酬 | 5 000 | 1 600 | 6 600 | | | | | | 6 600 |
| 应交税费 | 2 700 | 1 400 | 4 100 | | | | | | 4 100 |
| 其他应付款 | 5 300 | 5 200 | 10 500 | | | 3 600⑤ | | | 6 900 |

（续表）

| 项目 | 母公司 | 子公司 | 合计数 | 调整分录 | | 抵销分录 | | 少数股东权益 | 合并数 |
|---|---|---|---|---|---|---|---|---|---|
| | | | | 借方 | 贷方 | 借方 | 贷方 | | |
| 持有待售负债 | | | | | | | | | |
| 一年内到期的非流动负债 | | | | | | | | | |
| 其他流动负债 | 2 000 | 900 | 2 900 | | | | | | 2 900 |
| 流动负债合计 | 64 000 | 29 000 | 93 000 | | | 3 600 | | | 89 400 |
| 非流动负债： | | | | | | | | | |
| 长期借款 | 4 000 | 5 000 | 9 000 | | | | | | 9 000 |
| 应付债券 | 20 000 | 7 000 | 27 000 | | | | | | 27 000 |
| 长期应付款 | 6 000 | 0 | 6 000 | | | | | | 6 000 |
| 其他非流动负债 | 0 | 0 | 0 | | | | | | 0 |
| 非流动负债合计 | 30 000 | 12 000 | 42 000 | | | | | | 42 000 |
| 负债合计 | 94 000 | 41 000 | 135 000 | | | 3 600 | | | 131 400 |
| 股东权益： | | | | | | | | | |
| 股本 | 40 000 | 20 000 | 60 000 | | | 20 000③ | | | 40 000 |
| 资本公积 | 10 000 | 8 000 | 18 000 | | | 8 000③ | | | 10 000 |
| 盈余公积 | 18 000 | 3 200 | 21 200 | | | 3 200③ | | | 18 000 |
| 未分配利润 | 18 000 | 6 800 | 24 800 | 3 600 | 8 400 | 18 000 | 13300 | 2 100④ | 22 800 |
| 归属于母公司股东权益合计 | 86 000 | 38 000 | 124 000 | 3 600 | 8 400 | 49 200 | 13 300 | 2 100 | 90 800 |
| 少数股东权益 | | | | | | | | 7 600③ | 7 600 |
| 股东权益合计 | 86 000 | 38 000 | 124 000 | 3 600 | 8 400 | 49 200 | 13 300 | 5 500 | 98 400 |
| 负债和股东权益总计 | 180 000 | 79 000 | 259 000 | 3 600 | 8 400 | 52 800 | 13 300 | 5 500 | 229 800 |
| （利润表项目） | | | | | | | | | |
| 一、管业收入 | 150 000 | 94 800 | 244 800 | | | | | | 244 800 |
| 减：营业成本 | 96 000 | 73 000 | 169 000 | | | | | | 169 000 |
| 税金及附加 | 1 800 | 1 000 | 2 800 | | | | | | 2 800 |
| 销售费用 | 5 200 | 3 400 | 8 600 | | | | | | 8 600 |
| 管理费用 | 6 000 | 3 900 | 9 900 | | | | | | 9 900 |
| 财务费用 | 1 200 | 800 | 2 000 | | | | | | 2 000 |

（续表）

| 项目 | 母公司 | 子公司 | 合计数 | 调整分录 | | 抵销分录 | | 少数股东权益 | 合并数 |
|---|---|---|---|---|---|---|---|---|---|
| | | | | 借方 | 贷方 | 借方 | 贷方 | | |
| 加：其他收益 | | | | | | | | | |
| 投资收益 | 9 800 | 200 | 10 000 | 3 600② | 8 400① | 8 400④ | | | 6 400 |
| 其中：对联营企业和合营企业的投资收益 | | | | | | | | | |
| 公允价值变动 | | | | | | | | | |
| 信用减值损失 | 200 | 140 | 340 | | | | | | 340 |
| 资产减值损失 | 400 | 160 | 560 | | | | | | 560 |
| 资产处置收益（损失以“—”号表示） | | | | | | | | | |
| 二、营业利润 | 49 000 | 12 600 | 61 600 | 3 600 | 8 400 | 8 400 | | | 58 000 |
| 加：营业外收入 | 1 600 | 2 400 | 4 000 | | | | | | 4 000 |
| 减：营业外支出 | 2 600 | 1 000 | 3 600 | | | | | | 3 600 |
| 三、利润总额 | 48 000 | 14 000 | 62 000 | 3 600 | 8 400 | 8 400 | | | 58 400 |
| 减：所得税费用 | 12 000 | 3 500 | 15 500 | | | | | | 15 500 |
| 四、净利润 | 36 000 | 10 500 | 46 500 | 3 600 | 8 400 | 8 400 | | | 42 900 |
| （一）按经营持续性分类： | | | | | | | | | |
| 1. 持续经营净利润（净亏损“—”号填列） | | | | | | | | | 42 900 |
| 2. 终止经营净利润（净亏损“—”号填列） | | | | | | | | | |
| （二）按所有权归属分类： | | | | | | | | | |
| 1. 归属于母公司股东净利润 | | | | | | | | | 40 800 |
| 2. 少数股东损益 | | | | | | | | 2 100④ | 2 100 |
| 五、其他综合收益的税后净额 | | | | | | | | — | |
| 六、综合收益总额 | 36 000 | 10 500 | 46 500 | 3 600 | 8 400 | 8 400 | | | 42 900 |
| 归属于母公司股东的综合收益总额 | | | | | | | | | 40 800 |

（续表）

| 项目 | 母公司 | 子公司 | 合计数 | 调整分录 | | 抵销分录 | | 少数股东权益 | 合并数 |
|---|---|---|---|---|---|---|---|---|---|
| | | | | 借方 | 贷方 | 借方 | 贷方 | | |
| 归属于少数股东的综合收益总额 | | | | | | | | 2 100④ | 2 100 |
| （股东权益变动表项目） | | | | | | | | | |
| 一、年初未分配利润 | 9 000 | 2 800 | 11 800 | | | 2 800④ | | | 9 000 |
| 二、本年增减变动金额 | | | | | | | | | |
| 其中：利润分配 | | | | | | | | | |
| 1. 提取盈余公积 | 7 000 | 2 000 | 9 000 | | | | 2 000④ | | 7 000 |
| 2. 对股东的分配 | 20 000 | 4 500 | 24 500 | | | | 4 500④ | | 20 000 |
| 三、年末未分配利润 | 18 000 | 6 800 | 24 800 | 3 600 | 8 400 | 6 800③<br>18 000 | 6 800④<br>13 300 | 2 100④ | 22 800* |

注：* 22 800＝24 800＋(8 400－3 600)＋(13 300－18 000)－2 100。

为便于对报表格式进行说明，表 6-1、表 6-5 的合并工作底稿以及表 6-2～表 6-4、表 6-6～表 6-8 按一般企业报表项目格式进行了全面列示；限于篇幅，随后的合并工作底稿和报表中，示例企业不存在相应业务的项目不再列示。

根据上述合并工作底稿，可以编制甲公司 2×25 年度合并资产负债表、合并利润表和合并股东权益变动表，如表 6-6～表 6-8 所示。

**表 6-6** 　　　　合并资产负债表　　　　会企 01 表

编制单位：甲公司　　　　2×25 年 12 月 31 日　　　　单位：万元

| 资产 | 期末余额 | 上年年末余额 | 负债和所有者权益（或股东权益） | 期末余额 | 上年年末余额 |
|---|---|---|---|---|---|
| 流动资产： | | （略） | 流动负债： | | （略） |
| 货币资金 | 12 200 | | 短期借款 | 14 800 | |
| 交易性金融资产 | 8 000 | | 交易性金融负债 | 6 400 | |
| 衍生金融资产 | | | 衍生金融负债 | | |
| 应收票据 | 10 800 | | 应付票据 | 16 600 | |
| 应收账款 | 13 600 | | 应付账款 | 23 200 | |
| 应收款项融资 | | | 预收款项 | 7 900 | |
| 预付款项 | 4 000 | | 合同负债 | | |
| 其他应收款 | 3 000 | | 应付职工薪酬 | 6 600 | |
| 存货 | 55 000 | | 应交税费 | 4 100 | |
| 合同资产 | | | 其他应付款 | 69 000 | |
| 持有待售资产 | | | 持有待售负债 | | |

（续表）

| 资产 | 期末余额 | 上年年末余额 | 负债和所有者权益（或股东权益） | 期末余额 | 上年年末余额 |
|---|---|---|---|---|---|
| 一年内到期的非流动资产 | | | 一年内到期的非流动负债 | | |
| 其他流动资产 | 2 800 | | 其他流动负债 | 2 900 | |
| 流动资产合计 | 109 400 | | 流动负债合计 | 89 400 | |
| 非流动资产： | | | 非流动负债： | | |
| 债权投资 | 8 000 | | 长期借款 | 9 000 | |
| 其他债权投资 | 17 000 | | 应付债券 | 27 000 | |
| 长期应收款 | | | 租赁负债 | | |
| 长期股权投资 | 14 400 | | 长期应付款 | 6 000 | |
| 其他权益工具投资 | | | 预计负债 | | |
| 其他非流动金融资产 | | | 专项应付款 | | |
| 投资性房地产 | | | 递延收益 | | |
| 固定资产 | 54 000 | | 递延所得税负债 | | |
| 在建工程 | 17 200 | | 其他非流动负债 | 0 | |
| 生产性生物资产 | | | 非流动负债合计 | 42 000 | |
| 油气资产 | | | 负债总计 | 131 400 | |
| 使用权资产 | | | 股东权益： | | |
| 无形资产 | 7 800 | | 股本 | 40 000 | |
| 开发支出 | | | 其他权益工具 | | |
| 商誉 | 2 000 | | 其中：优先股 | | |
| 长期待摊费用 | | | 永续债 | | |
| 递延所得税资产 | | | 资本公积 | 10 000 | |
| 其他非流动资产 | | | 减：库存股 | | |
| 非流动资产合计 | 120 400 | | 其他综合收益 | | |
| | | | 专项储备 | | |
| | | | 盈余公积 | 18 000 | |
| | | | 未分配利润 | 22 800 | |
| | | | 归属于母公司股东权益合计 | 90 800 | |
| | | | 少数股东权益 | 7 600 | |
| | | | 股东权益合计 | 98 400 | |
| 资产总计 | 229 800 | | 负债和股东权益总计 | 229 800 | |

表 6-7　　　　合并利润表　　　　会企 02 表

编制单位：甲公司　　　　2×25 年度　　　　单位：万元

| 项目 | 本期金额 | 上期金额 |
| --- | --- | --- |
| 一、营业总收入 | 244 800 | （略） |
| 其中：营业收入 | 244 800 | |
| 二、营业总成本 | 186 800 | |
| 其中：营业成本 | 169 000 | |
| 税金及附加 | 2 800 | |
| 销售费用 | 8 600 | |
| 管理费用 | 9 900 | |
| 研发费用 | | |
| 财务费用 | 2 000 | |
| 其中：利息费用 | | |
| 利息收入 | | |
| 加：其他收益 | | |
| 投资收益（损失以“－”号填列） | 6 400 | |
| 其中：对联营企业和合营企业的投资收益 | | |
| 以摊余成本计量的金融资产终止确认收益（损失以“－”号填列） | | |
| 净敞口套期收益（损失以“－”号填列） | | |
| 公允价值变动收益（损失以“－”号填列） | | |
| 信用减值损失（损失以“－”号填列） | 340 | |
| 资产减值损失（损失以“－”号填列） | 560 | |
| 资产处置收益（损失以“－”号填列） | | |
| 三、营业利润（亏损以“－”号填列） | 58 000 | |
| 加：营业外收入 | 4 000 | |
| 减：营业外支出 | 3 600 | |
| 四、利润总额（亏损总额以“－”号填列） | 58 400 | |
| 减：所得税费用 | 15 500 | |
| 五、净利润（净亏损以“－”号填列） | 42 900 | |
| （一）按经营持续性分类 | | |

（续表）

| 项目 | 本期金额 | 上期金额 |
|---|---|---|
| 1. 持续经营净利润(净亏损以“－”号填列) | 42 900 | |
| 2. 终止经营净利润(净亏损以“－”号填列) | | |
| （二）按所有权归属分类 | | |
| 1. 归属于母公司股东的净利润(净亏损以“－”号填列) | 40 800 | |
| 2. 少数股东损益(净亏损以“－”号填列) | 2 100 | |
| 六、其他综合收益的税后净额 | | |
| （一）归属于母公司股东的其他综合收益的税后净额 | | |
| 1. 不能重分类进损益的其他综合收益 | | |
| （1）重新设定受益计划变动额 | | |
| （2）权益法下不能转损益的其他综合收益 | | |
| （3）其他权益工具投资公允价值变动 | | |
| （4）企业自身信用风险公允价值变动 | | |
| …… | | |
| 2. 将重分类进损益的其他综合收益 | | |
| （1）权益法下可转损益的其他综合收益 | | |
| （2）其他债权投资公允价值变动损益 | | |
| （3）金融资产重分类计入其他综合收益的金额 | | |
| （4）其他债权投资信用减值准备 | | |
| （5）现金流量套期储备 | | |
| （6）外币财务报表折算差额 | | |
| …… | | |
| （二）归属于少数股东的其他综合收益的税后净额 | | |
| 七、综合收益总额 | 42 900 | |
| （一）归属于母公司股东的综合收益总额 | 40 800 | |
| （二）归属于少数股东的综合收益总额 | 2 100 | |
| 八、每股收益 | | |
| （一）基本每股收益 | | |
| （二）稀释每股收益 | | |

表 6-8

## 合并股东权益变动表

2×25 年度

编制单位：甲公司　　　　会企 04 表　　单位：万元

| 项目 | 本年金额 | | | | | | | | | | | 上年金额（略） | | | | | | | | | | |
|---|---|---|---|---|---|---|---|---|---|---|---|---|---|---|---|---|---|---|---|---|---|---|
| | 归属于母公司股东权益 | | | | | | | | | 少数股东权益 | 股东权益合计 | 归属于母公司股东权益 | | | | | | | | | 少数股东权益 | 股东权益合计 |
| | 股本 | 其他权益工具 | 资本公积 | 减：库存股 | 其他综合收益 | 专项储备 | 盈余公积 | 未分配利润 | 其他 | | | 股本 | 其他权益工具 | 资本公积 | 减：库存股 | 其他综合收益 | 专项储备 | 盈余公积 | 未分配利润 | 其他 | | |
| 一、上年年末余额 | 40 000 | | 10 000 | | | | 11 000 | 9 000 | | | 70 000 | | | | | | | | | | | |
| 加：会计政策变更 | | | | | | | | | | | | | | | | | | | | | | |
| 前期差错更正 | | | | | | | | | | | | | | | | | | | | | | |
| 其他 | | | | | | | | | | 6 400 | 6 400 | | | | | | | | | | | |
| 二、本年年初余额 | 40 000 | | 10 000 | | | | 11 000 | 9 000 | | 6 400 | 76 400 | | | | | | | | | | | |
| 三、本年增减变动金额（减少以“—”号填列） | | | | | | | | 40 800 | | 2 100 | 42 900 | | | | | | | | | | | |
| （一）综合收益总额 | | | | | | | | 40 800 | | 2 100 | 42 900 | | | | | | | | | | | |
| （二）所有者投入和减少资本 | | | | | | | | | | | | | | | | | | | | | | |
| 1. 所有者投入的普通股 | | | | | | | | | | | | | | | | | | | | | | |
| 2. 其他权益工具持有者投入资本 | | | | | | | | | | | | | | | | | | | | | | |
| 3. 股份支付计入所有者权益的金额 | | | | | | | | | | | | | | | | | | | | | | |
| 4. 其他 | | | | | | | | | | | | | | | | | | | | | | |

（续表）

| 项目 | 本年金额 | | | | | | | | | | | 上年金额（略） | | | | | | | | | | |
|---|---|---|---|---|---|---|---|---|---|---|---|---|---|---|---|---|---|---|---|---|---|---|
| | 归属于母公司股东权益 | | | | | | | | | 少数股东权益 | 股东权益合计 | 归属于母公司股东权益 | | | | | | | | | 少数股东权益 | 股东权益合计 |
| | 股本 | 其他权益工具 | 资本公积 | 减：库存股 | 其他综合收益 | 专项储备 | 盈余公积 | 未分配利润 | 其他 | | | 股本 | 其他权益工具 | 资本公积 | 减：库存股 | 其他综合收益 | 专项储备 | 盈余公积 | 未分配利润 | 其他 | | |
| （三）利润分配 | | | | | | | 7 000 | 27 000 | | 900 | 20 900 | | | | | | | | | | | |
| 1. 提取盈余公积 | | | | | | | 7 000 | 7 000 | | | | | | | | | | | | | | |
| 2. 对股东的分配 | | | | | | | | 20 000 | | 900 | 20 900 | | | | | | | | | | | |
| 3. 其他 | | | | | | | | | | | | | | | | | | | | | | |
| （四）股东权益内部结转 | | | | | | | | | | | | | | | | | | | | | | |
| 1. 资本公积转增股本 | | | | | | | | | | | | | | | | | | | | | | |
| 2. 盈余公积转增股本 | | | | | | | | | | | | | | | | | | | | | | |
| 3. 盈余公积弥补亏损 | | | | | | | | | | | | | | | | | | | | | | |
| 4. 设定受益计划变动额结转留存收益 | | | | | | | | | | | | | | | | | | | | | | |
| 5. 其他综合收益结转留存收益 | | | | | | | | | | | | | | | | | | | | | | |
| 6. 其他 | | | | | | | | | | | | | | | | | | | | | | |
| 四、本年年末余额 | 40 000 | | 10 000 | | | | 18 000 | 22 800 | | 7 600 | 98 400 | | | | | | | | | | | |

值得注意的是，子公司发行累积优先股等其他权益工具的，无论当期是否宣告发放其股利，在计算列报母公司合并利润表中的“归属于母公司股东的净利润”时，应扣除当期归属于除母公司外的其他权益工具持有者的可累积分配股利，扣除金额应在“少数股东损益”项目中列示；子公司发行不可累积优先股等其他权益工具的，在计算列报母公司合并利润表中的“归属于母公司股东的净利润”时，应扣除当期宣告发放的归属于除母公司外的其他权益工具持有者的不可累积分配股利，扣除金额应在“少数股东损益”项目中列示。子公司发行的累积或不可累积优先股等其他权益工具的，在资产负债表和股东权益变动表的列报原则与利润表相同。

## 第四节　长期股权投资与所有者权益的合并处理（非同一控制下企业合并）

### 一、非同一控制下取得子公司购买日合并财务报表的编制

根据企业会计准则，非同一控制下取得子公司，母公司编制购买日的合并资产负债表时，因企业合并取得的子公司各项可辨认资产、负债及或有负债应当以公允价值在合并财务报表中列示。母公司合并成本大于取得的子公司可辨认净资产公允价值份额的差额，作为合并商誉在合并资产负债表中列示。

**（一）按公允价值对非同一控制下取得子公司的财务报表进行调整**

在非同一控制下取得子公司的情况下，母公司为进行企业合并要对子公司的资产负债进行估值，然而子公司作为持续经营的主体，在一般情况下，即一般不将该估值而产生的资产、负债公允价值的变动登记入账，其对外提供的财务报表仍然是以各项资产和负债原来的账面价值为基础编制的，其提供的购买日财务报表一般也是以各项资产和负债原账面价值为基础编制的。为此，母公司要编制购买日的合并财务报表，必须按照购买日子公司资产、负债的公允价值对其财务报表项目进行调整。这一调整是通过在合并工作底稿中编制调整分录进行的，实际上相当于先将各项资产、负债的公允价值变动模拟入账，再以购买日子公司各项资产、负债的公允价值为基础编制购买日的合并财务报表。

**【例 6-17】** 甲公司于 2×24 年 1 月 1 日以定向增发公司普通股票的方式，购买取得 A 公司 70%的股权。甲公司当日资产负债表和 A 公司当日资产负债表及估值确认的资产负债数据如表 6-9 所示。甲公司定向增发普通股股票 10 000 万股（每股面值为 1 元），甲公司普通股股票面值每股为 1 元，市场价格每股为 2.95 元。甲公司和 A 公司均为非金融企业，甲公司并购 A 公司属于非同一控制下的企业合并，假定不考虑所得税因素、甲公司增发该普通股股票所发生的审计以及发行等相关的费用。

甲公司将购买取得 A 公司 70%的股权作为长期股权投资入账，其账务处理如下（单位：万元）：

借：长期股权投资——A 公司　　29 500①

　　贷：股本　　10 000

　　　　资本公积　　19 500

表 6-9　　资产负债表(合并基础)　　会企 01 表

编制单位：甲公司　　2×24 年 1 月 1 日　　单位：万元

| 资产 | 甲公司 | A 公司 | | 负债和所有者权益（或股东权益） | 甲公司 | A 公司 | |
|---|---|---|---|---|---|---|---|
| | | 账面价值 | 公允价值 | | | 账面价值 | 公允价值 |
| 流动资产： | | | | 流动负债： | | | |
| 货币资金 | 9 000 | 4 200 | 4 200 | 短期借款 | 12 000 | 5 000 | 5 000 |
| 交易性金融资产 | 4 000 | 1 800 | 1 800 | 交易性金融负债 | 3 800 | 0 | 0 |
| 衍生金融资产 | | | | 衍生金融负债 | | | |
| 应收票据 | 4 700 | 3 000 | 3 000 | 应付票据 | 10 000 | 3 000 | 3 000 |
| 应收账款 | 5 800 | 3 920 | 3 820 | 应付账款 | 18 000 | 4 200 | 4 200 |
| 应收款项融资 | | | | 预收款项 | 3 000 | 1 300 | 1 300 |
| 预付款项 | 2 000 | 880 | 880 | 合同负债 | | | |
| 其他应收款 | 4 200 | 0 | 0 | 应付职工薪酬 | 6 000 | 1 600 | 1 600 |
| 存货 | 31 000 | 20 000 | 21 100 | 应交税费 | 2 000 | 1 200 | 1 200 |
| 合同资产 | | | | 其他应付款 | 4 000 | 4 000 | 4 000 |
| 持有待售资产 | | | | 持有待售负债 | | | |
| 一年内到期的非流动资产 | | | | 一年内到期的非流动负债 | | | |
| 其他流动资产 | 1 300 | 1 200 | 1 200 | 其他流动负债 | 1 200 | 700 | 700 |
| 流动资产合计 | 62 000 | 35 000 | 36 000 | 流动负债合计 | 60 000 | 21 000 | 21 000 |
| 非流动资产： | | | | 非流动负债： | | | |
| 债权投资 | 6 000 | 0 | 0 | 长期借款 | 4 000 | 3 000 | 3 000 |
| 其他股权投资 | 11 000 | 0 | 0 | 应付债券 | 20 000 | 2 000 | 2 000 |
| 长期应收款 | | | | 租赁负债 | | | |
| 长期股权投资 | 32 000 | 0 | 0 | 长期应付款 | 2 000 | 0 | 0 |
| 其他权益工具投资 | | | | 预计负债 | | | |
| 其他非流动金融资产 | | | | 递延收益 | | | |
| 投资性房地产 | | | | 递延所得税负债 | | | |
| 固定资产 | 21 000 | 18 000 | 21 000 | 其他非流动负债 | 0 | 0 | 0 |
| 在建工程 | 20 000 | 3 400 | 3 400 | 非流动负债合计 | 26 000 | 5 000 | 5 000 |
| 生产性生物资产 | | | | 负债合计 | 86 000 | 26 000 | 26 000 |
| 油气资产 | | | | 股东权益： | | | |

（续表）

| 资产 | 甲公司 | A公司 | | 负债和所有者权益（或股东权益） | 甲公司 | A公司 | |
|---|---|---|---|---|---|---|---|
| | | 账面价值 | 公允价值 | | | 账面价值 | 公允价值 |
| 使用权资产 | | | | 股本 | 40 000 | 20 000 | |
| 无形资产 | 4 000 | 1 600 | 1 600 | 其他权益工具 | | | |
| 开发支出 | | | | 资本公积 | 10 000 | 8 000 | |
| 商誉 | 0 | 0 | | 减：库存股 | | | |
| 长期待摊费用 | | | | 其他综合收益 | | | |
| 递延所得税资产 | | | | 专项储备 | | | |
| 其他非流动资产 | 0 | 0 | 0 | 盈余公积 | 11 000 | 1 200 | |
| 非流动资产合计 | 94 000 | 23 000 | 26 000 | 未分配利润 | 9 000 | 2 800 | |
| | | | | 股东权益合计 | 70 000 | 32 000 | 36 000 |
| 资产总计 | 156 000 | 58 000 | 62 000 | 负债和股东权益总计 | 156 000 | 58 000 | 62 000 |

编制购买日的合并资产负债表时，将A公司资产和负债的公允价值与其账面价值的差额分别调增或调减相关资产和负债项目的金额。在合并工作底稿中调整分录如下（单位：万元）：

借：存货　　1 100②

　　固定资产　　3 000

　　贷：应收账款　　100

　　　　资本公积　　4 000

上述调整实际上等于将资产、负债的公允价值变动模拟入账，通过这一调整，调整后的子公司资产负债表实际上是以公允价值反映资产和负债的。在此基础上，再与母公司的个别财务报表合并，则是将子公司的资产和负债以公允价值反映于合并资产负债表中。

### （二）母公司长期股权投资与子公司所有者权益抵销处理

在编制购买日的合并资产负债表时，需要将母公司对子公司长期股权投资与子公司所有者权益中所拥有的份额予以抵销。母公司对非同一控制下取得的子公司长期股权投资进行账务处理时，母公司是按子公司资产、负债的公允价值确定其在子公司所有者权益中所拥有的份额，合并成本超过这一金额的差额则作为合并商誉处理。经过上述按公允价值对子公司财务报表调整处理后，则在编制合并财务报表时可以将长期股权投资与子公司所有者权益所拥有的份额相抵销。在非全资子公司的情况下，不属于母公司所拥有的份额在抵销处理时则结转为少数股东权益。在抵销处理时，应当注意的是，母公司在子公司所有者权益中所拥有的份额是按资产和负债的公允价值为基础计算的，也是按公允价值进行抵销，少数股东权益也是按资产和负债的公允价值为基础计算调整后的金额确定的。

**【例6-18】** 承[例6-16]，基于资产和负债的公允价值对A公司财务报表调整后，有关计算如下：

A公司调整后的资本公积＝8 000＋4 000＝12 000(万元)

A公司调整后的股东权益总额＝32 000＋4 000＝36 000(万元)

合并商誉＝29 500－36 000×70%＝4 300(万元)

少数股东权益＝36 000×30%＝10 800(万元)

因此,甲公司将长期股权投资与其在A公司所有者权益中拥有的份额抵销时,其抵销分录如下(单位:万元):

借:股本　20 000③
　资本公积　12 000
　盈余公积　1 200
　未分配利润　2 800
　商誉　4 300
　贷:长期股权投资——A公司　29 500
　　少数股东权益　10 800

### (三)编制合并工作底稿并编制合并财务报表

在按公允价值对子公司财务报表项目进行调整,并编制合并抵销分录,将母公司对子公司长股权投资与子公司所有者权益中母公司所持有的份额进行抵销处理后,则可以编制购买日合并工作底稿。

根据上述调整分录和抵销分录,甲公司编制购买日合并工作底稿如表6-10所示。

表6-10　合并工作底稿　单位:万元

| 项目 | 母公司 | 子公司 | 合计数 | 调整分录 | | 抵销分录 | | 少数股东权益 | 合并数 |
|---|---|---|---|---|---|---|---|---|---|
| | | | | 借方 | 贷方 | 借方 | 贷方 | | |
| 流动资产: | | | | | | | | | |
| 货币资金 | 9 000 | 4 200 | 13 200 | | | | | | 13 200 |
| 交易性金融资产 | 4 000 | 1 800 | 5 800 | | | | | | 5 800 |
| 应收票据 | 4 700 | 3 000 | 7 700 | | | | | | 7 700 |
| 应收账款 | 5 800 | 3 920 | 9 720 | | 100② | | | | 9 620 |
| 预付款项 | 2 000 | 880 | 2 880 | | | | | | 2 880 |
| 其他应收款 | 4 200 | 0 | 4 200 | | | | | | 4 200 |
| 存货 | 31 000 | 20 000 | 51 000 | 1 100② | | | | | 52 100 |
| 持有待售资产 | | | | | | | | | |
| 一年内到期的非流动资产 | | | | | | | | | |
| 其他流动资产 | 1 300 | 1 200 | 2 500 | | | | | | 2 500 |
| 流动资产合计 | 62 000 | 35 000 | 97 000 | 1 100 | 100 | | | | 98 000 |
| 非流动资产: | | | | | | | | | |
| 债权投资 | 6 000 | 0 | 6 000 | | | | | | 6 000 |

（续表）

| 项目 | 母公司 | 子公司 | 合计数 | 调整分录 | | 抵销分录 | | 少数股东权益 | 合并数 |
|---|---|---|---|---|---|---|---|---|---|
| | | | | 借方 | 贷方 | 借方 | 贷方 | | |
| 其他债权投资 | 11 000 | 0 | 11 000 | | | | | | 11 000 |
| 长期股权投资 | 32 000 | 0 | 32 000 | 29 500① | | | 29 500③ | | 32 000 |
| 固定资产原价 | 30 000 | 20 000 | 50 000 | 3 000② | | | | | 53 000 |
| 减：累计折旧 | 9 000 | 2 000 | 11 000 | | | | | | 1J000 |
| 固定资产净值 | 21 000 | 18 000 | 39 000 | 3 000 | | | | | 42 000 |
| 在建工程 | 20 000 | 3 400 | 23 400 | | | | | | 23 400 |
| 无形资产 | 4 000 | 1 600 | 5 600 | | | | | | 5 600 |
| 商誉 | 0 | | 0 | | | 4 300③ | | | 4 300 |
| 其他非流动资产 | 0 | 0 | 0 | | | | | | |
| 非流动资产合计 | 94 000 | 23 000 | 117 000 | 32 500 | | 4 300 | 29 500 | | 124 300 |
| 资产总计 | 156 000 | 58 000 | 214 000 | 33 600 | 100 | 4 300 | 29 500 | | 222 300 |
| 流动负债： | | | | | | | | | |
| 短期借款 | 12 000 | 5 000 | 17 000 | | | | | | 17 000 |
| 交易性金融负债 | 3 800 | 0 | 3 800 | | | | | | 3 800 |
| 应付票据 | 10 000 | 3 000 | 13 000 | | | | | | 13 000 |
| 应付账款 | 18 000 | 4 200 | 22 200 | | | | | | 22 200 |
| 预收款项 | 3 000 | 1 300 | 4 300 | | | | | | 4 300 |
| 应付职工薪酬 | 6 000 | 1 600 | 7 600 | | | | | | 7 600 |
| 应交税费 | 2 000 | 1 200 | 3 200 | | | | | | 3 200 |
| 其他应付款 | 4 000 | 4 000 | 8 000 | | | | | | 8 000 |
| 持有待售负债 | | | | | | | | | |
| 一年内到期的非流动负债 | | | | | | | | | |
| 其他流动负债 | 1 200 | 700 | 1 900 | | | | | | 1 900 |
| 流动负合计 | 60 000 | 21 000 | 81 000 | | | | | | 81 000 |
| 非流动负债： | | | | | | | | | |
| 长期借款 | 4 000 | 3 000 | 7 000 | | | | | | 7 000 |
| 应付债券 | 20 000 | 2 000 | 22 000 | | | | | | 22 000 |
| 长期应付款 | 2 000 | | 2 000 | | | | | | 2 000 |
| 其他非流动负债 | | | | | | | | | |

（续表）

| 项目 | 母公司 | 子公司 | 合计数 | 调整分录 | | 抵销分录 | | 少数股东权益 | 合并数 |
|---|---|---|---|---|---|---|---|---|---|
| | | | | 借方 | 贷方 | 借方 | 贷方 | | |
| 非流动负债合计 | 26 000 | 5 000 | 31 000 | | | | | | 31 000 |
| 负债合计 | 86 000 | 26 000 | 112 000 | | | | | | 112 000 |
| 股东权益： | | | | | | | | | |
| 股本 | 40 000 | 20 000 | 60 000 | | 10 000① | 20 000③ | | | 50 000 |
| 资本公积 | 10 000 | 8 000 | 18 000 | | 19 500①<br>4 000② | 12 000③ | | | 29 500 |
| 盈余公积 | 11 000 | 1 200 | 12 200 | | | 1 200③ | | | 11 000 |
| 未分配利润 | 9 000 | 2 800 | 11 800 | | | 2 800③ | | | 9 000 |
| 归属于母公司股东权益合计 | 70 000 | 32 000 | 102 000 | | 33 500 | 36 000 | | | 99 500 |
| 少数股东权益 | | | | | | | | 10 800③ | 10 800 |
| 股东权益合计 | 7 000 | 32 000 | 102 000 | | 33 500 | 36 000 | | 10 800 | 110 300 |
| 负债和股东权益总计 | 156 000 | 58 000 | 214 000 | | 33 500 | 36 000 | | 10 800 | 222 300* |

注：* 222 300＝214 000＋33 500－36 000＋10 800。

** 为便于教学，本章财务报表中的“固定资产”项目，细化为“固定资产原价”项目、“累计折旧”项目和“固定资产清理”项目。

根据上述合并工作底稿计算得出的合并资产负债表各项目的合并数，则可以编制购买日的合并资产负债表。本例编制的合并资产负债表略。

## 二、非同一控制下取得子公司购买日后合并财务报表的编制

母公司在同一控制下取得子公司后，在未来持有该子公司的情况下，每一会计期末都需要将其纳入合并范围，编制合并财务报表。

在对非同一控制下取得的子公司编制合并财务报表时，首先，应当以购买日确定的各项可辨认资产、负债及或有负债的公允价值为基础，对子公司的财务报表进行调整。

其次，将一母公司对子公司的长期股权投资采用成本法核算的结果，调整为权益法核算的结果，对公司的财务报表进行相应的调整。

再次，则是通过编制合并抵销分录，将母公司对子公司长期股权投资与子公司所有者权益等内部交易对合并财务报表的影响予以抵销。

最后，则是在编制合并工作底稿的基础上，计算合并财务报表各项目的合并数，编制合并财务报表。

**【例 6-19】** 承[例 6-16]，甲公司于 2×24 年 1 月 1 日以定向增发普通股票的方式，购买持有 A 公司 70％的股权。甲公司对 A 公司长期股权投资的金额为 29 500 万元，甲公司购买日编制的合并资产负债表中确认合并商誉为 4 300 万元。

甲公司和 A 公司 2×24 年 12 月 31 日的个别资产负债表、利润表和股东权益变动表如

表 6-11～表 6-13 所示。

**表 6-11** 资产负债表(合并基础) 会企 01 表

编制单位： 2×24 年 12 月 31 日 单位：万元

| 资产 | 甲公司 | A 公司 | 负债和所有者权益（或股东权益） | 甲公司 | A 公司 |
|---|---|---|---|---|---|
| 流动资产： | | | 流动负债： | | |
| 货币资金 | 5 700 | 6 500 | 短期借款 | 10 000 | 4 800 |
| 交易性金融资产 | 3 000 | 5 000 | 交易性金融负债 | 4 000 | 2 400 |
| 衍生金融资产 | | | 衍生金融负债 | | |
| 应收票据 | 7 200 | 3 600 | 应付票据 | 13 000 | 3 600 |
| 应收账款 | 8 500 | 5 100 | 应付账款 | 18 000 | 5 200 |
| 应收款项融资 | | | 预收款项 | | |
| 预付款项 | 1 500 | 2 500 | 合同负债 | 4 000 | 3 900 |
| 其他应收款 | 5 300 | 1 300 | 应付职工薪酬 | 5 000 | 1 600 |
| 存货 | 37 000 | 18 000 | 应交税费 | 2 700 | 1 400 |
| 合同资产 | | | 其他应付款 | 5 300 | 5 200 |
| 持有待售资产： | | | 持有待售负愤 | | |
| 一年内到期的非流动资产 | | | 一年内到期的非流动负债 | | |
| 其他流动资产 | 1 800 | 1 000 | 其他流动负债 | 2 000 | 900 |
| 流动资产合计 | 70 000 | 43 000 | 流动负债合计 | 64 000 | 29 000 |
| 非流动资产： | | | 非流动负债： | | |
| 债权投资 | 9 000 | 0 | 长期借款 | 4 000 | 5 000 |
| 其他债权投资 | 14 000 | 4 000 | 应付债券 | 20 000 | 7 000 |
| 长期应收款 | | | 租赁负债 | | |
| 长期股权投资 | 69 500 | 0 | 长期应付款 | 6 000 | 0 |
| 其他权益工具投资 | | | 预计负债 | | |
| 其他非流动金融资产 | | | 递延收滥 | | |
| 投资性房地产 | | | 递延所得税负债 | | |
| 固定资产 | 28 000 | 26 000 | 其他非流动负锁 | 0 | 0 |
| 在建工程 | 13 000 | 4 200 | 非流动负债合计 | 30 000 | 12 000 |
| 生产性生物资产 | | | 负债合计 | 94 000 | 41 000 |
| 油气资产 | | | 股东权益： | | |

（续表）

| 资产 | 甲公司 | A公司 | 负债和所有者权益（或股东权益） | 甲公司 | A公司 |
|---|---|---|---|---|---|
| 使用权资产 | | | 股本 | 50 000 | 20 000 |
| 无形资产 | 6 000 | 1 800 | 其他权益工具 | | |
| 开发支出 | | | 资本公积 | 29 500 | 8 000 |
| 商誉 | | | 减：库存股 | | |
| 长期待摊费用 | | | 其他综合收益 | | |
| 递延所得税资产 | | | 专项储备 | | |
| 其他非流动资产 | | | 盈余公积 | 18 000 | 3 200 |
| 非流动资产合计 | 139 500 | 36 000 | 未分配利润 | 18 000 | 6 800 |
| | | | 股东权益合计 | 115 500 | 38 000 |
| 资产总计 | 209 500 | 79 000 | 负债和股东权益总计 | 209 500 | 79 000 |

**表6-12**　　**利润表**　　会企02表

编制单位：　　2×24年度　　单位：万元

| 项目 | 甲公司 | A公司 |
|---|---|---|
| 一、营业收入 | 150 000 | 94 800 |
| 减：营业成本 | 96 000 | 73 000 |
| 税金及附加 | 1 800 | 1 000 |
| 销售费用 | 5 200 | 3 400 |
| 管理费用 | 6 000 | 3 900 |
| 研发费用 | | |
| 财务费用 | 1 200 | 800 |
| 其中：利息费用 | | |
| 利息收入 | | |
| 加：其他收益 | | |
| 投资收益（损失以“—”号填列） | 9 800 | 200 |
| 其中：对联营企业和合营企业的投资收益 | | |
| 以摊余成本计量的金融资产终止确认收益（损失以“—”号填列） | | |
| 净敞口套期收益（损失以“—”号填列） | | |
| 公允价值变动收益（损失以“—”号填列） | 0 | 0 |

（续表）

| 项目 | 甲公司 | A公司 |
|---|---|---|
| 信用减值损失(损失以“—”号填列) | 200 | 140 |
| 资产减值损失(损失以“—”号填列) | 400 | 160 |
| 资产处置收益(损失以“—”号填列) | | |
| 二、营业利润(亏损以“—”号填列) | 49 000 | 12 600 |
| 加：营业外收入 | 1 600 | 2 400 |
| 减：营业外支出 | 2 600 | 1 000 |
| 三、利润总额(亏损总额以“—”号填列) | 48 000 | 14 000 |
| 减：所得税费用 | 12 000 | 3 500 |
| 四、净利润(净亏损以“—”号填列) | 36 000 | 10 500 |
| (一) 持续经营净利润(净亏损以“—”号填列) | 36 000 | 10 500 |
| (二) 终止经营净利润(净亏损以“—”号填列) | | |
| 五、其他综合收益的税后净额 | | |
| (一) 不能重分类进损益的其他综合收益 | | |
| 1. 重新设定受益计划变动额 | | |
| 2. 权益法下不能转损益的其他综合收益 | | |
| 3. 其他权益工具投资公允价值变动 | | |
| 4. 企业自身信用风险公允价值变动 | | |
| …… | | |
| (二) 将重分类进损益的其他综合收益 | | |
| 1. 权益法下可转损益的其他综合收益 | | |
| 2. 其他债权投资公允价值变动 | | |
| 3. 金融资产重分类计入其他综合收益的金额 | | |
| 4. 其他债权投资信用减值准备 | | |
| 5. 现金流量套期储备 | | |
| 6. 外币财务报表折算差额 | | |
| …… | | |
| 六、综合收益总额 | 36 000 | 10 500 |
| 七、每股收益： | | |
| (一) 基本每股收益 | | |
| (二) 稀释每股收益 | | |

**表 6-13** **股东权益变动表** 会企 03 表

编制单位： 2×24 年度 单位：万元

| 项目 | 甲公司 | | | | | | | | | A 公司 | | | | | | | | |
|---|---|---|---|---|---|---|---|---|---|---|---|---|---|---|---|---|---|---|
| | 股本 | 其他权益工具 | 资本公积 | 减：库存股 | 其他收益 | 专项储备 | 盈余公积 | 未分配利润 | 股东权益合计 | 股本 | 其他权工具 | 资本公积 | 减：库存股 | 其他收益 | 专项储备 | 盈余公积 | 未分配利润 | 股东权益合计 |
| 一、上年年末余额 | 40 000 | | 10 000 | | | | 11 000 | 9 000 | 70 000 | 20 000 | | 8 000 | | | | 1 200 | 2 800 | 32 000 |
| 加：会计政策变更 | | | | | | | | | | | | | | | | | | |
| 前期差错更正 | | | | | | | | | | | | | | | | | | |
| 其他 | | | | | | | | | | | | | | | | | | |
| 二、本年年初余额 | 40 000 | | 10 000 | | | | 11 000 | 9 000 | 70 000 | 20 000 | | 8 000 | | | | 1 200 | 2 800 | 32 000 |
| 三、本年增减变动金额（减少以“—”号填列） | | | | | | | | | | | | | | | | | | |
| （一）综合收益总额 | | | | | | | | 36 000 | 36 000 | | | | | | | | 10 500 | 10 500 |
| （二）所有者投入和减少资本 | | | | | | | | | | | | | | | | | | |
| 1. 所有者投入的普通股 | 10 000 | | 19 500 | | | | | | 29 500 | | | | | | | | | |
| 2. 其他权益工具持有者投入资本 | | | | | | | | | | | | | | | | | | |
| 3. 股份支付计入所有者权益的金额 | | | | | | | | | | | | | | | | | | |

（续表）

| 项目 | 甲公司 | | | | | | | | | A公司 | | | | | | | | |
|---|---|---|---|---|---|---|---|---|---|---|---|---|---|---|---|---|---|---|
| | 股本 | 其他权益工具 | 资本公积 | 减：库存股 | 其他收益 | 专项储备 | 盈余公积 | 未分配利润 | 股东权益合计 | 股本 | 其他权工具 | 资本公积 | 减：库存股 | 其他收益 | 专项储备 | 盈余公积 | 未分配利润 | 股东权益合计 |
| 4. 其他 | | | | | | | | | | | | | | | | | | |
| （三）利润分配 | | | | | | | | | | | | | | | | | | |
| 1. 提取盈余公积 | | | | | | | 7 000 | 7 000 | | | | | | | | 2 000 | 2 000 | |
| 2. 对股东的分配 | | | | | | | | 20 000 | 20 000 | | | | | | | | 4 500 | 4 500 |
| 3. 其他 | | | | | | | | | | | | | | | | | | |
| （四）股东权益内部结转 | | | | | | | | | | | | | | | | | | |
| 1. 资本公积转增股本 | | | | | | | | | | | | | | | | | | |
| 2. 盈余公积转增股本 | | | | | | | | | | | | | | | | | | |
| 3. 盈余公积弥补亏损 | | | | | | | | | | | | | | | | | | |
| 4. 设定受益计划变动额结转留存收益 | | | | | | | | | | | | | | | | | | |
| 5. 其他综合收益结转留存收益 | | | | | | | | | | | | | | | | | | |
| 6. 其他 | 50 000 | | 29 500 | | | | 18 000 | 18 000 | 115 500 | 20 000 | | 8 000 | | | | 3 200 | 6 800 | 38 000 |
| 四、本年年末余额 | 50 000 | | 29 500 | | | | 18 000 | 18 000 | 115 500 | 20 000 | | 8 000 | | | | 3 200 | 6 800 | 38 000 |

A公司在购买日股东权益总额为32 000万元，其中，股本为20 000万元，资本公积为8 000万元，盈余公积为1 200万元，未分配利润为2 800万元。A公司购买日应收账款账面价值为3 920万元、公允价值为3 820万元；存货的账面价值为20 000万元、公允价值为21 100万元；固定资产的账面价值为18 000万元、公允价值为21 000万元。

A公司2×24年12月31日股东权益总额为38 000万元，其中，股本为20 000万元，资本公积为8 000万元，盈余公积为3 200万元，未分配利润为6 800万元。A公司2×24年全年实现净利润10 500万元，A公司当年提取盈余公积2 000万元，向股东分配的现金股利为4 500万元。截至2×24年12月31日，应收账款按购买日确认的金额收回，确认的坏账已核销；购买日存货公允价值增值部分，当年已全部实现对外销售；购买日固定资产原价公允价值增加系公司用办公楼增值，该办公楼采用的折旧方法为年限平均法，剩余折旧年限为20年，假定该办公楼增加的公允价值在未来20年内平均摊销。

1. 甲公司2×24年年末编制合并财务报表时，相关项目的计算

A公司调整后本年净利润＝10 500＋[100(购买日应收账款公允价值减值的实现而调减信用减值损失)－1 100(购买日存货公允价值增值的实现而调增营业成本)－150(固定资产公允价值增值计算的折旧而调增管理费用)]＝9 350(万元)

150万元系固定资产公允价值增值3 000万元，按剩余折旧年限摊销。

A公司调整后本年年末未分配利润＝2 800(年初)＋9 350－2 000(提取盈余公积)－4 500(分派股利)＝5 650(万元)

权益法下甲公司对A公司投资的投资收益＝9 350×70%＝6 545(万元)

权益法下甲公司对A公司长期股权投资本年年末余额＝29 500＋6 545－4 500(分派股利)×70%＝32 895(万元)

少数股东损益＝9 350×30%＝2 805(万元)

少数股东权益的年末余额＝10 800＋2 805－4 500×30%＝12 255(万元)

2. 甲公司2×24年编制合并财务报表时，进行的调整抵销处理

(1) 按公允价值对A公司财务报表项目进行调整。

根据购买日A公司资产和负债的公允价值与账面价值之间的差额，调整A公司相关公允价值变动的资产和负债项目及“资本公积”项目。在合并工作底稿中，其调整分录如下(单位：万元)：

| | | |
|---|---|---|
| 借：存货 | 1 100① | |
| 　　固定资产 | 3 000 | |
| 　　贷：应收账款 | | 100 |
| 　　　　资本公积 | | 4 000 |

因购买日A公司资产和负债的公允价值与原账面价值之间的差额对A公司本年净利润的影响，调整A公司的相关项目。之所以进行这一调整，是由于子公司个别财务报表是按其资产、负债的原账面价值为基础编制的，其当期计算的净利润也是以其资产、负债的原账面价值为基础计算的结果，而公允价值与原账面价值存在差额的资产或负债，在经营过程中因使用、销售或偿付而实现其公允价值，其实现的公允价值对子公司当期净利润的影响需要在净利润计算中予以反映。在合并工作底稿中，其调整分录如下(单位：万元)：

借：营业成本　　1 100②

　管理费用　　150

　应收账款　　100

　贷：存货　　1 100

　　固定资产　　150

　　信用减值损失　　100

(2) 按照权益法对甲公司财务报表项目进行调整。

因购买日A公司资产和负债的公允价值与原账面价值之间的差额对A公司本年净利润的影响，而对甲公司对A公司长期股权投资权益法核算的影响，需要对甲公司对A公司长期股权投资及相关项目进行调整；另外，甲公司对A公司的长期股权投资采用成本法进行核算，需要对成本法核算的结果，按权益法核算的要求，对长期股权投资及相关项目进行调整。在合并工作底稿中，其调整分录如下(单位：万元)：

借：长期股权投资　　6 545③

　投资收益　　3 150

　贷：投资收益　　6 545

　　长期股权投资　　3 150

(3) 长期股权投资与所有者权益的抵销。

将甲公司对A公司的长期股权投资与其在A公司股东权益中拥有的份额予以抵销。在合并工作底稿中，其抵销分录如下(单位：万元)：

借：股本　　20 000④

　资本公积　　12 000

　盈余公积　　3 200

　未分配利润　　5 650

　商誉　　4 300

　贷：长期股权投资　　32 895

　　少数股东权益　　12 255

(4) 投资收益与子公司利润分配等项目的抵销。

将甲公司对A公司投资收益与A公司本年利润分配有关项目的金额予以抵销。在合并工作底稿中，其抵销分录如下(单位：万元)：

借：投资收益　　6 545⑤

　少数股东损益　　2 805

　年初未分配利润　　2 800

　贷：提取盈余公积　　2 000

　　向股东分配利润　　4 500

　　年末未分配利润　　5 650

(5) 应收股利与应付股利的抵销。

在本例中，A公司本年宣告分派现金股利4 500万元，股利款项尚未支付，A公司已将其计列应付股利4 500万元。甲公司根据A公司宣告的分派现金股利的公告，按照其所享有的金额，已确认应收股利，并在其资产负债表中计列应收股利3 150万元。这属于母公司与子公司之间的债权债务，在编制合并财务报表时必须将其予以抵销，其抵销分录如下（单位：万元）：

借：其他应付款——应付股利　　3 150⑥

　贷：其他应收款——应收股利　　3 150

3. 编制合并工作底稿并编制合并财务报表

根据上述调整分录和抵销分录，甲公司可以编制合并工作底稿如表6-14所示。

**表6-14**　　**合并工作底稿**

2×24年度　　单位：万元

| 项目 | 母公司 | 子公司 | 合计数 | 调整分录 | | 抵销分录 | | 少数股东权益 | 合并数 |
|---|---|---|---|---|---|---|---|---|---|
| | | | | 借方 | 贷方 | 借方 | 贷方 | | |
| （资产负债表项目） | | | | | | | | | |
| 流动资产： | | | | | | | | | |
| 货币资金 | 5 700 | 6 500 | 12 200 | | | | | | 12 200 |
| 交易性金融资产 | 3 000 | 5 000 | 8 000 | | | | | | 8 000 |
| 应收票据 | 7 200 | 3 600 | 10 800 | | | | | | 10 800 |
| 应收账款 | 8 500 | 5 100 | 13 600 | 100② | 100① | | | | 13 600 |
| 预付款项 | 1 500 | 2 500 | 4 000 | | | | | | 4 000 |
| 其他应收款 | 5 300 | 1 300 | 6 600 | | | | 3 150⑥ | | 3 450 |
| 存货 | 37 000 | 18 000 | 55 000 | 1 100① | 1 100② | | | | 55 000 |
| 持有待售资产 | | | | | | | | | |
| 一年内到期的非流动资产 | | | | | | | | | |
| 其他流动资产 | 1 800 | 1 000 | 2 800 | | | | | | 2 800 |
| 流动资产合计 | 70 000 | 43 000 | 113 000 | 1 200 | 1 200 | | 3 150 | | 109 850 |
| 非流动资产： | | | | | | | | | |
| 债权投资 | 9 000 | 0 | 9 000 | | | | | | 9 000 |
| 其他债权投资 | 14 000 | 4 000 | 18 000 | | | | | | 18 000 |
| 长期股权投资 | 69 500 | 0 | 69 500 | | | | | | 40 000 |
| 其中：A公司 | 29 500 | | | 6 545③ | 3 150③ | | 32 895④ | | |
| 固定资产 | 28 000 | 26 000 | 54 000 | 3 000① | 150② | | | | 56 850 |
| 在建工程 | 13 000 | 4 200 | 17 200 | | | | | | 17 200 |
| 无形资产 | 6 000 | 1 800 | 7 800 | | | | | | 7 800 |
| 商誉 | | | | | | 4 300④ | | | 4 300 |

（续表）

| 项目 | 母公司 | 子公司 | 合计数 | 调整分录 | | 抵销分录 | | 少数股东权益 | 合并数 |
|---|---|---|---|---|---|---|---|---|---|
| | | | | 借方 | 贷方 | 借方 | 贷方 | | |
| 其他非流动资产 | | | | | | | | | |
| 非流动资产合计 | 139 500 | 36 000 | 175 500 | 9 545 | 3 300 | 4 300 | 32 895 | | 153 150 |
| 资产总计 | 209 500 | 79 000 | 288 500 | 10 745 | 4 500 | 4 300 | 36 045 | | 263 000 |
| 流动负债： | | | | | | | | | |
| 短期借款 | 10 000 | 4 800 | 14 800 | | | | | | 14 800 |
| 交易性金融负债 | 4 000 | 2 400 | 6 400 | | | | | | 6 400 |
| 应付票据 | 13 000 | 3 600 | 16 600 | | | | | | 16 600 |
| 应付账款 | 18 000 | 5 200 | 23 200 | | | | | | 23 200 |
| 预收款项 | 4 000 | 3 900 | 7 900 | | | | | | 7 900 |
| 应付职工薪酬 | 5 000 | 1600 | 6 600 | | | | | | 6 600 |
| 应交税费 | 2 700 | 1 400 | 4 100 | | | | | | 4 100 |
| 应付股利 | 5 000 | 4 500 | 9 500 | | | 3 150⑥ | | | 6 350 |
| 其他应付款 | 300 | 700 | 1 000 | | | | | | 1 000 |
| 持有待售负债 | | | | | | | | | |
| 一年内到期的非流动负债 | | | | | | | | | |
| 其他流动负债 | 2 000 | 900 | 2 900 | | | | | | 2 900 |
| 流动负债合计 | 64 000 | 29 000 | 93 000 | | | 3 150 | | | 89 850 |
| 非流动负债： | | | | | | | | | |
| 长期借款 | 4 000 | 5 000 | 9 000 | | | | | | 9 000 |
| 应付债券 | 20 000 | 7 000 | 27 000 | | | | | | 27 000 |
| 长期应付款 | 6 000 | 0 | 6 000 | | | | | | 6 000 |
| 其他非流动负债 | 0 | 0 | 0 | | | | | | 0 |
| 非流动负债合计 | 30 000 | 12 000 | 42 000 | | | | | | 42 000 |
| 负债合计 | 94 000 | 41 000 | 135 000 | | | 3 150 | | | 131 850 |
| 股东权益； | | | | | | | | | |
| 股本 | 50 000 | 20 000 | 70 000 | | | 20 000④ | | | 50 000 |
| 资本公积 | 29 500 | 8 000 | 37 500 | | 4 000① | 12 000④ | | | 29 500 |
| 盈余公积 | 18 000 | 3 200 | 21 200 | | | 3 200④ | | | 18 000 |

（续表）

| 项目 | 母公司 | 子公司 | 合计数 | 调整分录 | | 抵销分录 | | 少数股东权益 | 合并数 |
|---|---|---|---|---|---|---|---|---|---|
| | | | | 借方 | 贷方 | 借方 | 贷方 | | |
| 未分配利润 | 18 000 | 6 800 | 24 800 | 4 400 | 6 645 | 14 995 | 12 150 | 2 805 | 21 395 |
| 归属于母公司的股东权益合计 | 115 500 | 38 000 | 153 500 | 4 400 | 10 645 | 50 195 | 12 150 | 2 805 | 118 895 |
| 少数股东权益 | | | | | | | | 12 255④ | 12 255 |
| 股东权益合计 | 115 500 | 38 000 | 153 500 | 4 400 | 10 645 | 50 195 | 12 150 | 9 450 | 131 150 |
| 负债和股东权益总计 | 209 500 | 79 000 | 288 500 | 4 400 | 10 645 | 53 345 | 12 150 | 9 450 | 263 000 |
| （利润表项目） | | | | | | | | | |
| 一、营业收入 | 150 000 | 94 800 | 244 800 | | | | | | 244 800 |
| 减：营业成本 | 96 000 | 73 000 | 169 000 | 1 100② | | | | | 170 100 |
| 税金及附加 | 1 800 | 1 000 | 2 800 | | | | | | 2 800 |
| 销售费用 | 5 200 | 3 400 | 8 600 | | | | | | 8 600 |
| 管理费用 | 6 000 | 3 900 | 9 900 | 150② | | | | | 10 050 |
| 财务费用 | 1 200 | 800 | 2 000 | | | | | | 2 000 |
| 其中：利息费用 | | | | | | | | | |
| 利息收入 | | | | | | | | | |
| 加：其他收益 | | | | | | | | | |
| 投资收益 | 9 800 | 200 | 10 000 | | | | | | 6 850 |
| 其中：A公司 | 3 150 | | | 3 150③ | 6 545③ | 6 545⑤ | | | 0 |
| 公允价值变动收益 | 0 | 0 | 0 | | | | | | 0 |
| 信用减值损失 | 200 | 140 | 340 | | 100② | | | | 240 |
| 资产减值损失 | 400 | 160 | 560 | | | | | | 560 |
| 资产处置收益（损失以“—”号填列） | | | | | | | | | |
| 二、营业利润 | 49 000 | 12 600 | 61 600 | 4 400 | 6 645 | 6 545 | | | 57 300 |
| 加：营业外收入 | 1 600 | 2 400 | 4 000 | | | | | | 4 000 |
| 减：营业外支出 | 2 600 | 1 000 | 3 600 | | | | | | 3 600 |
| 三、利润总额 | 48 000 | 14 000 | 62 000 | 4 400 | 6 645 | 6 545 | | | 57 700 |
| 减：所得税费用 | 12 000 | 3 500 | 15 500 | | | | | | 15 500 |
| 四、净利润 | 36 000 | 10 500 | 46 500 | 4 400 | 6 645 | 6 545 | | | 42 200 |

（续表）

| 项目 | 母公司 | 子公司 | 合计数 | 调整分录 | | 抵销分录 | | 少数股东权益 | 合并数 |
|---|---|---|---|---|---|---|---|---|---|
| | | | | 借方 | 贷方 | 借方 | 贷方 | | |
| （一）按经营持续性分类： | | | | | | | | | |
| 1. 持续经营净利润（净亏损以“—”号填列） | | | | | | | | | 42 200 |
| 2. 终止经营净利润（净亏损以“—”号填列） | | | | | | | | | |
| （二）按所有权归属分类： | | | | | | | | | |
| 1. 归属于母公司股东的净利润 | | | | | | | | | 39 395 |
| 2. 少数股东损益 | | | | | | | | 2 805⑤ | 2 805 |
| 五、其他综合收益的税后净额 | | | | | | | | | |
| 六、综合收益总额 | 36 000 | 10 500 | 46 500 | 4 400 | 6 645 | 6 545 | | | 42 200 |
| 归属于母公司股东的综合收益总额 | | | | | | | | | 39 395 |
| 归属于少数股东的综合收益总额 | | | | | | | | 2 805⑤ | 2 805 |
| （股东权益变动表项目） | | | | | | | | | |
| 一、年初未分配利润 | 9 000 | 2 800 | 11 800 | | | 2 800⑤ | | | 9 000 |
| 二、本年增减变动金额 | | | | | | | | | |
| 其中：利润分配 | | | | | | | | | |
| 1. 提取盈余公积 | 7 000 | 2 000 | 9 000 | | | | 2 000⑤ | | 7 000 |
| 2. 对股东的分配 | 20 000 | 4 500 | 24 500 | | | | 4 500⑤ | | 20 000 |
| 三、年末未分配利润 | 18 000 | 6 800 | 24 800 | 4 400 | 6 645 | 5 650④<br>14 995 | 5 650⑤<br>12 150 | 2 805 | 21 395* |

注：* 21 395＝24 800＋(6 645－4 400)＋(12 150－14 995)－2 805。

甲公司在编制上述合并工作底稿，计算各项目合并数后，根据合并数编制合并资产负债表、合并利润表和合并股东权益变动表略。

**【例 6-20】** 承[例 6-17]，甲公司和 A 公司 2×24 年 12 月 31 日个别资产负债表、利润表和所有者权益变动表，如表 6-15～表 6-17 所示。

表 6-15　　资产负债表(合并基础)　　会企 01 表

编制单位：　　2×24 年 12 月 31 日　　单位：万元

| 资产 | 甲公司 | A 公司 | 负债和所有者权益（或股东权益） | 甲公司 | A 公司 |
|---|---|---|---|---|---|
| 流动资产： | | | 流动负债： | | |
| 货币资金 | 8 900 | 9 400 | 短期借款 | 8 000 | 5 800 |
| 交易性金融资产 | 4 800 | 7 800 | 交易性金融负债 | 4 000 | 2 100 |
| 衍生金融资产 | | | 衍生金融负债 | | |
| 应收票携 | 7 100 | 3 900 | 应付票据 | 15 000 | 5 600 |
| 应收账款 | 9 000 | 5 300 | 应付账款 | 14 800 | 5 300 |
| 应收款项融资 | | | 预收款项 | 4 000 | 3 300 |
| 预付款项 | 2 600 | 2 900 | 合同负债 | | |
| 其他应收款 | 9 200 | 1 600 | 应付职工薪酬 | 5 800 | 1 800 |
| 存货 | 37 900 | 23 000 | 应交税费 | 2 200 | 1 700 |
| 合同资产 | | | 其他应付款 | 10 000 | 7 500 |
| 持有待售资产 | | | 持有待售负债 | | |
| 一年内到期的非流动资产 | | | 一年内到期的非流动负债 | | |
| 其他流动资产 | 1 500 | 1 100 | 其他流动负债 | 1 200 | 900 |
| 流动资产合计 | 81 000 | 55 000 | 流动负债合计 | 65 000 | 34 000 |
| 非流动资产： | | | 非流动负债： | | |
| 债权投资 | 8 000 | 0 | 长期借款 | 3 000 | 4 000 |
| 其他债权投资 | 14 000 | 4 200 | 应付债券 | 20 000 | 7 000 |
| 长期应收款 | | | 租赁负债 | | |
| 长期股权投资 | 69 500 | 0 | 长期应付款 | 4 000 | 0 |
| 其他权益工具投资 | | | 预计负债 | | |
| 其他非流动金融资产 | | | 递延收益 | | |
| 投资性房地产 | | | 递延所得税负债 | | |
| 固定资产 | 33 000 | 25 000 | 其他非流动负债 | 0 | 0 |
| 在建工程 | 7 000 | 3 200 | 非流动负债合计 | 27 000 | 11 000 |
| 生产性生物资产 | | | 负债合计 | 92 000 | 45 000 |
| 油气资产 | | | 股东权益： | | |
| 使用权资产 | | | 股本 | 50 000 | 20 000 |

（续表）

| 资产 | 甲公司 | A公司 | 负债和所有者权益（或股东权益） | 甲公司 | A公司 |
|---|---|---|---|---|---|
| 无形资产 | 5 000 | 1 600 | 其他权益工具 | | |
| 开发支出 | | | 资本公积 | 29 500 | 8 000 |
| 商誉 | | 0 | 减：库存股 | | |
| 长期待摊费用 | | | 其他综合收益 | | |
| 递延所得税资产 | | | 专项储备 | | |
| 其他非流动资产 | | | 盈余公积 | 24 000 | 5 600 |
| 非流动资产合计 | 136 500 | 34 000 | 未分配利润 | 22 000 | 10 400 |
| | | | 股东权益合计 | 125 500 | 44 000 |
| 资产总计 | 217 500 | 89 000 | 负债和股东权益总计 | 217 500 | 89 000 |

**表 6-16　　利润表(合并基础)**　　会企 02 表

编制单位：　　2×24 年度　　单位：万元

| 项目 | 甲公司 | A公司 |
|---|---|---|
| 一、营业收入 | 180 000 | 117 000 |
| 减：营业成本 | 135 000 | 89 300 |
| 税金及附加 | 2 800 | 1 900 |
| 销售费用 | 5 800 | 4 700 |
| 管理费用 | 6 900 | 4 400 |
| 财务费用 | 2 000 | 1 200 |
| 其中：利息费用 | | |
| 利息收入 | | |
| 加：其他收益 | | |
| 投资收益(损失以“—”号填列) | 11 000 | 1 300 |
| 其中：对联营企业和合营企业的投资收益 | | |
| 以摊余成本计量的金融资产终止确认收益(损失以“—”号填列) | | |
| 净敞口套期收益(损失以“—”号填列) | | |
| 公允价值变动收益(损失以“—”号填列) | 0 | 0 |
| 信用减值损失(损失以“—”号填列) | 300 | 40 |

（续表）

| 项目 | 甲公司 | A公司 |
| --- | --- | --- |
| 资产减值损失（损失以“—”号填列） | 700 | 60 |
| 资产处置收益（损失以“—”号填列） | | |
| 二、营业利润（亏损以“—”号填列） | 37 500 | 16 700 |
| 加：营业外收入 | 3 700 | 1 100 |
| 减：营业外支出 | 1 200 | 1 800 |
| 三、利润总额（亏损总额以“—”号填列） | 40 000 | 16 000 |
| 减：所得税费用 | 10 000 | 4 000 |
| 四、净利润（净亏损以“—”号填列） | 30 000 | 12 000 |
| （一）持续经营净利润（净亏损以“—”号填列） | | |
| （二）终止经营净利润（净亏损以“—”号填列） | | |
| 五、其他综合收益的税后净额 | | |
| （一）不能重分类进损益的其他综合收益 | | |
| 1. 重新设定受益计划变动额 | | |
| 2. 权益法下不能转损益的其他综合收益 | | |
| 3. 其他权益工具投资公允价值变动 | | |
| 4. 企业自身信用风险公允价值变动 | | |
| …… | | |
| （二）将重分类进损益的其他综合收益 | | |
| 1. 权益法下可转损益的其他综合收益 | | |
| 2. 其他债权投资公允价值变动 | | |
| 3. 金融资产重分类计入其他综合收益的金额 | | |
| 4. 其他债权投资信用减值准备 | | |
| 5. 现金流量套期储备 | | |
| 6. 外币财务报表折算差额 | | |
| …… | | |
| 六、综合收益总额 | 30 000 | 12 000 |
| 七、每股收益： | | |
| （一）基本每股收益 | | |
| （二）稀释每股收益 | | |

**表 6-17** 　　　　**股东权益变动表(合并基础)** 　　　　会企 03 表

编制单位： 　　　　2×24 年度 　　　　单位：万元

| 项目 | 甲公司 | | | | | | | | | A 公司 | | | | | | | | |
|---|---|---|---|---|---|---|---|---|---|---|---|---|---|---|---|---|---|---|
| | 股本 | 其他工具 | 资本公积 | 减：库存股 | 其他综合收益 | 专项储备 | 盈余公积 | 未分配利润 | 股东权益合计 | 股本 | 其他工具 | 资本公积 | 减：库存股 | 其他综合收益 | 专项储备 | 盈余公积 | 未分配利润 | 股东权益合计 |
| 一、上年年末余额 | 50 000 | | 29 500 | | | | 18 000 | 18 000 | 115 500 | 20 000 | | 8 000 | | | | 3 200 | 6 800 | 38 000 |
| 加：会计政策变更 | | | | | | | | | | | | | | | | | | |
| 前期差错更正 | | | | | | | | | | | | | | | | | | |
| 其他 | | | | | | | | | | | | | | | | | | |
| 二、本年年初余额 | 50 000 | | 29 500 | | | | 18 000 | 18 000 | 115 500 | 20 000 | | 8 000 | | | | 3 200 | 6 800 | 38 000 |
| 三、本年增减变动金额(减少以“—”号填列) | | | | | | | | | | | | | | | | | | |
| (一)综合收益总额 | | | | | | | | 30 000 | 30 000 | | | | | | | | 12 000 | 12 000 |
| (二)所有者投入和减少资本 | | | | | | | | | | | | | | | | | | |
| 1. 所有者投入的普通股 | | | | | | | | | | | | | | | | | | |
| 2. 其他权益工具持有者投入资本 | | | | | | | | | | | | | | | | | | |
| 3. 股份支付计入所有者权益的金额 | | | | | | | | | | | | | | | | | | |

（续表）

| 项目 | 甲公司 | | | | | | | | | A公司 | | | | | | | | |
|---|---|---|---|---|---|---|---|---|---|---|---|---|---|---|---|---|---|---|
| | 股本 | 其他工具 | 资本公积 | 减：库存股 | 其他综合收益 | 专项储备 | 盈余公积 | 未分配利润 | 股东权益合计 | 股本 | 其他工具 | 资本公积 | 减：库存股 | 其他综合收益 | 专项储备 | 盈余公积 | 未分配利润 | 股东权益合计 |
| 4. 其他 | | | | | | | | | | | | | | | | | | |
| （三）利润分配 | | | | | | | | | | | | | | | | | | |
| 1. 提取盈余公积 | | | | | | | 6 000 | 6 000 | | | | | | | | 2 400 | 2 400 | |
| 2. 对股东的分配 | | | | | | | | 20 000 | 20 000 | | | | | | | | 6 000 | 6 000 |
| 3. 其他 | | | | | | | | | | | | | | | | | | |
| （四）股东权益内部结转 | | | | | | | | | | | | | | | | | | |
| 1. 资本公积转增股本 | | | | | | | | | | | | | | | | | | |
| 2. 盈余公积转增股本 | | | | | | | | | | | | | | | | | | |
| 3. 盈余公积弥补亏损 | | | | | | | | | | | | | | | | | | |
| 4. 设定受益计划变动额结转留存收益 | | | | | | | | | | | | | | | | | | |
| 5. 其他综合收益结转留存收益 | | | | | | | | | | | | | | | | | | |
| 6. 其他 | | | | | | | | | | | | | | | | | | |
| 四、本年年末余额 | 50 000 | | 29 500 | | | | 24 000 | 22 000 | 125 500 | 20 000 | | 8 000 | | | | 5 600 | 10 400 | 44 000 |

A公司在购买日相关资产和负债等资料同上,即购买日A公司的股东权益总额为32 000万元,其中,股本为20 000万元,资本公积为8 000万元,盈余公积为1 200万元、未分配利润为2 800万元。A公司购买日应收账款的账面价值为3 920万元,公允价值为3 820万元;存货的账面价值为20 000万元,公允价值为21 100万元;固定资产的账面价值为18 000万元,公允价值为21 000万元。截至2×25年12月31日,应收账款按购买日公允价值的金额收回;购买日的存货,当年已全部实现对外销售;购买日固定资产公允价值增加的系公司管理用办公楼,该办公楼采用的折旧方法为年限平均法,该办公楼购买后剩余折旧年限为20年,假定该办公楼增加的公允价值在未来20年内平均摊销。

A公司2×25年12月31日股东权益总额为44 000万元,其中,股本为20 000万元,资本公积为8 000万元,盈余公积为5 600万元,未分配利润为10 400万元。A公司2×25年全年实现净利润12 000万元,A公司当年提取盈余公积2 400万元、向股东分配现金股利6 000万元。

1. 甲公司编制2×25年度合并财务报表时,相关项目的计算

A公司调整后本年净和润=12 000−150(固定资产公允价值增值计算的折旧)
=11 850(万元)

A公司调整后本年年初未分配利润=6 800+100(上年实现的购买目应收账款公允价值减值)−1 100(上年实现的购.买日存货公允价值增值)−150(固定资产公允价值增值计算的折旧)=5 650(万元)

A公司调整后本年年末未分配利润=5 650+11 850−2 400(提取盈余公积)−6 000(分派股利)=9 100(万元)

权益法下甲公司对A公司投资的投资收益=11 850×70%=8 295(万元)

权益法下甲公司对A公司长期股权投资本年年末余额=32 895(上年年末长期股权投资余额)+8 295−6 000(分派股利)×70%=36 990(万元)

少数股东损益=11 850×30%=3 555(万元)

少数股东权益的年末余额=12 255+3 555−6 000×30%=14 010(万元)

2. 甲公司2×26年编制合并财务报表时,进行的调整抵销处理

(1) 按公允价值对A公司财务报表项目进行调整。

因购买日A公司资产和负债的公允价值与账面价值之间的差额,调整A公司年初未分配利润及相关项目。其调整分录如下(单位:万元):

| | | |
|---|---|---|
| 借:存货 | 1 100① | |
| 固定资产 | 3 000 | |
| 贷:应收账款 | | 100 |
| 资本公积 | | 4 000 |

因购买日A公司资产和负债的公允价值与原账面价值之间的差额对A公司上年净利润的影响,调整A公司年初未分配利润及相关项目。其调整分录如下(单位:万元):

| | | |
|---|---|---|
| 借:年初未分配利润 | 1 100 | |
| 年初未分配利润 | 150 | |
| 应收账款 | 100 | |
| 贷:存货 | | 1 100 |
| 固定资产 | | 150 |
| 年初未分配利润 | | 100 |

上述调整分录简化为(单位：万元)：

| | | |
|---|---|---|
| 借：年初未分配利润 | 1 150③ | |
| 　应收账款 | 100 | |
| 　贷：存货 | | 1 100 |
| 　　固定资产 | | 150 |

因购买日A公司固定资产公允价值与原账面价值之间的差额对A公司本年净利润的影响，调整A公司固定资产折旧相关的项目及累计折旧项目。调整分录如下(单位：万元)：

| | | |
|---|---|---|
| 借：管理费用 | 150④ | |
| 　贷：固定资产 | | 150 |

至于应收账款公允价值减值和存货公允价值增值，由于在上一年已全部实现，不涉及对本年实现净利润的影响。

(2) 按照权益法对甲公司财务报表项目进行调整。

因购买日A公司资产和负债的公允价值与原账面价值之间的差额对A公司上年净利润的影响，而对甲公司对A公司长期股权投资权益法核算的影响，调整甲公司对A公司长期股权投资及相关项目。其调整分录如下(单位：万元)：

| | | |
|---|---|---|
| 借：长期股权投资 | 6 545⑤ | |
| 　年初未分配利润 | 3 150 | |
| 　贷：年初未分配利润 | | 6 545 |
| 　　长期股权投资 | | 3 150 |

甲公司对A公司长期股权投资由成本法核算的结果调整为权益法核算的结果。即根据调整后A公司本年实现净利润以及本年分派现金股利中所拥有的份额，调整本年甲公司对A公司投资收益。其调整分录如下(单位：万元)：

| | | |
|---|---|---|
| 借：长期股权投资 | 8 295⑥ | |
| 　投资收益 | 4 200 | |
| 　贷：投资收益 | | 8 295 |
| 　　长期股权投资 | | 4 200 |

(3) 长期股权投资与子公司所有者权益的抵销。

将甲公司对A公司的长期股权投资与其在A公司所有者权益中拥有的份额予以抵销。其抵销分录如下(单位：万元)：

| | | |
|---|---|---|
| 借：股本 | 20 000⑦ | |
| 　资本公积 | 12 000 | |
| 　盈余公积 | 5 600 | |
| 　年末未分配利润 | 9 100 | |
| 　商誉 | 4 300 | |
| 　贷：长期股权投资 | | 36 990 |
| 　　少数股东权益 | | 14 010 |

(4) 投资收益与子公司利润分配等项目的抵销。

将甲公司对A公司投资收益与A公司本年利润分配有关项目的金额予以抵销。其抵销分录如下(单位：万元)：

借：投资收益　8 295⑧
　少数股东损益　3 555
　年初未分配利润　5 650
　贷：提取盈余公积　2 400
　　向股东分配利润　6 000
　　年末未分配利润　9 100

(5) 应收股利和与应付股利的抵销。

本例中，A公司本年宣告分派现金股利6 000万元，股利款项尚未支付，A公司已将其计列应付股利6 000万元。甲公司根据A公司宣告的分派现金股利的公告，按照其所享有的金额，已确认应收股利，并在其资产负债表中计列应收股利4 200万元。这属于母公司与子公司之间的债权债务，在编制合并财务报表时必须将其予以抵销，其抵销分录如下(单位：万元)：

借：其他应付款——应付股利　4 200⑨
　贷：其他应收款——应收股利　4 200

3. 编制合并工作底稿并编制合并财务报表

根据上述调整分录和抵销分录，甲公司可以编制合并工作底稿，如表6-18所示。

**表6-18　合并工作底稿**

2×25年度　单位：万元

| 项目 | 母公司 | 子公司 | 合计数 | 调整分录 | | 抵销分录 | | 少数股东权益 | 合并数 |
|---|---|---|---|---|---|---|---|---|---|
| | | | | 借方 | 贷方 | 借方 | 贷方 | | |
| (资产负债表项目) | | | | | | | | | |
| 流动资产： | | | | | | | | | |
| 货币资金 | 8 900 | 9 400 | 18 300 | | | | | | 18 300 |
| 交易性金融资产 | 4 800 | 7 800 | 12 600 | | | | | | 12 600 |
| 应收票据 | 7 100 | 3 900 | 11 000 | | | | | | 11 000 |
| 应收账款 | 9 000 | 5 300 | 14 300 | | | | | | 14 300 |
| 预付款项 | 2 600 | 2 900 | 5 500 | | | | | | 5 500 |
| 应收股利 | 5 500 | 0 | 5 500 | | | | 4 200⑨ | | 1 300 |
| 其他应收款 | 3 700 | 1 600 | 5 300 | | | | | | 5 300 |
| 存货 | 37 900 | 23 000 | 60 900 | | | | | | 60 900 |
| 持有待售资产 | | | | | | | | | |
| 一年内到期的非流动资产 | | | | | | | | | |
| 其他流动资产 | 1 500 | 1 100 | 2 600 | | | | | | 2 600 |

（续表）

| 项目 | 母公司 | 子公司 | 合计数 | 调整分录 | | 抵销分录 | | 少数股东权益 | 合并数 |
|---|---|---|---|---|---|---|---|---|---|
| | | | | 借方 | 贷方 | 借方 | 贷方 | | |
| 流动资产合计 | 81 000 | 55 000 | 136 000 | | | | 4 200 | | 131 800 |
| 非流动资产： | | | | | | | | | |
| 债权投资 | 8 000 | 0 | 8 000 | | | | | | 8 000 |
| 其他债权投资 | 14 000 | 4 200 | 18 200 | | | | | | 18 200 |
| 长期股权投资 | 69 500 | 0 | 69 500 | | | | | | 40 000 |
| 其中：A公司 | 29 500 | | 29 500 | 6 545④ | 2 150④ | | | | |
| | | | | 8 295⑤ | 4200⑤ | | 36 990⑥ | | |
| 固定资产 | 33 000 | 25 000 | 58 000 | 3 000① | 150②<br>150③ | | | | 60 700 |
| 在建工程 | 7 000 | 3 200 | 10 200 | | | | | | 10 200 |
| 无形资产 | 5 000 | 1 600 | 6 600 | | | | | | 6 600 |
| 商誉 | | 0 | 0 | | | 4 300⑥ | | | 4 300 |
| 其他非流动资产 | 0 | 0 | 0 | | | | | | 0 |
| 非流动资产合计 | 136 500 | 34 000 | 170 500 | 17 840 | 7 650 | 4 300 | 36 990 | | 148 000 |
| 资产总计 | 217 500 | 89 000 | 306 500 | 17 840 | 7 650 | 4 300 | 41 190 | | 279 800 |
| 流动负债： | | | | | | | | | |
| 短期借款 | 8 000 | 5 800 | 13 800 | | | | | | 13 800 |
| 交易性金融负债 | 4 000 | 2 100 | 6 100 | | | | | | 6 100 |
| 应付票据 | 15 000 | 5 600 | 20 600 | | | | | | 20 600 |
| 应付账款 | 14 800 | 5 300 | 20 100 | | | | | | 20 100 |
| 预收款项 | 4 000 | 3 300 | 7 300 | | | | | | 7 300 |
| 应付职工薪酬 | 5 800 | 1 800 | 7 600 | | | | | | 7 600 |
| 应交税费 | 2 200 | 1 700 | 3 900 | | | | | | 3 900 |
| 应付股利 | 8 000 | 6 000 | 14 000 | | | 4 200⑧ | | | 9 800 |
| 其他应付款 | 2 000 | 1 500 | 3 500 | | | | | | 3 500 |
| 持有待售负债 | | | | | | | | | |
| 一年内到期的非流动负债 | | | | | | | | | |
| 其他流动负债 | 1 200 | 900 | 2 100 | | | | | | 2 100 |
| 流动负债合计 | 65 000 | 34 000 | 99 000 | | | 4 200 | | | 94 800 |
| 非流动负债： | | | | | | | | | |
| 长期借款 | 3 000 | 4 000 | 7 000 | | | | | | 7 000 |
| 应付债券 | 20 000 | 7 000 | 27 000 | | | | | | 27 000 |
| 长期应付款 | 4 000 | 0 | 4 000 | | | | | | 4 000 |

（续表）

| 项目 | 母公司 | 子公司 | 合计数 | 调整分录 | | 抵销分录 | | 少数股东权益 | 合并数 |
|---|---|---|---|---|---|---|---|---|---|
| | | | | 借方 | 贷方 | 借方 | 贷方 | | |
| 其他非流动负债 | 0 | 0 | 0 | | | | | | 0 |
| 非流动负债合计 | 27 000 | 11 000 | 38 000 | | | | | | 38 000 |
| 负债合计 | 92 000 | 45 000 | 137 000 | | | 4 200 | | | 132 800 |
| 股东权益： | | | | | | | | | |
| 股本 | 50 000 | 20 000 | 70 000 | | | 20 000⑥ | | | 50 000 |
| 资本公积 | 29 500 | 8 000 | 37 500 | | 4 000① | 12 000⑥ | | | 29 500 |
| 盈余公积 | 24 000 | 5 600 | 29 600 | | | 5 600⑥ | | | 24 000 |
| 未分配利润 | 22 000 | 10 400 | 32 400 | 8 750 | 14 940 | 23 045 | 17 500 | 3 555 | 29 490 |
| 归属于母公司股东权益合计 | 125 500 | 44 000 | 169 500 | 8 750 | 18 940 | 60 645 | 17 500 | 3 555 | 132 990 |
| 少数股东权益 | | | | | | | | 14 010⑥ | 14 010 |
| 股东权益合计 | 125 500 | 44 000 | 169 500 | 8 750 | 18 940 | 60 645 | 17 500 | 10 455 | 147 000 |
| 负债和股东权益总计 | 217 500 | 89 000 | 306 500 | 8 750 | 18 940 | 64 845 | 17 500 | 10 455 | 279 800 |
| （利润表项目） | | | | | | | | | |
| 一、营业收入 | 180 000 | 117 000 | 297 000 | | | | | | 297 000 |
| 减：营业成本 | 135 000 | 89 300 | 224 300 | | | | | | 224 300 |
| 税金及附加 | 2 800 | 1 900 | 4 700 | | | | | | 4 700 |
| 销售费用 | 5 800 | 4 700 | 10 500 | | | | | | 10 500 |
| 管理费用 | 6 900 | 4 400 | 11 300 | 150③ | | | | | 11 450 |
| 财务费用 | 2 000 | 1 200 | 3 200 | | | | | | 3 200 |
| 其中：利息费用 | | | | | | | | | |
| 利息收入 | | | | | | | | | |
| 加：其他收益 | | | | | | | | | |
| 投资收益 | 11 000 | 1 300 | 12 300 | 4 200⑤ | 8 295⑤ | 8 295⑦ | | | 8 100 |
| 其中：对联营企业和合营企业的投资收益 | | | | | | | | | |
| 公允价值变动 | 0 | 0 | 0 | | | | | | 0 |
| 信用减值损失 | 300 | 40 | 340 | | | | | | 340 |
| 资产减值损失 | 700 | 60 | 760 | | | | | | 760 |
| 资产处置益（损失以“—”号填列） | | | | | | | | | |
| 二、营业利润 | 37 500 | 16 700 | 54 200 | 4 350 | 8 295 | 8 295 | | | 49 850 |
| 加：营业外收入 | 3 700 | 1 100 | 4 800 | | | | | | 4 800 |

（续表）

| 项目 | 母公司 | 子公司 | 合计数 | 调整分录 | | 抵销分录 | | 少数股东权益 | 合并数 |
|---|---|---|---|---|---|---|---|---|---|
| | | | | 借方 | 贷方 | 借方 | 贷方 | | |
| 减：营业外支出 | 1 200 | 1 800 | 3 000 | | | | | | 3 000 |
| 三、利润总额 | 40 000 | 16 000 | 56 000 | 4 350 | 8 295 | 8 295 | | | 51 650 |
| 减：所得税费用 | 10 000 | 4 000 | 14 000 | | | | | | 14 000 |
| 四、净利润 | 30 000 | 12 000 | 42 000 | 4 350 | 8 295 | 8 295 | | | 37 650 |
| （一）按经营持续性分类： | | | | | | | | | |
| 1. 持续经营净利润(净亏损以“—”号填列) | | | | | | | | | 37 650 |
| 2. 终止经营净利润(净亏损以“—”号填列) | | | | | | | | | |
| （二）按所有权归属分类： | | | | | | | | | |
| 1. 归属于母公司股东净利润 | | | | | | | | | 34 095 |
| 2. 少数股东损益 | | | | | | | | 3 555⑦ | 3 555 |
| 五、其他综合收益的税后净额 | | | | | | | | | |
| 六、综合收益总额 | 30 000 | 12 000 | 42 000 | 4 350 | 8 295 | 8 295 | | | 37 650 |
| 归属于母公司股东的综合收益总额 | | | | | | | | | 34 095 |
| 归属于少数股东的综合收益总额 | | | | | | | | 3 555⑦ | 3 555 |
| （股东权益变动表项目） | | | | | | | | | |
| 一、年初未分配利润 | 18 000 | 6 800 | 24 800 | 1 100⑥<br>150②<br>3 150④ | 100⑥<br>6 545④ | 5 650⑦ | | | 21 395 |
| 二、本期增减变动金额 | | | | | | | | | |
| 其中：利润分配 | | | | | | | | | |
| 1. 提取盈余公积 | 6 000 | 2 400 | 8 400 | | | | 2 400⑦ | | 6 000 |
| 2. 对股东的分配 | 20 000 | 6 000 | 26 000 | | | | 6 000⑦ | | 20 000 |
| 三、年末未分配利润 | 22 000 | 10 400 | 32 400 | 8 750 | 14 940 | 9 100⑥<br>23 045 | 9 100⑦<br>17 500 | 3 555 | 29 490 |

甲公司在编制上述合并工作底稿后，根据其中的合并数，编制合并资产负债表、合并利润表以及合并股东权益变动表。甲公司编制的合并资产负债表、合并利润表以及合并股东权益变动表略。

## 第五节　内部商品交易的合并处理

### 一、内部销售收入和内部销售成本的抵销处理

内部销售收入是指企业集团内部母公司与子公司、子公司相互之间（以下称成员企业）发生的购销活动所产生的销售收入。内部销售成本是指企业集团内部母公司与子公司、子公司相互之间发生的内部销售商品的销售成本。

**(一) 购买企业内部购进的商品当期全部实现销售时的抵销处理**

在这种情况下，对于销售企业来说，销售给其他成员企业商品与销售给集团外部企业情况下的会计处理相同，即在本期确认销售收入、结转销售成本、计算损益，并在其个别利润表中反映；对于购买企业来说，一方面要确认销售收入，另一方面要结转销售内部购进商品的成本，在其个别利润表中分别作为营业收入和营业成本反映，并确认损益。这也就是说，对于同一购销业务，在销售企业和购买企业的个别利润表都作了反映。但从企业集团整体来看，这一购销业务只是实现了一次销售，其销售收入只是购买企业销售该产品的销售收入，其销售成本只是销售企业销售该商品的成本。销售企业销售该商品的收入属于内部销售收入，相应的购买企业销售该商品的销售成本则属于内部销售成本。因此，在编制合并财务报表时，就必须将重复反映的内部销售收入与内部销售成本予以抵销。进行抵销处理时，应借记“营业收入”等项目，贷记“营业成本”等项目。

**【例 6-21】** 甲公司拥有 A 公司 70% 的股权，系 A 公司的母公司。甲公司本期个别利润表的营业收入中有 3 000 万元，系向 A 公司销售产品取得的销售收入，该产品销售成本为 2 100 万元。A 公司在本期将该产品全部售出，其销售收入为 3 750 万元，对应的销售成本为 3 000 万元，并分别在其个别利润表中列示。

对此，编制合并财务报表将内部销售收入和内部销售成本予以抵销时，应编制抵销分录如下（单位：万元）：

借：营业收入　　3 000
　　贷：营业成本　　3 000

**(二) 购买企业内部购进的商品未实现对外销售时的抵销处理**

在内部购进的商品未实现对外销售的情况下，从销售企业来说，同样是按照一般的销售业务确认销售收入，结转销售成本，计算销售利润，并在其利润表中列示。这一业务从整个企业集团来看，实际上只是商品存放地点发生变动，并没有真正实现企业集团对外销售，不应确认销售收入、结转销售成本及计算损益。因此，对于该内部购销业务，在编制合并财务报表时，应当将销售企业由此确认的内部销售收入和内部销售成本予以抵销。对于这一经济业务，从购买企业来说，则以支付的购货价款作为存货成本入账，并在其个别资产负债

表中作为资产列示。这样,购买企业的个别资产负债表中存货的价值中期末包含有销售企业实现的销售毛利。销售企业由于内部购销业务实现的销售毛利,属于未实现内部销售损益。

存货价值中包含的未实现内部销售损益是由企业集团内部商品购销活动所引起的。在内部购销活动中,销售企业将集团内部销售作为收入确认并计算销售利润。而购买企业则是以支付购货的价款作为其成本入账;在本期内未实现对外销售而形成期末存货时,其存货价值中也相应地包括两部分内容:一部分为真正的存货成本(即销售企业销售该商品的成本);另一部分为销售企业的销售毛利(即其销售收入减去销售成本的差额)。对于期末存货价值中包括的这部分销售毛利,从企业集团整体来看,并不是真正实现的利润。因为从整个企业整体来看,集团内部企业之间的商品购销活动实际上相当于一个企业内部物资调拨活动,既不会实现利润,也不会增加商品的价值。正是从这一意义上来说,将期末存货价值中包括的这部分销售企业作为利润确认的部分,称之为未实现内部销售损益。如果合并财务报表将母公司与子公司财务报表中的存货简单相加,则虚增存货成本。因此,在编制合并资产负债表时,应当将存货价值中包含的未实现内部销售损益予以抵销。

**【例 6-22】** 甲公司系 A 公司的母公司。甲公司本期个别利润表营业收入中有 2 000 万元,系向 A 公司销售商品实现的收入,其商品成本为 1 400 万元,销售毛利率为 30%。A 公司本期从甲公司购入的商品在本期均未实现销售,期末存货中包含有 2 000 万元从甲公司购进的商品,该存货中包含的未实现内部销售损益为 600 万元。

编制合并利润表时,将内部销售收入、内部销售成本及存货价值中包含的未实现内部销售损益抵销时,其抵销分录如下(单位:万元):

借:营业收入　　2 000
　　贷:营业成本　　1 400
　　　　存货　　600

**(三) 购买企业内部购进的商品部分实现对外销售部分形成期末存货的抵销处理**

对于内部购进的商品部分实现对外销售部分形成期末存货的情况,可以将内部购买的商品分解为两部分来理解:一部分为当期购进并全部实现对外销售,另一部分为当期购进但未实现对外销售而形成期末存货。[例 6-21]介绍的就是前一部分的抵销处理,[例 6-22]介绍的则是后一部分的抵销处理。将[例 6-21]和[例 6-22]的抵销处理合并在一起,就是第三种情况下的抵销处理。

**【例 6-23】** 甲公司本期个别利润表的营业收入中有 5 000 万元,系向 A 公司销售产品取得的销售收入,该产品销售成本为 3 500 万元,销售毛利率为 30%。A 公司在本期将该批内部购进商品的 60%实现销售,其销售收入为 3 750 万元,销售成本为 3 000 万元,销售毛利率为 20%,并列示于其个别利润表中;该批商品的另外 40%则形成 A 公司期末存货,即期末存货为 2 000 万元,列示于 A 公司的个别资产负债表之中。

此时,在编制合并财务报表时,其抵销处理如下(单位:万元):

借:营业收入(3 000+2 000)　　5 000
　　贷:营业成本(3 000+3 500×40%)　　4 400
　　　　存货(1 500×40%)　　600

根据上述抵销分录，其合并工作底稿（局部）如表6-19所示。

表6-19 合并工作底稿（局部） 单位：万元

| 项目 | 甲公司 | A公司 | 合计 | 调整分录 | | 抵销分录 | | 少数股东权益 | 合并数 |
|---|---|---|---|---|---|---|---|---|---|
| | | | | 借方 | 贷方 | 借方 | 贷方 | | |
| （资产负债表项目） | | | | | | | | | |
| …… | | | | | | | | | |
| 存货 | | 2 000 | 2 000 | | | | 600 | | 1 400 |
| …… | | | | | | | | | |
| （利润表项目） | | | | | | | | | |
| 营业收入 | 5 000 | 3 750 | 8 750 | | | 5 000 | | | 3 750 |
| 营业成本 | 3 500 | 3 000 | 6 500 | | | | 4 400 | | 2 100 |
| …… | | | | | | | | | |
| 营业利润 | 1 500 | 750 | 2 250 | | | 5 000 | 4 400 | | 1 650 |
| …… | | | | | | | | | |
| 净利润 | 1 500 | 750 | 2 250 | | | 5 000 | 4 400 | | 1 650 |
| （股东权益变动表项目） | | | | | | | | | |
| 期初未分配利润 | 0 | 0 | 0 | | | | | | 0 |
| …… | | | | | | | | | |
| 期末未分配利润 | 1 500 | 750 | 2 250 | | | 5 000 | 4 400 | | 1 650 |

对于内部销售收入的抵销，也可按照如下方法进行抵销处理：①按照内部销售收入的数额，借记“营业收入”项目，贷记“营业成本”项目；②按照期末存货价值中包含的未实现内部销售损益的数额，借记“营业成本”项目，贷记“存货”项目。

**【例6-24】** 甲公司与A公司内部销售业务资料见[例6-23]。

将其内部销售收入、销售成本以及期末存货中包含的未实现内部销售利润抵销，编制抵销分录如下（单位：万元）：

借：营业收入 5 000
　　贷：营业成本 5 000

借：营业成本 600
　　贷：存货 600

在合并工作底稿中，按上述抵销分录进行抵销的结果与[例6-21]的抵销结果相同。

**（四）购买企业内部购进的商品作为固定资产使用时的抵销处理**

在集团内成员企业将自身的产品销售给其他成员企业作为固定资产使用的情况下，对于销售企业来说，作为普通商品销售并进行会计处理，即在销售时确认收入、结转成本和计算损益，并以此在其个别财务报表中列示；对于购买企业来说，则以购买价格（在此不考虑安装及运输费用）作为固定资产原价记账，该固定资产入账价值中既包含销售企业生产该产品的成本，也包含销售企业由于该产品销售所实现的销售利润。购买企业虽然以支付给销售企业的购买价格作为固定资产原价入账，但从整个企业集团来说，只能以销售企业生产该产品的成本作为固定资产原价在合并财务报表中反映。因此，编制合并利润表时应将销售企业由于该固定资产交易所实现的销售收入、结转的销售成本予以抵销，并将内部交易形成的固定资产原价中包含的未实现内部销售损益予以抵销。

**【例 6-25】** 母公司个别利润表的营业收入中有500万元，系向子公司销售其生产的设备所取得的收入，该设备生产成本为400万元。子公司个别资产负债表固定资产原价中包含有该设备的原价，该设备系当年12月购入并投入使用，本期未计提折旧，该固定资产原价中包含有100万元未实现内部销售损益。对此，在编制合并财务报表时，需要将母公司相应的销售收入和销售成本予以抵销，并将该固定资产原价中包含的未实现内部销售损益予以抵销。其抵销分录如下(单位：万元)：

| | | |
|---|---|---|
| 借：营业收入 | 500 | |
| 　贷：营业成本 | | 400 |
| 　　固定资产 | | 100 |

**(五) 集团内部商品购销交易抵销土地增值税和增值税的处理**

1. 集团内转让房地产交纳的土地增值税

土地增值税是按照纳税人转让房地产所取得的增值额和对应税率计算交纳的，土地增值税的确认应与房地产增值的实现相对应。因此，在销售企业的个别财务报表中，应在转让房地产取得增值额的当期，将土地增值税计入损益。

集团为了出售而持有房地产的，在合并财务报表中，集团内部转让房地产的期间，由于内部交易未实现损益已被抵销，集团层面没有实现房地产增值，因而合并利润表中没有反映该项转让交易的利得。相应地，集团内公司交纳的土地增值税也不应确认为当期损益，而应在合并资产负债表中将其作为一项资产列示；待房地产从该集团出售给第三方，在集团合并利润表中实现增值利得时，再将已交纳的土地增值税转入当期损益。

2. 集团内交易中产生的单方计提的增值税

集团内成员企业将自产产品销售给其他成员企业，如按照税法规定，销售企业属增值税免税项目，销售自产产品免征增值税，而购买企业属增值税应税项目，其购入产品过程中可以计算相应的增值税进项税额用于抵扣。由于税项是法定事项，在集团内部企业间进行产品转移时，进项税抵扣的权利已经成立，原则上不应抵销，在合并财务报表层面应体现为一项资产。另外，在内部交易涉及的产品出售给第三方之前，对合并财务报表而言，该交易本身并未实现利润。因此，在编制合并财务报表并抵销销售企业对有关产品的未实现内部销售损益与购买企业相应的存货账面价值时，该部分因增值税进项税额产生的差额在合并财务报表中可以确认为一项递延收益，并随着后续产品实现向第三方销售时再转入当期损益。

## 二、连续编制合并财务报表时内部销售商品的合并处理

在连续编制合并财务报表的情况下，首先必须将上期抵销的存货价值中包含的未实现内部销售损益对本期期初未分配利润的影响予以抵销，调整本期期初未分配利润的数额；然后对本期内部购进存货进行合并处理。其具体合并处理程序和方法如下：

(1) 将上期抵销的存货价值中包含的未实现内部销售损益对本期期初未分配利润的影

响进行抵销。即按照上期内部购进存货价值中包含的未实现内部销售损益的数额，借记“期初(年初)未分配利润”项目，贷记“营业成本”项目。这一抵销分录，可以理解为上期内部购进的存货中包含的未实现内部销售损益在本期实现利润，将上期未实现内部销售损益转为本期实现利润，冲减当期的合并销售成本。

(2) 对于本期发生内部购销活动的，将内部销售收入及内部销售成本予以抵销。即按照销售企业内部销售收入的数额，借记“营业收入”项目，贷记“营业成本”“存货”项目。

(3) 将期末内部购进存货价值中包含的未实现内部销售损益予以抵销。对于期末内部购买形成的存货(包括上期结转形成的本期存货)，应按照购买企业期末内部购入存货价值中包含的未实现内部销售损益的数额，借记“期初未分配利润”“营业成本”项目，贷记“存货”项目。

**【例 6-26】** 上期甲公司与A公司内部购销资料、内部销售的抵销处理及其合并工作底稿(局部)见[例 6-23]。本期甲公司个别财务报表中向A公司销售商品取得的销售收入为6 000万元，销售成本为4 200万元，甲公司本期销售毛利率与上期相同，为30%。A公司个别财务报表中从甲公司购进商品本期实现对外销售收入5 625万元，销售成本为4 500万元，销售毛利率为20%；期末内部购进形成的存货为3 500万元(期初存货＋本期购进存货－本期销售成本＝2 000＋6 000－4 500)，存货价值中包含的未实现内部销售损益为1 050万元。

此时，编制合并财务报表时应进行合并处理如下(单位：万元)：

(1) 调整期初未分配利润的数额：

借：期初未分配利润　　600①
　　贷：营业成本　　600

(2) 抵销本期内部销售收入：

借：营业收入　　6 000②
　　贷：营业成本　　6 000

(3) 抵销期末存货中包含的未实现内部销售损益：

借：营业成本(3 500×30%)　　1 050③
　　贷：存货　　1 050

其合并工作底稿(局部)如表 6-20 所示。

**表 6-20**　　**合并工作底稿(局部)**　　单位：万元

| 项目 | 甲公司 | A公司 | 合计 | 调整分录 | | 抵销分录 | | 少数股东权益 | 合并数 |
|---|---|---|---|---|---|---|---|---|---|
| | | | | 借方 | 贷方 | 借方 | 贷方 | | |
| (资产负债表项目) | | | | | | | | | |
| …… | | | | | | | | | |
| 存货 | | 2 500 | 2 500 | | | | 1 050③ | | 1 450 |
| …… | | | | | | | | | |
| (利润表项目) | | | | | | | | | |

（续表）

| 项目 | 甲公司 | A公司 | 合计 | 调整分录 | | 抵销分录 | | 少数股东权益 | 合并数 |
|---|---|---|---|---|---|---|---|---|---|
| | | | | 借方 | 贷方 | 借方 | 贷方 | | |
| 营业收入 | 6 000 | 5 625 | 11 625 | | | 6 000② | | | 5 625 |
| 营业成本 | 4 200 | 4 500 | 8 700 | | | 1 050③ | 600①<br>6 000② | | 3 150 |
| …… | | | | | | | | | |
| 营业利润 | 1 800 | 1 125 | 2 925 | | | 7 050 | 6 600 | | 2 475 |
| …… | | | | | | | | | |
| 净利润 | I 800 | 1 125 | 2 925 | | | 7 050 | 6 600 | | 2 475 |
| （股东权益变动表项目） | | | | | | | | | |
| 期初未分配利润 | 1 500 | 750 | 2 250 | | | 600① | | | 1 650 |
| …… | | | | | | | | | |
| 期末未分配润 | 3 300 | 1 875 | 5 175 | | | 7 650 | 6 600 | | 4 125 |

## 三、存货跌价准备的合并处理

### （一）初次编制合并财务报表时存货跌价准备的合并处理

根据企业会计准则的规定，企业必须定期或者至少于年度终了时，对存货进行全面清查，采用成本与可变现净值孰低法进行期末计价，对存货项目计提存货跌价准备。其存货清查的范围既包括从企业集团外部购进形成的存货，也包括从企业集团内部购进形成的存货；采用成本与可变现净值孰低法进行期末计价的范围，也包括从企业集团内部购进形成的期末存货。当企业本期计提的存货跌价准备中包括对内部购进形成的存货计提跌价准备时，则涉及如何将对内部购进的存货计提的跌价准备进行抵销的问题。

某一商品因毁损、陈旧过时而导致其可变现净值下跌，从而计提跌价准备时，持有该商品的企业计提的金额与企业集团合并报表中计提的存货跌价准备金额可能不同。

从商品的可变现净值来说，某一商品的可变现净值，无论对于企业集团还是持有该商品的企业来说，基本上都是一致的。从商品的取得成本来说，持有内部购进商品的企业，该商品的取得成本包括销售企业所实现的利润；而对于企业集团整体来说，则是指从外部购买该商品的成本或生产这一产品的生产成本。编制合并财务报表时，计提存货跌价准备应当是将该商品的可变现净值与企业集团的取得成本进行比较确定的计提金额。

对内部购进形成的存货计提跌价准备的合并处理，从购买企业来看有两种情况：第一种情况，购买企业本期期末内部购进存货的可变现净值低于其取得成本，但高于销售企业销售成本；第二种情况，购买企业本期期末内部购进存货的可变现净值既低于该存货的取得成本，也低于销售企业的该存货的取得成本。

在第一种情况下，从购买企业个别财务报表来说，购买企业按该存货的可变现净值低于其取得成本的金额，一方面确认存货跌价准备并在其个别资产负债表中通过抵销存货项目的金额列示，另一方面在利润表中作为资产减值损失列示。但从合并财务报表来说，随着内部购进存货包含的未实现内部销售损益的抵销，该存货在合并财务报表中列示的成本为抵销未实现内部销售损益后的成本。当该存货的可变现净值低于购买企业的取得成本，但高于该存货在合并财务报表中成本时，则不需要计提存货跌价准备。个别财务报表中计列的相应的存货跌价准备，也应予以抵销。进行合并处理时，应当按照购买企业本期计提存货跌价准备的金额，借记“存货”项目，贷记“资产减值损失”项目。

**【例 6-27】** 甲公司系 A 公司的母公司，甲公司本期向 A 公司销售商品 2 000 万元，其销售成本为 1 400 万元；A 公司购进的该商品当期全部未实现对外销售而形成期末存货。A 公司期末对存货进行检查时，发现该商品已经部分陈旧，其可变现净值已降至 1 840 万元。为此，A 公司期末对该存货计提存货跌价准备 160 万元，并在其个别财务报表中列示。

在本例中，该存货的可变现净值降至 1 840 万元，高于抵销未实现内部销售损益后的金额(1 400 万元)。此时，在编制本期合并财务报表时，应进行合并处理如下(单位：万元)：

(1) 将内部销售收入与内部销售成本抵销：

借：营业收入　　2 000①

　贷：营业成本　　2 000

(2) 将内部销售形成的存货价值中包含的未实现内部销售损益抵销：

借：营业成本　　600②

　贷：存货　　600

(3) 将 A 公司本期计提的存货减值准备抵销：

借：存货　　160③

　贷：资产减值损失　　160

其合并工作底稿(局部)如表 6-21 所示。

表 6-21　　合并工作底稿(局部)　　单位：万元

| 项目 | 母公司 | A公司 | 合计数 | 调整分录 | | 抵销分录 | | 少数股东权益 | 合并数 |
|---|---|---|---|---|---|---|---|---|---|
| | | | | 借方 | 贷方 | 借方 | 贷方 | | |
| (资产负债表项目) | | | | | | | | | |
| …… | | | | | | | | | |
| 存货 | | 1 840 | 1 840 | | | 160③ | 600② | | 1 400 |
| …… | | | | | | | | | |
| (利润表项目) | | | | | | | | | |
| 营业收入 | 2 000 | 0 | 2 000 | | | 2 000① | | | 0 |
| 营业成本 | 1 400 | 0 | 1 400 | | | 600② | 2 000① | | 0 |
| …… | | | | | | | | | |
| 资产减值损失 | | 160 | 160 | | | | 160③ | | 0 |
| …… | | | | | | | | | |
| 营业利润 | 600 | −160 | 440 | | | 2 600 | 2 160 | | 0 |

（续表）

| 项目 | 母公司 | A公司 | 合计数 | 调整分录 | | 抵销分录 | | 少数股东权益 | 合并数 |
|---|---|---|---|---|---|---|---|---|---|
| | | | | 借方 | 贷方 | 借方 | 贷方 | | |
| …… | | | | | | | | | |
| 净利润 | 600 | −160 | 440 | | | 2 600 | 2 160 | | 0 |
| （股东权益变动表项目） | | | | | | | | | |
| 期初未分配利润 | 0 | 0 | 0 | | | | | | 0 |
| | | | | | | | | | |
| 期末未分配利润 | 600 | −160 | 440 | | | 2 600 | 2 160 | | 0 |

在第二种情况下，从购买企业个别财务报表来说，购买企业按该存货的可变现净值低于其取得成本的金额确认存货跌价准备。确认的存货跌价准备的金额，一方面在其个别资产负债表中通过抵销存货项目列示，另一方面在利润表中作为资产减值损失列示。购买企业在个别财务报表中确认的存货跌价准备的金额，既包括购买企业该商品取得成本高于销售企业销售成本（即取得成本）的差额（即抵销的未实现内部销售损益），也包括销售企业销售成本高于该商品可变现净值的差额。但从合并财务报表来说，随着内部购进存货价值中包含的未实现内部销售损益的抵销，在合并财务报表中列示的该存货的成本为抵销未实现内部销售损益后的成本。相对于购买企业该存货的取得成本高于销售企业销售该存货成本的差额部分计提的跌价准备的金额，已因未实现内部销售损益的抵销而抵销，故在编制合并财务报表时，也须将这部分金额予以抵销；而相对于销售企业销售该存货成本高于该存货可变现净值的部分而计提的跌价准备的金额，无论从购买企业来说，还是对于整个企业集团来说，都是必须计提的存货跌价准备，必须在合并财务报表中予以反映。进行抵销处理时，应当按购买企业本期计提的存货跌价准备中内部购进商品取得成本高于销售企业取得成本的数额，借记“存货”项目，贷记“资产减值损失”项目。

**【例 6-28】** 甲公司为A公司的母公司。甲公司本期向A公司销售商品2 000万元，其销售成本为1 400万元，并以此在其个别利润表中列示。A公司购进的该商品当期全部未实现对销售而形成期末存货；期末对存货进行检查时，发现该存货已经部分陈旧，其可变现净值降至1 320万元。为此，A公司期末对该存货计提存货跌价准备680万元。

在本例中，该存货的可变现净值降至1 320万元，低于抵销未实现内部销售损益后的金额（1 400万元）。在A公司本期计提的存货跌价准备680万元中，其中的600万元是相对于A公司取得成本（2 000万元）高于甲公司销售该商品的销售成本（1 400万元）部分计提的，另外80万元则是相对于甲公司销售该商品的销售成本（1 400万元）高于其可变现净值（1 320万元）的部分计提的。此时，A公司对计提存货跌价准备中相当于抵销的未实现内部销售损益的数额600万元部分，从整个企业集团来说，该商品的取得成本为1 400万元，在可变现净值高于这一金额的情况下，不需要计提存货跌价准备，故必须将其予以抵销；而对于另外的80万元的存货跌价准备，从整个企业集团来说，则是必须计提的存货跌价准备，不需要进行抵销处理。

在编制本期合并财务报表时，应进行抵销处理如下（单位：万元）：

（1）将内部销售收入与内部销售成本抵销：

借：营业收入　　2 000①

　　贷：营业成本　　2 000

（2）将内部销售形成的存货价值中包含的未实现内部销售损益抵销：

借：营业成本　　600②

　　贷：存货　　600

（3）将A公司本期计提的存货跌价准备中相当于未实现内部销售利润的部分抵销：

借：存货　　600③

　　贷：资产减值损失　　600

表6-22　　合并工作底稿(局部)　　单位：万元

| 项目 | 甲公司 | A公司 | 合计 | 调整分录 | | 抵销分录 | | 少数股东权益 | 合并数 |
|---|---|---|---|---|---|---|---|---|---|
| | | | | 借方 | 贷方 | 借方 | 贷方 | | |
| (资产负债表项目) | | | | | | | | | |
| | | | | | | | | | |
| 存货， | | 1 320 | 1 320 | | | 600③ | 600② | | 1 320 |
| | | | | | | | | | |
| (利润表项目) | | | | | | | | | |
| 营业收入 | 2 000 | 0 | 2 000 | | | 2 000① | | | 0 |
| 营业成本 | 1 400 | 0 | 1 400 | | | 600② | 2 000① | | 0 |
| …… | | | | | | | | | |
| 资产减值损失 | 0 | 680 | 680 | | | | 600③ | | 80 |
| …… | | | | | | | | | |
| 营业利润 | 600 | −680 | −80 | | | 2 600 | 2 600 | | −80 |
| …… | | | | | | | | | |
| 净利润 | 600 | −680 | −80 | | | 2 600 | 2 600 | | −80 |
| (权益变动表项目) | | | | | | | | | |
| 期初未分配利润 | 0 | 0 | 0 | | | | | | 0 |
| …… | | | | | | | | | |
| 期末未分配利润 | 600 | −680 | −80 | | | 2 600 | 2 600 | | −80 |

### （二）编制合并财务报表时存货跌价准备的合并处理

在连续编制合并财务报表进行合并处理时，首先，将上期资产减值损失中抵销的存货跌价准备本期期初未分配利润的影响予以抵销，即按上期资产减值损失项目中抵销的存货跌价准备的数额，借记“存货”或“营业成本”项目，贷记“期初未分配利润”项目。其次，对于本期对内部购进存货在个别财务报表中补提或者冲销的存货跌价准备，也应予以抵销，借记

"存货"项目,贷记"资产减值损失"项目。

至于抵销存货跌价准备的数额,应当分别不同的情况进行处理。当本期内部购进存货的可变现净值低于持有该存货企业的取得成本但高于抵销未实现内部销售损益后的取得成本(即销售企业该存货的取得成本)时,其抵销的存货跌价准备的金额为本期存货跌价准备的增加额。当本期内部购进存货的可变现净值低于抵销未实现内部销售损益后的取得成本(即销售企业的取得成本)时,其抵销的存货跌价准备的金额为相对于购买企业该存货的取得成本高于销售企业销售成本的差额部分计提的跌价准备的数额扣除期初内部购进存货计提的存货跌价准备的金额后的余额,即本期期末存货中包含的未实现内部销售损益的金额减去期初内部购进存货计提的存货跌价准备的金额后的余额。

**【例 6-29】** 承[例 6-27],甲公司与 A 公司之间内部销售情况、内部销售及存货跌价准备的抵销处理,以及合并工作底稿(局部)见[例 6-27]。A 公司与甲公司之间本期未发生内部销售。本例期末存货系上期内部销售结存的存货。A 公司本期期末对存货清查时,该内部购进存货的可变现净值为 1 200 万元,A 公司期末存货跌价准备余额为 800 万元。

在本例中,该内部购进存货的可变现净值由上期期末的 1 840 万元降至 1 200 万元,既低于 A 公司从甲公司购买时的取得成本,也低于抵销未实现内部销售损益后的金额(即甲公司销售该商品的成本 1 400 万元)。A 公司本期期末存货跌价准备余额 800 万元,从计提时间来看,既包括上期期末计提结存的存货跌价准备 160 万元,又包括本期期末计提的存货跌价准备 640 万元。上期计提的部分,在编制上期合并财务报表时已将其与相应的资产减值损失相抵销,从而影响到本期的期初未分配利润。为此,对于这一部分,在本期编制合并财务报表时,需要调整期初未分配利润的数额。而对于本期计提的 640 万元存货跌价准备,其中,440 万元相对上期计提存货跌价准备后存货净额与甲公司该内部销售商品的销售成本之间的差额计提,而另外 200 万元则相对甲公司该内部销售商品的销售成本与其可变现净值之间的差额计提。从整个企业集团来说,前者应当予以抵销,后者则是属于应当计提的。

甲公司在编制本期合并财务报表时,应进行合并处理如下(单位:万元):

(1) 借:存货　　160①

　　贷:期初未分配利润　　160

(2) 借:期初未分配利润　　600②

　　贷:存货　　600

(3) 借:存货　　440③

　　贷:资产减值损失　　440

其合并工作底稿(局部)如表 6-23 所示。

**表 6-23　　合并工作底稿(局部)　　金额单位:万元**

| 项目 | 甲公司 | A 公司 | 合计 | 调整分录 | | 抵销分录 | | 少数股东权益 | 合并数 |
|---|---|---|---|---|---|---|---|---|---|
| | | | | 借方 | 贷方 | 借方 | 贷方 | | |
| (资产负债表项目) | | | | | | | | | |
| …… | | | | | | | | | |

（续表）

| 项目 | 甲公司 | A公司 | 合计 | 调整分录 | | 抵销分录 | | 少数股东权益 | 合并数 |
|---|---|---|---|---|---|---|---|---|---|
| | | | | 借方 | 贷方 | 借方 | 贷方 | | |
| 存货 | | 1 200 | 1 200 | | | 160①<br>440③ | 600② | | 1 200 |
| …… | | | | | | | | | |
| （利润表项目） | | | | | | | | | |
| 营业收入 | 0 | 0 | 0 | | | | | | 0 |
| 营业成本 | 0 | 0 | 0 | | | | | | 0 |
| …… | | | | | | | | | |
| 资产减值损失 | 0 | 640 | 640 | | | | 440③ | | 200 |
| …… | | | | | | | | | |
| 营业利润 | 0 | −640 | −640 | | | | 440 | | −200 |
| …… | | | | | | | | | |
| 净利润 | 0 | −640 | −640 | | | | 440 | | −200 |
| （权益变动表项目） | | | | | | | | | |
| 期初未分配利润 | 600 | −160 | 440 | | | 600② | 160① | | 0 |
| …… | | | | | | | | | |
| 期末未分配利润 | 600 | −800 | −200 | | | 600 | 600 | | −200 |

**【例6-30】** 承[例6-27]，甲公司上期向A公司销售商品2 000万元，其销售成本为1 400万元；A公司购进的该商品当期未实现对外销售全部形成期末存货。A公司期末对存货进行检查时，发现该存货已经部分陈旧，其可变现净值降至1 840万元，A公司期末对该存货计提存货跌价准备160万元。在编制上期合并财务报表时，已将该存货跌价准备予以抵销，其抵销处理及合并工作底稿（局部）见[例6-27]。甲公司本期向A公司销售的商品为3 000万元，甲公司销售该商品的销售成本为2 100万元。A公司本期对外销售内部购进商品实现的销售收入为4 000万元，销售成本为3 200万元，其中，上期从甲公司购进商品本期全部售出，销售收入为2 500万元，销售成本为2 000万元；本期从甲公司购进商品销售40%，销售收入为1 500元，销售成本为1 200万元。另60%形成期末存货，其取得成本为1 800万元，期末其可变现净值为1 620万元，A公司本期期末对该内部购进形成的存货计提存货跌价准备180万元。

甲公司在编制本期合并财务报表时，应进行合并处理如下（单位：万元）：

（1）借：营业成本　　160①
　　　贷：期初未分配利润　　160

（2）借：期初未分配利润　　600②
　　　贷：营业成本　　600

(3) 借：营业收入　　3 000③
　　贷：营业成本　　3 000

(4) 借：营业成本　　540④
　　贷：存货　　540

(5) 借：存货　　180⑤
　　贷：资产减值损失　　180

其合并工作底稿(局部)如表6-24所示。

表6-24　　合并工作底稿(局部)　　金额单位：万元

| 项目 | 甲公司 | A公司 | 合计 | 调整分录 | | 抵销分录 | | 少数股东权益 | 合并数 |
|---|---|---|---|---|---|---|---|---|---|
| | | | | 借方 | 贷方 | 借方 | 贷方 | | |
| (资产负债表项目) | | | | | | | | | |
| …… | | | | | | | | | |
| 存货 | | 1 620 | 1 620 | | | 180⑤ | 540④ | | 1 260 |
| …… | | | | | | | | | |
| (利润表项目) | | | | | | | | | |
| 营业收入 | 3 000 | 4 000 | 7 000 | | | 3 000③ | | | 4 000 |
| 营业成本 | 2 100 | 3 200 | 5 300 | | | 160①<br>540④ | 600②<br>3 000③ | | 2 400 |
| …… | | | | | | | | | |
| 资产减值损失 | 0 | 180 | 180 | | | | 180⑤ | | 0 |
| …… | | | | | | | | | |
| 营业利润 | 900 | 620 | 1 520 | | | 3 700 | 3 780 | | 1 600 |
| …… | | | | | | | | | |
| 净利润 | 900 | 620 | 1 520 | | | 3 700 | 3 780 | | 1 600 |
| (股东权益变动表项目) | | | | | | | | | |
| 期初未分配利润 | 600 | —160 | 440 | | | 600② | 160① | | 0 |
| …… | | | | | | | | | |
| 期末未分配利润 | 1 500 | 460 | 1 960 | | | 4 300 | 3 940 | | 1 600 |

# 第六节　内部债权债务的合并处理

## 一、内部债权债务抵销概述

母公司与子公司、子公司相互之间的债权债务项目，是指母公司与子公司、子公司相互之间的应收账款与应付账款、预付账款和预收账款(合同负债)、应付债券与债券投资等项目。对于发生在母公司与子公司、子公司相互之间的这些项目，从债权方企业来说，在资产负债表中表现为一项债权资产；而从债务方来说，一方面形成一项负债，另一方面同时形成一项资产。发生的这种内部债权债务，从母公司与子公司组成的集团整体角度来看，它只是集团内部资金运动，既不增加企业集团的资产，又不增加负债。为此，在编制合并财务报表时应当将内部债权债务项目予以抵销。

在编制合并资产负债表时需要进行合并处理的内部债权债务项目主要包括：①应收账款与应付账款：②应收票据与应付票据；③预付账款与预收账款(合同负债)；④债权投资、其他债权投资与应付债券；⑤应收股利与应付股利；⑥其他应收款与其他应付款。

**【例 6-31】** 甲公司系A公司的母公司，甲公司个别资产负债表应收账款中有600万元为应收A公司账款；应收票据中有400万元为应收A公司票据；债权投资中有A公司发行的应付债券2 500万元。

对此，甲公司在编制合并财务报表时，应当将这些内部债权债务予以抵销。其抵销分录如下(单位：万元)：

(1) 内部应收账款与应付账款抵销：

借：应付账款　　600

　　贷：应收账款　　600

(2) 内部应收票据与应付票据抵销：

借：应付票据　　400

　　贷：应收票据　　400

(3) 债权投资与应付债券抵销：

借：应付债券　　2 500

　　贷：债权投资　　2 500

## 二、内部应收应付款项及其坏账准备的合并处理

企业对于包括应收账款、应收票据以及其他应收款在内的所有应收款项，应当根据其预计可收回金额变动情况，确认信用减值损失，计提坏账准备。这里的应收账款、应收票据等也包括应收子公司账款、应收子公司票据等。在对子公司的应收款项计提坏账准备的情况下，在编制合并财务报表时，随着内部应收款项的抵销，与此相联系，也须将该内部应收款项计提的坏账准备予以抵销。将内部应收款项抵销时，按内部应付款项的金额，借记“应付账款”“应付票据”等项目，贷记“应收账款”“应收票据”等项目；将内部应收款项计提的坏账准备抵销时，按各内部应收款项计提的相应坏账准备期末余额，借记“应收账款”“应收票据”等项目，贷记“信用减值损失”项目。

**【例 6-32】** 甲公司为A公司的母公司，甲公司本期个别资产负债表应收账款中有580万元为应收A公司账款，该应收账款账面余额为600万元，甲公司当年计提坏账准备20万元；应收票据中有390万元为应收A公司票据，该应收票据账面余额为400万元，甲公司当年计提坏账准备10万元。A公司本期个别资产负债表中应付账款和应付票据中列示有应付甲公司账款600万元和应付甲公司票据400万元。

在编制合并财务报表时，甲公司应当将内部应收账款与应付账款相互抵销，同时，还应将内部应收账款计提的坏账准备予以抵销，其抵销分录为(单位：万元)：

(1) 应收账款与应付账款抵销：

借：应付账款 600①
　贷：应收账款 600

(2) 应收票据与应付票据抵销：

借：应付票据 400②
　贷：应收票据 400

(3) 坏账准备与信用减值损失抵销：

借：应收账款 20③
　应收票据 10
　贷：信用减值损失 30

其合并工作底稿(局部)如表 6-25 所示。

**表 6-25　合并工作底稿(局部)**　金额单位：万元

| 项目 | 甲公司 | A 公司 | 合计 | 调整分录 | | 抵销分录 | | 少数股东权益 | 合并数 |
|---|---|---|---|---|---|---|---|---|---|
| | | | | 借方 | 贷方 | 借方 | 贷方 | | |
| (资产负债表项目) | | | | | | | | | |
| …… | | | | | | | | | |
| 应收账款 | 580 | | 580 | | | 20③ | 600① | | 0 |
| 应收票据 | 390 | | 390 | | | 10③ | 400② | | 0 |
| …… | | | | | | | | | |
| 应付账款 | | 600 | 600 | | | 600① | | | 0 |
| 应付票据 | | 400 | 400 | | | 400② | | | 0 |
| …… | | | | | | | | | |
| (利润表项目) | | | | | | | | | |
| …… | | | | | | | | | |
| 信用减值损失 | 30 | | 30 | | | | 30③ | | 0 |
| …… | | | | | | | | | |
| 营业利润 | −30 | | −30 | | | | 30 | | 0 |
| …… | | | | | | | | | |
| 净利润 | −30 | | −30 | | | | 30 | | 0 |
| (股东权益变动表项目) | | | | | | | | | |
| 期初未分配利润 | 0 | | 0 | | | | 0 | | 0 |
| …… | | | | | | | | | |
| 期末未分配利润 | −30 | | −30 | | | | 30 | | 0 |

## 三、连续编制合并财务报表时内部应收款项及其坏账准备的合并处理

在连续编制合并财务报表进行合并处理时，首先，将内部应收款项与应付款项予以抵销，即按内部应付款项的数额，借记“应付账款”“应付票据”等项目，贷记“应收账款”“应收票据”等项目。其次，应将上期信用减值损失中抵销的各内部应收款项计提的相应坏账准备对本期期初未分配利润的影响予以抵销，即按上期信用减值损失项目中抵销的各内部应收款项计提的相应坏账准备的数额，借记“应收账款”“应收票据”等项目，贷记“期初未分配利润”项目。最后，对于本期各内部应收款项在个别财务报表中补提或者冲销的相应坏账准备的数额也应予以抵销，即按照本期期末内部应收款项在个别资产负债表中补提的坏账准备的数额，借记“应收账款”“应收票据”等项目，贷记“信用减值损失”项目；或按照本期期末各内部应收款项在个别资产负债表中冲销的相应坏账准备的数额，借记“信用减值损失”项目，贷记“应收账款”“应收票据”等项目。

### （一）内部应收款项坏账准备本期余额与上期余额相等时的合并处理

**【例 6-33】** 承[例 6-32]，甲公司为 A 公司的母公司，甲公司和 A 公司上期内部应收款项、坏账准备情况、内部债权债务的抵销及其合并工作底稿（局部）见[例 6-32]。甲公司本期个别资产负债表应收账款中有应收 A 公司账款 580 万元，该应收账款系上期发生的，账面余额为 600 万元，甲公司上期对其计提坏账准备 20 万元，该坏账准备结转到本期；应收 A 公司票据 390 万元，该应收票据系上期发生的，账面余额为 400 万元，甲公司上期对其计提坏账准备 10 万元，该坏账准备结转到本期。本期对上述内部应收账款和应收票据未计提坏账准备。

甲公司在合并工作底稿中应进行抵销处理如下；

(1) 将上期内部应收款项计提的坏账准备抵销。

在这种情况下，母公司个别资产负债表中坏账准备余额可以理解为实际上是上期结转而来的余额，因此只需将上期内部应收账款计提的坏账准备予以抵销，同时，调整期初未分配利润的数额。其抵销分录如下（单位：万元）：

借：应收账款　　20①
　　应收票据　　10
　　贷：期初未分配利润　　30

(2) 内部应收账款、应收票据与应付账款、应付票据抵销：

借：应付账款　　600②
　　贷：应收账款　　600

借：应付票据　　400③
　　贷：应收票据　　400

其合并工作底稿（局部）如表 6-26 所示。

表 6-26　　　　合并工作底稿(局部)　　　　金额单位：万元

| 项目 | 甲公司 | A公司 | 合计 | 调整分录 | | 抵销分录 | | 少数股东权益 | 合并数 |
|---|---|---|---|---|---|---|---|---|---|
| | | | | 借方 | 贷方 | 借方 | 贷方 | | |
| (资产负债表项目) | | | | | | | | | |
| …… | | | | | | | | | |
| 应收账款 | 580 | | 580 | | | 20① | 600② | | 0 |
| 应收票据 | 390 | | 390 | | | 10① | 400③ | | 0 |
| …… | | | | | | | | | |
| 应付账款 | | 600 | 600 | | | 600② | | | 0 |
| 应付票据 | | 400 | 400 | | | 400③ | | | 0 |
| …… | | | | | | | | | |
| (利润表项目) | | | | | | | | | |
| …… | | | | | | | | | |
| 信用减值损失 | 0 | | 0 | | | | 0 | | 0 |
| …… | | | | | | | | | |
| 营业利润 | 0 | | 0 | | | | 0 | | 0 |
| …… | | | | | | | | | |
| 净利润 | 0 | | 0 | | | | 0 | | 0 |
| (股东权益变动表项目) | | | | | | | | | |
| 期初未分配利润 | −30 | | −30 | | | | 30① | | 0 |
| …… | | | | | | | | | |
| 期末未分配利润 | −30 | | −30 | | | | 30 | | 0 |

### (二)内部应收款项坏账准备本期余额大于上期余额时的合并处理

**【例 6-34】** 承[例 6-32],甲公司为A公司的母公司,甲公司和A公司上期内部应收款项、坏账准备情况、内部债权债务的抵销及其合并工作底稿(局部)见[例 6-32]。甲公司本期个别资产负债表应收账款中有应收A公司账款735万元,该应收账款账面余额为800万元,甲公司对该应收账款累计计提坏账准备65万元,其中,20万元系上期结转至本期的,本期对其补提坏账准备45万元;应收A公司票据875万元,该应收票据账面余额为900万元,甲公司对该应收票据累计计提坏账准备25万元,其中,10万元系上期结转至本期的,本期对其补提坏账准备15万元。

甲公司在合并工作底稿中应进行抵销处理如下(单位:万元):

(1) 抵销上期内部应收款项计提的坏账准备,并调整期初未分配利润的数额:

借:应收账款　　20①

　　应收票据　　10

　贷:期初未分配利润　　30

（2）内部应收账款、应收票据与应付账款、应付票据抵销：

借：应付账款　　800②
　　贷：应收账款　　800

借：应付票据　　900③
　　贷：应收票据　　900

（3）抵销本期内部应收款项增加计提的坏账准备与信用减值损失：

借：应收账款　　45④
　　应收票据　　15
　　贷：信用减值损失　　60

其合并工作底稿（局部）如表6-27所示。

表6-27　　合并工作底稿（局部）　　金额单位：万元

| 项目 | 甲公司 | A公司 | 合计数 | 调整分录 | | 抵销分录 | | 少数股东权益 | 合并数 |
|---|---|---|---|---|---|---|---|---|---|
| | | | | 借方 | 贷方 | 借方 | 贷方 | | |
| （资产负债表项目） | | | | | | | | | |
| …… | | | | | | | | | |
| 应收账款 | 735 | | 735 | | | 20①<br>45④ | 800② | | 0 |
| 应收票据 | 875 | | 875 | | | 10①<br>15④ | 900③ | | 0 |
| …… | | | | | | | | | |
| 应付账款 | | 800 | 800 | | | 800② | | | 0 |
| 应付票据 | | 900 | 900 | | | 900③ | | | 0 |
| …… | | | | | | | | | |
| （利润表项目） | | | | | | | | | |
| …… | | | | | | | | | |
| 信用减值损失 | 60 | 0 | 60 | | | | 60④ | | 0 |
| …… | | | | | | | | | |
| 营业利润 | －60 | 0 | －60 | | | | 60 | | 0 |
| …… | | | | | | | | | |
| 净利润 | －60 | 0 | －60 | | | | 60 | | 0 |
| （股东权益变动表项目） | | | | | | | | | |
| 期初未分配利润 | －30 | 0 | －30 | | | | 30① | | 0 |
| …… | | | | | | | | | |
| 期末未分配利润 | －90 | 0 | －90 | | | | 90 | | 0 |

### （三）内部应收款项坏账准备本期余额小于上期余额时的合并处理

**【例 6-35】** 承[例 6-32]，甲公司为 A 公司的母公司，甲公司和 A 公司上期内部应收款项、坏账准备情况、内部债权债务的抵销及其合并工作底稿(局部)见[例 6-30]。甲公司本期个别资产负债表应收账款中有应收 A 公司账款 538 万元，该应收账款账面余额为 550 万元，甲公司对该应收账款累计计提坏账准备 12 万元，其中，上期结转至本期的坏账准备为 20 万元，本期冲减坏账准备 8 万元；应收 A 公司票据 374 万元，该应收票据账面余额为 380 万元，甲公司对其累计计提坏账准备 6 万元，其中，上期结转至本期的坏账准备 10 万元，本期冲减坏账准备 4 万元。

甲公司在合并工作底稿中应进行抵销处理如下(单位：万元)：

(1) 抵销上期内部应收款项计提的坏账准备，并调整期初未分配利润的数额：

借：应收账款　20①
　　应收票据　10
　　贷：期初未分配利润　30

(2) 内部应收账款、应收票据与应付账款、应付票据抵销：

借：应付账款　800②
　　贷：应收账款　800

借：应付票据　900③
　　贷：应收票据　900

(3) 抵销本期内部应收款项增加计提的坏账准备与信用减值损失：

借：应收账款　45④
　　应收票据　15
　　贷：信用减值损失　60

其合并工作底稿(局部)如表 6-28 所示。

表 6-28　合并工作底稿(局部)　金额单位：万元

| 项目 | 甲公司 | A 公司 | 合计 | 调整分录 | | 抵销分录 | | 少数股东权益 | 合并数 |
|---|---|---|---|---|---|---|---|---|---|
| | | | | 借方 | 贷方 | 借方 | 贷方 | | |
| (资产负债表项目) | | | | | | | | | |
| …… | | | | | | | | | |
| 应收账款 | 538 | | 538 | | | 20① | 550②<br>8④ | | 0 |
| 应收票据 | 374 | | 374 | | | 10① | 380③<br>4④ | | 0 |
| …… | | | | | | | | | |
| 应付账款 | | 550 | 550 | | | 550② | | | 0 |
| 应付票据 | | 380 | 380 | | | 380③ | | | 0 |

（续表）

| 项目 | 甲公司 | A公司 | 合计 | 调整分录 | | 抵销分录 | | 少数股东权益 | 合并数 |
|---|---|---|---|---|---|---|---|---|---|
| | | | | 借方 | 贷方 | 借方 | 贷方 | | |
| …… | | | | | | | | | |
| （利润表项目） | | | | | | | | | |
| …… | | | | | | | | | |
| 信用减值损失 | −12 | 0 | −12 | | | 12④ | | | 0 |
| …… | | | | | | | | | |
| 营业利润 | 12 | 0 | 12 | | | 12 | | | 0 |
| …… | | | | | | | | | |
| 净利润 | 12 | 0 | 12 | | | 12 | | | 0 |
| （股东权益变动表项目） | | | | | | | | | |
| 期初未分配利润 | −30 | 0 | −30 | | | | 30① | | 0 |
| …… | | | | | | | | | |
| 期末未分配利润 | −18 | 0 | −18 | | | 12 | 30 | | 0 |

在第三期编制合并财务报表的情况下，必须先将第二期各内部应收款项期末余额相应的坏账准备予以抵销；再将内部应收款项与应付款项等内部债权债务相抵销；最后将第三期内部应收款项的坏账准备与第二期内部应收款项的坏账准备进行比较，计算确定本期内部应收款项坏账准备的增加或减少数额，并将其予以抵销。其抵销分录与第二期编制的抵销分录相同。首先，借记“应收账款”“应收票据”等项目，贷记“期初未分配利润”项目，将第二期编制合并财务报表时抵销的坏账准备对第三期期初未分配利润的影响予以抵销，调整期初未分配利润的数额。其次，借记“应付账款”“应付票据”等项目，贷记“应收账款”“应收票据”等项目，将内部应收款项与应付款项等内部债权债务予以抵销。最后，如果第三期内部应收款项坏账准备的期末余额大于第二期内部应收款项坏账准备的期末余额，补提内部应收账款坏账准备时，则借记“应收账款”“应收票据”等项目，贷记“信用减值损失”项目；如果第三期内部应收款项坏账准备期末余额小于第二期内部应收款项期末余额，冲减内部应收账款坏账准备时，则借记“信用减值损失”项目，贷记“应收账款”“应收票据”等项目。

# 第七节　内部固定资产交易的合并处理

## 一、内部固定资产交易概述

内部固定资产交易是指企业集团内部发生的与固定资产有关的购销业务。根据销售企业销售的是产品还是固定资产，可以将企业集团内部固定资产交易划分为两种类型：第一种类型是企业集团内部企业将自身使用的固定资产变卖给企业集团内的其他企业作为固定资产使用;第二种类型是企业集团内部企业将自身生产的产品销售给企业集团内的其他企业作为固定资产使用。此外,还有第三种类型是内部固定资产交易,即企业集团内部企业将自身使用的固定资产变卖给企业集团内的其他企业作为普通商品销售。这种类型的固定资产交易,属于固定资产的内部处置,在企业集团内部发生的情况极少,一般情况下发生的数量也不大。

严格来说,内部固定资产交易属于内部商品交易,其在编制合并财务报表时的抵销处理与一般内部商品交易的抵销处理有相同之处。但固定资产取得并投入使用后,往往要跨越若干个会计期间,并且在使用过程中通过计提折旧将其价值转移到产品生产成本或各会计期间费用之中去,因而其抵销处理也有其特殊性。由于其跨越若干会计期间,涉及使用该固定资产期间编制合并财务报表的期初未分配利润的调整问题;由于固定资产需要计提折旧,涉及每一次计提折旧中包含的未实现内部销售损益的抵销问题,也涉及每期累计折旧中包含的未实现内部销售损益的抵销问题。相对来说,内部固定资产交易的抵销处理,要比一般的内部商品交易的抵销处理复杂得多。

为了便于理解,本节将财务报表中的"固定资产"项目,细化为"固定资产原价"项目、"累计折旧"项目和"固定资产净值"项目,来介绍内部交易固定资产相关的合并抵销处理。

## 二、内部固定资产交易当期的合并处理

### (一) 内部固定资产交易但当期未计提折旧的抵销处理

1. 企业集团内部固定资产变卖交易的抵销处理

在合并工作底稿中编制抵销分录时,应当按照该内部交易固定资产的转让价格与其原账面价值之间的差额,借记"资产处置收益"项目,贷记"固定资产原价"项目。如果该内部交易的固定资产转让价格低于其原账面价值,则按其差额,借记"固定资产原价"项目,贷记"资产处置收益"项目。

**【例 6-36】** A 公司和 B 公司为甲公司控制下的两个子公司。A 公司将其净值为 1 280 万元的某厂房,以 1 500 万元的价格变卖给 B 公司作为固定资产使用。A 公司因该内部固定资产交易实现收益 220 万元,并列示于其个别利润表之中。B 公司以 1 500 万元的金额将该厂房作为固定资产的原价入账,并列示于其个别资产负债表之中。

在该内部固定资产交易中,A 公司因交易实现资产处置收益 220 万元。编制合并财务报表时,甲公司必须将因该固定资产交易实现的资产处置收益与固定资产原值中包含的未实现内部销售损益的数额予以抵销。其抵销分录如下(单位:万元):

| | | |
|---|---|---|
| 借:资产处置收益 | 220 | |
| 　贷:固定资产原价 | | 220 |

通过上述抵销处理后,该内部固定资产交易所实现的损益予以抵销,该厂房的原价通过抵销处理后调整为 1 280 万元。

2. 企业集团内部产品销售给其他企业作为固定资产的交易的抵销处理

在合并工作底稿中编制抵销分录将其抵销时,应当借记"营业收入"项目,贷记"营业成本"项目和"固定资产原价"项目。其中,借记"营业收入"项目的数额为销售企业销售该产品

的销售收入；贷记“营业成本”项目的数额为销售企业销售该产品结转的销售成本；贷记“固定资产原价”项目的数额为销售企业销售该产品的销售收入与销售成本之间的差额，即该内部交易所形成的固定资产原价中包含的未实现内部销售损益的数额。

**【例 6-37】** A 公司和 B 公司为甲公司控制下的两个子公司。A 公司于 2×24 年 12 月，将自己生产的产品销售给 B 公司作为固定资产使用，A 公司销售该产品的销售收入为 1 680 万元，销售成本为 1 200 万元，B 公司以 1 680 万元的价格作为该固定资产的原价入账。

此时，与一般的内部商品交易的抵销处理相似，编制合并财务报表时，甲公司应当将该产品的销售收入 1 680 万元及其销售成本 1 200 万元，以及 B 公司固定资产原价中包含的未实现内部销售损益 480 万元(1 680－1 200)予以抵销。在合并工作底稿中应进行抵销处理如下(单位：万元)：

借：营业收入　　1 680①
　贷：营业成本　　1 200
　　固定资产原价　　480

其合并工作底稿(局部)如表 6-29 所示。

**表 6-29　　合并工作底稿(局部)　　金额单位：万元**

| 项目 | A 公司 | B 公司 | 合计 | 调整分录 | | 抵销分录 | | 少数股东权益 | 合并数 |
|---|---|---|---|---|---|---|---|---|---|
| | | | | 借方 | 贷方 | 借方 | 贷方 | | |
| (资产负债表项目) | | | | | | | | | |
| …… | | | | | | | | | |
| 固定资产原价 | | 1 680 | 1 680 | | | | 480① | | 1 200 |
| 累计折旧 | | 0 | 0 | | | | | | 0 |
| 固定资产净值 | | 1 680 | 1 680 | | | | 480 | | 1 200 |
| …… | | | | | | | | | |
| (利润表项目) | | | | | | | | | |
| 营业收入 | 1 680 | | 1 680 | | | 1 680① | | | 0 |
| 营业成本 | 1 200 | | 1 200 | | | | 1 200① | | 0 |
| …… | | | | | | | | | |
| 营业利润 | 480 | | 480 | | | 1 680 | 1 200 | | 0 |
| …… | | | | | | | | | |
| 净利润 | 480 | | 480 | | | 1 680 | 1 200 | | 0 |
| (股东权益变动表项目) | | | | | | | | | |
| 期初未分配利润 | 0 | | 0 | | | | | | 0 |
| …… | | | | | | | | | |
| 期末未分配利润 | 480 | | 480 | | | 1 680 | 1 200 | | 0 |

### (二) 内部固定资产交易且当期计提折旧的合并处理

在发生内部固定资产交易当期编制合并财务报表时，首先，必须将该内部固定资产交易相关销售收入、销售成本以及形成的固定资产原价中包括的未实现内部销售损益予以抵销。其次，购买企业使用该内部交易固定资产并计提折旧，其折旧费用计入当期损益。购买企业是以该固定资产的取得成本作为其原价计提折旧，在取得成本中包含销售企业由于该内部固定资产交易所实现的损益（即未实现内部销售损益），相应地在该内部交易固定资产使用过程中其各期计提的折旧额中，也包含未实现内部销售损益摊销的金额，因此，还必须将当期该内部交易固定资产计提的折旧额中相当于未实现内部销售损益的摊销金额即多计提折旧的数额，从该内部交易固定资产当期计提的折旧费用和该固定资产累计折旧中予以抵销。其合并抵销处理如下：

（1）将内部交易固定资产相关的销售收入、销售成本以及其原价中包含的未实现内部销售损益予以抵销，即按销售企业由于该固定资产交易所实现的销售收入，借记“营业收入”项目，按照其销售成本，贷记“营业成本”项目，按照该内部交易固定资产的销售收入与销售成本之间的差额（即原价中包含的未实现内部销售损益的数额），贷记“固定资产原价”项目。

（2）将内部交易固定资产当期因未实现内部销售损益而多计提的折旧费用和累计折旧予以抵销。对固定资产计提折旧，企业进行会计处理时，一方面增加当期的费用，另一方面形成累计折旧。对因内部交易固定资产当期使用多计提的折旧进行抵销处理时，应按当期多计提的数额，借记“累计折旧”项目，贷记“管理费用”等项目。（为便于理解，本节有关内部交易固定资产均假定为管理用固定资产，其各期多计提的折旧费用均通过“管理费用”项目进行抵销处理。）

**【例6-38】** A公司和B公司为甲公司控制下的两个子公司。A公司于2×24年1月1日将自己生产的产品销售给B公司作为固定资产使用，A公司销售该产品的销售收入为1 680万元，销售成本为1 200万元。B公司以1 680万元的价格作为该固定资产的原价入账。B公司购买的该固定资产用于公司的行政管理，该固定资产属于不需要安装的固定资产，当月投入使用，其折旧年限为4年，预计净残值为0。为简化合并处理，假定该内部交易固定资产在交易当年按12个月计提折旧。

甲公司在编制合并财务报表时，应当进行抵销处理如下（单位：万元）：

（1）将该内部交易固定资产相关销售收入与销售成本及原价中包含的未实现内部销售利润予以抵销。

在本例中，A公司因该内部交易确认销售收入1 680万元，结转销售成本1 200万元；B公司该固定资产的原价为1 680万元，其中包含的未实现内部销售损益为480万元（1 680－1 200）。在合并工作底稿中应进行抵销处理如下：

| | |
|---|---|
| 借：营业收入 | 1 680① |
| 　贷：营业成本 | 1 200 |
| 　　固定资产原价 | 480 |

（2）将当年计提的折旧和累计折旧中包含的未实现内部销售损益予以抵销。

该固定资产在B公司按4年的折旧年限计提折旧，每年计提折旧420万元，其中每年计提的折旧和累计折旧中均包含未实现内部销售损益的摊销额120万元（480÷4）。在合并工作底稿中应进行抵销处理如下：

借：累计折旧　　　　　　　　　　　　　　　　　　　　　　　　　　120②

　　贷：管理费用　　　　　　　　　　　　　　　　　　　　　　　　　　120

其合并工作底稿(局部)如表 6-30 所示。

表 6-30　　　　　　　　　　合并工作底稿(局部)　　　　　　　　　　金额单位：万元

| 项目 | A公司 | B公司 | 合计 | 调整分录 | | 抵销分录 | | 少数股东权益 | 合并数 |
|---|---|---|---|---|---|---|---|---|---|
| | | | | 借方 | 贷方 | 借方 | 贷方 | | |
| (资产负债表项目) | | | | | | | | | |
| …… | | | | | | | | | |
| 固定资产原价 | | 1 680 | 1 680 | | | | 480① | | 1 200 |
| 累计折旧 | | 420 | 420 | | | 120② | | | 300 |
| 固定资产净值 | | 1 260 | 1 260 | | | 120 | 480 | | 900 |
| …… | | | | | | | | | |
| (利润表项目) | | | | | | | | | |
| 营业收入 | 1 680 | | 1 680 | | | 1 680① | | | 0 |
| 营业成本 | 1 200 | | 1 200 | | | | 1 200① | | 0 |
| …… | | | | | | | | | |
| 管理费用 | | 420 | 420 | | | | 120② | | 300 |
| …… | | | | | | | | | |
| 营业利润 | 480 | −420 | 60 | | | 1 680 | 1 320 | | −300 |
| …… | | | | | | | | | |
| 净利润 | 480 | −420 | 60 | | | 1 680 | 1 320 | | −300 |
| (股东权益变动表项目) | | | | | | | | | |
| 期初未分配利润 | 0 | 0 | 0 | | | | | | 0 |
| …… | | | | | | | | | |
| 期末未分配利润 | 480 | −420 | 60 | | | 1 680 | 1 320 | | −300 |

通过上述抵销分录，在合并工作底稿中累计折旧额减少 120 万元，其合并数为 300 万元；管理费用减少 120 万元，其合并数为 300 万元。

## 三、内部交易固定资产取得后至处置前期间的合并处理

在以后的会计期间，具体抵销程序如下：

(1) 将内部交易固定资产原价中包含的未实现内部销售损益抵销，并调整期初未分配利润，即按照固定资产原价中包含的未实现内部销售损益的数额，借记“期初未分配利润”项目，贷记“固定资产原价”项目。

(2) 将以前会计期间内部交易固定资产多计提的累计折旧抵销，并调整期初未分配利润，即按照以前会计期间抵销该内部交易固定资产因包含未实现内部销售损益而多计提的累计折旧额，借记“累计折旧”项目，贷记“期初未分配利润”项目。

(3) 将当期由于该内部交易固定资产因包含未实现内部销售损益而多计提的折旧费用予以抵销，并调整本期计提的累计折旧额，即按照本期该内部交易的固定资产多计提的折旧额，借记“累计折旧”项目，贷记“管理费用”等费用项目。

**【例 6-39】** 承[例 6-38]，B公司 2×25 年个别资产负债表中，该内部交易固定资产原价为 1 680 万元，累计折旧为 840 万元，该固定资产净值为 840 万元。该内部交易固定资产 2×24 年计提折旧为 420 万元。2×24 年度合并工作底稿(局部)见[例 6-38]。

甲公司编制 2×25 年度合并财务报表时，应当进行抵销处理如下(单位：万元)：

(1) 借：期初未分配利润　　480①
　　贷：固定资产原价　　480

(2) 借：累计折旧　　120②
　　贷：期初未分配利润　　120

(3) 借：累计折旧　　120③
　　贷：管理费用　　120

其合并工作底稿(局部)如表 6-31 所示。

**表 6-31　　合并工作底稿(局部)　　金额单位：万元**

| 项目 | A公司 | B公司 | 合计 | 调整分录 | | 抵销分录 | | 少数股东权益 | 合并数 |
|---|---|---|---|---|---|---|---|---|---|
| | | | | 借方 | 贷方 | 借方 | 贷方 | | |
| (资产负债表项目) | | | | | | | | | |
| …… | | | | | | | | | |
| 固定资产原价 | | 1 680 | 1 680 | | | | 480① | | 1 200 |
| 累计折旧 | | 840 | 840 | | | 120②<br>120③ | | | 600 |
| 固定资产净值 | | 840 | 840 | | | 240 | 480 | | 600 |
| …… | | | | | | | | | |
| (利润表项目) | | | | | | | | | |
| 营业收入 | 0 | | 0 | | | | | | 0 |
| 营业成本 | 0 | | 0 | | | | | | 0 |
| …… | | | | | | | | | |
| 管理费用 | | 420 | 420 | | | | 120③ | | 300 |
| …… | | | | | | | | | |
| 营业利润 | 0 | −420 | −420 | | | | 120 | | −300 |
| …… | | | | | | | | | |
| 净利润 | 0 | −420 | −420 | | | | 120 | | −300 |
| (股东权益变动表项目) | | | | | | | | | |
| 期初未分配利润 | 480 | −420 | 60 | | | 480① | 120② | | −300 |
| …… | | | | | | | | | |
| 期末未分配利润 | 480 | −840 | −360 | | | 480 | 240 | | −600 |

【例 6-40】 承[例 6-39],B公司 2×26 年个别资产负债表中,该内部交易固定资产原价为 1 680 万元,累计折旧为 1 260 万元,该固定资产净值为 420 万元。该内部交易固定资产 20×3 年计提折旧为 420 万元。2×24 年度、2×25 年度合并工作底稿(局部)分别见[例 6-38][例 6-39]。

甲公司编制 2×26 年度合并财务报表时,应当进行抵销处理如下(单位:万元):

(1) 借:期初未分配利润　480①
　　贷:固定资产原价　480

(2) 借:累计折旧　240②
　　贷:期初未分配和润　240

(3) 借:累计折旧　120③
　　贷:管理费用　120

据上述抵销分录,编制其合并工作底稿(局部)如表 6-32 所示。

**表 6-32　合并工作底稿(局部)　金额单位:万元**

| 项目 | A公司 | B公司 | 合计 | 调整分录 | | 抵销分录 | | 少数股东权益 | 合并数 |
|---|---|---|---|---|---|---|---|---|---|
| | | | | 借方 | 贷方 | 借方 | 贷方 | | |
| (资产负债表项目) | | | | | | | | | |
| …… | | | | | | | | | |
| 固定资产原价 | | 1 680 | 1 680 | | | | 480① | | 1 200 |
| 累计折旧 | | 1 260 | 1 260 | | | 240②<br>120③ | | | 900 |
| 固定资产净值 | | 420 | 420 | | | 360 | 480 | | 300 |
| …… | | | | | | | | | |
| (利润表项目) | | | | | | | | | |
| 营业收入 | 0 | | 0 | | | | | | 0 |
| 营业成本 | 0 | | 0 | | | | | | 0 |
| …… | | | | | | | | | |
| 管理费用 | | 420 | 420 | | | | 120③ | | 300 |
| …… | | | | | | | | | |
| 营业利润 | 0 | −420 | −420 | | | | 120 | | −300 |
| …… | | | | | | | | | |
| 净利润 | 0 | −420 | −420 | | | | 120 | | −300 |
| (股东权益变动表项目) | | | | | | | | | |
| 期初未分配利润 | 480 | −840 | −360 | | | 480① | 240② | | −600 |
| …… | | | | | | | | | |
| 期末未分配利润 | 480 | −1 260 | −780 | | | 480 | 360 | | −900 |

## 四、内部交易固定资产清理期间的合并处理

对于销售企业来说，因该内部交易固定资产实现的利润，作为期初未分配利润的一部分结转到以后的会计期间，直到购买企业对该内部交易固定资产进行清理的会计期间。从购买企业来说，对内部交易固定资产进行清理的会计期间，在其个别财务报表中表现为固定资产原价和累计折旧的减少；该固定资产清理收入减去该固定资产净值以及有关清理费用后的余额，则在其个别利润表中以“资产处置收益”项目列示。固定资产清理时可能出现三种情况：①期满清理；②超期清理；③提前清理。编制合并财务报表时，应当根据具体情况进行合并处理。

**（一）内部交易固定资产使用期限届满进行清理期间的合并处理**

在内部交易固定资产使用期限届满进行清理的会计期间期末，购买企业内部固定资产实体已不复存在，因此不存在未实现内部销售损益抵销问题，包括未实现内部销售损益在内的该内部交易固定资产的价值全部转移到各会计期间实现的损益之中。从整个企业来说，随着该内部交易固定资产的使用期满，其包含的未实现内部销售损益也转化为已实现利润。从销售企业来说，因该内部销售所实现的利润，作为期初未分配利润的一部分已结转到购买企业对该内部交易固定资产使用期满进行清理的会计期间。为此，编制合并财务报表时，首先，必须调整期初未分配利润。其次，在固定资产进行清理的会计期间，其在未进行清理前仍处于使用之中，仍须计提折旧，本期计提折旧中仍然包含因内部未实现销售损益而多计提的折旧额，因此也需要将当期多计提的折旧额予以抵销。

**【例 6-41】** 承[例 6-40]，2×27 年 12 月，该内部交易固定资产使用期满，B 公司于 2×27 年 12 月对其进行清理。B 公司对该固定资产清理时实现固定资产清理净收益 14 万元，在 2×27 年度个别利润表中以“资产处置收益”项目列示。随着对该固定资产的清理，该固定资产的原价和累计折旧转销，在 2×27 年 12 月 31 日个别资产负债表固定资产中已无该固定资产的列示。2×24 年度～2×26 年度合并工作底稿（局部）分别见[例 6-38][例 6-39][例 6-40]。

此时，甲公司编制合并财务报表时，应当进行抵销处理如下（单位：万元）：

（1）按照内部交易固定资产原价中包含的未实现内部销售利润，调整期初未分配利润：

借：期初未分配利润　　480①
　贷：资产处置收益　　480

（2）按以前会计期间因固定资产原价中包含的未实现内部销售利润而多计提累计折旧的数额，调整期初未分配利润：

借：资产处置收益　　360②
　贷：期初未分配利润　　360

（3）将本期因固定资产原价中包含的未实现内部销售利润而多计提的折旧额抵销：

借：资产处置收益　　120③
　贷：管理费用　　120

随着内部交易固定资产的清理，该固定资产的原价、累计折旧和净值在 B 公司个别资产

负债表中均无列示，故涉及调整期初未分配利润项目的抵销处理，均通过资产处置收益项目进行。

以上三笔抵销分录，可以合并为以下抵销分录（单位：万元）：

借：期初未分配利润　　120

　贷：管理费用　　120

其合并工作底稿（局部）如表6-33所示。

**表6-33**　　**合并工作底稿（局部）**　　金额单位：万元

| 项目 | A公司 | B公司 | 合计 | 调整分录 | | 抵销分录 | | 少数股东权益 | 合并数 |
|---|---|---|---|---|---|---|---|---|---|
| | | | | 借方 | 贷方 | 借方 | 贷方 | | |
| （资产负债表项目） | | | | | | | | | |
| …… | | | | | | | | | |
| 固定资产原价 | | 0 | 0 | | | | | | 0 |
| 累计折旧 | | 0 | 0 | | | | | | 0 |
| 固定资产净值 | | 0 | 0 | | | | | | 0 |
| …… | | | | | | | | | |
| （利润表项目） | | | | | | | | | |
| 营业收入 | 0 | | 0 | | | | | | 0 |
| 营业成本 | 0 | | 0 | | | | | | 0 |
| …… | | | | | | | | | |
| 管理费用 | | 420 | 420 | | | | 120③ | | 300 |
| …… | | | | | | | | | |
| 资产处置收益 | | 14 | 14 | | | 360②<br>120③ | 480① | | 14 |
| …… | | | | | | | | | |
| 营业利润 | 0 | －406 | －406 | | | 480 | 600 | | －286 |
| …… | | | | | | | | | |
| 净利润 | 0 | －406 | －406 | | | 480 | 600 | | －286 |
| （股东权益变动表项目） | | | | | | | | | |
| 期初未分配利润 | 480 | －1 260 | －780 | | | 480① | 360② | | －900 |
| …… | | | | | | | | | |
| 期末未分配利润 | 480 | －1 666 | －1 186 | | | 960 | 960 | | －1 186 |

**（二）内部交易固定资产超期使用进行清理期间的合并处理**

内部交易固定资产超期使用进行清理时，在内部交易固定资产清理前的会计期间，该固定资产仍然按包含未实现内部销售损益的原价及计提的累计折旧，在购买企业的个别资产负债表中列示；销售企业因该内部交易固定资产所实现的利润，作为期初未分配利润的一部分结转到购买企业对该内部交易固定资产进行清理的会计期间。因此，首先，需要将该固定资产原价中包括的未实现内部销售损益予以抵销，并调整期初未分配利润。其次，要将以前会计期间因内部交易固定资产原价中包含的未实现内部销售利润而多计提的累计折旧予以抵销。最后，由于在该固定资产使用期满的会计期间仍然需要计提折旧，本期计提折旧中仍然包含有多计提的折旧，需要将多计提的折旧费用予以抵销，并调整已计提的累计折旧。

**【例 6-42】** 承[例 6-40]，2×27 年 12 月 31 日，该内部交易固定资产使用期满，但该固定资产仍处于使用之中，B 公司未对其进行清理报废。B 公司 20×4 年度个别资产负债表固定资产仍列示该固定资产的原价为 1 680 万元，累计折旧为 1 680 万元；在其个别利润表列示该固定资产当年计提的折旧 420 万元。2×24 年度～2×26 年度合并工作底稿(局部)分别见[例 6-38][例 6-39][例 6-40]。

此时，甲公司在编制 20×4 年度合并财务报表时，应当进行抵销处理如下(单位：万元)：

(1) 将内部交易固定资产原价中包含的未实现内部销售利润抵销，并调整期初未分配利润：

借：期初未分配利润　　480①
　贷：固定资产原价　　480

(2) 将因固定资产原价中包含的未实现内部销售利润而多计提的累计折旧抵销，并调整期初未分配利润：

借：累计折旧　　360②
　贷：期初未分配利润　　360

(3) 将本期因固定资产原价中包含的未实现内部销售利润而多计提的折旧额抵销：

借：累计折旧　　120③
　贷：管理费用　　120

其合并工作底稿(局部)如表 6-34 所示。

表 6-34　　合并工作底稿(局部)　　金额单位：万元

| 项目 | A 公司 | B 公司 | 合计 | 调整分录 | | 抵销分录 | | 少数股东权益 | 合并数 |
|---|---|---|---|---|---|---|---|---|---|
| | | | | 借方 | 贷方 | 借方 | 贷方 | | |
| (资产负债表项目) | | | | | | | | | |
| …… | | | | | | | | | |
| 固定资产原价 | | 1 680 | 1 680 | | | | 480① | | 1 200 |
| 累计折旧 | | 1 680 | 1 680 | | | 360②<br>120③ | | | 1 200 |
| 固定资产净值 | | 0 | 0 | | | 480 | 480 | | 0 |
| …… | | | | | | | | | |
| (利润表项目) | | | | | | | | | |

（续表）

| 项目 | A公司 | B公司 | 合计 | 调整分录 | | 抵销分录 | | 少数股东权益 | 合并数 |
|---|---|---|---|---|---|---|---|---|---|
| | | | | 借方 | 贷方 | 借方 | 贷方 | | |
| 营业收入 | | | | | | | | | 0 |
| 营业成本 | | | | | | | | | 0 |
| …… | | | | | | | | | |
| 管理费用 | | 420 | 420 | | | | 120③ | | 300 |
| …… | | | | | | | | | |
| 营业利润 | | −420 | −420 | | | | 120 | | −300 |
| …… | | | | | | | | | |
| 净利润 | | −420 | −420 | | | | 120 | | −300 |
| （股东权益变动表项目） | | | | | | | | | |
| …… | | | | | | | | | |
| 期初未分配利润 | 480 | −1 260 | −780 | | | 480① | 360② | | −900 |
| …… | | | | | | | | | |
| 期末未分配利润 | 480 | −1 680 | −1 200 | | | 480 | 480 | | −1186 |

首先，在内部交易固定资产超期使用未进行清理前，由于该内部交易的固定资产仍处于使用之中，并在购买企业资产负债表中列示，必须将该固定资产原价中包含的未实现内部销售损益予以抵销；其次，由于该固定资产的累计折旧仍然是按包含有未实现内部销售损益的原价计提折旧，必须将其计提的累计折旧予以抵销。但由于固定资产超期使用不计提折旧，不存在抵销多计提折旧问题。

**【例6-43】** 承[例6-42]，该内部交易固定资产2×28年仍处于使用之中。B公司个别资产负债表中内部交易固定资产为1 680万元，累计折旧为1 680万元；由于固定资产超期使用不计提折旧，B公司个别利润表中无该内部固定资产计提的折旧费用。2×24年度～2×27年度合并工作底稿（局部）分别见[例6-38]～[例6-41]。

此时，甲公司编制合并财务报表时，应进行抵销处理如下（单位：万元）：

（1）将固定资产原价中包含的未实现内部销售利润抵销，调整期初未分配利润：

借：期初未分配利润　　480①
　贷：资产处置收益　　480

（2）按以前会计期间因固定资产原价中包含的未实现内部销售利润而多计提累计折旧的数额，调整期初未分配利润：

借：资产处置收益　　360②
　贷：期初未分配利润　　360

（3）将本期因固定资产原价中包含的未实现内部销售利润而多计提的折旧额抵销：

借：资产处置收益　　120③
　贷：管理费用　　120

其合并工作底稿(局部)如表6-35所示。

表6-35 合并工作底稿(局部) 金额单位:万元

| 项目 | A公司 | B公司 | 合计 | 调整分录 | | 抵销分录 | | 少数股东权益 | 合并数 |
|---|---|---|---|---|---|---|---|---|---|
| | | | | 借方 | 贷方 | 借方 | 贷方 | | |
| (资产负债表项目) | | | | | | | | | |
| …… | | | | | | | | | |
| 固定资产原价 | | 1 680 | 1 680 | | | | 480① | | 1 200 |
| 累计折旧 | | 1 680 | 1 680 | | | 480② | | | 1 200 |
| 固定资产净值 | | 0 | 0 | | | 480 | 480 | | 0 |
| …… | | | | | | | | | |
| (利润表项目) | | | | | | | | | |
| 营业收入 | | | | | | | | | 0 |
| 营业成本 | | | | | | | | | 0 |
| …… | | | | | | | | | |
| 管理费用 | | | | | | | | | 0 |
| …… | | | | | | | | | |
| 营业利润 | | | | | | | | | 0 |
| …… | | | | | | | | | |
| 净利润 | | | | | | | | | 0 |
| (股东权益变动表项目) | | | | | | | | | |
| 期初未分配利润 | 480 | −1 680 | −1 200 | | | 480① | 480② | | −1 200 |
| …… | | | | | | | | | |
| 期末未分配利润 | 480 | −1 680 | −1 200 | | | 480 | 480 | | −1 200 |

对于超期使用后再进行清理的内部交易的固定资产,由于清理当期其实物已不存在,不存在着固定资产原价中包含未实现内部销售损益的抵销问题;同时,该固定资产累计折旧也随着固定资产清理而转销,也不存在着固定资产使用多计提折旧的抵销问题。也可以这样理解,即当内部交易固定资产超期使用进行清理的情况下,其包含的未实现内部销售损益,随着其折旧计提完毕,其包含的未实现内部销售损益已实现。因此,在编制对该内部交易固定资产进行清理的会计期间的合并财务报表时,不需要进行合并处理。

### (三) 内部交易固定资产使用期限未满提前进行清理期间的合并处理

在这种情况下,购买企业内部交易固定资产实体已不复存在,因此不存在未实现内部销售损益抵销问题,但由于固定资产提前报废,固定资产原价中包含的未实现内部销售损益随着清理而成为实现的损益。对于销售企业来说,因该内部交易固定资产所实现的利润,作为期初未分配利润的一部分结转到购买企业对该内部交易固定资产进行清理的会计期间。为此,首先,必须调整期初未分配利润;其次,在固定资产进行清理前仍需计提折旧,本期计提折旧中仍然包含有多计提的折旧,需要将多计提的折旧费用予以抵销。

**【例6-44】** 承[例6-40],B公司于2×26年12月对该内部交易固定资产进行清理处置，在对其清理过程中取得清理净收益 25 万元，在其个别利润表作为资产处置收益列示。2×24 年度、2×25 年度合并工作底稿(局部)分别见[例 6-38]和[例 6-39]。

在本例中，该内部交易固定资产至 2×26 年 12 月，已经使用 3 年，B 公司对该固定资产累计计提折旧 1 260 万元。

此时，编制合并财务报表时，应编制抵销分录如下(单位：万元)：

(1) 借：期初未分配利润　　480①
　　贷：资产处置收益　　480

(2) 借：资产处置收益　　240②
　　贷：期初未分配利润　　240

(3) 借：资产处置收益　　120③
　　贷：管理费用　　120

其合并工作底稿(局部)如表 6-36 所示。

**表 6-36**　　**合并工作底稿(局部)**　　金额单位：万元

| 项目 | A 公司 | B 公司 | 合计 | 调整分录 | | 抵销分录 | | 少数股东权益 | 合并数 |
|---|---|---|---|---|---|---|---|---|---|
| | | | | 借方 | 贷方 | 借方 | 贷方 | | |
| (资产负债表项目) | | | | | | | | | |
| …… | | | | | | | | | |
| 固定资产原价 | | 0 | 0 | | | | | | 0 |
| 累计折旧 | | 0 | 0 | | | | | | 0 |
| 固定资产净值 | | 0 | 0 | | | | | | 0 |
| …… | | | | | | | | | |
| (利润表项目) | | | | | | | | | |
| 营业收入 | 0 | | 0 | | | | | | 0 |
| 营业成本 | 0 | | 0 | | | | | | 0 |
| …… | | | | | | | | | |
| 管理费用 | 0 | 420 | 420 | | | | 120③ | | 300 |
| …… | | | | | | | | | |
| 资产处置收益 | | 25 | 25 | | | 240②<br>120③ | 480① | | 145 |
| …… | | | | | | | | | |
| 营业利润 | 0 | −395 | −395 | | | 360 | 600 | | −155 |
| …… | | | | | | | | | |
| 净利润 | 0 | −395 | −395 | | | 360 | 600 | | −155 |
| (股东权益变动表项目) | | | | | | | | | |
| 期初未分配利润 | 480 | −840 | −360 | | | 480① | 240② | | −600 |
| …… | | | | | | | | | |
| 期末未分配利润 | 480 | −1 235 | −755 | | | 840 | 840 | | −755 |

# 第八节　内部无形资产交易的合并处理

内部无形资产交易是企业集团内部发生交易的一方涉及无形资产的交易，如企业集团内部某一成员企业将自身拥有的专利权、专有技术等转让出售给其他成员企业作为无形资产继续使用。对于内部无形资产交易，在编制合并财务报表时，首先，必须将由于转让出售无形资产所产生的收入、成本及购入企业无形资产入账价值中包含的未实现内部销售损益予以抵销；其次，随着无形资产价值的摊销，无形资产价值中包含的未实现内部销售损益也随之计入当期费用，为此也必须对内部交易无形资产摊销计入相关费用项目进行抵销处理。

为了便于理解，本节将财务报表中的“无形资产”项目，细化为“无形资产”项目、“累计摊销”项目和“无形资产净额”项目 3 个项目，来介绍内部交易无形资产相关的合并抵销处理。

## 一、内部无形资产交易当期的合并处理

进行合并处理时，按照内部交易时该无形资产账面价值中包含的未实现内部销售损益的数额，借记“资产处置收益”项目，按交易时该内部交易无形资产账面价值中包含的未实现内部销售损益的数额，贷记“无形资产”项目；同时，按本期该内部交易无形资产摊销额中包含的实现内部销售损益的数额（即该无形资产价值中包含的未实现内部销售损益除以该无形资产的摊销年限得出的金额），借记“累计摊销”项目，贷记“管理费用”项目。

**【例 6-45】** 甲公司系 A 公司的母公司，甲公司 2×24 年 1 月 8 日向 A 公司转让无形资产一项，转让价格为 820 万元，该无形资产的账面成本为 700 万元。A 公司购入该无形资产后，即投入使用，确定使用年限为 5 年。A 公司 2×24 年 12 月 31 日资产负债表“无形资产”项目的金额为 656 万元，利润表“管理费用”项目中记有当年摊销的该无形资产价值 164 万元。

此时，A 公司的该无形资产入账价值为 820 万元，其中，包含的未实现内部销售利润为 120 万元；按 5 年的期限，本期摊销的金额为 164 万元（与固定资产不同，无形资产从取得的当月起开始摊销），其中，包含的未实现内部销售利润的摊销额为 24 万元。

甲公司在编制 2×24 年度合并财务报表时，应当对该内部无形资产交易进行抵销处理如下（单位：万元）：

（1）将 A 公司受让取得该内部交易无形资产时其价值中包含的未实现内部销售利润抵销：

| | | |
|---|---|---|
| 借：资产处置收益 | 120① | |
| 　贷：无形资产 | | 120 |

（2）将 A 公司本期该内部交易无形资产价值摊销额中包含的未实现内部销售利润抵销：

| | | |
|---|---|---|
| 借：累计摊销 | 24② | |
| 　贷：管理费用 | | 24 |

其合并工作底稿（局部）如表 6-37 所示。

表 6-37　　　　合并工作底稿(局部)　　　　金额单位：万元

| 项目 | A公司 | B公司 | 合计 | 调整分录 | | 抵销分录 | | 少数股东权益 | 合并数 |
|---|---|---|---|---|---|---|---|---|---|
| | | | | 借方 | 贷方 | 借方 | 贷方 | | |
| (资产负债表项目) | | | | | | | | | |
| …… | | | | | | | | | |
| 无形资产 | 0 | 820 | 820 | | | | 120① | | 700 |
| 累计摊销 | | 164 | 164 | | | 24② | | | 140 |
| 无形资产净额 | | 656 | 656 | | | 24 | 120 | | 560 |
| …… | | | | | | | | | |
| (利润表项目) | | | | | | | | | |
| …… | | | | | | | | | |
| 管理费用 | | 164 | 164 | | | | 24② | | 140 |
| …… | | | | | | | | | |
| 资产处置收益 | 120 | | 120 | | | 120① | | | 0 |
| …… | | | | | | | | | |
| 营业利润 | | −164 | −44 | | | 120 | 24 | | −140 |
| …… | | | | | | | | | |
| 净利润 | 120 | −164 | −44 | | | 120 | 24 | | −140 |
| (股东权益变动表项目) | | | | | | | | | |
| 期初未分配利润 | 0 | 0 | 0 | | | | | | 0 |
| …… | | | | | | | | | |
| 期末未分配利润 | 120 | −164 | −44 | | | 120 | 24 | | −140 |

对于抵销分录①,可以理解为将购入时该无形资产价值中包含的未实现内部销售损益予以抵销。对于抵销分录②,则可以理解为将本期无形资产累计摊销中因内部交易无形资产价值中包含未实现内部销售损益而多计算的摊销额及当期多计列的无形资产摊销费用予以抵销。

## 二、内部交易无形资产持有期间的合并处理

进行合并处理时,按受让时内部交易无形资产价值中包含的未实现内部销售损益的数额,借记“期初未分配利润”项目,贷记“无形资产”项目;按上期期末该内部交易无形资产累计摊销金额中包含的已摊销未实现内部销售损益的数额,借记“累计摊销”项目,贷记“期初未分配利润”项目;按本期因该内部交易无形资产价值中包含未实现内部销售损益而多计算的摊销金额,借记“累计摊销”项目,贷记“管理费用”项目。

**【例 6-46】** 承[例 6-45],2×25 年 12 月 31 日 A 公司个别资产负债表“无形资产”项目的金额为 492 万元,利润表“管理费用”项目中记有当年摊销的该无形资产价值 164 万元。

2×24 年度合并工作底稿(局部)见[例 6-45]。

在本例中,A 公司该无形资产取得时入账价值为 820 万元,其中,包含的未实现内部销售利润为 120 万元;该无形资产按 5 年的使用期限摊销,每期摊销金额为 164 万元,到 2×25 年 12 月 31 日 A 公司该内部交易无形资产累计摊销额为 328 万元,包括上年结转的累计摊销额和本期发生的无形资产摊销额各 164 万元,上年结转的累计摊销额中包含 2×24 年因内部交易无形资产价值中包含未实现内部销售利润而多计算的摊销额 24 万元;此外,本期因该内部交易无形资产使用而计算的摊销额 164 万元,其中,也包括因该无形资产价值中包含的未实现内部销售利润而多计算的摊销额 24 万元。

甲公司在编制 2×25 年度合并财务报表时,应当对该内部无形资产交易进行抵销处理如下(单位:万元):

(1) A 公司受让取得该无形资产时其价值中包含的未实现内部销售利润抵销:

借:期初未分配利润　　120①
　贷:无形资产　　120

(2) 将 A 公司上期期末该无形资产价值摊销额中包含的已摊销未实现内部销售利润抵销:

借:累计摊销　　24②
　贷:期初未分配利润　　24

(3) 将 A 公司本期摊销的该无形资产价值中包含的未实现内部销售利润的摊销额抵销:

借:累计摊销　　24③
　贷:管理费用　　24

其合并工作底稿(局部)如表 6-38 所示。

**表 6-38　　合并工作底稿(局部)　　金额单位:万元**

| 项目 | 甲公司 | A 公司 | 合计 | 调整分录 | | 抵销分录 | | 少数股东权益 | 合并数 |
|---|---|---|---|---|---|---|---|---|---|
| | | | | 借方 | 贷方 | 借方 | 贷方 | | |
| (资产负债表项目) | | | | | | | | | |
| …… | | | | | | | | | |
| 无形资产 | 0 | 820 | 820 | | | | 120① | | 700 |
| 累计摊销 | | 328 | 328 | | | 24②<br>24③ | | | 280 |
| 无形资产净额 | 0 | 492 | 492 | | | 48 | 120 | | 420 |
| …… | | | | | | | | | |
| (利润表项目) | | | | | | | | | |
| …… | | | | | | | | | |

（续表）

| 项目 | 甲公司 | A公司 | 合计 | 调整分录 | | 抵销分录 | | 少数股东权益 | 合并数 |
|---|---|---|---|---|---|---|---|---|---|
| | | | | 借方 | 贷方 | 借方 | 贷方 | | |
| 管理费用 | 0 | 164 | 164 | | | | 24③ | | 140 |
| …… | | | | | | | | | |
| 营业利润 | 0 | −164 | −164 | | | | 24 | | −140 |
| …… | | | | | | | | | |
| 营业外收入 | 0 | | | | | | | | 0 |
| …… | | | | | | | | | |
| 净利润 | 0 | −164 | −164 | | | | 24 | | −140 |
| （股东权益变动表目） | | | | | | | | | |
| 期初未分配利润 | 120 | −164 | −44 | | | 120① | 24② | | −140 |
| …… | | | | | | | | | |
| 期末未分配利润 | 120 | −328 | −208 | | | 120 | 48 | | −280 |

甲公司在编制2×26年度合并财务报表时，该内部无形资产交易相关的抵销处理如下（单位：万元）：

(1) 将A公司受让取得该无形资产时其价值中包含的未实现内部销售利润抵销：

借：期初未分配利润　　120①

　贷：无形资产　　120

(2) 将A公司上期期末该无形资产价值摊销额中包含的已摊销未实现内部销售利润抵销：

借：累计摊销　　48②

　贷：期初未分配利润　　48

(3) 将A公司本期摊销的该无形资产价值中包含的未实现内部销售利润的摊销抵销：

借：累计摊销　　24③

　贷：管理费用　　24

其合并工作底稿（局部）如表6-39所示。

**表6-39　　合并工作底稿（局部）**　　金额单位：万元

| 项目 | 甲公司 | A公司 | 合计 | 调整分录 | | 抵销分录 | | 少数股东权益 | 合并数 |
|---|---|---|---|---|---|---|---|---|---|
| | | | | 借方 | 贷方 | 借方 | 贷方 | | |
| （资产负债表项目） | | | | | | | | | |
| …… | | | | | | | | | |

（续表）

| 项目 | 甲公司 | A公司 | 合计 | 调整分录 | | 抵销分录 | | 少数股东权益 | 合并数 |
|---|---|---|---|---|---|---|---|---|---|
| | | | | 借方 | 贷方 | 借方 | 贷方 | | |
| 无形资产 | | 820 | 820 | | | | 120① | | 700 |
| 累计摊销 | | 492 | 492 | | | 48②<br>24③ | | | 420 |
| 无形资产净额 | 0 | 328 | 328 | | | 72 | 120 | | 280 |
| …… | | | | | | | | | |
| （利润表项目） | | | | | | | | | |
| …… | | | | | | | | | |
| 管理费用 | 0 | 164 | 164 | | | | 24③ | | 140 |
| …… | | | | | | | | | |
| 营业利润 | 0 | −164 | −164 | | | | 24 | | −140 |
| …… | | | | | | | | | |
| 营业外收入 | 0 | | | | | | | | 0 |
| …… | | | | | | | | | |
| 净利润 | 0 | −164 | −164 | | | | 24 | | −140 |
| （股东权益变动表项目） | | | | | | | | | |
| 期初未分配利润 | 120 | −328 | −208 | | | 120① | 48② | | −280 |
| …… | | | | | | | | | |
| 期末未分配利润 | 120 | −492 | −372 | | | 120 | 72 | | −420 |

甲公司在编制2×27年度合并财务报表时，该内部无形资产交易相关的抵销处理如下（单位：万元）：

（1）A公司受让取得该无形资产时其价值中包含的未实现内部销售利润抵销：

借：期初未分配利润　　120①

　贷：无形资产　　120

（2）将A公司上期期末该无形资产价值摊销额中包含的已摊销未实现内部销售利润抵销：

借：累计摊销　　72②

　贷：期初未分配利润　　72

（3）将A公司本期摊销的该无形资产价值中包含的未实现内部销售利润的摊销抵销：

借：累计摊销　　24③

　贷：管理费用　　24

其合并工作底稿（局部）如表6-40所示。

表 6-40　　合并工作底稿(局部)　　金额单位：万元

| 项目 | 甲公司 | A公司 | 合计 | 调整分录 | | 抵销分录 | | 少数股东权益 | 合并数 |
|---|---|---|---|---|---|---|---|---|---|
| | | | | 借方 | 贷方 | 借方 | 贷方 | | |
| (资产负债表项目) | | | | | | | | | |
| …… | | | | | | | | | |
| 无形资产 | | 820 | 820 | | | | 120① | | 700 |
| 累计摊销 | | 656 | 656 | | | 72②<br>24③ | | | 560 |
| 无形资产净额 | 0 | 164 | 164 | | | 96 | 120 | | 140 |
| …… | | | | | | | | | |
| (利润表项目) | | | | | | | | | |
| …… | | | | | | | | | |
| 管理费用 | 0 | 164 | 164 | | | | 24③ | | 140 |
| …… | | | | | | | | | |
| 营业利润 | 0 | −164 | −164 | | | | 24 | | −140 |
| …… | | | | | | | | | |
| 营业外收入 | 0 | | | | | | | | 0 |
| …… | | | | | | | | | |
| 净利润 | 0 | −164 | −164 | | | | 24 | | −140 |
| (股东权益变动表项目) | | | | | | | | | |
| 期初未分配利润 | 120 | −492 | −372 | | | 120① | 72② | | −420 |
| …… | | | | | | | | | |
| 期末未分配利润 | 120 | −656 | −536 | | | 120 | 96 | | −560 |

## 三、内部无形资产交易摊销完毕期间的合并处理

从购买企业来说，该内部交易无形资产到期时，其账面价值已摊销完毕，包含于其中的未实现内部销售损益的数额也摊销完毕，无形资产账面价值经摊销后为0。对于转让企业来说，因该内部交易无形资产实现的收益，作为期初未分配利润的一部分结转到以后的会计期间，直到购买企业对该内部交易无形资产到期的会计期间。从整个企业来说，随着该内部交易无形资产的使用期满，其包含的未实现内部销售损益也转化为已实现损益。由于销售企业因该内部交易无形资产所实现的收益，作为期初未分配利润的一部分结转到购买企业该内部交易无形资产到期的会计期间，首先，必须调整期初未分配利润。其次，在该无形资产到期的会计期间，本期无形资产摊销额中仍然包含无形资产价值中包含的未实现内部销售损益的摊销额，这一数额仍须进行抵销处理。

**【例 6-47】** 承[例 6-46]，2×28 年 12 月，A 公司该内部交易无形资产使用期满，在其个别资产负债表中已无该无形资产摊余价值，在其个别利润表管理费用中仍包含该无形资产使用本期摊销额 164 万元。2×24 年度～2×27 年度合并工作底稿(局部)见[例 6-44]和[例 6-45]。

甲公司在编制2×28年度合并财务报表时，该内部无形资产交易相关的抵销处理如下（单位：万元）：

（1）将A公司受让取得该无形资产时其价值中包含的未实现内部销售利润抵销：

借：期初未分配利润　　120①

　贷：无形资产　　120

（2）将A公司上期期末该无形资产价值摊销额中包含的已摊销未实现内部销售利润抵销：

借：累计摊销　　96②

　贷：期初未分配利润　　96

（3）将A公司本期摊销的该无形资产价值中包含的未实现内部销售利润的摊销抵销：

借：累计摊销　　24③

　贷：管理费用　　24

其合并工作底稿(局部)如表6-41所示。

**表6-41　　合并工作底稿(局部)**　　金额单位：万元

| 项目 | 甲公司 | A公司 | 合计 | 调整分录 | | 抵销分录 | | 少数股东权益 | 合并数 |
|---|---|---|---|---|---|---|---|---|---|
| | | | | 借方 | 贷方 | 借方 | 贷方 | | |
| (资产负债表项目) | | | | | | | | | |
| …… | | | | | | | | | |
| 无形资产 | 0 | 0 | 0 | | | | 120① | | −120 |
| 累计摊销 | 0 | 0 | 0 | | | 96②<br>24③ | | | 120 |
| 无形资产净额 | 0 | 0 | 0 | | | 120 | 120 | | 0 |
| …… | | | | | | | | | |
| (利润表项目) | | | | | | | | | |
| …… | | | | | | | | | |
| 管理费用 | 0 | 164 | 164 | | | | 24③ | | 140 |
| …… | | | | | | | | | |
| 营业利润 | 0 | −164 | −164 | | | | 24 | | −140 |
| …… | | | | | | | | | |
| 营业外收入 | 0 | | | | | | | | 0 |
| …… | | | | | | | | | |
| 净利润 | 0 | −164 | −164 | | | | 24 | | −140 |
| (股东权益变动表项目) | | | | | | | | | |
| 期初来分配利润 | 120 | −656 | −536 | | | 120① | 96② | | −560 |
| …… | | | | | | | | | |
| 期末未分配利润 | 120 | −820 | −700 | | | 120 | 120 | | −700 |

# 第九节 特殊交易在合并财务报表中的会计处理

## 一、本期增加或减少子公司时如何编制合并财务报表

### (一) 同一控制下企业合并增加的子公司或业务

同一控制下企业合并增加的子公司或业务,编制合并财务报表时,视同合并后形成的企业集团报告主体自最终控制方开始实施控制时一直是一体化存续下来的。编制合并资产负债表时,应当调整合并资产负债表的期初数,合并资产负债表的留存收益项目应当反映母子公司视同一直作为一个整体运行至合并日应实现的盈余公积和未分配利润的情况,同时应当对比较报表的相关项目进行调整;编制合并利润表时,应当将该子公司或业务自合并当期期初至报告期末的收入、费用、利润纳入合并利润表,而不是从合并日开始纳入合并利润表,同时应当对比较报表的相关项目进行调整;在编制合并现金流量表时,应当将该子公司或业务自合并当期期初到报告期末的现金流量纳入合并现金流量表,同时,应当对比较报表的相关项目进行调整。在编制合并财务报表时,应当对母公司与该子公司或业务自合并当期期初至报告期末之间的内部交易进行抵销处理。

如果某集团公司新设一家子公司,将现有其他子公司或业务注入该新设公司,则在新设公司层面该交易构成同一控制下企业合并,新设公司需要编制合并财务报表,该新设公司应当追溯至自比较期最早期初开始编制合并财务报表,即使比较期最早期初早于该新设公司的成立日,但应不早于被注入的其他子公司或业务处于最终控制方控制的时点。该新设公司的个别报表期初日为其成立日。

### (二) 非同一控制下企业合并或其他方式增加的子公司或业务

编制合并资产负债表时,应当以本期取得的子公司在合并资产负债表日的资产负债表为基础编制。对于本期投资或追加投资取得的子公司,不需要调整合并资产负债表的期初数。但为了提高会计信息的可比性,应当在财务报表附注中披露本期取得的子公司对合并财务报表的财务状况的影响,即披露本期取得的子公司在购买日的资产和负债金额,包括流动资产、长期股权投资、固定资产、无形资产及其他资产和流动负债、长期负债等的金额。

编制合并利润表时,应当以本期取得的子公司自取得控制权日起至本期期末为会计期间的财务报表为基础编制,将本期取得的子公司自取得控制权日起至本期期末的收入、费用和利润通过合并,纳入合并财务报表。同时,为了提高会计信息的可比性,应在财务报表附注中披露本期取得的子公司对合并财务报表的经营成果的影响,以及对前期相关金额的影响,即披露本期取得的子公司自取得控制权日至本期期末止的经营成果,包括营业收入、营业利润、利润总额、所得税费用和净利润等。

编制合并现金流量表时,应当将本期取得的子公司自取得控制权日起至本期期末止的现金流量的信息纳入合并现金流量表,并将取得子公司所支付的现金扣除子公司于购买日持有的现金及现金等价物后的净额,在有关投资活动类的"取得子公司及其他营业单位支付的现金"项目反映。

### （三）本期减少子公司时如何编制合并财务报表

在本期出售转让子公司部分股份或全部股份，丧失对该子公司的控制权而使其成为非子公司的情况下，应当将其排除在合并财务报表的合并范围外。

编制合并资产负债表时，不需要对该出售转让股份而成为非子公司的资产负债表进行合并，但为了提高会计信息的可比性，应当在财务报表附注中披露该子公司成为非子公司对合并财务报表财务状况以及对前期相关金额的影响，即披露该子公司在丧失控制权日及该子公司在上年年末的资产和负债金额，具体包括流动资产、长期股权投资、固定资产、无形资产及其他资产，流动负债、长期负债等。

编制合并利润表时，则应当以该子公司期初至丧失控制权成为非子公司之日止的利润表为基础，将该子公司自期初至丧失控制权之日止的收入、费用、利润纳入合并利润表。同时，为提高会计信息的可比性，在财务报表附注中披露该子公司成为非子公司对合并财务报表的经营成果及对前期相关金额的影响，即披露该子公司自期初至丧失控制权日止的经营成果及上年度的经营成果，具体包括营业收入、营业利润、利润总额、所得税费用和净利润等。

编制现金流量表时，应将该子公司自期初至丧失控制权之日止的现金流量信息纳入合并现金流量表，并将出售该子公司所收到的现金扣除子公司持有的现金和现金等价物及相关处置费用后的净额，在有关投资活动类的“处置子公司及其他营业单位收到的现金”项目反映。

如果在处置子公司当年该公司也已经没有其他子公司，则该公司也应当按照上述规定编制合并财务报表，将该子公司期初至处置日的收入、费用、利润纳入合并利润表，将该子公司期初至处置日的现金流量纳入合并现金流量表，编制合并资产负债表时不应当调整合并资产负债表的期初数。

## 二、追加投资的会计处理

### （一）母公司购买子公司少数股东股权

母公司购买子公司少数股东拥有的子公司股权的，在母公司个别财务报表中，其自子公司少数股东处新取得的长期股权投资应当按照《企业会计准则第 2 号——长期股权投资》的规定确定其入账价值；在合并财务报表中，子公司的资产、负债应以购买日或合并日所确定的净资产价值开始持续计算的金额反映。因购买少数股权新取得的长期股权投资（支付的对价）与按照新增持股比例计算应享有子公司自购买日或合并日开始持续计算的净资产份额之间的差额，调整合并财务报表中的资本公积（资本溢价或股本溢价），资本公积不足冲减的，依次冲减盈余公积和未分配利润。

**【例 6-48】** 2×23 年 12 月 26 日，甲公司以 7 000 万元取得 A 公司 60%的股权，能够对 A 公司实施控制，形成非同一控制下的企业合并。2×24 年 12 月 23 日，甲公司又以公允价值为 2 000 万元、原账面价值为 1 600 万元的固定资产作为对价，自 A 公司的少数股东取得 A 公司 15%的股权。在本例中，甲公司与 A 公司的少数股东在交易前不存在任何关联方关系（不考虑所得税等影响）。

2×23 年 12 月 26 日（购买日），甲公司在取得 A 公司 60%股权时，A 公司可辨认净资产公允价值为 9 000 万元。

2×24年12月23日，在甲公司合并财务报表中，A公司自购买日开始持续计算的净资产账面价值为10 000万元。

在本例中，2×24年12月23日，甲公司进一步取得A公司15%的股权时，甲公司合并财务报表的会计处理如下：

在合并财务报表中，A公司有关的资产和负债按照自购买日开始持续计算的价值（10 000万元）进行合并，无须按照2×24年12月23日的公允价值进行重新计量。甲公司按新增持股比例计算应享有自购买日开始持续计算的A公司净资产份额为1 500万元（10 000×15%），与新增长期股权投资2 000万元之间的差额为500万元，在合并资产负债表中应调整所有者权益相关项目：首先调整归属于母公司的资本公积（资本溢价或股本溢价）；资本公积不足冲减的，冲减归属于母公司的盈余公积；盈余公积不足冲减的，冲减归属于母公司的未分配利润。

甲公司作为对价的固定资产的公允价值（2 000万元）与账面价值（1 600万元）的差异（400万元），应计入甲公司利润表中的资产处置收益。

### （二）企业因追加投资等原因能够对非同一控制下的被投资方实施控制

企业因追加投资等原因，通过多次交易分步实现非同一控制下企业合并的，在合并财务报表上，首先，应结合分步交易的各个步骤的协议条款，以及各个步骤中所分别取得的股权比例、取得对象、取得方式、取得时点及取得对价等信息来判断分步交易是否属于"一揽子交易"。

各项交易的条款、条件及经济影响符合以下一种或多种情况的，通常应将多次交易事项作为"一揽子交易"进行会计处理：①这些交易是同时订立的，或者在考虑了彼此影响的情况下订立的；②这些交易整体才能达成一项完整的商业结果；③一项交易的发生取决于至少一项其他交易的发生；④一项交易单独来看是不经济的，但是和其他交易一并考虑时是经济的。

如果分步取得对子公司股权投资直至取得控制权的各项交易属于"一揽子交易"，则应当将各项交易作为一项取得子公司控制权的交易进行会计处理。

如果不属于"一揽子交易"，则在合并财务报表中，对于购买日之前持有的被购买方的股权，应当按照该股权在购买日的公允价值进行重新计量，公允价值与其账面价值之间的差额计入当期投资收益；购买日之前持有的被购买方的股权涉及权益法核算下的其他综合收益及除净损益、其他综合收益和利润分配外的其他所有者权益变动，与其相关的其他综合收益、其他所有者权益变动应当转为购买日所属当期收益，由于被投资方重新计量设定受益计划净负债或净资产变动而产生的其他综合收益等不能重分类进损益的其他综合收益除外。购买方应当在附注中披露其在购买日之前持有的被购买方的股权在购买日的公允价值、按照公允价值重新计量产生的相关利得或损失的金额。

**【例6-49】** 2×22年1月1日，甲公司以每股3元的价格购入A公司股票500万股，并由此持有A公司5%的股权。投资前，甲公司与A公司不存在关联方关系。甲公司将对A公司的该项投资指定为以公允价值计量且其变动计入其他综合收益的金融资产。2×24年1月1日，甲公司以现金2.2亿元为对价，向A公司大股东收购A公司55%的股权，从而取得对A公司的控制权；A公司当日股价为每股4元，A公司可辨认净资产的公允价值为3亿元。甲公司购买A公司5%股权和后续购买55%的股权不构成"一揽子交易"（不考虑所得税等影响）。

甲公司在编制合并财务报表时，首先，应考虑对原持有股权按公允价值进行重新计量。因为甲公司将原持有A公司5%的股权作为其他权益工具投资，所以2×24年1月1日，该股权的公允价值与其账面价值相等，为2 000万元，不存在差额。同时，将原计入其他综合收益的累计公允价值变动500万元[500×(4－3)]转入留存收益。其次，按照《企业会计准则第20号——企业合并》有关非同一控制下企业合并的相关规定，甲公司购买A公司股权并取得控制权的合并对价为2.4亿元（原持有股权在购买日的公允价值0.2亿元＋合并日应支付的对价2.2亿元）。甲公司享有A公司于购买日的可辨认净资产公允价值的份额为1.8亿元（3×60%），因此，购买日形成的商誉为0.6亿元（2.4－1.8）。

**【例6-50】** 2×22年1月1日，甲公司以现金4 000万元取得A公司20%的股权并具有重大影响，按权益法进行核算。当日，A公司可辨认净资产公允价值为1.8亿元。2×24年1月1日，甲公司另支付现金9 000万元取得A公司35%股权，并取得对A公司的控制权。2×24年1月1日，甲公司原持有的对A公司20%股权的公允价值为5 000万元，账面价值为4 600万元（其中，与A公司权益法核算相关的累计净损益为150万元，累计其他综合收益为450万元）；A公司可辨认净资产公允价值为2.2亿元（不考虑所得税等影响）。

甲公司在编制合并财务报表时，首先，应对原持有股权按照公允价值进行重新计量。在购买日（2×24年1月1日），该项股权投资的公允价值为5 000万元，与其账面价值（4 600万元）之间的差额（400万元）应计入合并当期投资收益；同时，将原计入其他综合收益的450万元转入合并当期投资收益。其次，按照《企业会计准则第20号——企业合并》有关非同一控制下企业合并的相关规定，甲公司购买A公司股权并取得控制权的合并对价应为1.4亿元（原持有股权于购买日的公允价值0.5亿元＋合并日新支付的对价0.9亿元）。甲公司享有A公司在购买日的可辨认净资产公允价值的份额为1.21亿元（2.2×55%），因此，购买日形成的商誉为0.19亿元（1.4－1.21）。

购买方以“一揽子交易”方式分步取得对被投资单位的控制权，双方协议约定，若购买方最终未取得控制权，“一揽子交易”将整体撤销，并返还购买方已支付价款。在这种情况下，购买方应按照相关规定恰当确定购买日和企业合并成本，在取得控制权时确认长期股权投资，取得控制权之前已支付的款项应作为预付投资款项处理。

**（三）通过多次交易分步实现同一控制下企业合并**

对于分步实现的同一控制下企业合并，在编制合并财务报表时，应视同参与合并的各方在最终控制方开始控制时即以目前的状态存在进行调整，在编制比较报表时，以不早于合并方和被合并方同处于最终控制方的控制之下的时点开始，将被合并方的有关资产、负债并入合并方合并财务报表的比较报表，并将合并而增加的净资产在比较报表中调整所有者权益项下的相关项目。

为避免对被合并方净资产的价值进行重复计算，合并方在取得被合并方控制权之前持有的股权投资，在取得原股权之日与合并方和被合并方同处于同一方最终控制之日孰晚日起至合并日之间已确认有关损益、其他综合收益及其他净资产变动的，应分别冲减比较报表期间的期初留存收益或当期损益等。

**【例6-51】** 甲公司为P公司的全资子公司。2×22年1月1日，甲公司与非关联方A公司各出资600万元和1 400万元设立乙公司，并各持有乙公司30%和70%的股权。

2×23 年 1 月 1 日，P 公司向 A 公司收购其持有乙公司 70%的股权，乙公司成为 P 公司的全资子公司，当日，乙公司净资产的账面价值与其公允价值相等。

2×24 年 3 月 1 日，甲公司向 P 公司购买其持有乙公司 70%的股权，乙公司成为甲公司的全资子公司。

甲公司与 A 公司不存在关联关系，甲公司购买乙公司 70%股权的交易和原取得乙公司 30%股权的交易不属于“一揽子交易”，甲公司在可预见的未来打算一直持有乙公司股权。

乙公司 2×22 年 1 月 1 日至 2×23 年 1 月 1 日实现净利润 800 万元，2×23 年 1 月 1 日至 2×24 年 1 月 1 日实现净利润 600 万元，2×24 年 1 月 1 日至 2×24 年 3 月 1 日实现净利润 100 万元（不考虑所得税等影响）。

在本例中，2×24 年 3 月 1 日，甲公司从 P 公司手中购买乙公司 70%股权的交易属于同一控制下企业合并。并且甲公司自 2×23 年 1 月 1 日起与乙公司同受 P 公司最终控制，甲公司合并财务报表应自取得原股权之日（2×22 年 1 月 1 日）和双方同处于同一方最终控制之日（2×23 年 1 月 1 日）孰晚日（2×23 年 1 月 1 日）起，将乙公司纳入合并范围。

在甲公司合并财务报表中，视同自 2×23 年 1 月 1 日起，甲公司即持有乙公司 100%的股权，重溯 2×23 年 1 月 1 日的报表项目，2×22 年 1 月 1 日至 2×23 年 1 月 1 日的合并财务报表并不重溯。

2×23 年 1 月 1 日，乙公司净资产的账面价值为 2 800 万元（2 000＋800）。此前，甲公司持有对乙公司的长期股权投资的账面价值为 840 万元（600＋800×30%）。因此，甲公司在编制合并财务报表时，并入乙公司 2×23 年（比较期间）年初各项资产、负债后，因合并而增加净资产 2 800 万元，冲减长期股权投资账面价值 840 万元，两者之间的差额调增资本公积 1 960 万元（2 800－840）。甲公司应进行合并处理如下（单位：万元）：

| | | |
|---|---|---|
| 借：资产、负债 | 2 800 | |
| 　贷：长期股权投资 | | 840 |
| 　　资本公积 | | 1 960 |

甲公司对于合并日（即 2×24 年 3 月 1 日）的各报表项目，除按照本章第 2 节的一般规定编制合并分录外，还应冲减 2×23 年 1 月 1 日至 2×24 年 1 月 1 日对乙公司 30%的长期股权投资的权益法核算结果，冲减乙公司 2×24 年 1 月 1 日至 2×24 年 3 月 1 日实现的净利润中按照权益法核算归属于甲公司的份额。即冲减期初留存收益 180 万元（600×30%），冲减投资收益 30 万元（100×30%）。甲公司应进行合并处理如下（单位：万元）：

| | | |
|---|---|---|
| 借：期初留存收益 | 180 | |
| 　投资收益 | 30 | |
| 　贷：长期股权投资 | | 210 |

## 三、处置对子公司投资的会计处理

### （一）在不丧失控制权的情况下部分处置对子公司长期股权投资

母公司在不丧失控制权的情况下部分处置对子公司长期股权投资的，在母公司个别财务报表中作为长期股权投资的处置，确认有关处置损益。即出售股权取得的价款或对价的公允价值与所处置投资账面价值的差额，应作为投资收益或损失计入处置投资当期母公司的个别财务报表；在合并财务报表中，因出售部分股权后，母公司仍能够对被投资单位实施控制，被投资单位应当纳入母公司合并财务报表。因此，在合并财务报表中，处置价款与处置长期股权投资相对应享有子公司自购买日或合并日开始持续计算的净资产份额之间的差额，应当调整资本公积（资本溢价或股本溢价），资本公积不足冲减的，依次冲减盈余公积和未分配利润。上述情形下确定子公司净资产份额时按照如下原则考虑商誉：

母公司不丧失控制权情况下处置子公司部分股权时，在合并财务报表中，可以把子公司净资产分为两部分：①归属于母公司的所有者权益（包含子公司净资产和商誉）；②少数股东权益（包含子公司净资产，但不包含商誉）。母公司购买或出售子公司部分股权时，为两类所有者之间的交易。当母公司购买少数股权时，按比例把少数股东权益（包含子公司净资产，但不包含商誉）的账面价值调整至归属于母公司的所有者权益；反之，当母公司出售部分股权时，按比例把归属于母公司的所有者权益（包含子公司净资产和商誉）的账面价值调整至少数股东权益。

母公司不丧失控制权情况下处置子公司部分股权时，不应终止确认所处置股权对应的商誉。

**【例 6-52】** A 上市公司在以前年度通过非同一控制下企业合并方式取得 B 公司 80%的股权，2×22 年，A 公司把所持的 B 公司的 20%股权转让给第三方，并未丧失控制权。20%股权转让前，B 公司在 A 公司合并财务报表中财务数据如表 6-42 所示。

**表 6-42　　合并财务报表相关财务数据**　　单位：万元

| 项目 | 金额 |
|---|---|
| 商誉 | 8 000 |
| B公司可辨认净资产公允价值 | 100 000 |
| 净资产合计 | 108 000 |
| 其中：归属于母公司所有者权益 | 88 000 |
| 少数股东权益 | 20 000 |

A 公司处置 20%股权对应享有子公司自购买日或合并日开始持续计算的净资产份额为 22 000 万元（20%÷80%×88 000）；处置后，计算重新划分归属于母公司所有者权益为 66 000 万元（88 000－22 000），少数股东权益为 42 000 万元（20 000＋22 000）。

### （二）母公司因处置对子公司长期股权投资而丧失控制权

1. 一次交易处置子公司

母公司因处置部分股权投资或其他原因丧失了对原有子公司控制的，在合并财务报表中，应当进行会计处理如下：

（1）终止确认相关资产负债、商誉等的账面价值，并终止确认少数股东权益（包括属于少数股东的其他综合收益）的账面价值。

（2）按照丧失控制权日的公允价值进行重新计量剩余股权，按剩余股权对被投资方的影响程度，将剩余股权作为长期股权投资或金融工具进行核算。

（3）处置股权取得的对价与剩余股权的公允价值之和，减去按原持股比例计算应享有原有子公司自购买日开始持续计算的净资产账面价值份额与商誉之和，形成的差额计入丧失控制权当期的投资收益。

(4) 与原有子公司的股权投资相关的其他综合收益、其他所有者权益变动，应当在丧失控制权时转入当期损益，由于被投资方重新计量设定受益计划净负债或净资产变动而产生的其他综合收益等不能重分类进损益的其他综合收益除外。

2. 多次交易分步处置子公司

企业通过多次交易分步处置对子公司股权投资直至丧失控制权，在合并财务报表中，首先应判断分步交易是否属于"一揽子交易"。

如果分步交易不属于"一揽子交易"，则在丧失对子公司控制权以前的各项交易，应按照本部分"(一)在不丧失控制权的情况下部分处置对子公司长期股权投资"的规定进行会计处理。

如果分步交易属于"一揽子交易"，则应将各项交易作为一项处置原有子公司并丧失控制权的交易进行会计处理，其中，对于丧失控制权之前的每一次交易，处置价款与处置投资对应的享有该子公司自购买日开始持续计算的净资产账面价值的份额之间的差额，在合并财务报表中应当计入其他综合收益，在丧失控制权时一并转入丧失控制权当期的损益。

**【例 6-53】** 为集中力量发展优势业务，甲公司计划剥离辅业，处置全资子公司 A 公司。2×21 年 11 月 20 日，甲公司与乙公司签订不可撤销的转让协议，约定甲公司向乙公司转让其持有的 A 公司 100%的股权，对价总额为 7 000 万元。考虑到股权平稳过渡，双方协议约定，乙公司应在 2×21 年 12 月 31 日之前支付 3 000 万元，以先取得 A 公司 30%的股权；乙公司应在 2×21 年 12 月 31 日之前支付 4 000 万元，以取得 A 公司剩余 70%的股权。2×21 年 12 月 31 日至乙公司支付剩余价款的期间，A 公司仍由甲公司控制，若 A 公司在此期间向股东进行利润分配，则后续 70%股权的购买对价按甲公司已分得的金额进行相应调整。

2×21 年 12 月 31 日，乙公司按照协议约定向甲公司支付 3 000 万元，甲公司将 A 公司 30%的股权转让给乙公司，股权变更手续已于当日完成；当日 A 公司自购买日持续计算的净资产账面价值为 5 000 万元。

2×22 年 9 月 30 日，乙公司向甲公司支付 4 000 万元，甲公司将 A 公司剩余 70%股权转让给乙公司并办理完毕股权变更手续，自此乙公司取得 A 公司的控制权；当日，A 公司自购买日持续计算的净资产账面价值为 6 000 万元。

2×22 年 1 月 1 日至 2×22 年 9 月 30 日，A 公司实现净利润 1 000 万元，无其他净资产变动事项（不考虑所得税等影响）。

在本例中，甲公司通过两次交易，分步处置其持有的 A 公司 100%的股权：第一次交易处置 A 公司 30%的股权，仍保留对 A 公司的控制；第二次交易处置剩余 70%的股权，并丧失对 A 公司的控制权。

分析上述两次交易是否属于"一揽子交易"：

(1) 甲公司处置 A 公司股权是出于集中力量发展优势业务，剥离辅业的考虑。甲公司的目的是全部处置其持有的 A 公司股权，两次处置交易结合起来才能达到其商业目的。

(2) 两次交易在同一转让协议中同时约定。

(3) 在第一次交易中，30%股权的对价为 3 000 万元，相对于 100%股权的对价总额 7 000 万元而言，第一次交易单独来看对乙公司而言并不经济，和第二次交易一并考虑才反映真正的经济影响，此外，如果在两次交易期间A公司进行了利润分配，也将据此调整对价，说明两次交易是在考虑了彼此影响的情况下订立的。

综上所述，在合并财务报表中，两次交易应作为“一揽子交易”，按照分步处置子公司股权至丧失控制权并构成“一揽子交易”的相关规定进行会计处理。

2×21年12月31日，甲公司转让A公司30%的股权，在A公司中所占股权比例下降至70%，甲公司仍控制A公司。在合并财务报表中，该笔交易体现为银行存款增加3 000万元，少数股东权益增加1 500万元，处置价款3 000万元与处置30%股权对应的A公司净资产账面份额1 500万元(5 000×30%)之间的差额为1 500万元，在合并财务报表中计入其他综合收益。

2×22年1月1日至2×12年9月30日，A公司作为甲公司持股70%的非全资子公司应纳入甲公司合并财务报表合并范围，A公司实现的净利润1 000万元中归属于乙公司的份额300万元(1 000×30%)，在甲公司合并财务报表中确认少数股东损益300万元，并调整少数股东权益。

2×22年9月30日，甲公司转让A公司剩余70%股权，丧失对A公司的控制权，不再将A公司纳入合并范围。甲公司应终止确认对A公司的长期股权投资及少数股东权益等，并将处置价款4 000万元与享有的A公司净资产份额4 200万元(6 000×70%)之间的差额200万元，计入当期损益；同时，将第一次交易计入其他综合收益的1 500万元转入当期损益。

## 四、因其他股东对子公司增资导致母公司股权稀释的会计处理

如果其他股东对子公司进行增资，导致母公司股权稀释但母公司仍控制子公司，则母公司应当按照增资前的股权比例计算其在增资前子公司自购买日(合并日)开始持续计算的净资产账面价值中的份额，该份额与增资后按母公司持股比例计算的在增资后子公司净资产账面价值份额之间的差额计入资本公积，资本公积不足冲减的，依次冲减盈余公积和未分配利润。

**【例6-54】** 2×22年1月1日，甲公司和乙公司分别出资800万元和200万元设立A公司，甲公司、乙公司的持股比例分别为80%和20%。A公司为甲公司的子公司。

2×23年1月1日，乙公司对A公司增资400万元，增资后占A公司股权比例为30%。增资完成后，甲公司仍控制A公司。A公司自成立日至增资前实现净利润1 000万元，除此以外，不存在其他影响A公司净资产变动的事项(不考虑所得税等影响)。

在本例中，甲公司持股比例原为80%，由于少数股东乙公司增资而变为70%。增资前，甲公司按照80%的持股比例享有的A公司净资产账面价值为1 600万元(2 000×80%)；增资后，甲公司按照70%持股比例享有的净资产账面价值为1 680万元(2 400×70%)，两者之间的差额80万元，在甲公司合并资产负债表中应调增资本公积。

如果其他股东对子公司进行增资，导致母公司股权稀释并丧失对子公司的控制权，应按照本节“三、处置对子公司投资的会计处理”中的“(二)母公司因处置对子公司长期股权投资而丧失控制权”处理。

## 五、交叉持股的合并处理

交叉持股是指在由母公司和子公司组成的企业集团中，母公司持有子公司一定比例的

股份，能够对其实施控制，同时，子公司也持有母公司一定比例的股份，即相互持有对方的股份。

母公司和子公司有交互持股情形的，在编制合并财务报表时，对于母公司持有的子公司股权，与通常情况下母公司长期股权投资与子公司所有者权益的合并抵销处理相同。对于子公司持有的母公司股权，应当按照子公司取得母公司股权日所确认的长期股权投资的初始投资成本，将其转为合并财务报表中的库存股，作为所有者权益的减项，在合并资产负债表中所有者权益项目下以"减：库存股"项目列示；对于子公司持有母公司股权所确认的投资收益（如利润分配或现金股利），应当进行抵销处理。子公司将所持有的母公司股权分类为以公允价值计量且其变动计入当期损益或其他综合收益的金融资产，按照公允价值计量的，同时冲销子公司累计确认的公允价值变动。

子公司相互之间持有的长期股权投资，应当比照母公司对子公司的股权投资的抵销方法，将长期股权投资与其对应的子公司所有者权益中所享有的份额相互抵销。

## 六、逆流交易的合并处理

如果母子公司之间发生逆流交易，即子公司向母公司出售资产，则所发生的未实现内部交易损益，应当按照母公司对该子公司的分配比例在归属于母公司所有者的净利润和少数股东损益之间分配抵销。

**【例 6-55】** 甲公司是 A 公司的母公司，持有 A 公司 80%的股份。2×23 年 5 月 1 日，A 公司向甲公司销售商品 1 000 万元，商品销售成本为 700 万元，甲公司以银行存款支付全款，将购进的该批商品作为存货核算。截至 2×23 年 12 月 31 日，该批商品仍有 20%未实现对外销售。2×23 年年末，甲公司对剩余存货进行检查，发现未发生存货跌价损失。除此之外，甲公司与 A 公司 2×23 年未发生其他交易（不考虑所得税等影响）。

在本例中，2×23 年存货包含的未实现内部销售损益为 60 万元[(1 000－700)×20%]。在 2×23 年合并财务报表工作底稿中的抵销分录如下（单位：万元）：

| | | |
|---|---|---|
| 借：期初留存收益 | 180 | |
| 　　投资收益 | 30 | |
| 　　贷：长期股权投资 | | 210 |

同时，由于该交易为逆流交易，故应将内部销售形成的存货中包含的未实现内部销售损益在甲公司和 A 公司少数股东之间进行分摊。

在存货包含的未实现内部销售损益中，归属于少数股东的未实现内部销售损益分摊金额为 12 万元（60×20%）。在 2×23 年合并财务报表工作底稿中的抵销分录如下（单位：万元）：

| | | |
|---|---|---|
| 借：少数股东权益 | 12 | |
| 　　贷：少数股东损益 | | 12 |

子公司之间出售资产所发生的未实现内部交易损益，应当按照母公司对出售方子公司的持股比例在归属于母公司所有者的净利润和少数股东损益之间分配抵销。

## 七、其他特殊交易

对于站在企业集团合并财务报表角度的确认和计量结果与其所属的母公司或子公司的

个别财务报表层面的确认和计量结果不一致的，在编制合并财务报表时，应站在企业集团角度对该特殊交易事项予以调整。例如，母公司将借款作为实收资本投入子公司用于长期资产的建造，母公司应在合并财务报表层面反映借款利息的资本化金额。又如，子公司作为投资性房地产的大厦，出租给集团内其他企业使用，母公司应在合并财务报表层面作为固定资产反映。

# 第十节　所得税会计相关的合并处理

## 一、所得税会计概述

在编制合并财务报表时，由于需要对企业集团内部交易进行合并抵销处理，由此可能导致在合并财务报表中反映的资产、负债账面价值与其计税基础不一致。为了使合并财务报表全面反映所得税相关的影响，特别是当期所负担的所得税费用的情况，应当进行所得税会计核算，在计算确定资产、负债的账面价值与计税基础之间差异的基础上，确认相应的递延所得税资产或递延所得税负债。

## 二、内部应收款项相关所得税会计的合并处理

在编制合并财务报表时，随着内部债权债务的抵销，也必须将内部应收账款计提的坏账准备予以抵销。通过对其进行合并抵销处理后，合并财务报表中该内部应收账款已不存在，由内部应收账款账面价值与计税基础之间的差异所形成的暂时性差异也不存在。在编制合并财务报表时，对持有该集团内部应收款项的企业因该暂时性差异确认的递延所得税资产，则需要进行抵销处理。

**【例 6-56】**　甲公司为 A 公司的母公司，甲公司本期个别资产负债表应收账款中有 1 700 万元为应收 A 公司账款，该应收账款账面余额为 1 800 万元，甲公司当年对其计提坏账准备 100 万元。A 公司本期个别资产负债表中列示应付甲公司账款 1 800 万元。甲公司和 A 公司适用的所得税税率均为 25%。

甲公司在编制合并财务报表时，其合并处理如下（单位：万元）：

（1）将内部应收账款与应付账款相互抵销，其抵销分录如下：

| | | |
|---|---|---|
| 借：应付账款 | 1 800① | |
| 　　贷：应收账款 | | 1 800 |

（2）将内部应收账款计提的坏账准备予以抵销，其抵销分录如下：

| | | |
|---|---|---|
| 借：应收账款 | 100② | |
| 　　贷：信用减值损失 | | 100 |

（3）将甲公司对内部应收账款计提坏账准备导致暂时性差异确认的递延所得税资产予以抵销。在本例中，甲公司在其个别财务报表中，对应收 A 公司账款计提坏账准备 100 万元，由此导致应收 A 公司账款的账面价值调整为 1 700 万元，而该应收账款的计税基础仍为 1 800 万元，应收 A 公司账款的账面价值 1 700 万元与其计税基础 1 800 万元之间的差额

100 万元，则形成当年暂时性差异。对此，按照《企业会计准则第 18 号——所得税》的规定，应当确认该暂时性差异相应的递延所得税资产 25 万元（100×25%）。甲公司在其个别财务报表中确认递延所得税资产时，借记“递延所得税资产”科目 25 万元，贷记“所得税费用”科目 25 万元。在编制合并财务报表时，随着内部应收账款及其计提药坏账准备的抵销，在合并财务报表中该应收账款已不存在，由甲公司在其个别财务报表中因应收 A 公司账款账面价值与其计税基础之间形成的暂时性差异也不存在，对该暂时性差异确认的递延所得税资产则需要予以抵销。在编制合并财务报表对其进行合并抵销处理时，其抵销分录如下（单位：万元）：

借：所得税费用　　25③

　贷：递延所得税资产　　25

根据上述抵销分录，编制合并工作底稿（局部）如表 6-43 所示。

表 6-43　　合并工作底稿（局部）　　金额单位：万元

| 项目 | 甲公司 | A 公司 | 合计 | 调整分录 | | 抵销分录 | | 少数股东权益 | 合并数 |
|---|---|---|---|---|---|---|---|---|---|
| | | | | 借方 | 贷方 | 借方 | 贷方 | | |
| （资产负债表项目） | | | | | | | | | |
| …… | | | | | | | | | |
| 应收账款 | 1 700 | | 1 700 | | | 100② | 1 800① | | 0 |
| …… | | | | | | | | | |
| 递延所得税资产 | 25 | | 25 | | | | 25③ | | 0 |
| …… | | | | | | | | | |
| 应付账款 | | 1 800 | 1 800 | | | 1 800① | | | 0 |
| …… | | | | | | | | | |
| （利润表项目） | | | | | | | | | |
| …… | | | | | | | | | |
| 信用减值损失 | 100 | | 100 | | | | 100② | | 0 |
| …… | | | | | | | | | |
| 营业利润 | −100 | | −100 | | | | 100 | | 0 |
| …… | | | | | | | | | |
| 利润总额 | −100 | | −100 | | | | 100 | | 0 |
| 所得税费用 | −25 | | −25 | | | 25③ | | | 0 |
| 净利润 | −75 | | −75 | | | 25 | 100 | | 0 |
| （股东权益变动表项目） | | | | | | | | | |
| 期初未分配利润 | 0 | | 0 | | | | 0 | | 0 |
| …… | | | | | | | | | |
| 期末未分配利润 | −75 | | −75 | | | 25 | 100 | | 0 |

## 三、内部交易存货相关所得税会计的合并处理

企业在编制合并财务报表时，应当将纳入合并范围的母公司与子公司及子公司相互之间发生的内部交易对个别财务报表的影响予以抵销，其中，包括内部商品交易所形成的存货价值中包含的未实现内部销售损益的金额。内部商品交易所形成的存货，从持有该存货的企业来说，假定不考虑计提资产减值损失，其取得成本就是该资产的账面价值，其中包括销售企业因该销售所实现的损益，这一取得成本也就是计税基础。由于所得税是以独立的法人实体为对象计征的，故这一计税基础也是合并财务报表中该存货的计税基础。此时，账面价值与其计税基础是一致的，不存在暂时性差异，也不涉及确认递延所得税资产或递延所得税负债的问题。但在编制合并财务报表过程中，随着内部商品交易所形成的存货价值包含的未实现内部销售损益的抵销，合并资产负债表所反映的存货价值是以原来内部销售企业该商品的销售成本列示的，不包含未实现内部销售损益。由此导致在合并资产负债表所列示的存货的价值与持有该存货的企业计税基础不一致，存在着暂时性差异。这一暂时性差异的金额就是编制合并财务报表时所抵销的未实现内部销售损益的数额。从合并财务报表编制来说，对于这一暂时性差异，则必须确认递延所得税资产或递延所得税负债。当内部交易双方适用税率不同时，合并财务报表中递延所得税的计算应按购买方(即资产最终持有方)的适用税率确定(下同)。

**【例 6-57】** 甲公司持有 A 公司 80%的股权，是 A 公司的母公司。甲公司 2×24 年利润表列示的营业收入为 5 000 万元，是当年向 A 公司销售产品取得的销售收入，该产品销售成本为 3 500 万元。A 公司在 20×3 年将该批内部购进商品的 60%实现对外销售，其销售收入为 3 750 万元，销售成本为 3 000 万元，并列示于其利润表中；该批商品的另外 40%则形成 A 公司期末存货，即期末存货为 2 000 万元，列示于 A 公司 2×24 年的资产负债表之中。甲公司和 A 公司适用的企业所得税税率均为 25%。

甲公司在编制合并财务报表时，将内部销售收入与内部销售成本及存货价值中包含的未实现内部销售利润抵销，其合并抵销处理如下(单位：万元)：

| | |
|---|---|
| 借：营业收入 | 5 000① |
| 　贷：营业成本 | 4 400 |
| 　　存货 | 600 |

确认因编制合并财务报表导致的存货账面价值与其计税基础之间的暂时性差异相关递延所得税资产。在本例中，对 A 公司来说，其持有该存货账面价值与计税基础均为 2 000 万元；对甲集团公司来说，通过上述合并抵销处理，合并资产负债表中该存货的价值为 1 400 万元；由于甲公司和 A 公司均为独立的法人实体，这一存货的计税基础应从 A 公司的角度来考虑，即其计税基础为 2 000 万元。因该内部交易抵销的未实现内部销售损益导致的暂时性差异为 600 万元(2 000－1 400)，实际上就是抵销的未实现内部销售损益的全额。为此，编制合并财务报表时，还应当对该暂时性差异确认递延所得税资产 150 万元(600×25%)。进行合并抵销处理时，其抵销分录如下(单位：万元)：

| | |
|---|---|
| 借：递延所得税资产 | 150② |
| 　贷：所得税费用 | 150 |

根据上述抵销分录，其合并工作底稿(局部)如表 6-44 所示。

表 6-44　　合并工作底稿(局部)　　金额单位：万元

| 项目 | 甲公司 | A 公司 | 合计 | 调整分录 | | 抵销分录 | | 少数股东权益 | 合并数 |
|---|---|---|---|---|---|---|---|---|---|
| | | | | 借方 | 贷方 | 借方 | 贷方 | | |
| (资产负债表项目) | | | | | | | | | |
| | | | | | | | | | |
| 存货 | | 2 000 | 2 000 | | | | 600① | | 1 400 |
| | | | | | | | | | |
| 递延所得税资产 | 0 | 0 | 0 | | | 150② | | | 150 |
| | | | | | | | | | |
| (利润表项目) | | | | | | | | | |
| 营业收入 | 5 000 | 3 750 | 8 750 | | | 5 000① | | | 3 750 |
| 营业成本 | 3 500 | 3 000 | 6 500 | | | | 4 400① | | 2 100 |
| | | | | | | | | | |
| 营业利润 | 1 500 | 750 | 2 250 | | | 5 000① | 4 400 | | 1 650 |
| | | | | | | | | | |
| 利润总额 | 1 500 | 750 | 2 250 | | | 5 000 | 4 400 | | 1 650 |
| 所得税费用 | 375 | 187.5 | 562.5 | | | | 150② | | 412.5 |
| 净利润 | 1 125 | 562.5 | 1 687.5 | | | 5 000 | 4 550 | | 1 237.5 |
| (股东权益变动表项目) | | | | | | | | | |
| 期初未分配利润 | 0 | 0 | 0 | | | | | | 0 |
| | | | | | | | | | |
| 期末未分配利润 | 1 125 | 562.5 | 1 687.5 | | | 5 000 | 4 550 | | 1 237.5 |

## 四、内部交易固定资产等相关所得税会计的合并处理

对于内部交易形成的固定资产，编制合并财务报表时应当将该内部交易对个别财务报表的影响予以抵销，其中包括将内部交易形成的固定资产价值中包含的未实现内部销售利润予以抵销。对于内部交易形成的固定资产，从持有该固定资产的企业角度来说，假定不考虑计提资产减值损失，其取得成本就是该固定资产的账面价值，其中，包括销售企业因该销售所实现的损益，这一账面价值与其计税基础是一致的，不存在着暂时性差异，也不涉及确认递延所得税资产或递延所得税负债的问题。但在编制合并财务报表时，随着内部交易所形成的固定资产价值所包含的未实现内部销售损益的抵销，合并资产负债表中所反映的该固定资产价值不包含这一未实现内部销售损益，也就是说是以原销售企业该商品的销售成本列示的，导致在合并资产负债表所列示的固定资产价值与持有该固定资产的企业计税基础不一致，存在着暂时性差异。这一暂时性差异的金额就是编制合并财务报表时所抵销的

未实现内部销售损益的数额。从合并财务报表角度来说，对于这一暂时性差异，在编制合并财务报表时，必须确认相应的递延所得税资产或递延所得税负债。

**【例 6-58】** A 公司和 B 公司均为甲公司控制下的子公司。A 公司于 2×24 年 1 月 1 日将自己生产的产品销售给 B 公司，B 公司将其作为固定资产使用，A 公司销售该产品的销售收入为 1 680 万元，销售成本为 1 200 万元。A 公司在 2×24 年度利润表中列示该销售收入 1 680 万元，该销售成本 1 200 万元。B 公司以 1 680 万元的价格作为该固定资产的原价入账。B 公司购买的该固定资产用于公司的销售业务，该固定资产属于不需要安装的固定资产，当月投入使用，其折旧年限为 4 年，预计净残值为 0。B 公司对该固定资产确定的折旧年限和预计净残值与税法规定一致。为简化合并处理，假定该内部交易固定资产在交易当年按 12 个月计提折旧。B 公司在 2×24 年 12 月 31 日的资产负债表中列示该固定资产，其原价为 1 680 万元，累计折旧为 420 万元，固定资产净值为 1 260 万元。A 公司、B 公司和甲公司适用的所得税税率均为 25%。

甲公司在编制合并财务报表时，应当进行抵销处理如下(单位：万元)：

(1) 将该内部交易固定资产相关销售收入与销售成本及原价中包含的未实现内部销售利润予以抵销。其抵销分录如下：

| | | |
|---|---|---|
| 借：营业收入 | 1 680① | |
| 　贷：营业成本 | | 1 200 |
| 　　固定资产原价 | | 480 |

(2) 将当年计提的折旧和累计折旧中包含的未实现内部销售损益的金额予以抵销。其抵销分录如下：

| | | |
|---|---|---|
| 借：累计折旧 | 120② | |
| 　贷：销售费用 | | 120 |

(3) 确认因编制合并财务报表导致的内部交易固定资产账面价值与其计税基础之间的暂时性差异相关递延所得税资产。

本例中，确认递延所得税资产或负债相关计算如下：

B 公司该固定资产的账面价值＝固定资产原价－当年计提的折旧额
＝1 680－420＝1 260(万元)

B 公司该固定资产的计税基础＝固定资产原价－当年计提的折旧额
＝1 680－420＝1 260(万元)

根据上述计算，从 B 公司角度来看，因该内部交易形成的固定资产账面价值与其计税基础相同，不产生暂时性差异，故在 B 公司个别财务报表中不涉及确认递延所得税资产或递延所得税负债的问题。

合并财务报表中该固定资产的账面价值＝企业集团取得该资产的成本－按取得资产成本计算确定的折旧额
＝1 200－300＝900(万元)

合并财务报表中该固定资产的计税基础＝B 公司该固定资产的计税基础＝1 260(万元)

合并财务报表中该固定资产相关的暂时性差异＝账面价值－计税基础
＝900－1 260＝－360(万元)

关于计税基础,企业所得税是以单个企业的纳税所得为对象计算征收的。某一资产的计税基础是从使用该资产的企业来考虑的。对某一企业来说,资产的取得成本就是其计税基础。由于该内部交易固定资产属于B公司拥有并使用,B公司该固定资产的计税基础也就是整个企业集团的计税基础,故个别财务报表确定的该固定资产的计税基础与合并财务报表确定的该固定资产的计税基础是相同的。

关于合并财务报表中该固定资产的账面价值,是以抵销未实现内部销售利润后的固定资产原价(即销售企业的销售成本)1 200 万元(固定资产原价 1 680 万元—未实现内部销售利润 480 万元),以及按抵销未实现内部销售利润后的固定资产原价计算的折旧额为基础计算的。

合并财务报表中该固定资产相关的暂时性差异,就是因抵销未实现内部销售利润而产生的。在本例中,该固定资产原价抵销的未实现内部销售利润为 480 万元,同时该固定资产使用而当年计提的折旧额 420 万元中也包含未实现内部销售利润 120 万元,这 120 万元随着固定资产折旧而结转为已实现内部销售利润,因此,该内部交易形成的固定资产价值中当年实际抵销的未实现内部销售利润为 360 万元(480—120)。这 360 万元也就是因未实现内部销售利润而产生的暂时性差异。

对于合并财务报表中该内部交易固定资产因未实现内部销售利润的抵销而产生的暂时性差异,应当确认的递延所得税资产为 90 万元(360×25%)。本例中,确认相关递延所得税资产的合并抵销分录如下(单位:万元):

借:递延所得税资产　　90③
　贷:所得税费用　　90

根据上述抵销分录,编制合并工作底稿(局部)如表 6-45 所示。

表 6-45　　合并工作底稿(局部)　　金额单位:万元

| 项目 | A公司 | B公司 | 合计 | 调整分录 | | 抵销分录 | | 少数股东权益 | 合并数 |
|---|---|---|---|---|---|---|---|---|---|
| | | | | 借方 | 贷方 | 借方 | 贷方 | | |
| (资产负债表项目) | | | | | | | | | |
| …… | | | | | | | | | |
| 固定资产原价 | | 1 680 | 1 680 | | | | 480① | | 1 200 |
| 累计折旧 | | 420 | 420 | | | 120② | | | 300 |
| 固定资产净值 | | 1 260 | 1 260 | | | 120 | 480 | | 900 |
| …… | | | | | | | | | |
| 递延所得税资产 | | | | | | 90③ | | | 90 |
| …… | | | | | | | | | |
| (利润表项目) | | | | | | | | | |
| 营业收入 | 1 680 | | 1 680 | | | 1 680① | | | 0 |
| 营业成本 | 1 200 | | 1 200 | | | | 1 200① | | 0 |
| …… | | | | | | | | | |

（续表）

| 项目 | A公司 | B公司 | 合计 | 调整分录 | | 抵销分录 | | 少数股东权益 | 合并数 |
|---|---|---|---|---|---|---|---|---|---|
| | | | | 借方 | 贷方 | 借方 | 贷方 | | |
| 销售费用 | | 420 | 420 | | | | 120② | | 300 |
| | | | | | | | | | |
| 营业利润 | 480 | −420 | 60 | | | 1 680 | 1 320 | | −300 |
| …… | | | | | | | | | |
| 利润总额 | 480 | −420 | 60 | | | 1 680 | 1 320 | | −300 |
| 所得税费用 | 120 | −105 | 15 | | | | 90③ | | −75 |
| 净利润 | 360 | −315 | 45 | | | 1 680 | 1 410 | | −225 |
| （股东权益变动表项目） | | | | | | | | | |
| 期初未分配利润 | 0 | 0 | 0 | | | | | | 0 |
| …… | | | | | | | | | |
| 期末未分配利润 | 360 | −315 | 45 | | | 1 680 | 1 410 | | −225 |

# 第十一节　合并现金流量表的编制

## 一、合并现金流量表概述

现金流量表作为第三张主要报表，已经为世界上一些主要国家的会计师事务所采用，现金流量表要求按照收付实现制反映企业经济业务所引起的现金流入和流出，其编制方法有直接法和间接法两种。我国已经明确规定企业对外报送的现金流量表采用直接法编制。所谓直接法，是将按照权责发生制确认的营业收入调整与营业活动有关的流动资产和流动负债的增减变动，列示营业收入和其他收入的收现数，将按照配比原则确认的营业成本和营业费用调整为付现数的方法。在采用直接法的情况下，以合并利润表有关项目的数据为基础，调整得出本期的现金流入和现金流出数量；分别经营活动产生的现金流量、投资活动产生的现金流量、筹资活动产生的现金流量三大类，反映企业一定会计期间的现金流量情况。

合并现金流量表是综合反映母公司及其子公司组成的企业集团在一定会计期间现金流入、现金流出数量以及其增减变动情况的财务报表。合并现金流量表以母公司和子公司的现金流量表为基础，在抵销母公司与子公司、子公司相互之间发生内部交易对合并现金流量表的影响后，由母公司编制。合并现金流量表也可以合并资产负债表和合并利润表为依据进行编制。

## 二、编制合并现金流量表需要抵销的项目

在以母公司和子公司个别现金流量表为基础编制合并现金流量表时，需要进行抵销的内容主要有：

(1) 母公司与子公司、子公司相互之间当期以现金投资或收购股权增加的投资所产生的现金流量应当抵销。当母公司从子公司中购买其持有的其他企业的股票时，由此所产生的现金流量，在购买股权方的母公司的个别现金流量表中，表现为“投资活动产生的现金流量”中的“投资支付的现金”的增加，而在出售股权方的子公司的个别现金流量表中则表现为“投资活动产生的现金流量”中的“收回投资收到的现金”的增加。在母公司对子公司投资的情况下，其所产生的现金流量表在母公司的个别现金流量表中表现为“投资活动产生的现金流量”中的“投资支付的现金”的增加，而在接受投资的子公司个别现金流量表中则表现为“筹资活动产生的现金流量”中的“吸收投资收到的现金”的增加。因此，编制合并现金流量表时，将其予以抵销。

(2) 母公司与子公司、子公司相互之间当期取得投资收益收到的现金，应当与分配股利、利润或偿付利息支付的现金相互抵销。母公司对子公司投资以及子公司之间进行投资分配现金股利或利润时，由此所产生的现金流量，在股利或利润支付方的个别现金流量表中表现为“筹资活动产生的现金流量”中的“分配股利、利润或偿付利息支付的现金”的增加，而在收到股利或利润方的个别现金流量表中则表现为“投资活动产生的现金流量”中的“取得投资收益收到的现金”的增加，为此，在编制合并现金流量表时，必须将其予以抵销。

(3) 母公司与子公司、子公司相互之间以现金结算债权与债务所产生的现金流量应当抵销。以现金结算内部债权债务，对于债权方来说表现为现金的流入，而对于债务方来说则表现为现金的流出。在现金结算的债权与债务属于母公司与子公司、子公司相互之间内部销售商品和提供劳务所产生的情况下，从其个别现金流量表来说，在债权方的个别现金流量表中表现为“销售商品、提供劳务收到的现金”的增加，而在债务方的个别现金流量表中则表现为“购买商品、接受劳务支付的现金”的增加。在编制合并现金流量表时必须将由此所产生的现金流量予以抵销。在现金结算的债权与债务属于内部往来所产生的情况下，在债权方的个别现金流量表中表现为“收到其他与经营活动有关的现金”的增加，在债务方的个别现金流量表中表现为“支付其他与经营活动有关的现金”的增加，在编制合并现金流量表时由此所产生的现金流量也必须将其予以抵销。

(4) 母公司与子公司、子公司相互之间当期销售商品所产生的现金流量应当抵销。母公司与子公司、子公司相互之间当期销售商品没有形成固定资产、在建工程、无形资产等资产的情况下，该内部销售商品所产生的现金流量，在销售方的个别现金流量表中表现为“销售商品、提供劳务收到的现金”的增加，而在购买方的个别现金流量表中则表现为“购买商品、接受劳务支付的现金”的增加。而在母公司与子公司、子公司相互之间当期销售商品形成固定资产、工程物资、在建工程、无形资产等资产的情况下，该内部销售商品所产生的现金流量，在购买方的个别现金流量表中表现为“购建固定资产、无形资产和其他长期资产支付的现金”的增加。为此，在编制合并现金流量表时，必须将由此所产生的现金流量予以抵销。

(5) 母公司与子公司、子公司相互之间处置固定资产、无形资产和其他长期资产收回的现金净额，应当与购建固定资产、无形资产和其他长期资产支付的现金相互抵销。内部处置固定资产时，由于处置固定资产等所产生的现金流量，对于处置方个别现金流量表来说，表现为“处置固定资产、无形资产和其他长期资产收回的现金净额”的增加，对于购置该资产的接受方来说，在其个别现金流量表中表现为“购置固定资产、无形资产和其他长期资产支付的现金”的增加。故在编制合并现金流量表时必须将由此所产生的现金流量予以抵销。

(6) 母公司与子公司、子公司相互之间当期发生的其他内部交易所产生的现金流量应当抵销。

练习题

# 第七章

# 每股收益

课程思政

## 本章导读

每股收益是企业重要的盈利性指标，其关系到对企业估值、买入或卖出企业股票等决策，故每股收益的计算极其重要。

每股收益分为基本每股收益和稀释每股收益。

学习本章，学生需注意以下问题：

(1) 会计上基本每股收益计算不同于财务管理里每股收益的计算，主要区别在于会计上基本每股收益的分母是普通股的加权平均数。

(2) 稀释每股收益是由稀释性潜在普通股造成的，如可转换债券、认股权证等，这些工具会造成流通在外的普通股股数增加，从而降低(即稀释)每股收益使其具有了稀释性。

本章根据2006年《企业会计准则第34号——每股收益》编写。

## 本章导图

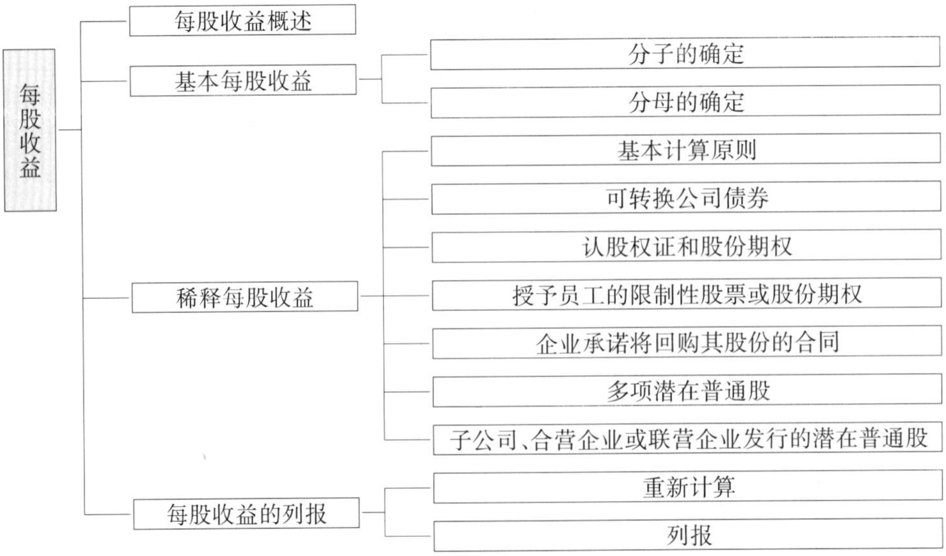

# 第一节　每股收益概述

每股收益是指普通股股东每持有1股普通股所能享有的企业净利润或需承担的企业净亏损。每股收益是用来反映企业的经营成果，衡量普通股的获利水平及投资风险，是投资者、债权人等信息使用者据以评价企业盈利能力、预测企业成长潜力进而作出相关经济决策的一项重要的财务指标。在进行财务分析时，每股收益指标既可用于不同企业间的业绩比较，以评价某企业的相对盈利能力；又可用于企业不同会计期间的业绩比较，以了解该企业盈利能力的变化趋势；还可用于企业经营实绩与盈利预测的比较，以掌握该企业的管理能力。

每股收益包括基本每股收益和稀释每股收益两类。基本每股收益仅考虑当期实际发行在外的普通股股份，而稀释每股收益的计算和列报主要是为了避免每股收益虚增可能带来的信息误导。例如，一家公司发行可转换公司债券融资，在转股之前不会增加普通股股数，尽管可转换公司债券的融资利率通常低于正常同等条件下普通债券的利率，在经营业绩和其他条件不变的情况下，由于会计处理时将转股权部分拆分成权益，负债部分按普通债券的实际利率折现，并不会影响基本每股收益的金额。然而，可行使的转股权意味着有更多潜在的普通股股东有权参与分享相关利润，而利息则有可能无须承担，从而可能稀释每股收益，在实际转换时就变为对基本每股收益的影响。要求考虑可转换公司债券的影响计算和列报稀释每股收益，就是为了能够提供一个更可比、更有用的财务指标。

# 第二节　基本每股收益

基本每股收益只考虑当期实际发行在外的普通股股份，按照归属于普通股股东的当期净利润除以当期实际发行在外普通股的加权平均数计算确定。

## 一、分子的确定

计算基本每股收益时，分子为归属于普通股股东的当期净利润，即企业当期实现的可供普通股股东分配的净利润或应由普通股股东分担的净亏损金额。发生亏损的企业，每股收益以负数列示。以合并财务报表为基础计算的每股收益，分子应当是归属于母公司普通股股东的当期合并净利润，即扣减少数股东损益后的余额。

## 二、分母的确定

计算基本每股收益时，分母为当期发行在外普通股的加权平均数，即期初发行在外普通股股数根据当期新发行或回购的普通股股数与相应时间权数的乘积进行调整后的股数。需要指出的是，公司库存股不属于发行在外的普通股，且无权参与利润分配，应当在计算分母时扣除。

$$\text{发行在外普通股加权平均数}=\text{期初发行在外普通股股数}+\text{当期新发行普通股股数}\times\text{已发行时间}\div\text{报告期时间}-\text{当期回购普通股股数}\times\text{已回购时间}\div\text{报告期时间}$$

其中，作为权数的已发行时间、报告期时间和已回购时间通常按天数计算，在不影响计算结果合理性的前提下，也可以采用简化的计算方法，如按月数计算。

**【例 7-1】** 甲公司按月数计算每股收益的时间权数。2×22 年期初发行在外的普通股为 20 000 万股；2 月 28 日，新发行普通股 10 800 万股；12 月 1 日，回购普通股 4 800 万股，以备将来奖励职工之用。该公司当年度实现净利润 6 500 万元。2×22 年度基本每股收益计算如下：

发行在外普通股加权平均数为：

20 000×12/12＋10 800×10/12－4 800×1/12＝28 600（万股）

或者：20 000×2/12＋30 800×9/12＋26 000×1/12＝28 600（万股）

基本每股收益＝6 500÷28 600＝0.23（元）

新发行普通股股数应当根据发行合同的具体条款，从应收对价之日（一般为股票发行日）起计算确定，通常包括下列情况：

（1）为收取现金而发行的普通股股数，从应收现金之日起计算。

（2）因债务转资本而发行的普通股股数，从停计债务利息之日或结算日起计算。

（3）非同一控制下的企业合并，作为对价发行的普通股股数，从购买日起计算；同一控制下的企业合并，作为对价发行的普通股股数，应当计入与合并净利润口径一致的相关各列报期间普通股的加权平均数。

（4）为收购非现金资产而发行的普通股股数，从确认收购之日起计算。

# 第三节　稀释每股收益

## 一、基本计算原则

稀释每股收益是以基本每股收益为基础，假设企业所有发行在外的稀释性潜在普通股均已转换为普通股，从而分别调整归属于普通股股东的当期净利润及发行在外普通股的加权平均数计算而得的每股收益。

### （一）稀释性潜在普通股

潜在普通股是指赋予其持有者在报告期或以后期间享有取得普通股权利的一种金融工具或其他合同。目前，我国企业发行的潜在普通股主要有可转换公司债券、认股权证和股份期权等。

稀释性潜在普通股是指假设当期转换为普通股会减少每股收益或增加每股亏损的潜在普通股。计算稀释每股收益时只考虑稀释性潜在普通股的影响，而不考虑不具有稀释性的潜在普通股。

需要特别说明的是，潜在普通股是否具有稀释性的判断标准是看其对持续经营每股收益的影响。也就是说，假定潜在普通股当期转换为普通股，如果会减少持续经营每股收益或增加持续经营每股亏损，则表明具有稀释性；否则，具有反稀释性。在一般情况下，每股收益是按照企业当期归属于普通股股东的全部净利润计算而得；但如果企业存在终止经营的情况，则应当按照扣除终止经营净利润以后的当期归属于普通股股东的持续经营净利润进行计算。

**（二）分子的调整**

计算稀释每股收益时，应当根据下列事项对归属于普通股股东的当期净利润进行调整：①当期已确认为费用的稀释性潜在普通股的利息；②稀释性潜在普通股转换时将产生的收益或费用。上述调整应当考虑相关的所得税影响。对于包含负债和权益成分的金融工具，仅需调整属于金融负债部分的相关利息、利得或损失。

**（三）分母的调整**

计算稀释每股收益时，当期发行在外普通股的加权平均数应当为计算基本每股收益时普通股的加权平均数与假定稀释性潜在普通股转换为已发行普通股而增加的普通股股数的加权平均数之和。

假定稀释性潜在普通股转换为已发行普通股而增加的普通股股数，应当根据潜在普通股的条件确定。当存在不止一种转换基础时，应当假定会采取从潜在普通股持有者角度看最有利的转换率或执行价格。

假定稀释性潜在普通股转换为已发行普通股而增加的普通股股数，应当按照其发行在外时间进行加权平均：以前期间发行的稀释性潜在普通股，应当假设在当期期初转换为普通股；当期发行的稀释性潜在普通股，应当假设在发行日转换普通股；当期被注销或终止的稀释性潜在普通股，应当按照当期发行在外的时间加权平均计入稀释每股收益；当期被转换或行权的稀释性潜在普通股，应当从当期期初至转换日（或行权日）计入稀释每股收益中，从转换日（或行权日）起所转换的普通股则计入基本每股收益。

## 二、可转换公司债券

可转换公司债券是指公司依法发行的、在一定期间内依据约定的条件可以转换成股份的公司债券。对于可转换公司债券，可以采用假设转换法判断其稀释性，并计算稀释每股收益。首先，假设这部分可转换公司债券在当期期初（或发行日）即已转换成普通股，从而一方面增加了发行在外的普通股股数，另一方面节约了公司债券的利息费用，增加了归属于普通股股东的当期净利润。然后，用增加的净利润除以增加的普通股股数，得出增量股的每股收益，与原来的每股收益进行比较。如果增量股的每股收益小于原每股收益，则说明该可转换公司债券具有稀释作用，应当计入稀释每股收益的计算。

计算稀释每股收益时，以基本每股收益为基础，分子的调整项目为当期已确认为费用的利息等的税后影响额；分母的调整项目为假定可转换公司债券当期期初（以前期间发行的可转换公司债券）或发行日（当期发行的可转换公司债券）转换为普通股的股数加权平均数。

**【例 7-2】** 甲上市公司 2×22 年归属于普通股股东的净利润为 25 500 万元，期初发行在外普通股股数为 10 000 万股，年内普通股股数未发生变化。2×22 年 1 月 1 日，公司按面值发行 40 000 万元的 3 年期可转换公司债券，债券每张面值 100 元，票面固定年利率为 2%，利息自发行之日起每年支付一次，每年 12 月 31 日为付息日。该批可转换公司债券自发行结束后 12 个月以后即可转换为公司股票，即转股期为发行 12 个月后至债券到期日止的期间。转股价格为每股 10 元，即每 100 元债券可转换为 10 股面值为 1 元的普通股。债券利息不符合资本化条件，直接计入当期损益，所得税税率为25%。

假设不具备转股权的类似债券的市场利率为3%。公司在对该批可转换公司债券初始确认时将负债和权益成分进行了分拆。2×22年度稀释每股收益计算如下：

每年支付利息＝40 000×2%＝800（万元）

负债成分公允价值＝800÷(1＋3%)＋800÷(1＋3%)$^2$＋40 800÷(1＋3%)$^3$
＝38 868.56（万元）

权益成分公允价值＝40 000－38 868.56＝1 131.44（万元）

假设转换所增加的净利润＝38 868.56×3%×(1－25%)＝874.54（万元）

假设转换所增加的普通股股数＝40 000÷10＝4 000（万股）

增量股的每股收益＝874.54÷4 000＝0.22（元）

基本每股收益＝25 500÷10 000＝2.55（元）

增量股的每股收益小于基本每股收益，可转换公司债券具有稀释作用。

稀释每股收益＝(25 500＋874.54)÷(10 000＋4 000)＝1.88（元）

## 三、认股权证和股份期权

认股权证是指公司发行的、约定持有人有权在履约期间内或特定到期日按约定价格向本公司购买新股的有价证券。股份期权是指公司授予持有人在未来一定期限内以预先确定的价格和条件购买本公司一定数量股份的权利，股份期权持有人对于其享有的股份期权，可以在规定的期间内，以预先确定的价格和条件购买公司一定数量的股份，也可以放弃该种权利。

对于盈利企业，其认股权证、股份期权等的行权价格低于当期普通股平均市场价格时，则具有稀释性。对于亏损企业，其自身发行的认股权证、股份期权的假设行权一般不影响净亏损，但增加普通股股数，从而导致每股亏损金额的减少，实际上产生了反稀释的作用，因此，这种情况下，不应当计算稀释每股收益。

对于稀释性认股权证、股份期权，计算稀释每股收益时，一般无须调整分子净利润金额，只需要按照下列步骤对分母普通股加权平均数进行调整：

(1) 假设这些认股权证、股份期权在当期期初（或发行日）已经行权，计算按约定行权价格发行普通股将取得的股款金额。

(2) 假设按照当期普通股平均市场价格发行股票，计算需发行多少普通股能够带来上述相同的股款金额。

(3) 比较行使股份期权、认股权证将发行的普通股股数与按照平均市场价格发行的普通股股数，差额部分相当于无对价发行的普通股，作为发行在外普通股股数的净增加。也就是说，认股权证、股份期权行权时发行的普通股可以视为两部分：一部分是按照平均市场价格发行的普通股，这部分普通股按照市价发行，导致企业经济资源流入与普通股股数同比例增加，既没有稀释作用，也没有反稀释作用，不影响每股收益金额；另一部分是无对价发行的普通股，这部分普通股是无对价发行，企业可利用的经济资源没有增加，但发行在外普通股股数增加，因此具有稀释性，应当计入稀释每股收益。

$$\text{增加的普通股股数}=\text{拟行权时转换的普通股股数}-\text{行权价格}\times\text{拟行权时转换的普通股股数}\div\text{当期普通股平均市场价格}$$

其中，普通股平均市场价格的计算，理论上应当包括该普通股每次交易的价格，但在实务操作中，通常对每周或每月具有代表性的股票交易价格进行简单算术平均即可。股票价格比较平稳的情况下，可以采用每周或每月股票的收盘价作为代表性价格；股票价格波动较大的情况下，可以采用每周或每月股票最高价与最低价的平均值作为代表性价格。无论采用何种方法计算平均市场价格，一经确定，不得随意变更，除非股票价格波动情况发生明显改变或有其他确凿证据表明原计算方法不再适用。当期发行认股权证或股份期权的，普通股平均市场价格应当自认股权证或股份期权的发行日起计算。

(4) 将净增加的普通股股数乘以其假设发行在外的时间权数，据此调整计算稀释每股收益的分母数。

**【例 7-3】** 甲公司 2×22 年度归属于普通股股东的净利润为 500 万元，发行在外普通股加权平均数为 1 250 万股，该普通股平均每股市场价格为 4 元。2×22 年 1 月 1 日，该公司对外发行 250 万份认股权证，行权日为 2×23 年 3 月 1 日，每份认股权证可以在行权日以 3.5 元的价格认购本公司 1 股新发的股份。该公司 2×22 年度每股收益计算如下：

基本每股收益＝500÷1 250＝0.4(元)

调整增加的普通股股数＝250－250×3.5÷4＝31.25(万股)

稀释每股收益＝500÷(1 250＋31.25)＝0.39(元)

## 四、授予员工的限制性股票或股份期权

上市公司采取授予限制性股票的方式进行股权激励的，在其等待期内应当按照以下原则计算每股收益。

**(一) 等待期内基本每股收益的计算**

基本每股收益仅考虑发行在外的普通股，按照归属于普通股股东的当期净利润除以发行在外普通股的加权平均数计算。限制性股票未来可能被回购，性质上属于或有可发行股票，因此，在计算基本每股收益时不应当将其包括在内。上市公司在等待期内基本每股收益的计算，应视其发放的现金股利是否可撤销采取不同的方法：

(1) 现金股利可撤销，即一旦未达到解锁条件，被回购限制性股票的持有者将无法获得(或需要退回)其在等待期内应收(或已收)的现金股利。等待期内计算基本每股收益时，分子应扣除当期分配给预计未来可解锁限制性股票持有者的现金股利；分母不应包含限制性股票的股数。

(2) 现金股利不可撤销，即不论是否达到解锁条件，限制性股票持有者仍有权获得(或不得被要求退回)其在等待期内应收(或已收)的现金股利。对于现金股利不可撤销的限制性股票，即便未来没有解锁，已分配的现金股利也无须退回，表明在分配利润时这些股票享有了与普通股相同的权利。因此，其属于同普通股股东一起参加剩余利润分配的其他权益工具。等待期内计算基本每股收益时，分子应扣除归属于预计未来可解锁限制性股票的净利润，分母不应包含限制性股票的股数。

**(二) 等待期内稀释每股收益的计算**

上市公司在等待期内稀释每股收益的计算，应视解锁条件不同采取不同的方法：

(1) 解锁条件仅为服务期限条件的，公司应假设资产负债表日尚未解锁的限制性股票

已于当期期初(或晚于期初的授予日)全部解锁,并参照本章中股份期权的有关规定考虑限制性股票的稀释性。行权价格低于公司当期普通股平均市场价格时,应当考虑其稀释性,计算稀释每股收益。其中,行权价格为限制性股票的发行价格加上资产负债表日尚未取得的职工服务按《企业会计准则第 11 号——股份支付》有关规定计算确定的公允价值。锁定期内计算稀释每股收益时,分子应加回计算基本每股收益分子时已扣除的当期分配给预计未来可解锁限制性股票持有者的现金股利或归属于预计未来可解锁限制性股票的净利润。

行权价格=限制性股票的发行价格+资产负债表日尚未取得的职工服务的公允价值

稀释每股收益=当期净利润÷(普通股加权平均数+调整增加的普通股加权平均数)

=当期净利润÷[普通股加权平均数+(限制性股票股数-行权价格)×限制性股票股数÷当期普通股平均市场价格①]

(2) 解锁条件包含业绩条件的,公司应假设资产负债表日即为解锁日,并据以判断资产负债表日的实际业绩情况是否满足解锁要求的业绩条件。若满足业绩条件的,则应当参照上述解锁条件仅为服务期限条件的有关规定,计算稀释性每股收益;若不满足业绩条件的,则计算稀释性每股收益时,不必考虑此限制性股票的影响。

企业授予员工股份期权的,也应区分行权条件仅为服务条件,还是同时包含业绩条件,根据上述原则判断是否需要考虑其稀释性。如果需要考虑稀释性,其计算原则与限制性股票一致。对于股份期权而言,分子通常不涉及股利的调整。分母计算稀释性潜在普通股时使用的行权价格为期权的行权价与资产负债表日尚未取得的职工服务的公允价值之和。

**【例 7-4】** 甲公司为上市公司,采用授予职工限制性股票的形式实施股权激励计划。

2×25 年 1 月 1 旧,甲公司以非公开发行的方式向 600 名管理人员每人授予 100 股自身股票(每股面值为 1 元),授予价格为每股 8 元。当日,600 名管理人员出资认购了相关股票,总认购款为 480 000 元,甲公司履行了相关增资手续。甲公司估计该限制性股票股权激励在授予日的公允价值为每股 15 元。

激励计划规定,这些管理人员从 2×25 年 1 月 1 日起在甲公司连续服务 3 年的,所授予股票将于 2×28 年 1 月 1 日全部解锁;其间离职的,甲公司将按照原授予价格每股 8 元回购相关股票。2×25 年 1 月 1 日至 2×28 年 1 月 1 日,所授予股票不得上市流通或转让;激励对象因获授限制性股票而取得的现金股利由公司代管,作为应付股利在解锁时向激励对象支付;对于未能解锁的限制性股票,公司在回购股票时应扣除激励对象已享有的该部分现金分红。

2×25 年度,甲公司实现净利润 500 万元,发行在外普通股(不含限制性股票)加权平均数为 200 万股,宣告发放现金股利每股 1 元;甲公司估计 3 年中离职的管理人员合计为 80 人,当年年末有 30 名管理人员离职。假定甲公司 2×25 年度当期普通股平均市场价格为每股 35 元。

基本每股收益=[5 000 000-1×(600-80)×100]÷2 000 000=2.47(元)

① 限制性股票若为当期发行的,则还需考虑时间权数计算加权平均数。

行权价格＝8＋15×2÷3＝18(元)

行权价格低于当期普通股平均市场价格,因此应当考虑限制性股票的稀释性。

发行在外的限制性股票在2×25年的加权平均数＝600×100×(364÷365)＋(600－30)×100×(1÷365)

＝59 991.78(股)

稀释每股收益＝5 000 000÷[2 000 000＋(59 991.78－18×59 991.78÷35)]

＝5 000 000÷2 029 139＝2.46(元)

## 五、企业承诺将回购其股份的合同

企业承诺将回购其股份的合同中规定的回购价格高于当期普通股平均市场价格时,应当考虑其稀释性。计算稀释每股收益时,与前面认股权证、股份期权的计算思路恰好相反,具体步骤如下:

(1)假设企业于期初按照当期普通股平均市场价格发行普通股,以募集足够的资金来履行回购合同;合同日晚于期初的,则假设企业于合同日按照自合同日至期末的普通股平均市场价格发行足量的普通股。该假设前提下,由于是按照市价发行普通股,企业经济资源流入与普通股股数同比例增加,每股收益金额不变。

(2)假设回购合同已于当期期初(或合同日)履行,按照约定的行权价格回购本企业股票。

(3)比较假设发行的普通股股数与假设回购的普通股股数,差额部分作为净增加的发行在外普通股股数,再乘以相应的时间权重,据此调整计算稀释每股收益的分母数。

$$\text{增加的普通股股数}=\text{回购价格}\times\text{承诺回购的普通股股数}\div\text{当期普通股平均市场价格}-\text{承诺回购的普通股股数}$$

**【例7-5】** 某公司2×24年度归属于普通股股东的净利润为400万元,发行在外普通股加权平均数为1 000万股。2×27年3月2日,该公司与股东签订一份远期回购合同,承诺1年后以每股5.5元的价格回购其发行在外的240万股普通股。假设该普通股2×27年3月至12月平均市场价格为5元。2×27年度每股收益计算如下:

基本每股收益＝400÷1 000＝0.4(元)

调整增加的普通股股数＝240×5.5÷5－240＝24(万股)

稀释每股收益＝400÷(1 000＋24×10/12)＝0.39(元)

## 六、多项潜在普通股

企业对外发行不同潜在普通股的,单独考察其中某潜在普通股可能具有稀释作用,但如果和其他潜在普通股一并考察时,可能恰恰变为具有反稀释作用。例如,某公司先后发行甲、乙两种可转换债券(票面利率和转换价格均不同),甲债券导致的增量股每股收益为1.5元,乙债券导致的增量股每股收益为3.5元,假设基本每股收益为4元。如果分别考察甲、乙两种可转换债券,增量股每股收益小于基本每股收益,则两种债券都具有稀释作用。并且由于增量股每股收益越小,其稀释作用越大,甲债券的稀释作用大于乙债券。然而,如果综合考察甲、乙两种可转换债券,先计入甲债券使得每股收益稀释为3.1元,若再计入乙债券，则使得每股收益反弹为 3.4 元，因此，乙债券在这种情况下不再具有稀释作用，不应计入稀释每股收益。

为了反映潜在普通股最大的稀释作用，应当按照各潜在普通股的稀释程度从大到小的顺序计入稀释每股收益，直至稀释每股收益达到最小值。稀释程度根据增量股的每股收益衡量，即假定稀释性潜在普通股转换为普通股的情况下，将增加的归属于普通股股东的当期净利润除以增加的普通股股数的金额。需要强调的是，企业每次发行的潜在普通股应当视作不同的潜在普通股，分别判断其稀释性，而不能将其作为一个总体考虑。在通常情况下，股份期权和认股权证排在前面计算，因为其假设行权一般不影响净利润。

对外发行多项潜在普通股的企业，应当按照下列步骤计算稀释每股收益：

(1) 列出企业在外发行的各潜在普通股。

(2) 假设各潜在普通股已于当期期初或发行日转换为普通股，确定其对归属于普通股股东当期净利润的影响金额。可转换公司债券的假设转换一般会增加当期净利润金额；股份期权和认股权证的假设行权一般不影响当期净利润。

(3) 确定各潜在普通股假设转换后将增加的普通股股数。值得注意的是，稀释性股份期权和认股权证假设行权后，计算增加的普通股股数不是发行的全部普通股股数，而应当是其中无对价发行部分的普通股股数。

(4) 计算各潜在普通股的增量股每股收益，判断其稀释性。增量股每股收益越小的潜在普通股稀释程度越大。

(5) 按照潜在普通股稀释程度从大到小的顺序，将各稀释性潜在普通股分别计入稀释每股收益。分步计算过程中，如果下一步得出的每股收益小于上一步得出的每股收益，则表明新计入的潜在普通股具有稀释作用，应当计入稀释每股收益；反之，则表明具有反稀释作用，不计入稀释每股收益。

(6) 最后得出的最小每股收益金额即为稀释每股收益。

**【例 7-6】** 某公司 2×24 年度归属于普通股股东的净利润为 5 625 万元，发行在外普通股加权平均数为 18 750 万股。年初已发行在外的潜在普通股有：

(1) 认股权证 7 200 万份，每份认股权证可以在行权日以 8 元的价格认购 1 股本公司新发股票。

(2) 按面值发行的 5 年期可转换公司债券 75 000 万元，债券每张面值 100 元，票面年利率为 2.6%，转股价格为每股 12.5 元，即每 100 元债券可转换为 8 股面值为 1 元的普通股。

(3) 按面值发行的 3 年期可转换公司债券 150 000 万元，债券每张面值 100 元，票面年利率为 1.4%，转股价格为每股 10 元，即每 100 元债券可转换为 10 股面值为 1 元的普通股。

当期普通股平均市场价格为 12 元，年度内没有认股权证被行权，也没有可转换公司债券被转换或赎回，所得税税率为 25%。假设不考虑可转换公司债券在负债和权益成分的分拆，且债券票面利率等于实际利率。

2×24 年度每股收益计算如下：

基本每股收益 = 5 625 ÷ 18 750 = 0.3(元)

计算稀释每股收益：

(1) 假设潜在普通股转换为普通股，计算增量股每股收益并排序，如表 7-1 所示。

表 7-1 增量股每股收益的计算

| 项目 | 净利润增加(万元) | 股数增加(万股) | 增量股的每股收益(元) | 顺序 |
|---|---|---|---|---|
| 认股权证 | — | 2 400① | — | 1 |
| 2.6%债券 | 1 462.5② | 6 000③ | 0.24 | 3 |
| 1.4%债券 | 1 575④ | 15 000⑤ | 0.11 | 2 |

注：① 7 200－7 200×8÷12＝2 400(万股)；
② 75 000×2.6%×(1－25%)＝1 462.5(万元)；
③ 75 000÷12.5＝6 000(万股)；
④ 150 000×1.4%×(1－25%)＝1 575(万元)；
⑤ 150 000÷10＝15 000(万股)。

由此可见，认股权证的稀释性最大，2.6%利率可转债的稀释性最小。

(2) 分步计入稀释每股收益如表 7-2 所示。

表 7-2 稀释每股收益的计算

| 项目 | 净利润(万元) | 股数(万股) | 每股收益(元) | 稀释性 |
|---|---|---|---|---|
| 基本每股收益 | 5 625 | 18 750 | 0.30 | |
| 认股权证 | 0 | 2 400 | | |
| | 5 625 | 21 150 | 0.27 | 稀释 |
| 1.4%债券 | 1 575 | 15 000 | | |
| | 7 200 | 36 150 | 0.20 | 稀释 |
| 2.6%债券 | 1 462.5 | 6 000 | | |
| | 8 662.5 | 42 150 | 0.21 | 反稀释 |

因此，稀释每股收益为 0.20 元。

## 七、子公司、合营企业或联营企业发行的潜在普通股

子公司、合营企业、联营企业发行能够转换成其普通股的稀释性潜在普通股，不仅应当包括在其稀释每股收益计算中，而且还应当包括在合并稀释每股收益及投资者稀释每股收益的计算中。因此，当子公司、合营企业、联营企业存在稀释性潜在普通股时，合并层面或投资者层面即使为亏损，也应当考虑计算稀释性每股收益，因为其应分享的子公司、合营企业、联营企业的净利润可能由于子公司、合营企业、联营企业存在稀释性潜在普通股而稀释减少，从而进一步扩大合并层面归属于母公司普通股股东的亏损或投资者层面的亏损。

**【例 7-7】** 甲公司 2×24 年度归属于普通股股东的净利润为 72 000 万元(不包括子公司乙公司利润或乙公司支付的股利)，发行在外普通股加权平均数为 60 000 万股，持有乙公司 70%的普通股股权。乙公司 2×24 年度归属于普通股股东的净利润为 32 400 万元，发行在外普通股加权平均数为 13 500 万股，该普通股当年平均市场价格为 8 元。2×24 年年初，乙公司对外发行 900 万份可用于购买其普通股的认股权证，行权价格为 4 元，甲公司持有 18 万份认股权证，当年无认股权证被行权。假设除股利外，母公司和子公司之间没有其他需抵销的内部交易；甲公司取得对乙公司投资时，乙公司各项可辨认资产等的公允价值与其

账面价值一致。2×24 年度每股收益计算如下：

(1) 子公司每股收益：

基本每股收益＝32 400÷13 500＝2.4(元)

调整增加的普通股股数＝900－900×4/8＝450(万股)

稀释每股收益＝32 400÷(13 500＋450)＝2.32(元)

(2) 合并每股收益：

归属于母公司普通股股东的母公司净利润＝72 000(万元)

包括在合并基本每股收益计算中的子公司净利润部分＝2.4×13 500×70%
＝22 680(万元)

基本每股收益＝(72 000＋22 680)÷60 000＝1.58(元)

子公司净利润中归属于普通股且由母公司享有的部分＝2.32×13 500×70%
＝21 924(万元)

子公司净利润中归属于认股权证且由母公司享有的部分＝2.32×450×18÷900
＝20.88(万元)

稀释每股收益＝(72 000＋21 924＋20.88)÷60 000＝1.57(元)

**【例 7-8】** 甲公司为乙公司的母公司，持有乙公司 60%的普通股股权。乙公司采用授予职工限制性股票的形式实施股权激励计划。2×25 年 1 月 1 日，乙公司以非公开发行的方式向乙公司的 200 名管理人员每人授予 1 万股自身股票(每股面值为 1 元)，授予价格为每股 10 元。当日，200 名管理人员均出资认购了相关股票，总认购款为 2 000 万元，乙公司履行了相关增资手续，该限制性股票激励计划在授予日的公允价值为每股 5 元。激励计划规定，这些管理人员从 2×25 年 1 月 1 日起在乙公司连续服务 3 年的，所授予股票将于 2×28 年 1 月 1 日全部解锁；其间离职的，乙公司将按照原授予价格每股 10 元回购相关股票。激励对象因获授限制性股票而取得的现金股利由公司代管，作为应付股利在解锁时向激励对象支付；对于未能解锁的限制性股票，公司在回购股票时应扣除激励对象已享有的该部分现金分红。

2×25 年度，甲公司归属于普通股股东的净利润为 50 000 万元(不包括子公司乙公司的利润)，发行在外的普通股加权平均数为 20 000 万股，乙公司归属于普通股股东的净利润为 33 000 万元，发行在外普通股(不含限制性股票)加权平均数为 12 500 万股，乙公司未宣告发放股利。假定 2×25 年度，乙公司普通股平均市场价格为每股 25 元。

2×25 年每股收益计算如下：

(1) 乙公司每股收益：

① 基本每股收益＝33 000÷12 500＝2.64(元)

② 每股行权价格＝$\frac{\text{限制性股票}}{\text{的发行价格}}$＋$\frac{\text{资产负债表日尚未取得}}{\text{的职工服务的公允价值}}$＝10＋5×2/3＝13.33(元)

行权价格均低于当期普通股平均市场价格 25 元，因此应当考虑限制性股票的稀释性。

发行在外的限制性股份在 20×5 年的加权平均数＝200×1＝200(万股)

稀释每股收益＝33 000÷[12 500＋(200－13.33×200÷25)]＝2.62(元)

(2) 甲公司合并每股收益：

① 归属于母公司普通股股东的母公司净利润＝50 000(万元)

包括在合并基本每股收益计算中的子公司净利润部分＝2.64×12 500×60％
＝19 800(万元)

基本每股收益＝(50 000＋19 800)÷20 000＝3.49(元)

② 子公司净利润中归属于普通股且由母公司享有的部分＝2.62×12 500×60％
＝19 650(万元)

稀释每股收益＝(50 000＋19 650)÷20 000＝3.48(元)

# 第四节 每股收益的列报

## 一、重新计算

### (一) 派发股票股利、公积金转增资本、拆股和并股

企业派发股票股利、公积金转增资本、拆股或并股等，会增加或减少其发行在外普通股或潜在普通股的数量，但并不影响所有者权益金额，这既不影响企业所拥有或控制的经济资源，又不改变企业的盈利能力，即意味着同样的损益现在要由扩大或缩小了的股份规模来享有或分担。因此，为了保持会计指标的前后期可比性，企业应当在相关报批手续全部完成后，按调整后的情况重新计算各列报期间的每股收益。上述变化发生于资产负债表日至财务报告批准报出日之间的，应当以调整后的股数重新计算各列报期间的每股收益。

**【例 7-9】** 某企业 2×23 年和 2×24 年归属于普通股股东的净利润分别为 1 596 万元和 1 848 万元，20×6 年 1 月 1 日发行在外的普通股为 800 万股，2×23 年 4 月 1 日按市价新发行普通股 160 万股，2×24 年 7 月 1 日分派股票股利，以 2×23 年 12 月 31 日总股本 960 万股为基数每 10 股送 3 股，假设不存在其他股数变动因素。2×24 年度比较利润表中基本每股收益的计算如下：

2×23 年度发行在外普通股加权平均数＝(800＋160＋288)×12/12＝1 248(万股)

2×23 年度发行在外普通股加权平均数＝800×1.3×12/12＋160×1.3×9÷12
＝1 196(万股)

2×24 年度基本每股收益＝1 848÷1 248＝1.48(元)

### (二) 配股

配股在计算每股收益时比较特殊，因为它是向全部现有股东以低于当前股票市价的价格发行普通股，实际上可以理解为按市价发行股票和无对价送股的混合体。也就是说，配股中包含的送股因素具有与股票股利相同的效果，导致发行在外普通股股数增加的同时，却没有相应的经济资源流入。因此，计算基本每股收益时，应当考虑配股中的送股因素，将这部分无对价的送股(注意不是全部配发的普通股)视同列报最早期间期初就已发行在外，并据以调整各列报期间发行在外普通股的加权平均数，计算各列报期间的每股收益。

为此，企业首先应当计算出一个调整系数，再用配股前发行在外普通股的股数乘以该调整系数，得出计算每股收益时应采用的普通股股数。

$$\text{每股理论除权价格}=\left(\text{行权前发行在外普通股的公允价值总额}+\text{配股收到的款项}\right)\div\text{行权后发行在外的普通股股数}$$

$$\text{调整系数}=\text{行权前发行在外普通股的每股公允价值}\div\text{每股理论除权价格}$$

$$\text{因配股重新计算的上年度基本每股收益}=\text{上年度基本每股收益}\div\text{调整系数}$$

$$\text{本年度基本每股收益}=\text{归属于普通股股东的当期净利润}\div\left(\text{配股前发行在外普通股股数}\times\text{调整系数}\times\text{配股前普通股发行在外的时间权重}+\text{配股后发行在外普通股加权平均数}\right)$$

**【例 7-10】** 某企业 2×24 年度归属于普通股股东的净利润为 23 500 万元，2×24 年 1 月 1 日发行在外普通股股数为 8 000 万股，2×24 年 6 月 10 日，该企业发布增资配股公告，向截止到 2×24 年 6 月 30 日（股权登记日）所有登记在册的老股东配股，配股比例为每 4 股配 1 股，配股价格为每股 6 元，除权交易基准日为 2×24 年 7 月 1 日。假设行权前一日的市价为每股 11 元，2×23 年度基本每股收益为 2.64 元。2×24 年度比较利润表中基本每股收益的计算如下：

每股理论除权价格＝（11×8 000＋6×2 000）÷（8 000＋2 000）＝10（元）

调整系数＝11÷10＝1.1

因配股重新计算的 20×6 年度基本每股收益＝2.64÷1.1＝2.4（元）

2×24 年度基本每股收益＝23 500÷（8 000×1.1×6÷12＋10 000×6÷12）＝2.5（元）

需要特别说明的是：

（1）企业向特定对象以低于当前市价的价格发行股票，虽然与配股具有相似的特征，即发行价格低于市价，但是，后者属于向非特定对象增发股票，而前者往往是企业出于某种战略考虑或其他动机向特定对象以较低的价格发行股票，或者特定对象除认购股份以还需以其他形式予以补偿。因此，倘若综合这些因素，向特定对象发行股票的行为可以视为不存在送股因素，视同发行新股处理。

（2）企业存在发行在外的除普通股以外的权益工具的，在计算基本每股收益时，基本每股收益中的分子，即归属于普通股股东的净利润不应包含其他权益工具的股利或利息，其中，对于发行的不可累积优先股等其他权益工具应扣除当期宣告发放的股利，对于发行的累积优先股等其他权益工具，无论当期是否宣告发放股利，均应扣除归属于其他权益工具持有者的股利。基本每股收益计算中的分母，为发行在外普通股的加权平均股数。

对于同普通股股东一起参加剩余利润分配的其他权益工具，在计算普通股每股收益时，归属于普通股股东的净利润不应包含根据可参加机制计算的应归属于其他权益工具持有者的净利润。

**【例 7-11】** 甲公司 2×24 年度实现净利润为 200 000 万元，发行在外普通股加权平均数为 250 000 万股。2×24 年 1 月 1 日，甲公司按票面金额平价发行 600 万股优先股，优先股每股票面金额为 100 元。该批优先股股息不可累积，即当年度未向优先股股东足额派发股息的差额部分，不可累积到下一计息年度。2×24 年 12 月 31 日，甲公司宣告并以现金全额发放当年优先股股息，股息率为 6%。根据该优先股合同条款规定，甲公司将该批优先股分类为权益工具，优先股股息不在所得税前列支。2×24 年度基本每股收益计算如下：

归属于普通股股东的净利润＝200 000－100×600×6%＝196 400（万元）

基本每股收益＝196 400÷250 000＝0.79（元/股）

企业发行的金融工具中包含转股条款的，即存在潜在稀释性的，在计算稀释每股收益时考虑的因素与企业发行可转换公司债券、认股权证相同。

**（三）以前年度损益的追溯调整或追溯重述**

按照《企业会计准则第28号——会计政策、会计估计变更和差错更正》的规定对以前年度损益进行追溯调整或追溯重述的，应当重新计算各列报期间的每股收益。

## 二、列报

对于普通股或潜在普通股已公开交易的企业以及正处于公开发行普通股或潜在普通股过程中的企业，如果不存在稀释性潜在普通股，则应当在利润表中单独列示基本每股收益；如果存在稀释性潜在普通股，则应当在利润表中单独列示基本每股收益和稀释每股收益。编制比较财务报表时，各列报期间中只要有一个期间列示了稀释每股收益，那么所有列报期间均应当列示稀释每股收益，即使其金额与基本每股收益相等。

企业对外提供合并财务报表的，仅要求其以合并财务报表为基础计算每股收益，并在合并财务报表中予以列报；与合并财务报表一同提供的母公司财务报表中不要求计算和列报每股收益，如果企业自行选择列报，则应以母公司个别财务报表为基础计算每股收益，并在其个别财务报表中予以列报。

企业应当在附注中披露与每股收益有关的下列信息：

（1）基本每股收益和稀释每股收益分子、分母的计算过程。

（2）列报期间不具有稀释性但以后期间很可能具有稀释性的潜在普通股。

（3）在资产负债表日至财务报告批准报出日之间，企业发行在外普通股或潜在普通股发生重大变化的情况。

企业如有终止经营的情况，应当在附注中分别持续经营和终止经营披露基本每股收益和稀释每股收益。

练习题

# 第八章

# 公允价值计量

课程思政

## 本章导读

在现行会计体系下公允价值被广泛运用，如金融工具、投资性房地产、企业合并、资产减值等。虽然公允价值评估是注册资产评估师的主要工作，但会计人员直接取得公允价值或从其他方取得公允价值，都涉及以下问题：

(1) 如何取得资产或负债的公允价值。

(2) 如何判断公允价值的可靠程度(即公允价值层次)。

(3) 金融资产与非金融资产公允价值评估有何区别。

本章根据2014年7月1日施行的《企业会计准则第39号——公允价值计量》编写。

## 本章导图

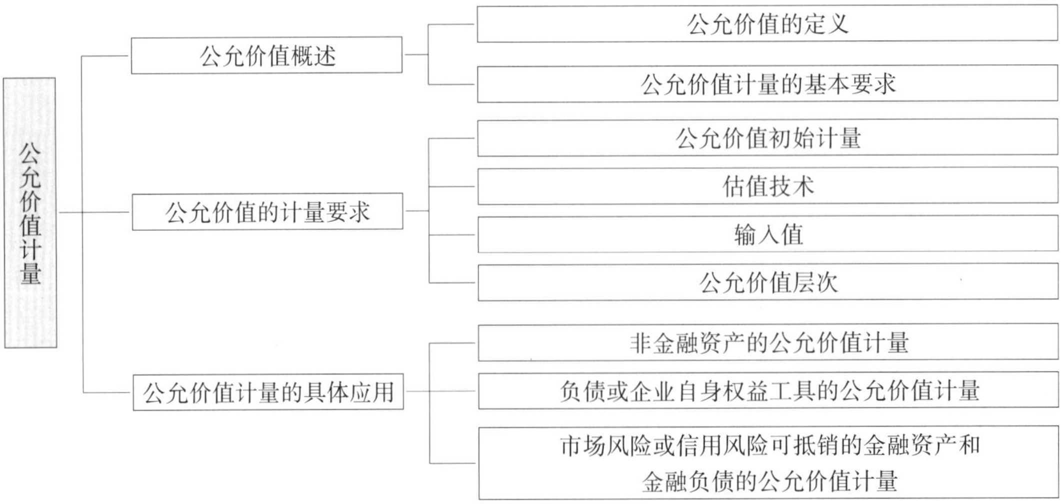

# 第一节 公允价值概述

## 一、公允价值的定义

公允价值是指市场参与者在计量日发生的有序交易中，出售一项资产所能收到或者转移一项负债所需支付的价格。

按照企业会计准则的相关规定，涉及公允价值计量的资产或负债包括《企业会计准则第 3 号——投资性房地产》中规范的以公允价值进行后续计量的投资性房地产、《企业会计准则第 5 号——生物资产》中规范的以公允价值进行后续计量的生物资产、《企业会计准则第 8 号——资产减值》中规范的使用公允价值确定可收回金额的资产、《企业会计准则第 10 号——企业年金基金》中规范的以公允价值计量的企业年金基金投资、《企业会计准则第 16 号——政府补助》中规范的以非货币性资产形式取得的政府补助、《企业会计准则第 20 号——企业合并》中规范的非同一控制下企业合并中取得的可辨认资产和负债以及作为合并对价发行的权益工具、《企业会计准则第 22 号——金融工具确认和计量》中规范的以公允价值计量且其变动计入当期损益的金融资产或金融负债以及指定为以公允价值计量且其变动计入其他综合收益的金融资产等。

《企业会计准则第 1 号——存货》中规范的可变现净值、《企业会计准则第 8 号——资产减值》中规范的预计未来现金流量现值等计量属性，与公允价值类似但并不遵循《企业会计准则第 39 号——公允价值计量》的有关规定，《企业会计准则第 11 号——股份支付》和《企业会计准则第 21 号——租赁》业务相关的计量也不遵循公允价值计量的有关规定。

## 二、公允价值计量的基本要求

为了更好地理解公允价值定义，应当从四个方面掌握公允价值计量的基本要求：①以公允价值计量的相关资产或负债；②应用于相关资产或负债公允价值计量的有序交易；③有序交易发生的主要市场或最有利市场；④主要市场或最有利市场中的市场参与者。

### (一) 相关资产或负债

企业以公允价值计量相关资产或负债，应当考虑该资产或负债的特征以及该资产或负债是以单项还是以组合的方式进行计量等因素。

1. 相关资产或负债的特征

相关资产或负债的特征是指市场参与者在计量日对该资产或负债进行定价时考虑的特征，包括资产状况和所在位置、对资产出售或使用的限制等。如果市场参与者在计量相关资产或负债公允价值时，会考虑这些资产或负债所具有的特征，则企业在计量该资产或负债的公允价值时，也应当考虑这些特征因素。

1) 资产状况和所在位置

市场参与者以公允价值计量一项非金融资产时，通常会考虑该资产的地理位置和环境、使用功能、结构、新旧程度、可使用状况等。因此，企业计量其公允价值时，也应考虑这些特征，对类似资产和可观察市场价格或其他交易信息进行调整，以确定该资产的公允价值。

【例 8-1】 2×24 年 1 月 1 日，甲企业将刚开发建成的一栋写字楼作为投资性房地产，用于出租，并采用公允价值模式进行后续计量。2×24 年 12 月 31 日，甲企业根据获得的市场信息和相关数据，决定参考本地区同一地段写字楼活跃市场价格，并考虑所处商圈位置、新旧程度、配套设施等因素，对本地区可比写字楼的市场交易价格进行调整，确定该写字楼在 2×24 年 12 月 31 日的公允价值。

2）对资产出售或使用的限制

企业以公允价值计量相关资产，应当考虑出售或使用该资产所存在的限制因素。企业为合理确定相关资产的公允价值，应当区分该限制是针对资产持有者的，还是针对该资产本身的。

（1）如果该限制针对相关资产本身，则此类限制是该资产具有的一个特征，任何持有该资产的企业都会受到影响，市场参与者在计量日对该资产进行定价时会考虑这一特征，企业以公允价值计量该资产时也应当考虑该限制特征。例如，甲上市公司的限售股具有在指定期间无法在公开市场上出售的特征。市场参与者在对甲公司限售股进行定价时会考虑该权益工具流动性受限的因素。因此，企业以公允价值计量该权益工具时，应当对在公开市场上交易的同一发行人未受限制的相同权益工具的报价作出相应调整，即从报价中扣除市场参与者因承担指定期间无法在公开市场上出售该权益工具的风险而要求获得补偿的金额。

（2）如果该限制针对资产持有者，则此类限制并不是该资产的特征，只会影响当前持有该资产的企业，而其他企业可能不会受到该限制的影响。市场参与者在计量日对该资产进行定价时，不会考虑该限制因素，企业以公允价值计量该资产时，也不应考虑针对该资产持有者的限制因素。例如，甲公司与乙商业银行签订一份借款合同，根据借款合同规定，甲公司将其持有的一块土地使用权作为抵押，在偿还该债务前，甲公司不能转让该土地使用权。在此例中，甲公司承诺在偿还该商业银行借款前不转让其持有的已抵押土地使用权，该承诺是针对甲公司的限制，而非针对甲公司所持有的土地使用权的限制，并不会转移给其他市场参与者。因此，甲公司在确定其持有的该土地使用权的公允价值时，不应考虑该限制。

【例 8-2】 某上市公司的限售股具有在指定期间内无法在公开市场上出售的特征。市场参与者在对该上市公司限售股进行定价时，会考虑该权益工具流动性受限的因素。因此，企业以公允价值计量该权益工具时，应当对在公开市场上交易的同一发行人的未受限制的相同权益工具的报价作出相应调整，即从报价中扣除市场参与者因承担指定期间无法在公开市场上出售该权益工具的风险而要求获得补偿的金额。

【例 8-3】 某企业通过出让方式取得了一块土地，使用年限为 50 年。在土地使用权出让合同中，这块土地的用途被限定为工业用地。根据有关法律法规的要求，在未完成相关审批程序前，企业持有该土地使用权期间，不可以擅自改变其土地用途。企业在土地使用年限（50 年）内将该土地使用权转让给其他方的，受让方也不能擅自改变该土地用途。

该土地作为工业用地，这是土地本身的特征。即使企业转让该土地，作为受让方的市场参与者也不能擅自改变用途，在以公允价值计量该土地时会考虑这一特征。因此，企业在对该土地进行公允价值计量时，应当考虑土地使用用途受限的影响。

（3）如果该限制针对资产持有者，则此类限制并不是该资产的特征，只会影响当前持有该资产的企业，而其他企业可能不会受到该限制的影响。市场参与者在计量日对该资产进行定价时，不会考虑该限制因素，企业以公允价值计量该资产时，也不应考虑针对该资产持有者的限制因素。例如，甲公司与乙商业银行签订一份借款合同，根据借款合同规定，甲公司将其持有的一块土地使用权作为抵押，在偿还该债务前，甲公司不能转让该土地使用权。在此例中，甲公司承诺在偿还该商业银行借款前不转让其持有的已抵押土地使用权，该承诺是针对甲公司的限制，而非针对甲公司所持有的土地使用权的限制，并不会转移给其他市场参与者。因此，甲公司在确定其持有的该土地使用权的公允价值时，不应考虑该限制。

**【例 8-4】** 甲公司与某商业银行签订一份借款合同。根据借款合同规定，甲公司将其持有的一块土地使用权作为抵押，在偿还该债务前，甲公司不能转让该土地使用权。

在本例中，甲公司承诺在偿还该商业银行借款前不转让其持有的该土地使用权，该承诺是针对甲公司的限制而非针对甲公司所持有的土地使用权，并不会转移给其他市场参与者。

因此，甲公司在确定其持有的该土地使用权的公允值时，不应考虑该限制。

2. 计量单元

计量单元是指相关资产或负债以单独或者组合方式进行计量的最小单位。企业以公允价值计量相关资产或负债，该资产或负债可以是单项资产或负债，也可以是资产组合、负债组合或者资产和负债的组合。例如，由多台设备构成的一条生产线。又如，由《企业会计准则第 20 号——企业合并》规范的业务等。企业是以单项还是以组合的方式对相关资产或负债进行公允价值计量，取决于该资产或负债的计量单元。企业在确认相关资产或负债时就已经确定了该资产或负债的计量单元，并进行了相应计量。对于市场风险或信用风险可抵销的金融资产、金融负债和其他合同，在符合条件的情况下，可以将该金融资产、金融负债和其他合同的组合作为计量单元。

**(二) 有序交易**

企业以公允价值计量相关资产或负债，应当假定市场参与者在计量日出售资产或者转移负债的交易，是当前市场情况下的有序交易。企业应用于相关资产或负债公允价值计量的有序交易，是在计量日前一段时期内该资产或负债具有惯常市场活动的交易，不包括被迫清算和抛售。

1. 有序交易的确定

企业在确定一项交易是否为有序交易时，应当全面理解交易环境和有关事实。企业应当基于可获取的信息，如市场环境变化、交易规则和习惯、价格波动幅度、交易量波动幅度、交易发生的频率、交易对手信息、交易原因、交易场所和其他能够获得的信息，运用专业判断对交易行为和交易价格进行分析，以判断该交易是否为有序交易。为了确定一项交易是否为有序交易，企业应当考虑可合理获得的信息，在获得合理信息时应当考虑成本效益原则，不应花费过高成本。当企业成为交易一方时，通常假定该企业有充分的信息来判断该交易是否为有序交易。当存在下列情况时，相关资产或负债的交易活动通常不应作为有序交易：

(1) 在当前市场情况下，市场在计量日之前一段时间内不存在相关资产或负债的惯常市场交易活动。

(2) 在计量日之前，相关资产或负债存在惯常的市场交易，但资产出售方或负债转移方仅与单一的市场参与者进行交易。

(3) 资产出售方或负债转移方处于或者接近破产或托管状态，即资产出售方或负债转移方已陷入财务困境。

(4) 资产出售方为满足法律或者监管规定而被要求出售资产，即被迫出售。

(5)与相同或类似资产或负债近期发生的其他交易相比,出售资产或转移负债的价格是一个异常值。

2. 有序交易价格的应用

企业判定相关资产或负债的交易是有序交易的,在以公允价值计量该资产或负债时,应当考虑该交易的价格,即以交易价格为基础确定该资产或负债的公允价值。企业在公允价值计量过程中赋予有序交易价格的权重时,应当考虑交易量、交易的可比性、交易日与计量日的临近程度等因素。企业判定相关资产或负债的交易不是有序交易的,在以公允价值计量该资产或负债时,不应考虑该交易的价格,或者赋予该交易价格较低权重。企业根据现有信息不足以判定该交易是否为有序交易的,在以公允价值计量该资产或负债时,应当考虑该交易的价格,但不应将该交易价格作为计量公允价值的唯一依据或者主要依据。相对于其他已知的有序交易价格,企业应赋予该交易较低的权重。

**(三)主要市场或最有利市场**

企业以公允价值计量相关资产或负债,应当假定出售资产或者转移负债的有序交易在该资产或负债的主要市场进行。不存在主要市场的,企业应当假定该交易在相关资产或负债的最有利市场进行。

主要市场是指相关资产或负债交易量最大和交易活跃程度最高的市场。

最有利市场是指在考虑交易费用和运输费用后,能够以最高金额出售相关资产或者以最低金额转移相关负债的市场。

1. 主要市场或最有利市场的识别

企业根据可合理取得的信息,能够在交易日确定相关资产或负债交易量最大和交易活跃程度最高的市场的,应当将该市场作为相关资产或负债的主要市场。

企业根据可合理取得的信息,无法在交易日确定相关资产或负债交易量最大和交易活跃程度最高的市场的,应当在考虑交易费用和运输费用后,将能够以最高金额出售该资产或者以最低金额转移该负债的市场作为最有利市场。企业在识别相关资产或负债的主要市场(或者在不存在主要市场情况下的最有利市场)时,应当考虑所有可以合理取得的信息,但同时应当考虑成本效益原则,不应花费大量成本去考察所有可能的市场。在通常情况下,如果不存在相反的证据,则企业正常进行资产出售或者负债转移的市场可以视为主要市场或最有利市场。

相关资产或负债的主要市场(或者在不存在主要市场情况下的最有利市场)应当是企业可进入的市场,但不要求企业于计量日在该市场上实际出售资产或者转移负债。企业应当从自身角度,而非市场参与者角度,判定相关资产或负债的主要市场(或者在不存在主要市场情况下的最有利市场)。

不同的企业可以进入不同的市场,对相同资产或负债而言,不同企业可能具有不同的主要市场(或者在不存在主要市场情况下的最有利市场)。例如,甲企业与银行签订了一项初始交易价格为零的利率互换。该企业只能进入利率互换的零售市场,而银行则能够进入利率互换的零售市场和做市商市场,并且其主要业务发生在做市商市场。因此,该企业与银行就存在不同的主要市场,该企业应当以零售市场为主要市场,该银行应当以做市商市场为主要市场。

2. 主要市场或最有利市场的应用

企业应当以主要市场上相关资产或负债的价格为基础,计量该资产或负债的公允价值。

主要市场是资产或负债流动性最强的市场，能够为企业提供最具代表性的参考信息。因此，无论相关资产或负债的价格能够直接从市场观察到，还是通过其他估值技术获得，企业都应当以主要市场上相关资产或负债的价格为基础，计量该资产或负债的公允价值。即使企业能够于计量日在主要市场以外的另一个市场上，获得更高的出售价格或更低的转移价格，企业也仍应当以主要市场上相关资产或负债的价格为基础，计量该资产或负债的公允价值。

不存在主要市场或者无法确定主要市场的，企业应当以相关资产或负债最有利市场的价格为基础，计量其公允价值。企业在确定最有利市场时，应当考虑交易费用、运输费用等。交易费用是指企业发生的可直接归属于资产出售或者负债转移的费用。

交易费用是在进行相关资产或负债交易时不可避免会发生的费用，交易费用直接由交易引起，并且是企业进行交易所必需的。如果企业未决定出售资产或转移负债，该费用将不会产生。交易费用不属于相关资产或负债的特征，只与特定交易有关，取决于企业参与该资产或负债交易的不同方式，例如，零售交易或者批发交易，交易所交易或者场外交易等。企业在根据主要市场或最有利市场的交易价格确定相关资产或负债的公允价值时，不应根据交易费用对该价格进行调整。

交易费用不包括运输费用。相关资产所在地理位置是该资产的特征，发生的运输费用能够使该资产从当前位置转移到主要市场（或最有利市场）的，企业应当根据使该资产从当前位置转移到主要市场（或最有利市场）的运输费用调整主要市场（或最有利市场）的价格。

例如，甲公司委托某证券公司于 2×24 年 12 月 1 日购买乙上市公司 100 万股普通股股票，作为交易性金融资产持有，购买价格为每股 10 元，甲公司共支付 1 002 万元，其中 2 万元是支付给证券公司的手续费。甲公司在 2×24 年 12 月 1 日初始计量该交易性金融资产时，每股股票的公允价值应当是 10 元，而不是 10.02 元。

**【例 8-5】** 2×24 年 12 月 31 日，甲公司在非同一控制下的企业合并业务中获得一批存货[100 吨（1 吨＝1 000 千克，下同）某原材料]。在合并日，甲公司应当以公允价值计量这批存货。根据市场交易情况，该原材料在 A 城市和 B 城市有两个活跃的交易市场。甲公司能够进入这两个市场，并能够取得该存货在这两个市场的交易数据，如表 8-1 所示。

**表 8-1　　2×24 年 12 月 31 日该原材料的市场交易数据**

| 市场 | 每吨销售价格（万元） | 历史交易量（吨） |
| --- | --- | --- |
| A 城市 | 26 | 980 万 |
| B 城市 | 28 | 20 万 |

甲公司根据市场交易数据能够确定 A 城市的市场拥有最大交易量、交易活跃程度最高，判定 A 城市的市场为该原材料的主要市场。因此，甲公司应当以 A 城市的市场价格为基础估计这批存货的公允价值。

假定在 A 城市的市场出售这批存货的交易费用（如相关税费等）为 300 万元，将这批存货运抵 A 城市的成本为 20 万元；在 B 城市的市场出售这批存货的交易费用为 320 万元，将这批存货运抵 B 城市的成本为 40 万元。

甲公司在估计这批存货的公允价值时，应当使用在主要市场中出售该原材料将收到的价格，并考虑运输费用，但不考虑交易费用。因此，这批存货的公允价值计量应使用 A 城市的市场价格(2 600 万元),减去运输费用(20 万元),从而这批存货的公允价值为 2 580 万元。

在本例中,尽管B城市的市场上出售原材料的价格(28 万元)要高于A城市的市场价格(26 万元),根据《企业会计准则第 39 号——公允价值计量》的规定,甲公司也不能以B城市的市场价格为基础确定这批存货的公允价值。

**【例 8-6】** 承[例 8-5],如果甲公司无法获得这批存货在A城市和B城市的历史交易量,则甲公司应当在考虑交易用和运输费用后将能够获得经济利益最大化的市场确定为最有利市场,即在该市场中出售这批存货收到的净额最高。

由于市场参与者在B城市的市场中出售该存货能够收到的净额为 2 440 万元(2 800－320－40),高于在A城市的市场出售该存货能够收到的净额 2 280 万元(2 600－300－20),甲公司在无法确定主要市场的情况下,应确定B城市的市场为最有利市场。甲公司应当以B城市的市场价格为基础估计这批存货的公允价值。

甲公司估计这批存货的公允价值时,应当使用最有利市场的价格,并考虑运输费用,但不考虑交易费用,即B城市的市场价格(2 800 万元)减去运输费用(40 万元),从而这批存货的公允价值为 2 760 万元。

在本例中,尽管甲公司在确定最有利市场时考虑了交易费用,但在计量这批存货公允价值时不考虑交易费用,而仅针对运输费用进行调整。企业以公允价值计量相关资产或负债,即使在计量日不存在提供出售资产或转移负债价格信息的可观察市场,企业仍应当从持有资产或承担负债的市场参与者的角度进行考虑,并假设当日发生了交易。该假设的交易是估计出售资产或转移负债价格的基础。例如,2008 年国际金融危机发生时,很多股票、债权交易市场因不存在买家而消失,持有这些股票、债权的企业在进行公允价值计量时,不能以不存在相关资产的可观察市场为由终止公允价值计量,而应当站在持有相关股票、债权的市场参与者角度,假定计量日当日发生有序交易时的公允价格。

**(四) 市场参与者**

企业以公允价值计量相关资产或负债,应当充分考虑市场参与者之间的交易,采用市场参与者在对该资产或负债定价时为实现其经济利益最大化所使用的假设。

1. 市场参与者的特征

市场参与者是指在相关资产或负债的主要市场(或者在不存在主要市场情况下的最有利市场)中,相互独立的、熟悉资产或负债情况的、能够且愿意进行资产或负债交易的买方和卖方。市场参与者应当具备下列特征:

(1) 市场参与者应当相互独立,不存在关联方关系。如果企业有证据表明,关联方之间的交易是按市场条款达成的,则关联方之间交易可作为市场参与者之间的交易,交易价格可作为公允价值计量的基础。

(2) 市场参与者应当熟悉情况,根据可获得的信息,包括通过正常的尽职调查获取的信息,对相关资产或负债及交易具备合理认知。

(3) 市场参与者应当有能力并自愿进行相关资产或负债的交易,而非被迫或以其他强制方式进行交易。

2. 市场参与者的确定

企业在确定市场参与者时,应当考虑所计量的相关资产或负债、该资产或负债的主要市场(或者在不存在主要市场情况下的最有利市场),以及在该市场上与企业进行交易的市场参与者等因素,从总体上识别市场参与者。企业在确定市场参与者时,至少应当考虑以下因素:

(1) 所计量的相关资产或负债。例如,金融资产的市场参与者与非金融资产的市场参与者之间存在较大差别。

(2) 该资产或负债的主要市场(或者在不存在主要市场情况下的最有利市场)。主要市场(或者在不存在主要市场情况下的最有利市场)是基于企业角度确定的,因此,与企业在同一行业的其他企业有可能是市场参与者,市场参与者也可能来自其他行业。例如,在计量制造业企业拥有的土地使用权的公允价值时,房地产开发企业也可能作为市场参与者。

(3) 企业将在主要市场或最有利市场进行交易的市场参与者。企业以公允价值计量相关资产或负债,应当基于市场参与者之间的交易确定该资产或负债的公允价值。如果市场参与者在交易中考虑了相关资产或负债的特征及相关风险等,并根据这些特征或风险对该资产或负债的交易价格进行了调整,那么企业也应当采用市场参与者在对该资产或负债定价时所使用的这些假设。企业应当从市场参与者角度计量相关资产或负债的公允价值,而不应考虑企业自身持有资产、清偿或者以其他方式履行负债的意图和能力。例如,甲公司取得了竞争对手乙公司100%的股权。乙公司声誉良好,原有商标具有商业价值,但甲公司决定不再使用乙公司的商标。甲公司以公允价值计量该商标时,应当基于将该商标出售给熟悉情况、有意愿且有能力进行交易的其他市场参与者的价格,而不能因为自愿放弃使用该商标而将其公允价值确定为0。

## 第二节　公允价值的计量要求

### 一、公允价值初始计量

企业应当根据交易性质和相关资产或负债的特征等,判断初始确认时的公允价值是否与其交易价格相等。

企业在取得资产或者承担负债的交易中,交易价格是取得该资产所支付或者承担该负债所收到的价格,即进入价格。而相关资产或负债的公允价值是脱手价格,即出售该资产所能收到的价格或者转移该负债所需支付的价格。

在大多数情况下,相关资产或负债的进入价格等于其脱手价格。但企业未必以取得资产时所支付的价格出售该资产,同样,企业也未必以承担负债时所收取的价格转移该负债,也就是说,企业取得资产或承担负债的进入价格不一定等于该资产或负债的脱手价格。在下列情况下,企业以公允价值相关资产或负债进行初始计量的,不应将取得资产或者承担负债的交易价格作为该资产或负债的公允价值:

(1) 关联方之间的交易。企业有证据表明,关联方之间的交易是按照市场条款进行的,该交易价格可作为确定其公允价值的基础。

(2) 被迫进行的交易,或者资产出售方(或负债转移方)在交易中被迫接受价格的交易。例如,资产出售方或负债转移方为满足监管或法律要求而被迫出售资产或转移负债,或者资产出售方或负债转移方正陷于财务困境。

（3）交易价格所代表的计量单元不同于以公允价值计量的相关资产或负债的计量单元。例如，在企业合并交易中，以公允价值计量的相关资产或负债仅是交易中的一部分，而交易除该资产或负债外，还包括应单独计量但未确认的无形资产。

（4）进行交易的市场不是该资产或负债的主要市场（或者在不存在主要市场情况下的最有利市场）。例如，某商业银行是银行间债券市场的做市商，既可以与其他做市商在银行间债券市场进行交易，也可以与客户在交易所市场进行交易，但对于该银行而言，债券交易的主要市场（或者在不存在主要市场情况下的最有利市场）是与其他做市商进行交易的银行间债券市场，交易所市场上的交易价格有可能不同于银行间债券市场上的交易价格，交易所市场上的交易价格不应作为公允价值。

企业以公允价值对相关资产或负债进行初始计量，并且交易价格与公允价值不相等的，交易价格与公允价值的差额应当按照企业会计准则的要求进行处理。如果企业会计准则对此未作出明确规定，则企业应当将该差额计入当期损益。

## 二、估值技术

企业以公允价值计量相关资产或负债，应当使用适用于当前情况的估值技术，且企业使用该估值技术时有足够的可利用数据和其他信息支持。企业使用估值技术的目的是估计市场参与者在计量日当前市场情况下的有序交易中出售资产或者转移负债的价格。

估值技术通常包括市场法、收益法和成本法，企业应当根据实际情况，从这三种方法中选择一种或多种估值技术，用来估计相关资产或负债的公允价值。相关资产或负债存在活跃市场公开报价的，企业应当优先使用该报价确定该资产或负债的公允价值。除上述情况外，企业选择上述三种估值方法中的哪一种或哪几种确定相关资产或负债的公允价值并不存在优先顺序。企业在应用估值技术估计相关资产或负债的公允价值时，应当根据可观察的市场信息定期校准估值模型，以确保所使用的估值模型能够反映当前的市场状况，并识别估值模型本身可能存在的潜在缺陷。如果企业所使用的估值技术未能考虑市场参与者在对相关资产或负债估值时所考虑的所有因素，那么企业通过该估值技术获得的金额不能作为对计量日当前交易价格的估计。

### （一）市场法

市场法是利用相同或类似的资产、负债或资产和负债组合的价格及其他相关市场交易信息进行估值的技术。

企业应用市场法估计相关资产或负债公允价值的，可利用相同或类似的资产、负债或资产和负债的组合（例如，一项业务）的价格和其他相关市场交易信息进行估值。

企业在使用市场法时，应当以市场参与者在相同或类似资产出售中能够收到或者转移相同或类似负债需要支付的公开报价为基础。企业应当根据资产或负债的特征，例如，当前状况、地理位置、出售和使用的限制等，对相同或类似资产或负债的市场价格进行调整，以确定该资产或负债的公允价值。

**【例 8-7】** 2×24 年 7 月 1 日，甲企业购入乙上市公司 100 万股普通股股票，共支付 500 万元，假定不考虑相关税费。甲企业将对乙上市公司的投资作为交易性金融资产持有。2×24 年 12 月 31 日，乙上市公司普通股股票的收盘价为每股 4.8 元。甲企业在编制

2×24 年度财务报表时，采用市场法确定其持有的对乙上市公司投资的公允价值。根据乙上市公司普通股股票于 2×24 年 12 月 31 日的收盘价，甲企业对乙上市公司投资的公允价值为 480 万元(4.8×100)。

企业在应用市场法时，除直接使用相同或类似资产或负债的公开报价外，还可以使用市场乘数法等估值方法。市场乘数法是一种使用可比企业市场数据估计公允价值的方法，包括上市公司比较法、交易案例比较法等。企业采用上市公司比较法时，可使用的市场乘数包括市盈率、市净率、企业价值/税息折旧及摊销前利润(EV/EBITDA)乘数等。企业应当进行职业判断，考虑与计量相关的定性和定量因素，选择恰当的市场乘数。

**【例 8-8】** 甲公司拥有乙公司 5%的股权，将其作为其他权益工具投资持有。乙公司是一家非上市的股份公司，不存在活跃市场的公开报价。2×24 年 12 月 31 日，甲公司在编制其财务报表时，由于无法获得乙公司股份的公开市场报价，故决定采用市场乘数法确定对乙公司投资的公允价值。

甲公司根据乙公司所处的行业、规模、经营业绩、风险、成长性等因素，选择了 4 家可比的上市公司。考虑到可比公司与乙公司之间资本结构和折旧政策存在差异，甲公司选择企业价值/税息折旧及摊销前利润乘数对乙公司进行估值。甲公司先通过乙公司的税息折旧及摊销前利润和可比上市公司的企业价值/税息折旧及摊铺前利润乘数计算出乙公司的企业价值，再减去乙公司负债的公允价值，得到调整前的乙公司股东权益价值。甲公司在考虑流动性折价等因素后，得到调整后的乙公司股东权益价值，并根据其持股比例，最终得到在乙公司中股权投资的公允价值。

可比上市公司的企业价值/税息折旧及摊销前利润乘数如表 8-2 所示。

**表 8-2** **可比上市公司乘数数据** 单位：倍

| 可比公司 | EV/EBITDA | 可比公司 | EV/EBITDA |
|---|---|---|---|
| A 上市公司 | 8.0 | D 上市公司 | 8.5 |
| B 上市公司 | 9.0 | 平均数 | 8.75 |
| C 上市公司 | 9.5 | | |

2×24 年 12 月 31 日，假定乙公司税息折旧及摊销量利润为 10 000 万元。甲公司运用可比上市公司企业价值税息折旧及摊销前利润乘数的平均数(8.75 倍)得到乙司的企业价值为 87 500 万元。假定乙公司在 2×14 年月 31 日负债的公允价值是 37 500 万元。

甲公司根据表 8-3 的程序，确定其在乙公司中 5%股权的公允价值为 2 250 万元。

**表 8-3** **乙公司股权公允价值确定程序** 单位：万元

| 确定程序 | 项目 | 计算 |
|---|---|---|
| (1) 调整前的乙公司股东权益价值 | 乙公司企业价值－负债公允价值 | 87 500－37 500＝50 000 |
| (2) 流动性折价 | 该折价反映了乙公司无公开报价权益工具相比可比公司的权益工具，具有较低流动性。为了简化，假定流动性折价为 10% | 50 000×10%＝5 000 |

（续表）

| 确定程序 | 项目 | 计算 |
| --- | --- | --- |
| (3) 调整后的乙公司股东权益价值 | | 50 000－5 000＝45 000 |
| (4) 甲公司持有乙公司 5%股权的公允价值 | | 45 000×5%＝2 250 |

**（二）收益法**

收益法是企业将未来金额转换成单一现值的估值技术。企业使用收益法时，应当反映市场参与者在计量日对未来现金流量或者收入费用等金额的预期。企业使用的收益法包括现金流量折现法、期权定价模型、多期超额收益折现法等估值方法。以下仅对前两种进行介绍。

1. 现金流量折现法

现金流量折现法是企业在收益法中最常用到的估值方法，包括传统法（即折现率调整法）和期望现值流量法。企业运用折现率将未来金额与现在金额联系起来取得现值。

企业使用现金流量折现法估计相关资产或负债的公允价值时，需要在计量日从市场参与者角度考虑相关资产或负债的未来现金流量、现金流量金额和时间的可能变动、货币时间价值、因承受现金流量固有不确定性而要求的补偿（即风险溢价）、与负债相关的不履约风险（包括企业自身信用风险）、市场参与者在当前情况下可能考虑的其他因素等。

企业以现金流量折现法估计相关资产或负债的公允价值，应当避免重复计算或遗漏风险因素的影响，协调折现率与现金流量输入值的选择。例如，企业使用了合同现金流量的，应当采用能够反映预期违约风险的折现率；使用了概率加权现金流量的，应当采用无风险利率；使用了包含通货膨胀影响的现金流量的，应当采用名义利率；使用了排除通货膨胀影响的现金流量的，应当采用实际利率；使用税后现金流量的，应当采用税后折现率；使用税前现金流量的，应当采用税前折现率；使用人民币现金流量的，应当采用与人民币相关的利率等。

企业在现金流量折现法中所使用的现金流量是估计金额，而非确定的已知金额。当存在违约风险时，即使是合同约定的金额，也不是确定的折现现金流量，例如，贷款承诺中虽约定贷款金额，但如果企业无法按期还款，则该金额并不能作为确定的已知折现现金流量。所以，企业使用现金流量折现法时，将面临较多不确定性。企业在以公允价值计量该资产或负债时，应当考虑风险溢价，即使存在较大困难，企业仍应当考虑相关风险调整因素。

根据对风险的调整方式和采用的现金流量类型，可以将现金流量折现法区分为传统法和期望现金流量法两种方法。

第一，传统法。

传统法是使用在估计金额范围内最有可能的现金流量和经风险调整的折现率的一种折现方法。企业在传统法中所使用的现金流量，包括合同现金流量、承诺现金流量或者最有可能的现金流量等。这些现金流量都以特定事项为前提条件，例如，债券中包含的合同现金流量或承诺现金流量是以债务人不发生违约为前提条件的。企业所使用的经风险调整的折现率，应当来自市场上交易的类似资产或负债的可观察回报率。

当不存在可观察的市场回报率时，企业也可以使用估计的市场回报率。企业在确定资产或负债是否类似时，需要考虑现金流量的性质，例如，现金流量是合同现金流量还是非合同现金流量，现金流量是否会对经济条件的改变作出类似反应，还需要考虑信用状况、抵押品、期限、限制性合同和流动性等其他因素。

**【例 8-9】** 2×17 年 12 月 31 日，甲商业银行从全国银行间债券市场购入乙公司发行的 10 万份中期票据，将其作为以公允价值计量且其变动计入其他综合收益的金融资产持有。该票据信用评级为 AAA，乙公司的长期信用评级为 AAA，期限为 7 年，自 2×17 年 12 月 31 日至 2×24 年 12 月 31 日。该票据面值为人民币 100 元，票面利率为 5%，付息日为每年的 12 月 31 日。2×17 年 12 月 31 日，甲商业银行对该中期票据投资进行公允价值计量。假定该票据没有活跃市场中的报价，甲商业银行能够通过中央国债登记结算有限责任公司公布的相关收益率曲线确定相同信用评级、相同期限债券的市场回报率为 6%。

在本例中，甲商业银行可根据该中期票据约定的合同现金流量即利息和本金，运用市场回报率进行折现，得到该中期票据的公允价值 1 001 万元。具体计算如表 8-4 所示。

**表 8-4　　公允价值计算表**

| 指标 | 2×18 年 | 2×19 年 | 2×20 年 | 2×21 年 | 2×22 年 | 2×23 年 | 2×24 年 | 合计 |
|---|---|---|---|---|---|---|---|---|
| 现金流量（万元） | 50 | 50 | 50 | 50 | 50 | 50 | 1 050 | |
| 折现率（6%） | 1 | 0.943 4 | 0.890 0 | 0.839 6 | 0.792 1 | 0.747 3 | 0.705 0 | |
| 现值（万元） | 50 | 47.2 | 44.5 | 42 | 39.6 | 37.4 | 740.3 | 1 001 |

第二，期望现金流量法。

期望现金流量法是使用经风险调整的期望现金流量和无风险利率，或者使用未经风险调整的期望现金流量和包含市场参与者要求的风险溢价的折现率的一种折现方法。企业应当通过以概率为权重计算的期望现金流量反映未来所有可能的现金流量。企业在期望现金流量法中使用的现金流量是对所有可能的现金流量进行概率加权，最终得到的期望现金流量不再以特定事项为前提条件，这不同于企业在传统法中所使用的现金流量。

在期望现金流量法中，可以通过两种方法调整相关资产或负债期望现金流量的风险溢价：第一种方法是，企业从以概率为权重计算的期望现金流量中扣除风险溢价，得到确定等值现金流量，并按照无风险利率对确定等值现金流量折现，从而估计出相关资产或负债的公允价值。当市场参与者认为确定的现金流量和期望现金流量无差异时，该确定的现金流量即为确定等值现金流量。例如，如果市场参与者愿意以 1 000 元的确定现金流量交换 1 200 元的期望现金流量，该 1 000 元即为 1 200 元的确定等值（即 200 元代表风险溢价）。在这种情况下，持有 1 200 元的期望现金流量和持有 1 000 元现金，对于市场参与者而言是无差异的。第二种方法是，企业在无风险利率之上增加风险溢价，得到期望回报率，并使用该期望回报率对以概率为权重计算的现金流量进行折现，从而估计出相关资产或负债的公允价值。企业可以使用对风险资产进行计价的模型估计期望回报率，如资本资产定价模型。使用期望现金流量法的上述两种方法得到的现金流量现值应当是相同的。因此，企业在使用期望现金流量法估计相关资产或负债的公允价值时，期望现金流量法的上述两种方法均可使用。企业对期望现金流量法第一种方法或第二种方法的选择，取决于被计量资产或负债的特征和环境因素、企业是否可获取足够多的数据，以及企业运用判断的程度等。

**【例 8-10】** 为了说明期望现金流量法调整风险的两种方法，假定根据下列可能的现金流量和概率(表 8-5),计算资产在 1 年内拥有 800 万元的期望现金流量。假定适用的 1 年期无风险利率为 6%,具有相同风险状况的资产系统性风险溢价为 2%。

表 8-5　　可能的现金流量和概率　　金额单位:万元

| 可能的现金流量 | 概率 | 概率加权现金流量 |
|---|---|---|
| 600 | 20% | 120 |
| 800 | 60% | 480 |
| 1 000 | 20% | 200 |
| 期望现金流量 | | 800 |

在本例中,期望现金流量(800 万元)代表三个可能结果的概率加权平均。在实际情况下,可能存在更多结果,但企业应用期望现金流量法时,不需要运用复杂的模型和技术考虑所有可能的现金流量分布,而应当确定现金流量有限数量的可能结果和概率。例如,企业可能使用相关历史期间的实际现金流量,并在考虑市场参与者假设的基础上,对经济形势或市场情况、行业趋势和竞争程度等外部因素和具体影响企业内部因素的变动进行调整。

(1) 企业在使用期望现金流量法第一种方法时,应当根据风险溢价对期望现金流量进行调整。

第一步:企业通过使用 2%的风险溢价,计算出现金流量的风险调整为 15 万元[800—800×(1.06÷1.08)]。

第二步:企业使用期望现金流量减去 15 万元风险调整,得出经市场风险调整的期望现金流量是 785 万元(800—15)。

第三步:企业以无风险利率(6%)对经市场风险调整的期望现金流量进行折现,得到该项资产的现值(即公允价值)为 741 万元(785÷1.06)。

(2) 企业在使用期望现金流量法第二种方法时,应当根据风险溢价对折现率进行调整。

第一步:企业将无风险利率(6%)加上风险溢价(2%),得到期望回报率为 8%。

第二步:企业使用期望回报率对期望现金流量(800 万元)进行折现,得到该项资产的现值(即公允价值)为 741 万元(800÷1.08)。

企业使用期望现金流量法的上述两种方法,得到的现金流量现值应当是相同的。

2. 期权定价模型

企业可以使用布莱克—斯科尔斯模型、二叉树模型、蒙特卡洛模拟法等期权定价模型估计期权的公允价值。其中,布莱克—斯科尔斯模型可以用于认股权证和具有转换特征的金融工具的简单估值。布莱克—斯科尔斯模型中的输入值包括即期价格、行权价格、合同期限、预计或内含波动率、无风险利率、期望股息率等。蒙特卡洛模拟法适用于包含可变行权价格或转换价格、对行权时间具有限制条款等复杂属性的认股权证或具有转换特征的金融工具。蒙特卡洛模拟法根据认股权证或具有转换特征的金融工具的条款、条件及其他假设,随机生成数千甚至数百万的可能结果,计算每种可能情形的相关回报,这些回报用概率加权并折现,以计算相关资产或负债的公允价值。

**【例 8-11】** 甲公司持有乙上市公司发行的股票期权,为以公允价值计量且其变动计入当期损益的金融资产。根据该期权,甲公司可以在 2×26 年 12 月 31 日,以每股 5 元的行权价格向乙上市公司购买1 000万股普通股。由于该期权无活跃市场公开报价，甲公司管理层决定用布莱克—斯科尔斯模型确定该期权在2×24年12月31日的公允价值。

布莱克—斯科尔斯模型中采用的主要输入值如表8-6所示。

**表8-6　　布莱克—斯科尔斯模型中主要输入值**

| 项目 | 输入值 |
|---|---|
| 即期价格 | 乙上市公司普通股2×24年12月31日收盘价为每股4元 |
| 行权价格 | 每股5元 |
| 期权期限 | 2年 |
| 无风险利率 | 根据发行日国债收益率曲线，2年期的到期收益率为4% |
| 股价波动率 | 基于乙上市公司自发行日起过去5年内的每日收盘价计算，得到股价波动率为40% |
| 期望股息率 | 基于乙上市公司过去5年的派息情况计算，得到期望股息率为3% |

根据表8-7中的输入值，甲公司采用布莱克—斯科尔斯模型计算得到2×24年12月31日该期权的公允价值为566.9万元。

**(三) 成本法**

成本法是反映当前要求重置相关资产服务能力所需金额的估值技术，通常是指现行重置成本。

在成本法下，企业应当根据折旧贬值情况，对市场参与者获得或构建具有相同服务能力的替代资产的成本进行调整。折旧贬值包括实体性损耗、功能性贬值和经济性贬值。企业主要使用现行重置成本法估计与其他资产或其他资产和负债一起使用的有形资产的公允价值。

**【例8-12】**　甲公司于2×22年1月1日购买了一台数控设备，其原始成本为400万元，预计使用寿命为20年。2×24年，该数控设备生产的产品有替代产品上市，导致甲公司产品市场份额骤降30%。2×24年12月31日，甲公司决定对该数控设备进行减值测试，根据该数控设备的公允价值减去处置费用后的净额与预计未来现金流量现值较高者确定可收回金额。根据可获得的市场信息，甲公司决定采用重置成本法估计该数控设备的公允价值。

甲公司在估计公允价值时，因无法获得该数控设备的市场交易数据，也无法获取其各项成本费用数据，故采用以设备历史成本为基础，根据同类设备的价格上涨指数确定公允价值的物价指数法。假设2×22年至2×24年此类数控设备价格指数按年分别上涨5%、2%和5%。此外，考虑到实体性贬值、功能性贬值和经济性贬值，在购买日该数控设备的成新率为60%。因此，甲公司该设备公允价值为270万元(400×1.05×1.02×1.05×60%)。

**(四) 估值技术的选择**

企业在某些情况下使用单项估值技术是恰当的，如企业使用相同资产或负债在活跃市场上的公开报价计量该资产或负债的公允价值。但在有些情况下，企业可能需要使用多种估值技术，如企业采用市场法和收益法估计未上市企业股权投资的公允价值。企业在选择估值技术时，至少应当考虑下列因素：

(1) 根据企业可获得的市场数据和其他信息,其中一种估值技术是否比其他估值技术更恰当。

(2) 其中一种估值技术所使用的输入值是否更容易在市场上观察到,或者只需作更少的调整。

(3) 其中一种估值技术得到的估值结果区间是否在其他估值技术的估值结果区间内。

(4) 市场法和收益法结果存在较大差异的,进一步分析存在较大差异的原因。例如,其中一种估值技术可能使用不当,或者其中一种估值技术所使用的输入值可能不恰当等。

企业在公允价值后续计量中使用了估值技术,并且运用了不可观察输入值的,应当确保该估值技术反映了计量日可观察的市场数据。例如,类似资产或负债的最近交易价格等。企业以相关资产或负债的交易价格作为其初始确认时的公允价值,并在公允价值后续计量中使用了不可观察输入值的,应当校正后续计量中运用的估值技术,以使得用该估值技术确定的初始确认结果与初始确认时的交易价格相等。企业通过校准估值技术能够确保估值技术反映当前市场情况,避免估值技术无法反映相关资产或负债特征的情况发生。

**【例 8-13】** 甲公司在 2×24 年 12 月 31 日购买了乙公司 20 万股普通股股票,占乙公司所有发行在外股份的 5%。乙公司是一家非上市的股份公司,不存在活跃市场的公开报价。甲公司共支付 720 万元,假定该交易价格等于该投资在 2×24 年 12 月 31 日的公允价值。

甲公司决定使用可比公司估值乘数技术计量这些股权的公允价值,并在该估值技术中使用乙公司业绩衡量指标、流动性折价等不可观察输入值。因此,甲公司以 720 万元的交易价格对后续使用的估值模型进行校准,以使该估值模型计算取得的投资初始估计值等于交易价格,确保该估值模型已充分反映了该投资的所有特征。

假定乙公司 2×24 年 12 月 31 日的税息折旧及摊销前利润为 1 600 万元,流动性折价为 10%,甲公司从市场上获得可比公司的企业价值/税息折旧及摊销前利润(EV/EBITDA)乘数为 10 倍。甲公司运用该乘数和乙公司税息折旧及摊销前利润估计得到乙公司在 2×24 年 12 月 31 日的价值为 16 000 万元,其持有的 5%股权的价值为 800 万元,在考虑流动性折价后得到的估计价值为 720 万元。具体计算过程如表 8-7 所示。

表 8-7　　乙公司估计价值计算表　　单位:万元

| 项目 | 金额 |
|---|---|
| (1) 乙公司 2×24 年 12 月 31 日的税息折旧及摊销前利润 | 1 600 |
| (2) 企业价值/税息折旧及摊销前利润乘数(10 倍) | |
| (3) 乙公司价值=(1)×(2) | 16 000 |
| (4) 5%股权所占份额=(3) ×5% | 800 |
| (5) 流动性折价(10%) | |
| (6) 流动性折价调整=(4)×10% | 80 |
| (7) 2×24 年 12 月 31 日的股权估计价值=(4)-(6) | 720 |

企业在估计不存在活跃市场的权益工具的公允价值时,如果自权益工具购买日至计量日之间的间隔较短,并且在此期间没有发生对该权益工具价值产生重大影响的事件,则企业可采用近期交易价格作为无公开报价权益工具的公允价值;如果权益工具非近期购买,或者

自购买日至计量日之间发行权益工具的企业或发行人发生了重大变化，则企业可能不应按照近期交易价格确定权益工具的公允价值，而应当根据发行人的具体情况，选用恰当的估值方法进行估值。

例如，对于成熟的被投资企业，企业可采用市场法计量其无公开报价权益工具的公允价值。企业选择可比公司作为基准公司时，应当重点考虑业务的性质、业务的盈利能力及所在地。企业无法找到与被投资企业在同一行业的上市公司时，可选择最相近行业和具有相似经营风险和利润率的公司作为替代。企业选定可比公司后，应当对关键指标的差异进行调整，从而增强市场法的适用性和可靠性。这些所需调整的关键指标差异包括可比公司所在不同市场的估值水平，可比公司与被投资企业之间的增长性、盈利能力、股本回报率、流动性的差异等。另外，企业也可使用股价、页面浏览量等行业特定的一些业务驱动因素进行比较。又如，对于迅速成长的被投资企业，企业可采用收益法计量其无公开报价权益工具的公允价值。企业使用该方法时，需要进行一系列的财务预测，预测时间至少包括企业一个业务周期，一般不少于 5 年。如果被投资企业已经确定在近期能够实现上市流通，并且相应的股价已大致确定，则企业可采用投资收益折现法来确定被投资企业发行的权益工具的公允价值，使用较低的风险回报率确定计量日的现值。企业应当采用市场法对收益法的结果进行交叉检验。

企业在公允价值计量中使用的估值技术一经确定，则不得随意变更。企业公允价值计量中应用的估值技术应当在前后各会计期间保持一致，除非变更估值技术或其应用方法能使计量结果在当前情况下同样或者更能代表公允价值。企业变更估值技术及其应用方法包括但不限于下列情况：

(1) 出现新的市场。

(2) 可以取得新的信息。

(3) 无法再取得以前使用的信息。

(4) 改进了估值技术。

(5) 市场状况发生变化等。

企业变更估值技术及其应用方法的，应当按照会计估计变更处理，并对估值技术及其应用方法的变更进行披露。企业无论使用何种估值技术，都应当考虑当前市场状况并作出市场参与者可能进行的风险调整，如对信用风险和流动性风险的调整。

## 三、输入值

企业以公允价值计量相关资产或负债，应当考虑市场参与者在对相关资产或负债进行定价时所使用的假设，包括有关风险的假设。例如，所用特定估值技术的内在风险等。市场参与者所使用的假设即为输入值，可分为可观察输入值和不可观察输入值。

企业使用估值技术时，应当优先使用可观察输入值，仅当相关可观察输入值无法取得或取得不切实可行时才使用不可观察输入值。企业通常可以从交易所市场、做市商市场、经纪人市场、直接交易市场获得可观察输入值。在交易所市场上，企业可直接获得相关资产或负债的收盘价。在做市商市场，做市商随时准备用自有资本买入或者卖出做市项目，以此提供流动性并形成市场，所以出价和要价比收盘价更容易获得。但在直接交易市场上，买卖双方独立协商，无中介参与，所以企业难以获得这些交易。

企业为估计相关资产或负债公允价值必须使用一些不可观察输入值的，如果市场参与者在对该资产或负债的公允价值计量会用到这些不可观察输入值，那么企业也应当使用这些不可观察输入值。无论企业在以公允价值计量相关资产或负债过程中是否使用不可观察输入值，其公允价值计量的目的仍是基于市场参与者角度确定在当前市场条件下计量日有序交易中该资产或负债的脱手价格。

**（一）公允价值计量中相关的溢价和折价**

企业应当选择市场参与者在相关资产或负债交易中会考虑的、反映该资产或负债特征的输入值。如果企业能够获得相同或类似资产或负债在活跃市场中的报价且市场参与者将考虑与相关资产或负债的特征相关的溢价或折价，则企业应当根据这些溢价或折价，如控制权溢价、少数股东权益折价、流动性折价等，对相同或类似资产或负债的市场交易价格进行调整。

企业不应考虑与计量单元不一致的溢价或折价，如反映企业持有规模特征（即大宗持有因素）的溢价或折价。大宗持有因素是与交易相关的特定因素，因企业交易该资产的方式不同而有所不同。例如，某企业持有一家上市公司15 000万股普通股，该上市公司在资本市场上一般平均日交易量约为12 000万股普通股。如果该企业将其持有的上市公司股份全部出售，将会造成流动性问题，该上市公司每股普通股股份将发生严重下跌。该因素与企业持有股份数量即持有规模有关，不是该资产即上市公司普通股的特征，在企业进行公允价值计量时不应予以考虑。

**（二）以出价和要价为基础的输入值**

当相关资产或负债具有出价和要价时，企业可以使用出价和要价价差中在当前市场情况下最能代表该资产或负债公允价值的价格计量该资产或负债。出价是经纪人或做市商购买一项资产或处置一项负债所愿意支付的价格，要价是经纪人或做市商出售一项资产或承担一项负债所愿意收取的价格。企业可使用出价计量资产头寸，使用要价计量负债头寸，也可使用市场参与者在实务中使用的在出价和要价之间的中间价或其他定价惯例计量相关资产或负债。无论如何，企业不应使用与公允价值计量假定不一致的方法。例如，对资产使用要价，对负债使用出价。

## 四、公允价值层次

为提高公允价值计量和相关披露的一致性和可比性，企业应当将估值技术所使用的输入值划分为三个层次，并最优先使用活跃市场上相同资产或负债未经调整的报价，即第一层次输入值，然后使用第二层次输入值，最后使用不可观察输入值，即第三层次输入值。

**（一）第一层次输入值**

第一层次输入值是企业在计量日能够取得的相同资产或负债在活跃市场上未经调整的报价。

活跃市场是指相关资产或负债交易量及交易频率足以持续提供定价信息的市场。在活跃市场，交易对象具有同质性，可随时找到自愿交易的买方和卖方，并且市场价格信息是公开的。当交易量和交易活动显著下降，可获得的价格因时间或市场参与者的不同存在显著差异，可获得的价格并非当前的价格时，当前市场可能不是活跃市场。在活跃市场中，企业应当能够容易获得相关资产或负债的报价，且可定期从交易所、交易商、经纪人、行业集团、定价机构或监管机构等获得该报价。企业从活跃市场获得的这些报价，应当能够代表在公平交易基础上实际并经常发生的市场交易，异常的市场报价不应作为第一层次输入值。例如，债券交易中出现的频繁对敲交易形成的市场价格。

企业使用相同资产或负债在活跃市场的公开报价对该资产或负债进行公允价值计量时，通常不应进行调整。但下列情况除外：

(1) 企业持有大量类似但不相同的以公允价值计量的资产或负债，这些资产或负债存在活跃市场报价，但难以获得每项资产或负债在计量日单独的定价信息。在这种情况下，企业可使用不完全依赖于单个报价的其他定价方法，但由此取得的公允价值计量结果应当划入第二或第三层次。例如，银行等金融机构持有大量的类似债券，可能在计量日较难取得每一债券的价格信息，银行可以使用其中一些债券的报价确定其他类似债券的公允价值。

(2) 发生影响公允价值计量的重大事件等导致活跃市场的报价不代表计量日的公允价值。例如，在证券市场闭市之后但在计量日之前发生的买卖双方直接交易、经纪人交易或公告等重大事项。企业应当制定相应会计政策并一致应用，以识别那些可能影响公允价值计量的重大事项。企业根据该新信息而对报价有所调整的，公允价值计量应当划入第二或第三层次。

(3) 不存在相同或类似负债或企业自身权益工具报价但其他方将其作为资产持有的负债或自身权益工具的公允价值。如果无须对资产报价进行调整，公允价值计量结果为第一层次；否则，公允价值计量应当划入第二或第三层次。

在活跃市场中，企业应当以单项资产或负债的市场报价即第一层次输入值与企业持有数量的乘积，确定其持有的金融资产或金融负债的公允价值。即使市场正常日交易量不足以吸收企业的持有量，以致在市场交易中出售该金融资产或转移该金融负债可能影响市场报价的情况下，企业也应如此。

**(二) 第二层次输入值**

第二层次输入值是除第一层次输入值外相关资产或负债直接或间接可观察的输入值。对于具有合同期限等特定期限的相关资产或负债，第二层次输入值必须在其几乎整个期限内是可观察的。第二层次输入值包括：

(1) 活跃市场中类似资产或负债的报价。

(2) 非活跃市场中相同或类似资产或负债的报价。

(3) 除报价外的其他可观察输入值，包括在正常报价间隔期间可观察的利率和收益率曲线等。

(4) 市场验证的输入值等。市场验证的输入值是指通过相关性分析或其他手段，主要来源于可观察市场数据的输入值或者经过可观察市场数据验证的输入值。

企业以公允价值计量相关资产或负债的，类似资产或负债在活跃市场或非活跃市场的报价为该资产或负债的公允价值计量提供了依据，但企业需要对该报价进行调整。企业在确定哪些资产或负债与相关资产或负债类似时，需要进行判断。在有序交易情况下，企业确定相关资产或负债的公允价格或报价不能完全代表计量日该资产或负债的公允价值，却又以该交易价格或报价为基础计量其公允价值的，应当对该交易价格或报价进行调整。

企业应当根据相关资产或负债的特征，对第二层次输入值进行调整。这些特征包括资产状况或所在位置、输入值与可比资产或负债的相关程度、可观察输入值所在市场的交易量和活跃程度等。企业使用重要的不可观察输入值对第二层次输入值进行调整，且该调整对公允价值计量整体而言是重大的，那么公允价值计量结果应当划分为第三层次。

**（三）第三层次输入值**

第三层次输入值是相关资产或负债的不可观察输入值，包括不能直接观察和无法由可观察市场数据验证的利率、股票波动率、企业合并中承担的弃置义务的未来现金流量、企业使用自身数据作出的财务预测等。

企业只有在相关资产或负债几乎很少存在市场交易活动，导致相关可观察输入值无法取得或取得不切实可行的情况下，才能使用第三层次输入值即不可观察输入值。但企业计量公允价值的目标仍应当保持不变，即从持有资产或承担负债的市场参与者角度确定资产或负债的计量日有序交易中的脱手价格。因此，企业使用不可观察输入值仍应当反映市场参与者给资产或负债定价时使用的假设，包括有关风险的假设。例如，特定估值技术及其输入值的固有风险的假设等。

企业在确定不可观察输入值时，应当使用在当前情况下可以合理取得的最佳信息，包括所有可合理取得的市场参与者假设。企业在内部数据的基础上确定不可观察输入值，但如果有证据表明其他市场参与者将使用不同于企业内部数据的其他数据，或者这些企业内部数据是企业特定数据、其他市场参与者不具备企业相关特征，如企业的协同效应，则企业应当对其内部数据作出相应调整。企业在获取关于市场参与者假设的信息时应该遵循成本效益原则，但必须考虑所有可合理获得的信息。

如果市场参与者在对相关资产或负债定价时考虑了风险调整，而企业在公允价值计量时没有考虑该风险调整，那么该计量就不能代表公允价值。例如，当相关资产或负债或类似资产或负债的交易量或交易活动比正常市场显著下降，交易价格或报价无法代表该资产或负债的公允价值时，企业应当考虑风险调整。企业在确定相关资产或负债的交易量或交易活跃程度是否出现大幅下降时，应当考虑下列情形：

（1）最近几乎没有发生该资产或负债的交易。

（2）该资产或负债的报价信息不是基于当前信息的。

（3）报价信息在一段时间内或在做市商之间变化极大。

（4）以往与该资产或负债公允价值高度相关的指数被证明与该资产或负债近期公允价值的指示值不相关。

（5）与企业对期望现金流量的估计相比，在考虑了关于该资产或负债信用风险和其他不履约风险的所有市场数据后，可观察到的交易或报价的隐含流动性风险溢价、收益率或拖欠率、损失严重程度等业绩指标大幅增加。

（6）出价和要价之间的价差很大或者大幅增加。

（7）该资产或负债或类似资产或负债的一级市场交易活动大幅降低或不存在此类市场。

（8）几乎没有公开可获得的信息。例如，一些交易活动由买卖双方直接进行。

相关资产或负债的交易量或交易活跃程度大幅下降的，企业可能需要改变估值技术或者使用多种估值技术，如使用市场法和收益法。当权衡使用不同估值技术取得的公允价值计量结果时，企业应当考虑公允价值计量各种结果的合理性。即使相关资产或负债的交易量或活跃程度出现大幅下降，企业计量公允价值的目标仍应保持不变。如果资产或负债的交易量或交易活跃程度大幅下降，则估计市场参与者在计量日按照当前市场情况愿意进行交易的价格依赖于计量日的事实和环境，与企业持有资产、偿还或以其他方式履行负债的意图无关。

**【例 8-14】** 甲企业于 2×24 年 1 月 1 日(证券发行日)购入 AAA 级住房抵押贷款的次级证券，作为其他债券投资持有，并以公允价值进行后续计量。该次级证券在三个次级证券的优先次序中位列第二位。住房抵押贷款证券的基础担保品为 2×22 年 9 月 1 日签出的、无担保的住房抵押贷款。

在 2×24 年 12 月 31 日(计量日)，该次级证券的评级为 A 级。该住房抵押贷款次级证券之前通过经纪人市场进行交易。但是，该市场中的交易量较少，在 2×24 年 1 月 1 日至 2×24 年 3 月 31 日之间每月仅发生过几宗交易，而在 2×24 年 12 月 31 日前 9 个月内几乎没有任何交易活动。甲企业在评价了相关因素的重要性和相关性之后，考虑到计量日前的较长一段期间内几乎没有任何交易活动，认为该住房抵押贷款次级证券的交易量或交易活跃程度已显著下降。

由于不存在采用市场法估值技术可依据的交易活动，甲企业决定使用收益法，通过折现率调整法来计量住房抵押贷款次级证券在计量日的公允价值。甲企业使用了住房抵押贷款证券的合同现金流量。甲企业随后估计对该合同现金流量进行折现的折现率(即市场回报率)。市场回报率采用下列两项进行估计：

(1) 无风险利率。

(2) 针对可获得的市场数据与甲企业投资的住房抵押贷款次级证券之间的差异进行的估计调整。该调整反映了市场参与者在计量日进行的有序交易中，按照当前市场状况对资产进行定价时，将考虑的预计不履约风险及其他风险(如违约风险、抵押品价值风险和流动性风险)的可获得的市场数据。

甲企业在估计调整时考虑了下列信息：

(1) 初始交易价格反映的该住房抵押贷款次级证券在发行日的信用利差。

(2) 自发行日至计量日之间可比的住房抵押贷款证券的任何可观察价格或基于相关指数所反映的信用利差的变化。

(3) 该住房抵押贷款次级证券相对于可比住房抵押贷款证券或指数的特征，包括下列各项：①基础资产的质量，即有关基础抵押贷款的履约信息，如拖欠率和止赎率、历史损失经验和提前偿付率；②所持有的住房抵押贷款证券的优先次序；以及③其他相关因素。

(4) 分析师及信用评级机构发布的相关报告。

(5) 由诸如经纪人或第三方报价机构提供的报价。

甲企业估计，市场参与者在对该住房抵押贷款次级证券进行定价时，将使用的其中一个指导性市场回报率为 12%(1 200 个基点)。该市场回报率估计如下：

(1) 2×24 年 12 月 31 日无风险利率为 300 个基点，并以此为起点。

(2) 针对该次级证券在 2×24 年 1 月发行时无风险利率的信用利差，加上 250 个基点。

(3) 针对该次级证券 2×24 年 1 月 1 日至 12 月 31 日的无风险利率信用利差的估计变动，加上 700 个基点。该估计是基于该期间内可获得的最具可比性指数的变动作出的。

(4) 针对用于估计信用利差变动的指数与该次级证券之间的差异，作出减少 50 个基点(净值)的调整。所参考的指数包括次级抵押贷款，而甲企业持有的住房抵押贷款次级证券由具有更高信用状况的类似抵押贷款构成(从而对市场参与者更具吸引力)。但是,该指数并未反映当前市场状况下该次级证券的流动性风险溢价。因此,50 个基点的调整是下列两项调整相抵后的净值:

第一项调整,为 350 个基点的调减,该估计是通过比较 2×24 年 3 月住房抵押贷款证券的最近一期交易的内含收益率与相同日期的指数价格的内含收益率取得的。没有信息表明甲企业的证券与该指数之间的关系已发生了变化。

第二项调整,为 300 个基点的调增,这是甲企业在与相关指数比较后对其证券固有的额外流动性风险作出的最佳估计。该估计是考虑了一系列类似证券近期现金交易的内含流动风险溢价后得出的。

**(四) 公允价值计量结果所属的层次**

公允价值计量结果所属的层次,由对公允价值计量整体而言重要的输入值所属的最低层次决定。企业应当在考虑相关资产或负债特征的基础上判断输入值的重要性,并考虑公允价值计量本身,而不是公允价值的变动及这些变动的会计处理。企业应当在书面文件中记录其如何评估输入值对于公允价值计量的重要性,并一致应用该政策。

公允价值计量结果所属的层次,取决于估值技术的输入值,而不是估值技术本身。当企业使用的所有输入值都属于同一层次时,如企业使用未经调整的活跃市场的报价计量公允价值,公允价值计量结果所属的层次就比较容易确定。但如果企业在公允价值计量中所使用的输入值属于不同层次,则企业评价某一输入值对公允价值计量整体的重要性需要运用职业判断,考虑与相关资产或负债有关的特定因素。如果企业在公允价值计量中需要使用不可观察输入值对可观察输入值进行调整,并且该调整引起相关资产或负债公允价值计量结果显著增加或显著减少,则公允价值计量结果应当划入第三层次的公允价值计量。例如,在[例 8-2]中,流动性折价为不可观察输入值,如果该调整对公允价值计量具有重大影响,那么该公允价值计量结果应当被划入第三层次。企业有时需要以公允价值为基础获得其他计量结果,如从公允价值中扣除处置费用,此时如果企业需要确定公允价值计量结果所属的层次,则不应考虑该处置费用调整对公允价值的影响。

**(五) 第三方报价机构的估值**

企业使用经纪人、做市商等第三方报价机构提供的出价或要价计量相关资产或负债公允价值的,应当确保该第三方报价机构提供的出价或要价遵循了公允价值计量的要求。企业应当综合考虑相关资产或负债所处市场的特点、交易是否活跃、是否有足够数量的报价方、报价方是否权威、报价是否持续等因素,对出价和要价的质量进行判断。

企业即使使用了第三方报价机构提供的估值,也不应简单将该公允价值计量结果划入第三层次输入值。企业应当了解估值服务中应用到的输入值,并根据该输入值的可观察性和重要性,确定相关资产或负债公允价值计量结果的层次。例如,第三方报价机构提供了相同资产或负债在活跃市场报价的,企业应当将该资产或负债的公允价值计量划入第一层次。如果相关资产或负债的交易量或交易活跃程度出现大幅下降,则企业应当评估第三方报价机构在形成报价过程中是否使用了反映有序交易的当前信息或是反映市场参与者假定(包括有关风险的假定)的估值技术。

企业在权衡作为公允价值计量输入值的报价时,应当考虑报价的性质,如报价是参考价格还是具有约束性的要约，对第三方报价机构提供的具有约束性要约的报价应赋予更多权重，并对不能反映交易结果的报价赋予较少权重。

## 第三节 公允价值计量的具体应用

### 一、非金融资产的公允价值计量

#### （一）非金融资产的最佳用途

企业以公允价值计量非金融资产，应当考虑市场参与者通过直接将该资产用于最佳用途产生经济利益的能力，或者通过将该资产出售给能够用于最佳用途的其他市场参与者产生经济利益的能力。

最佳用途是指市场参与者实现一项非金融资产或其所属的一组资产和负债的价值最大化时该非金融资产的用途。最佳用途是评估行业在非金融资产评估中所使用的估值概念，也称为最高最佳使用。

企业判定非金融资产的最佳用途，应当考虑该用途是否为法律上允许、实物上可能及财务上可行的使用方式。企业判断非金融资产的用途在法律上是否允许，应当考虑市场参与者在对该非金融资产定价时所考虑的资产使用在法律上的限制。企业在计量日对非金融资产的使用必须未被法律禁止，例如，如果政府禁止在生态保护区内进行房地产开发和经营，则该保护区内土地的最佳用途不可能是工业或商业用途的开发。企业判断非金融资产的用途在实物上是否可能，应当考虑市场参与者在对该非金融资产定价时所考虑的资产实物特征。例如，一栋建筑物是否能够作为仓库使用。企业判断非金融资产的用途在财务上是否可行，应当考虑在法律上允许且实物上可能的情况下，市场参与者通过使用该非金融资产能否产生足够的收益或现金流量，从而在补偿将该非金融资产用于这一用途所发生的成本之后，仍然能够满足市场参与者所要求的投资回报。

即使企业已经或者计划将非金融资产用于不同于市场参与者的用途，企业仍然应当从市场参与者的角度确定非金融资产的最佳用途。在通常情况下，企业对非金融资产的当前用途可视为最佳用途，除非市场因素或者其他因素表明市场参与者按照其他用途使用该非金融资产可以实现价值最大化。

**【例 8-15】** 甲软件公司拥有一组资产，包括向客户收取许可证费用的收费软件资产和配套使用的数据库支持系统，这两项资产结合使用。2×24 年，由于市场上出现新的可替代软件，甲公司需要对该资产组进行减值测试，确定该资产组公允价值减去处置费用后的净额。

由于没有证据表明这些资产的当前用途并非其最佳用途，甲公司确定这些资产的最佳用途是其当前用途，并且每一项资产将主要通过与其他资产结合使用来为市场参与者提供最大价值。假定市场参与者有两种类型：一种是甲公司的竞争对手等同行业企业，另一种是投资公司。同行业企业拥有与软件资产配套使用的其他资产，软件资产只会在有限的过渡期内使用，且在过渡期结束时无法单独出售。同行业企业对软件资产的估价为 350 万元。投资公司未拥有与软件资产配套使用的其他资产以及软件资产的替代资产，软件资产将在其整个剩余经济寿命内被使用。投资公司对软件资产的估价为 340 万元。假定两类买家对配套资产的定价相同，均为 290 万元。根据上述分析，同行业企业愿意为整个资产组合支付的价格高于投资公司的价格，因此软件资产和配套系统组合的公允价值应基于同行业企业对整个资产组合的使用来确定，即 640 万元(350＋290)。

**【例 8-16】** 2×23 年 12 月 1 日，甲公司在非同一控制下的吸收合并中取得一块土地使用权。该土地在合并前被作为工业用地，一直用于出租。甲公司取得该土地使用权后，仍将其用于出租。甲公司以公允价值计量其拥有的投资性房地产。2×24 年 3 月 31 日，邻近的一块土地被开发用于建造高层公寓大楼的住宅用地。本地区区域规划自 2×24 年 1 月 1 日以来已经作出调整，甲公司确定，在履行相关手续后，可将该土地的用途从工业用地变更为住宅用地。

市场参与者在对该土地进行定价时，将考虑该土地的最佳用途，并比较该土地仍用于工业用途即与厂房结合使用的价值和该土地用于建造住宅的空置土地的价值。假定该土地目前用于工业用途的价值是 600 万元，用于建造住宅的价值是 1 000 万元，并需要发生拆除厂房成本及其他成本 250 万元。比较上述两项价值后可以确定，该土地使用权的公允价值为 750 万元。

### (二) 非金融资产的估值前提

企业以公允价值计量非金融资产，应当在最佳用途的基础上确定该非金融资产的估值前提，即单独使用该非金融资产，还是将其与其他资产或负债组合使用：

(1) 通过单独使用实现非金融资产最佳用途的，该非金融资产的公允价值应当是将该资产出售给同样单独使用该资产的市场参与者的当前交易价格。

(2) 通过与其他资产或负债组合使用实现非金融资产最佳用途的，该非金融资产的公允价值应当是将该资产出售给以同样组合方式使用资产的市场参与者的当前交易价格，并且假定市场参与者可以取得组合中的其他资产或负债。其中，负债包括企业为筹集营运资金产生的负债，但不包括企业为组合之外的资产筹集资金所产生的负债。最佳用途假定应当一致地应用于组合中所有相关资产。

对于非金融资产，即使已知该资产通过与其他资产或与其他资产和负债组合使用能够实现最佳用途，但该资产的计量单元是单项资产，企业在以公允价值对其进行计量时，仍应当假设该资产按照与计量单元相一致的方式出售，并假定市场参与者已取得了使该资产正常运作的组合中的其他资产和负债。例如，甲公司在非同一控制下的企业合并中取得一台精密设备，该设备是被合并方生产流水线上的专用设备，该设备需要与流水线上其他设备一起组合使用实现最佳用途。甲公司在以公允价值计量该精密设备时，应当假定市场参与者能够取得使该精密设备正常运转的其他组合资产，从而使该资产实现最佳用途。但在具体计量时，企业可以选用合适的估值技术计量该精密设备单项资产的公允价值。例如，可以获得类似新旧程度和用途的设备的市场报价，并考虑运输费用、安装费用等对该报价进行调整，从而获得该单项资产的公允价值。

企业以公允价值计量与其他资产或与其他资产和负债组合使用的非金融资产时，为实现上述估值前提，可能出现以下不同情况：

(1) 非金融资产与其他资产或与其他资产和负债组合使用前提下的公允价值，与该非金融资产单独使用前提下的公允价值可能相等。例如，企业以公允价值对持续运营的业务进行计量时，需要对业务的整体进行估值。由于市场参与者都能获得业务中每一项资产或负债的协同效应，所以无论资产单独使用还是与其他资产或负债组合使用，协同效应都会影响各项资产和负债的公允价值。

(2) 非金融资产与其他资产或与其他资产和负债组合使用前提下的公允价值，可通过调整该非金融资产单独使用时的公允价值取得。例如，非金融资产是一台机器设备，其公允价值计量基于没有为使用进行安装或配置的类似机器的可观察价格确定，并就运输和安装成本进行调整，从而在公允价值计量中反映机器的当前状况和位置。

(3) 市场参与者通过在公允价值计量中采用的假设反映非金融资产通过组合实现最佳用途的估值前提。例如，非金融资产是特殊的在产品，市场参与者会将该货转化为产成品，确定该存货的公允价值时，应当假设市场参与者已经获取，或者能够获取将存货转化为产成品所需的任何特殊机器设备。

(4) 估值技术反映非金融资产通过组合实现最佳用途的估值前提。例如，在使用多期超额收益法计量无形资产的公允价值时，该估值技术特别考虑了无形资产所在组合中的其他配套资产和相关负债的贡献。

(5) 在少数情况下，非金融资产与其他资产或与其他资产和负债组合使用前提下的公允价值，可通过分配资产组合的公允价值获得近似于该资产公允价值的金额。

**【例 8-17】** 2×24 年 10 月 16 日，甲企业在非同一控制下的企业合并中获得一台可辨认的机器，需要估计该资产在合并日的公允价值。被合并方最初通过外购取得该机器，并对该机器进行了特定配置以适用于自身经营。甲企业自取得该机器后，将其用于生产经营。

该资产在安装调配后与其他资产结合使用，并提供最大价值，没有证据表明该机器的当前用途不是最佳用途。因此，该机器的最佳用途是与其他资产相结合的当前用途。假定甲企业可获得运用市场法和成本法计量公允价值的充分数据。运用市场法时，采用类似机器的报价并就差异进行调整，确定该机器公允价值为 60 万元。运用成本法时，估计当前建造具有类似用途并经过配置后的替代机器所需的金额，考虑机器的现状及其运行所处环境及安装成本等，其中，对机器现状的考虑应包括实体性损耗、功能性贬值、经济性贬值，确定该机器的公允价值为 65 万元。考虑到对市场法所使用的输入值仅作了较少调整，甲企业认为市场法得出的估计值更能代表该机器的公允价值。因此，甲企业确定该机器在 2×24 年 10 月 16 日的公允价值为 60 万元。

## 二、负债或企业自身权益工具的公允价值计量

企业以公允价值计量负债，应当假定在计量日将该负债转移给市场参与者，而且该负债在转移后继续存在，由作为受让方的市场参与者履行相关义务。同样，企业以公允价值计量自身权益工具，应当假定在计量日将该自身权益工具转移给市场参与者，而且该自身权益工具在转移后继续存在，并由作为受让方的市场参与者取得与该工具相关的权利，承担相应的义务。在任何情况下，企业都应当优先使用相关的可观察输入值，只有在相关可观察输入值无法取得或取得不切实可行的情况下，才可以使用不可观察输入值，用来估计在计量日市场参与者之间按照当前市场情况转移一项负债或权益工具的有序交易中的价格。

**(一) 确定负债或企业自身权益工具公允价值的方法**

1. 具有可观察市场报价的相同或类似负债或企业自身权益工具

如果存在相同或类似负债或企业自身权益工具可观察市场报价,则企业应当以该报价为基础确定负债或企业自身权益工具的公允价值。但在很多情况下,由于法律限制或企业未打算转移负债或企业自身权益工具等原因,企业可能无法获得转移相同或类似负债或企业自身权益工具的公开报价。在这种情况下,企业应当确定该负债或自身权益工具是否被其他方作为资产持有。

相关负债或企业自身权益工具被其他方作为资产持有的,企业应当在计量日从持有对应资产的市场参与者角度,以对应资产的公允价值为基础,确定该负债或企业自身权益工具的公允价值;相关负债或企业自身权益工具没有被其他方作为资产持有的,企业应当从承担负债或者发行权益工具的市场参与者角度,采用估值技术确定该负债或企业自身权益工具的公允价值。

2. 被其他方作为资产持有的负债或企业自身权益工具

对于不存在相同或类似负债或企业自身权益工具报价,但其他方将其作为资产持有的负债或企业自身权益工具,企业应当根据下列方法估计其公允价值:

(1) 如果对应资产存在活跃市场的报价,并且企业能够获得该报价,则企业应当以对应资产的报价为基础确定该负债或企业自身权益工具的公允价值。

(2) 如果对应资产不存在活跃市场的报价,或者企业无法获得该报价,则企业可使用其他可观察的输入值。例如,对应资产在非活跃市场中的报价。

(3) 如果上述(1)和(2)中的可观察价格或输入值都不存在,则企业应使用收益法、市场法等其他估值技术。企业使用收益法的,应当考虑市场参与者将该负债或企业自身权益工具作为资产持有时预期收到的现金流量现值。企业使用市场法的,应当考虑其他市场参与者作为资产持有的类似负债或企业自身权益工具的报价。

对应资产的某些特征不适用于负债或企业自身权益工具的,企业应当对该资产的市场报价进行调整,以调整后的价格确定该负债或企业自身权益工具的公允价值。这些调整因素包括:

(1) 对应资产的出售受到限制。

(2) 与对应资产相关的负债或企业自身权益工具与所计量负债或企业自身权益工具类似但不相同。负债或权益工具可能具有一些特征。例如,发行方的信用质量,与被作为资产持有的类似负债或权益工具的公允价值中反映的特征不同。

(3) 对应资产的计量单元与负债或企业自身权益工具的计量单元不完全相同。如果对应资产的价格反映了相关债权和第三方信用增级,而负债的计量单元不包括第三方的信用增级,则企业在以公允价值计量该负债时,应当调整对应资产的可观察价格,剔除第三方信用增级的影响。

(4) 其他需要调整的因素。

**【例 8-18】** 2×24 年 3 月 5 日,甲企业发行了面值总额为 4 000 万元的 AA 级 15 年期固定利率债券,面值为 100 元,票面年利率为 10%。甲企业将该金融负债指定为以公允价值计量且其变动计入当期损益的金融资产。

该债券在中国银行间债券市场具有大量交易。2×24 年 12 月 31 日,每百元面值在考虑应计利息付款额后的交易价格为92.5元。甲企业使用该债券的活跃市场报价估计其负债的公允价值。

甲企业在确定该债券的活跃市场报价是否代表负债的公允价值时，应当评估债券的报价是否包含不适用于负债公允价值计量的因素的影响。例如，债券的报价是否包含了第三方信用增级的影响。甲企业确定无需对资产的报价进行任何调整。据此，甲企业认为，该负债在2×24年12月31日的公允价值为3 700万元[4 000×(92.5÷100)]。

3. 未被其他方作为资产持有的负债或企业自身权益工具

不存在相同或类似负债或企业自身权益工具报价，并且其他方未将其作为资产持有的，企业应当从承担负债或发行权益工具的市场参与者角度，采用估值技术确定该负债或企业自身权益工具的公允价值。即使不存在对应资产，企业也可使用估值技术计量该负债的公允价值。例如，对于弃置义务，企业可以计算市场参与者预期在履行义务时将发生的未来现金流量的现值。

**【例8-19】** 2×24年1月1日，甲企业通过非同一控制下的企业合并取得乙公司的控制权。乙公司为在东海海域开采石油，建立了一个钻井平台，并于2×24年1月1日投入使用。根据相关法律要求，乙公司在东海海域钻井平台寿命期结束后将其拆除，该平台的寿命期预计为10年。

甲企业使用期望现金流量法来计量该弃置义务的公允价值，所使用的重大假设包括：

(1) 人工成本，依据当前市场条件下聘请承包商拆除海上钻井平台的薪酬水平确定，并就预期未来薪酬增长进行调整。甲企业估计未来人工成本流出的现金流为2亿元、2.5亿元、3.5亿元的概率分别为25%、50%和25%，概率评估是基于甲企业履行此类义务的经验及其对市场的了解而确定的，由此计算取得预计人工成本的期望现金流是2.625亿元。

(2) 应分摊的间接费用和设备运行成本，甲企业采用人工成本的一定比率80%估计，这与市场参与者的成本结构相符。

(3) 市场参与者实施相关活动及承担与拆除该资产相关的风险而要求的补偿如下：

第三方承包商通常对人工成本及分摊的内部成本进行加成以保证工程的利润率，所使用的利润率20%反映了业内承包商拆除海上钻井平台通常赚取的经营利润。

由于锁定10年后项目的当前价格存在固有不确定性，故甲企业在考虑通货膨胀影响的基础上，确定溢价金额为期望现金流量的5%。

(4) 甲企业根据可获得的市场数据，假设10年期间的通货膨胀率为4%。

(5) 2×24年1月1日，10年期无风险利率为5%。甲企业为反映不履约风险，在无风险利率基础上增加3.5%。因此，用于计算现金流量现值的折现率为8.5%。

甲企业认为上述假设与市场参与者的假设是一致的。

如表8-8所示，甲企业估计该弃置义务在2×24年1月1日的公允价值为38 977万元。

**表8-8** **甲企业估计弃置业务的公允价值** 金额单位：万元

| 项目 | 数值 |
| --- | --- |
| (1) 预计人工成本 | 26 250 |
| (2) 分摊的间接费用和设备成本＝0.8×(1) | 21 000 |

（续表）

| 项目 | 数值 |
|---|---|
| (3) 承包谢的刑润加成＝0.2×[(1)＋(2)] | 9 450 |
| (4) 通货膨胀调整前的期望现金流量(1)＋(2)＋(3) | 56 700 |
| (5) 10 年期 4%通货膨胀率的系数 | 1.480 2 |
| (6) 通货膨胀调整后的期望现金流量＝(4)×(5) | 83 927 |
| (7) 市场风险溢价＝0.05×(6) | 4 196 |
| (8) 市场风险调整后的期望现金流量(6)＋(7) | 88 123 |
| (9) 8.5%折现率的系数 | 0.442 3 |
| (10) 折现后的期望现值＝(8)×(9) | 38 977 |

**（二）不履约风险**

企业以公允价值计量相关负债，应当考虑不履约风险，并假定不履约风险在负债转移前后保持不变。

不履约风险是指企业不履行义务的风险，包括但不限于企业自身信用风险。企业以公允价值计量相关负债时，应当考虑其信用状况的影响，以及其他可能影响负债履行的因素。这些因素的影响会因不同负债而有所不同。例如，该负债是否是一项具有偿付现金义务的金融负债，或者是一项具有提供商品或服务义务的非金融负债，抑或存在与该负债相关的信用增级条款。

企业以公允价值计量相关负债，应当基于该负债的计量单元考虑不履约风险对负债公允价值的影响。负债附有不可分割的第三方信用增级，如第三方的债务担保，并且该信用增级与负债是分别进行会计处理的，企业估计该负债公允价值时，不应考虑该信用增级的影响，而仅应考虑企业自身的信用状况。

**【例 8-20】** 甲企业的信用评级为 AA，可以 6%的利率在市场上取得借款。乙企业的信用评级为 BBB，可以 12%的利率在市场上取得借款。2×24 年 5 月 12 日，甲企业和乙企业分别与丙商业银行订立了一项借款合同，约定在 2×29 年 5 月 11 日各自向丙商业银行一次性偿还借款本金和利息 500 万元。根据甲企业和乙企业与丙商业银行签订的合同，甲企业于 2×24 年 5 月 12 日收到 374 万元（500 万元在 5 年内按 6%进行折现后的现值）；而乙企业于 2×24 年 5 月 12 日收到 284 万元（500 万元在 5 年内按 12%进行折现后的现值）。甲企业和乙企业相关负债的公允价值（即所取得的借款额）均考虑了其信用状况。

**【例 8-21】** 2×24 年 1 月 1 日，信用评级为 AA 的甲商业银行向乙企业发行了 5 年期固定利率的结构化票据。甲商业银行在票据到期时应支付的合同本金与股票指数挂钩。不存在与该合同一起发行或与其相关的任何信用增级，即未提供任何抵押且不存在任何第三方担保。甲商业银行将该票据指定为以公允价值计量且其变动计入当期损益的金融负债。2×24 年甲商业银行采用期望现金流量法计量该票据（负债）的公允价值。

(1) 2×24 年 1 月 1 日的公允价值。甲商业银行应当按 2×24 年 1 月 1 日的国债收益率曲线的无风险利率加上当前市场可观察的 AA 级公司债券与国债之间的利差，对期望现金流量进行折现，如果该现金流量未反映不履约风险，还应就甲商业银行的特定信用风险进行调整(上调或下调),即取得经信用调整的无风险利率。由于现金流入反映了信用风险,甲商业银行在初始确认时考虑了不履约风险,包括其信用风险。

(2) 2×24 年 3 月 31 日的公允价值。在 2×24 年 3 月期间,AA 级公司债券的利差增大,而甲商业银行的特定信用风险则保持不变。甲商业银行应当按 2×24 年 3 月 31 日的国债收益率曲线的风险利率加上当前市场可观察的 AA 级公司债券与国债之间的利差,对期望现金流量进行折现。如果不履约风险没有体现在该现金流量中,还应就甲商业银行的特定信用风险进行调整,即取得经信用调整的无风险利率。甲商业银行的特定信用风险自初始确认后没有发生变化,因此,甲商业银行负债的公允价值变动由信用利差的总体变动所致。信用利差的变动反映了当前市场参与者关于不履约风险的总体变化、流动性风险变化及承担这些风险要求获得的补偿等假设。

(3) 2×24 年 6 月 30 日的公允价值。截至 2×24 年 6 月 30 日,AA 级公司债券的利差没有发生变化。但是,根据已发行的结构化票据及其他定性信息,甲商业银行确定其自身信用状况得到增强。甲商业银行应当按 2×24 年 6 月 30 日的国债收益率曲线的无风险利率加上当前市场可观察的 AA 级公司债券与国债之间的利差(自 2×24 年 3 月 31 日以来并未发生变化),对期望现金流量进行折现。如果不履约风险没有体现在该现金流量中,还应就甲商业银行的信用风险进行调整,即取得经信用调整的无风险利率。因此,甲商业银行债务的公允价值变动是由自身信用风险变化所致。

**(三) 负债或企业自身权益工具转移受限**

企业以公允价值计量负债或自身权益工具,并且该负债或自身权益工具存在限制转移因素的,如果企业在公允价值计量的输入值中已经考虑了这些因素,则不应再单独设置相关输入值,也不应对其他输入值进行相关调整。例如,如果债权人和债务人在交易日完全了解相关义务包含转移限制的情况,并接受负债的交易价格,那么交易价格已包含转移限制,企业不需要在交易日或后续计量日通过重新设立单独输入值或者对现有输入值进行调整来反映转移限制的影响。但如果对于负债转移的限制未反映在交易价格或用于计量公允价值计量的其他输入值中,企业应当对输入值进行调整,以反映该限制。

**(四) 具有可随时要求偿还特征的金融负债**

具有可随时要求偿还特征的金融负债的公允价值,不应低于债权人要求偿还时的应付金额,即从可要求偿还第一天起折现的现值。例如,对于银行而言,其吸收的客户活期存款是具有可随时要求偿还特征的金融负债,反映了银行需根据存款人需求随时偿还现金给存款人或者存款人指定的第三方的合同义务,该活期存款的公允价值不应低于随时要求偿还的金额。

## 三、市场风险或信用风险可抵销的金融资产和金融负债的公允价值计量

企业持有一组金融资产和金融负债时,将会面临包括利率风险、货币风险和其他价格风险等市场风险和交易对手的信用风险。在通常情况下,企业不是通过"出售"金融资产或"转移"金融负债来管理其面临的市场风险及信用风险敞口的,而是基于一个或多个特定市场风险或特定交易对手信用风险的净敞口来管理这些金融工具。

企业基于其市场风险或特定交易对手信用风险的净敞口来管理其金融资产和金融负债

时，在满足要求的情况下，可以在当前市场情况下市场参与者之间于计量日进行的有序交易中，以出售特定风险敞口的净多头（即资产）所能收到的价格或转移特定风险敞口的净空头（即负债）所需支付的价格为基础，计量该组金融资产和金融负债的公允价值。

**（一）金融资产和金融负债组合计量的条件**

企业以公允价值计量金融资产和金融负债组合的，应当同时满足下列条件：

（1）企业在风险管理或投资策略的正式书面文件中已载明，以特定市场风险或特定对手信用风险的净敞口为基础，管理金融资产和金融负债的组合。企业应当提供证据，以证明其一致地基于市场风险或信用风险的净敞口管理金融工具。

（2）企业以特定市场风险或特定对手信用风险的净敞口为基础，向企业关键管理人员报告金融资产和金融负债组合的信息。

（3）企业在每个资产负债表日持续以公允价值计量组合中的金融资产和金融负债。

**（二）金融资产和金融负债的市场风险敞口**

企业以公允价值计量基于特定市场风险的净敞口管理的金融资产和金融负债，金融资产和金融负债应当具有实质上相同的特定市场风险敞口和特定市场风险的期限，企业应当使用出价和要价价差内最能代表当前市场环境下公允价值的价格作为公允价值。因期限不同而导致在一段时期市场风险未被抵销的，企业应当分别计量其市场风险被抵销时期的市场风险净敞口，以及在市场风险未被抵销的时期的市场风险总敞口。例如，企业使用 12 个月的期货合同对应 5 年期金融工具中与 12 个月利率风险敞口价值相关的现金流量，对于由这些金融资产和金融负债组成的组合，企业以净额为基础计量 12 个月利率风险敞口的公允价值，以总额为基础计量剩余利率风险敞口，即第 2 年至第 5 年的公允价值。

**（三）金融资产和金融负债的信用风险敞口**

企业以公允价值计量相关资产或负债，如果其已与交易对手达成了在出现违约情况下将考虑所有能够缓释信用风险敞口的安排，如与交易对手订立的总互抵协议，或者要求基于各方对另一方信用风险的净敞口交换担保品的协议，则其应在公允价值计量中考虑交易对手信用风险的净敞口或者该交易对手对企业信用风险的净敞口。企业以公允价值计量相关资产或负债，应当反映市场参与者对这些安排在出现违约情况下能否依法强制执行的预期。

企业为管理一个或多个特定市场风险净敞口而进行组合管理的金融资产和金融负债，可以不同于企业为管理其特定交易对手信用风险净敞口而进行组合管理的金融资产和金融负债，因为企业所有合同不可能均与相同的交易对手订立。

练习题

# 第九章

# 股份支付

课程思政

## 本章导读

股份支付即股权激励，通常是指企业所有者为了达到长期激励经营者的目的而给予对方股份或现金。

为了达到长期激励的目的，股份支付通常跨期较长，期满后企业才给予被激励对象股份或现金。给予的股份或现金实际上是企业为达到目的所支付的成本。企业最终支付的成本与企业自身权益的未来价值相关，同时，被激励对象的人数、激励期都可能发生变化。因此，股份支付要解决如下问题：

(1) 企业如何做到成本费用与期间匹配。

(2) 如何使得企业在每期承担的成本费用尽可能地真实公允。

(3) 在股权激励合同发生改变的情况下，如何防止企业进行所谓的盈余管理。

本章根据2014年7月1日施行的《企业会计准则第39号——公允价值计量》编写。

## 本章导图

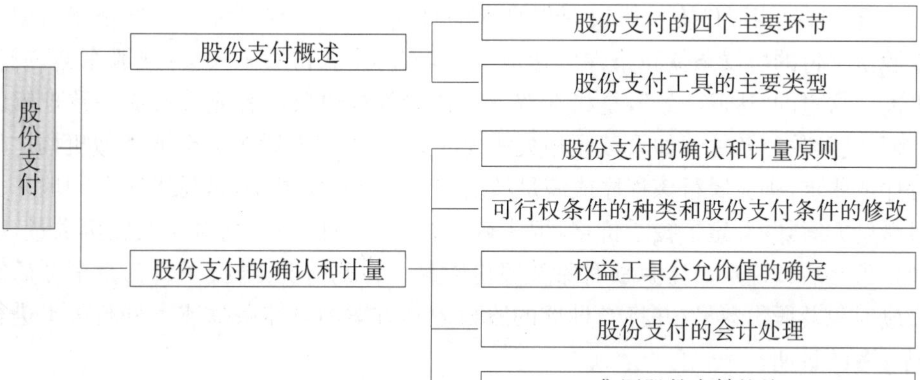

# 第一节 股份支付概述

股份支付是以股份为基础的支付的简称，是指企业为获取职工和其他方提供服务而授予权益工具或者承担以权益工具为基础确定的负债的交易。

股份支付具有以下特征：

（1）股份支付是企业与职工或其他方之间发生的交易。以股份为基础的支付可能发生在企业与股东之间、合并交易中的合并方与被合并方之间或者企业与其职工之间，只有发生在企业与其职工或向企业提供服务的其他方之间的交易，才可能符合股份支付的定义。

（2）股份支付是以获取职工或其他方服务为目的的交易。企业在股份支付交易中旨在获取其职工或其他方提供的服务（费用）或取得这些服务的权利（资产）。企业获取这些服务或权利的目的是用于正常生产经营，不是转手获利等。

（3）股份支付交易的对价或其定价与企业自身权益工具未来的价值密切相关。股份支付交易同企业与其职工间其他类型交易的最大不同，是交易对价或其定价与企业自身权益工具未来的价值密切相关。在股份支付中，企业要么向职工支付其自身权益工具，要么向职工支付一笔现金，而其金额高低取决于结算时企业自身权益工具的公允价值。对价的特殊性可以说是股份支付定义中最突出的特征。企业自身权益工具包括会计主体本身、母公司和同一集团内的其他会计主体的权益工具。

## 一、股份支付的四个主要环节

以薪酬性股票期权为例，典型的股份支付通常涉及四个主要环节：授予日、可行权日、行权日和出售日。四个环节如图 9-1 所示。

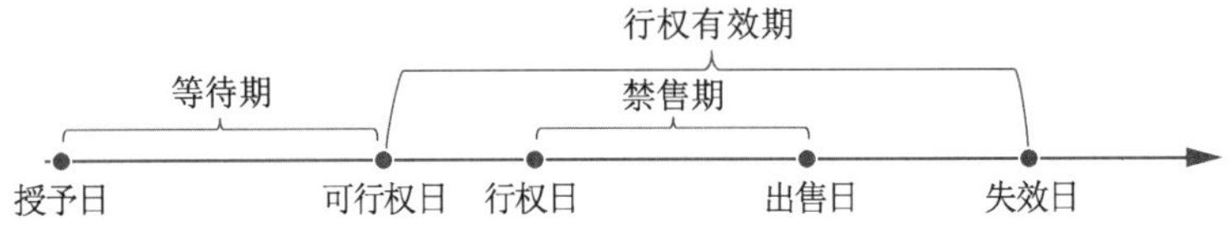


**图 9-1 典型的股份支付交易环节示意图**

（1）授予日是指股份支付协议获得批准的日期。其中，获得批准是指企业与职工或其他方就股份支付的协议条款和条件已达成一致，该协议获得股东大会（或股东会）或类似机构的批准。这里的“达成一致”，是指在双方对该计划或协议内容充分形成一致理解的基础上，均接受其条款和条件。如果按照相关法规的规定，在提交股东大会或类似机构之前存在必要程序或要求，则应履行该程序或满足该要求。在会计实务中，常见上市公司股东大会审议通过激励方案，并确定了授予价格，但未确定拟授予股份的激励对象及股份数量，股东大会授权董事会后续确定具体激励对象及股份数量。在此情况下，授予日为董事会后续确定具体激励对象及股份数量，并将经批准的股权激励方案的具体条款或条件与员工进行沟通并达成一致的日期。

（2）可行权日是指可行权条件得到满足、职工或其他方具有从企业取得权益工具或现金权利的日期。有的股份支付协议是一次性可行权，有的则是分批可行权。只有已经可行权的股票期权，才是职工真正拥有的财产，才能去择机行权。从授予日至可行权日的时段，是可行权条件得到满足的期间，因此称为等待期，又称行权限制期。

(3) 行权日是指职工和其他方行使权利、获取现金或权益工具的日期。例如，持有股票期权的职工行使了以特定价格购买一定数量本公司股票的权利，该日期即为行权日。行权是按期权的约定价格实际购买股票，一般是在可行权日之后至期权到期日之前的可选择时段内行权。

(4) 出售日是指股票的持有人将行使期权所取得的期权股票出售的日期。按照我国法规规定，用于期权激励的股份支付协议，应在行权日与出售日之间设立禁售期，其中，国有控股上市公司的禁售期不得低于 2 年。

对于"一次授予、分期行权"，即在授予日一次授予员工若干权益工具，之后每年分批达到可行权条件。每个批次是否可行权的结果通常是相对独立的，即每一期是否达到可行权条件并不会直接影响其他几期是否能够达到可行权条件。在进行会计处理时，应将其作为同时授予的几个独立的股份支付计划。例如，在一次授予、分 3 年行权的股份支付计划中，应当将其视同为三个独立的股份支付计划，分别确定每个计划的等待期。企业应根据每个计划在授予日的公允价值估计股份支付费用，在其相应的等待期内，按照各计划在某会计期间内等待期长度占整个等待期长度的比例进行分摊。

## 二、股份支付工具的主要类型

按照股份支付的方式和工具类型，股份支付工具主要可划分为两类：以权益结算的股份支付和以现金结算的股份支付。

### (一) 以权益结算的股份支付

以权益结算的股份支付是指企业为获取服务而以股份或其他权益工具作为对价进行结算的交易。以权益结算的股份支付最常用的工具有两类：限制性股票和股票期权。

(1) 限制性股票是指职工或其他方按照股份支付协议规定的条款和条件，从企业获得一定数量的本企业股票。企业授予职工一定数量的股票，在一个确定的等待期内或在满足特定业绩指标之前，职工出售股票要受到持续服务期限条款或业绩条件的限制。

(2) 股票期权是指企业授予职工或其他方在未来一定期限内以预先确定的价格和条件购买本企业一定数量股票的权利。在会计实务中，存在名为"第二类限制性股票"的股权激励。激励对象在授予日无须出资购买限制性股票；待满足可行权条件后，激励对象可以选择按原授予价格购买股票，也可以选择不交纳认股款，放弃取得相应股票。此类安排的实质是公司赋予员工在满足可行权条件后以约定价格(授予价格)购买公司股票的权利，员工可获取行权日股票价格高于授予价格的上行收益，但不承担股价下行风险，其实质上也是一项股票期权。

### (二) 以现金结算的股份支付

以现金结算的股份支付是指企业为获取服务而承担的以股份或其他权益工具为基础计算的交付现金或其他资产的义务的交易。以现金结算的股份支付最常用的工具有两类：模拟股票和现金股票增值权。模拟股票和现金股票增值权，是用现金支付模拟的股权激励机制，即与股票价值挂钩，但用现金支付。除不需实际认购和持有股票外，现金股票增值权的运作原理与股票期权是一样的,都是一种增值权形式的与股票价值挂钩的薪酬工具。除不需实际授予股票和持有股票外,模拟股票的运作原理与限制性股票是一样的。

# 第二节 股份支付的确认和计量

## 一、股份支付的确认和计量原则

### (一) 权益结算的股份支付的确认和计量原则

1. 换取职工服务的股份支付的确认和计量原则

对于换取职工服务的股份支付,企业应当以股份支付所授予的权益工具的公允价值计量。企业应在等待期内的每个资产负债表日,以对可行权权益工具数量的最佳估计为基础,按照权益工具在授予日的公允价值,将当期取得的服务计入相关资产成本或当期费用,同时计入资本公积中的其他资本公积。即:

借:管理费用

　　贷:资本公积——其他资本公积

对于授予后立即可行权的换取职工提供服务的权益结算的股份支付(例如,授予限制性股票的股份支付),应在授予日按照权益工具的公允价值,将取得的服务计入相关资产成本或当期费用,同时计入资本公积中的股本溢价。即:

借:管理费用

　　贷:资本公积——股本溢价

2. 换取其他方服务的股份支付的确认和计量原则

对于换取其他方服务的股份支付,企业应当以股份支付所换取的服务的公允价值计量。企业应当按照其他方服务在取得日的公允价值,将取得的服务计入相关资产成本或费用。

如果其他方服务的公允价值不能可靠计量,但权益工具的公允价值能够可靠计量,则企业应当按照权益工具在服务取得日的公允价值,将取得的服务计入相关资产成本或费用。

3. 权益工具公允价值无法可靠确定时的处理

在极少数情况下,授予权益工具的公允价值无法可靠计量,此时企业应在获取服务的时点、后续的每个资产负债表日和结算日,以内在价值计量该权益工具,内在价值的变动应计入当期损益。同时,企业应以最终可行权或实际行权的权益工具数量为基础,确认取得服务的金额。

内在价值是指交易对方有权认购或取得的股份的公允价值,与其按照股份支付协议应当支付的价格之间的差额。

企业对上述以内在价值计量的已授予权益工具进行结算,应当遵循以下要求:

(1) 结算发生在等待期内的,企业应当将结算作为加速可行权处理,即立即确认本应于剩余等待期内确认的服务金额。

(2) 结算时支付的款项应当作为回购该权益工具处理,即减少所有者权益。结算支付的款项高于该权益工具在回购日内在价值的部分,计入当期损益。

**（二）现金结算的股份支付的确认和计量原则**

企业应当在等待期内的每个资产负债表日，以对可行权情况的最佳估计为基础，按照企业承担负债的公允价值，将当期取得的服务计入相关资产成本或当期费用，同时计入负债，并在结算前的每个资产负债表日和结算日对负债的公允价值进行重新计量，将其变动计入损益。

对于授予后立即可行权的现金结算的股份支付（例如，授予虚拟股票或业绩股票的股份支付），企业应当在授予日按照企业承担负债的公允价值计入相关资产成本或费用，同时，计入负债，并在结算前的每个资产负债表日和结算日对负债的公允价值进行重新计量，将其变动计入损益。

## 二、可行权条件的种类和股份支付条件和条款修改

股份支付中通常涉及可行权条件。可行权条件是指能够确定企业是否得到职工或其他方提供的服务，且该服务使职工或其他方具有获取股份支付协议规定的权益工具或现金等权利的条件。与之相反的则为非可行权条件。可行权条件包括服务期限条件和业绩条件。在满足这些条件之前，职工或其他方无法获得股份。

**（一）业绩条件及其处理**

业绩条件是指职工或其他方完成规定服务期限且企业已达到特定业绩目标才可行权的条件，具体包括市场条件和非市场条件。

（1）市场条件是指行权价格、可行权条件及行权可能性与权益工具的市场价格相关的业绩条件，如股份支付协议中关于股价上升至何种水平，职工或其他方可相应取得多少股份的规定。企业在确定权益工具在授予日的公允价值时，应考虑股份支付协议中规定的市场条件和非可行权条件的影响；市场条件和非可行权条件是否得到满足，不影响企业对预计可行权情况的估计。

（2）非市场条件是指除市场条件外的其他业绩条件，如股份支付协议中关于达到最低盈利目标或销售目标才可行权的规定。对于可行权条件为业绩条件的股份支付，在确定权益工具的公允价值时，应考虑市场条件的影响，只要职工满足了其他所有非市场条件，企业就应当确认已取得的服务。

**【例 9-1】**　2×24 年 1 月，为奖励并激励高管，上市公司 A 公司与其管理层成员签署股份支付协议，规定如果管理层成员在其后 3 年中都在公司中任职服务，并且公司股价每年均提高 10%以上，管理层成员即可以低于市价的价格购买一定数量的本公司股票。同时作为协议的补充，公司把全体管理层成员的年薪提高了 50 000 元，但公司将这部分年薪按月存入公司专门建立的内部基金，3 年后，管理层成员可用属于其个人的部分抵减未来行权时支付的购买股票款项。如果管理层成员决定退出这项基金，则可随时全额提取。A 公司以期权定价模型估计授予的此项期权在授予日的公允价值为 6 000 000 元。

在授予日，A 公司估计 3 年内管理层离职的比例为每年 10%；第二年年末，A 公司调整其估计离职率为 5%；到第三年年末，A 公司实际离职率为 6%。

在第一年中，A 公司股价提高了 10.5%，第二年提高了 11%，第三年提高了 6%。A 公司在第一年年末、第二年年末均预计下年能实现当年股价增长 10%以上的目标。

A 公司应如何处理？

**分析：**如果不同时满足服务3年和公司股价年增长10%以上的要求，则管理层成员就无权行使其股票期权，因此两者都属于可行权条件。其中，服务满3年是一项服务期限条件，10%的股价增长要求是一项市场条件。虽然公司要求管理层成员将部分薪金存入统一账户保管，但不影响其可行权，因此统一账户条款是非可行权条件。

按照股份支付准则的规定：

第一年年末确认的服务费=6 000 000×1/3×90%=1 800 000(元)

第二年年末累计确认的服务费用=6 000 000×2/3×95%=3 800 000(元)

第三年年末累计确认的服务费用=6 000 000×94%=5 640 000(元)

第二年应确认的费用=3 800 000−1 800 000=2 000 000(元)

第三年应确认的费用=5 640 000−3 800 000=1 840 000(元)

最后，94%的管理层成员满足了市场条件之外的全部可行权条件。尽管股价年增长10%以上的市场条件未得到满足，A公司在3年的年末也均确认了收到的管理层提供的服务，并相应确认了费用。

在会计实务中，部分股权激励计划约定员工须服务至企业成功完成首次公开募股，否则其持有的股份将以原认购价回售给企业或其实际控制人。该约定表明员工须完成规定的服务期限方可从股权激励计划中获益，属于可行权条件中的服务期限条件，而企业成功完成首次公开募股属于可行权条件中业绩条件的非市场条件。企业应当合理估计未来成功完成首次公开募股的可能性及完成时点，将授予日至该时点的期间作为等待期，并在等待期内每个资产负债表日对预计可行权数量作出估计，确认相应的股权激励费用。等待期内企业估计其成功完成首次公开募股的时点发生变化的，应当根据重估时点确定等待期，截至当期累计应确认的股权激励费用扣减前期累计已确认金额，作为当期应确认的股权激励费用。

### （二）股份支付条件和条款的修改

在通常情况下，股份支付协议生效后，不应对其条款和条件进行随意修改。但在某些情况下，可能需要修改授予权益工具的股份支付协议中的条款和条件。例如，股票除权、除其他原因需要调整行权价格或股票期权数量。此外，为取得更佳的激励效果，有关法规也允许企业依据股份支付协议的规定，调整行权价格或股票期权数量，但应当由董事会作出决议并经股东大会（或股东会）审议批准，或者由股东大会（或股东会）授权董事会决定。《上市公司股权激励管理办法》对此作出了严格的限定，必须按照批准股份支付计划的原则和方式进行调整。

在会计核算上，无论已授予的权益工具的条款和条件如何修改，甚至取消权益工具的授予或结算该权益工具，企业都应至少确认按照所授予的权益工具在授予日的公允价值来计量获取的相应服务，除非因不能满足权益工具的可行权条件（除市场条件外）而无法行权。

1. 条款和条件的有利修改

企业应当分别以下情况，确认导致股份支付公允价值总额升高以及其他对职工有利的修改的影响：

(1) 如果修改增加了所授予的权益工具的公允价值，则企业应按照权益工具公允价值的增加相应地确认取得服务的增加。权益工具公允价值的增加，是指修改前后的权益工具在修改日的公允价值之间的差额。

(2) 如果修改增加了所授予的权益工具的数量，则企业应将增加的权益工具的公允价值相应地确认为取得服务的增加。

(3) 如果企业按照有利于职工的方式修改可行权条件，如缩短等待期、变更或取消业绩条件(非市场条件)，则企业在处理可行权条件时，应当考虑修改后的可行权条件。

2. 条款和条件的不利修改

如果企业以减少股份支付公允价值总额的方式或其他不利于职工的方式修改条款和条件，则企业仍应继续对取得的服务进行会计处理，如同该变更从未发生，除非企业取消了部分或全部已授予的权益工具。具体包括以下几种情况：

(1) 如果修改减少了授予的权益工具的公允价值，则企业应当继续以权益工具在授予日的公允价值为基础，确认取得服务的金额，而不应考虑权益工具公允价值的减少。

(2) 如果修改减少了授予的权益工具的数量，则企业应当将减少部分作为已授予的权益工具的取消进行处理。

(3) 如果企业以不利于职工的方式修改了可行权条件，如延长等待期、增加或变更业绩条件(非市场条件)，则企业在处理可行权条件时，不应考虑修改后的可行权条件。

3. 取消或结算

如果企业在等待期内取消了所授予的权益工具或结算了所授予的权益工具(因未满足可行权条件而被取消的除外)，企业应当：

(1) 将取消或结算作为加速可行权处理，立即确认原本应在剩余等待期内确认的金额。职工或其他方能够选择满足非可行权条件但在等待期内未满足的，如职工在等待期内认为激励计划约定的行权价较高而自愿退出股权激励计划，企业应当将其作为授予权益工具的取消处理。

(2) 在取消或结算时支付给职工的所有款项均应作为权益的回购处理，回购支付的金额高于该权益工具在回购日公允价值的部分，计入当期费用。

(3) 如果向职工授予新的权益工具，并在新权益工具授予日认定所授予的新权益工具用于替代被取消的权益工具，则企业应以与处理原权益工具条款和条件修改相同的方式，对所授予的替代权益工具进行处理。权益工具公允价值的增加，是指在替代权益工具的授予日，替代权益工具公允价值与被取消的权益工具净公允价值之间的差额。被取消的权益工具的净公允价值，是指其在取消前立即计量的公允价值减去因取消原权益工具而作为权益回购支付给职工的款项。如果企业未将新授予的权益工具认定为替代权益工具，则应将其作为一项新授予的股份支付进行处理。

企业如果回购其职工已可行权的权益工具，应当减少所有者权益，回购支付的金额高于该权益工具在回购日公允价值的部分，计入当期费用。

## 三、权益工具公允价值的确定

股份支付中权益工具的公允价值的确定，应当以市场价格为基础。一些股份和股票期权并没有一个活跃的交易市场，在这种情况下，应当考虑估值技术。在通常情况下，企业应当按照《企业会计准则第 22 号——金融工具确认和计量》的有关规定确定权益工具的公允价值，并根据股份支付协议的条款和条件进行调整。

关于公允价值的确定的详细规定，可参看《企业会计准则第 39 号——公允价值计量》的相关内容。

**（一）股份**

对于授予职工的股份，企业应按照其股份的市场价格计量。如果其股份未公开交易，则应考虑其条款和条件来估计其市场价格。

有些授予条款和条件规定职工无权在等待期内取得股份的，则在估计所授予股份的公允价值时就应予以考虑。有些授予条款和条件规定股份的转让在可行权日后受到限制，则在估计所授予股份的公允价值时，也应考虑此因素，但不应超出熟悉情况并自愿的市场参与者愿意为该股份支付的价格受到可行权限制的影响程度。在估计所授予股份在授予日的公允价值时，不应考虑在等待期内转让的限制和其他限制，因为这些限制是可行权条件中的非市场条件规定的。

**（二）股票期权**

授予职工的股票期权，通常受到一些不同于交易期权的条款和条件的限制，因而在许多情况下难以获得其市场价格。如果不存在条款和条件相似的交易期权，就应通过期权定价模型来估计所授予的期权的公允价值。

在选择适用的期权定价模型时，企业应考虑熟悉情况和自愿的市场参与者将会考虑的因素。所有适用于估计授予职工期权的定价模型至少应考虑以下因素：①期权的行权价格；②期权期限；③基础股份的现行价格；④股价的预计波动率；⑤股份的预计股利；⑥期权期限内的无风险利率。

此外，企业选择的期权定价模型还应考虑熟悉情况和自愿的市场参与者在确定期权价格时会考虑的其他因素，但不包括那些在确定期权公允价值时不考虑的可行权条件和再授予特征因素。确定授予职工的股票期权的公允价值，还需要考虑提早行权的可能性。

1. 期权定价模型的输入变量的估计

在估计基础股份的预计波动率和股利时，目标是尽可能接近当前市场或协议交换价格所反映的价格预期。在通常情况下，对于未来波动率、股利和行权行为的预期存在一个合理的区间。这时应将区间内的每项可能数额乘以其发生概率，加权计算上述输入变量的期望值。

2. 预计提早行权

出于各种原因，职工经常在期权失效日之前提早行使股票期权。考虑预计提早行权对期权公允价值的影响的具体方法，取决于所采用的期权定价模型的类型。但无论采用何种方法，估计提早行权时都要考虑以下因素：①等待期的长度；②以往发行在外的类似期权的平均存续时间；③基础股份的价格（有时根据历史经验，职工在股价超过行权价格达到特定水平时倾向于行使期权）；④职工在企业中所处的层级（有时根据历史经验，高层职工倾向于较晚行权）；⑤基础股份的预计波动率（一般而言，职工倾向于更早地行使高波动率的股份的期权）。

3. 预计波动率

预计波动率是对预期股份价格在一个期间内可能发生的波动金额的度量。期权定价模型中所用的波动率的量度，是一段时间内股份的连续复利回报率的年度标准差。波动率通常以年度表示，而不管计算时使用的是何种时间跨度基础上的价格，如每日、每周或每月的价格。一个期间股份的回报率（可能是正值也可能是负值）可衡量股东从股份的股利和价格涨跌中受益的多少。股份的预计年波动率是指一个范围（置信区间），连续复利年回报率预期处在这个范围内的概率大约为2/3（置信水平）。估计预计波动率要考虑以下因素：

（1）如果企业有股票期权或其他包含期权特征的交易工具（如可转换公司债券）的买

卖,则应考虑这些交易工具所内含的企业股价波动率。

(2) 在与期权的预计期限(考虑期权剩余期限和预计提早行权的影响)大体相当的最近一个期间内企业股价的历史波动率。

(3) 企业股份公开交易的时间。与上市时间更久的类似企业相比,新上市企业的历史波动率可能更大。

(4) 波动率向其均值(即其长期平均水平)回归的趋势,以及表明预计未来波动率可能不同于以往波动率的其他因素。有时,企业股价在某一特定期间因为特定原因剧烈波动,如收购要约或重大重组失败,则在计算历史平均年度波动率时,可剔除这个特殊期间。

(5) 获取价格要有恰当且规则的间隔。价格的获取在各期应保持一贯性。例如,企业可用每周收盘价或每周最高价,但不应在某些周用收盘价、某些周用最高价。又如,获取价格时,应使用与行权价格相同的货币来表示。

除了上述考虑因素,如果企业因新近上市而没有关于历史波动率的充分信息,则应按可获得交易活动数据的最长期间计算其历史波动率,也可考虑类似企业在类似阶段可比期间的历史波动率。如果企业是非上市企业,在估计预计波动率时没有历史信息可循的,则可考虑以下替代因素:

(1) 在某些情况下,定期向其职工(或其他方)发行期权或股份的非上市企业,可能已为其股份设立了一个内部"市场"。估计预计波动率时,可以考虑这些"股价"的波动率。

(2) 如果上述方法不适用,而企业以类似上市企业股价为基础估计其自身股份的价值,则企业可考虑类似上市企业股价的历史或内含波动率。

(3) 如果企业未以类似上市企业股价为基础估计其自身股份价值,而是采用了其他估价方法对自身股份进行估价,则企业可推导出一个与该估价方法基础一致的预计波动率估计数。

4. 预计股利

计量所授予的股份或期权的公允价值时是否应当考虑预计股利,取决于被授予方是否有权取得股利或股利等价物。

如果职工被授予期权,并有权在授予日和行权日之间取得基础股份的股利或股利等价物(可现金支付,也可抵减行权价格),则所授予的期权应当像不支付基础股份的股利那样进行估价,即预计股利的输入变量应为0。

相反,如果职工对等待期内或行权前的股利或股利等价物没有要求权,对股份或期权在授予日公允价值的估计就应考虑预计股利因素。一般来说,预计股利应以公开可获得的信息为基础。不支付股利且没有支付股利计划的企业应假设预计股利收益率为0。如果无股利支付历史的新企业被预期在其职工股票期权期限内开始支付股利,则可使用其历史股利收益率(0)与大致可比的同类企业的股利收益率均值的平均数。

5. 无风险利率

无风险利率一般是指期权行权价格以该货币表示的、剩余期限等于被估价期权的预计期限(基于期权的剩余合同期限,并考虑预计提早行权的影响)的零息国债当前可获得的内含收益率。如果没有此类国债,或环境表明零息国债的内含收益率不能代表无风险利率,则应使用适当的替代利率。

6. 资本结构的影响

在通常情况下,交易期权是由第三方而不是企业签出的。当这些股票期权行权时,签出人将股份交付给期权持有者。这些股份是从现有股东手中取得的。因此,交易期权的行权不会具有稀释效应。

如果股票期权是从企业签出的,则在行权时需要增加已发行在外的股份数量(要么正式增发,要么使用先前回购的库存股)。假定股份将按行权价格而不是行权日的市场价格发行,这种现实或潜在的稀释效应可能会降低股价,因此期权持有者行权时,无法获得与行使其他方面类似但不稀释股价的交易期权一样多的利益。这一问题能否对企业授予股票期权的价值产生显著影响,取决于各种因素,包括行权时增加的股份数量(相对于已发行在外股份数量)。如果市场已预期企业将会授予期权,则可能已将潜在稀释效应体现在了授予日的股价中。企业应考虑所授予的股票期权未来行权的潜在稀释效应,是否可能对股票期权在授予日的公允价值构成影响。企业可修改期权定价模型,以将潜在稀释效应纳入考虑范围。

## 四、股份支付的会计处理

股份支付的会计处理必须以完整、有效的股份支付协议为基础。

### (一) 授予日

除立即可行权的股份支付外,无论是权益结算的股份支付还是现金结算的股份支付,企业在授予日均不作会计处理。

### (二) 等待期内每个资产负债表日

企业应当在等待期内的每个资产负债表日,将取得职工或其他方提供的服务计入成本费用,同时,确认所有者权益或负债。对于附有市场条件的股份支付,只要职工满足了其他所有非市场条件,企业就应当确认已取得的服务。

在等待期内,业绩条件为非市场条件的,如果后续信息表明需要调整对可行权情况的估计的,则应对前期估计进行修改。

在等待期内每个资产负债表日,企业应将取得的职工提供的服务计入成本费用,计入成本费用的金额应当按照权益工具的公允价值计量。

对于权益结算的涉及职工的股份支付,应当按照授予日权益工具的公允价值计入成本费用和资本公积(其他资本公积),不确认其后续公允价值变动;对于现金结算的涉及职工的股份支付,应当按照每个资产负债表日权益工具的公允价值重新计量,确定成本费用和应付职工薪酬。

对于授予的存在活跃市场的期权等权益工具,应当按照活跃市场中的报价确定其公允价值。对于授予的不存在活跃市场的期权等权益工具,应当采用期权定价模型等估值技术确定其公允价值。

在等待期内每个资产负债表日,企业应当根据最新取得的可行权职工人数变动等后续信息作出最佳估计,修正预计可行权的权益工具数量。在可行权日,最终预计可行权权益工具的数量应当与实际可行权工具的数量一致。

根据上述权益工具的公允价值和预计可行权的权益工具数量,计算截至当期累计应确认的成本费用金额,再减去前期累计已确认金额,作为当期应确认的成本费用金额。

### (三) 可行权日之后

(1) 对于权益结算的股份支付,在可行权日之后不再对已确认的成本费用和所有者权益总额进行调整。企业应在行权日根据行权情况,确认股本和股本溢价,同时,结转等待期内确认的资本公积(其他资本公积)。

(2) 对于现金结算的股份支付,企业在可行权日之后不再确认成本费用,负债(应付职工薪酬)公允价值的变动应当计入当期损益(公允价值变动损益)。

**【例 9-2】** A公司为一上市公司,2×22年1月1日(授予日),A公司向其200名管理人员(管理费用)每人授予100股股票期权,这些职员从2×22年1月1日起在A公司连续服务3年(等待期),即可以5元每股购买100股A公司股票,从而获益。A公司估计该期权在授予日的公允价值为18元。

第一年有20名职员离开A公司,A公司估计3年中离开的职员的比例将达到20%;第二年又有10名职员离开A公司,A公司将估计的职员离开比例修正为15%;第三年又有15名职员离开A公司。

本例为附服务年限条件的权益结算股份支付。

(1) 费用和资本公积的计算如表9-1所示。

**表 9-1　　费用和资本公积的计算**　　单位:元

| 年份 | 计算 | 当期费用 | 累计费用 |
|---|---|---|---|
| 2×22 | 200×(1−20%)×100×18×1/3 | 96 000 | 96 000 |
| 2×23 | 200×(1−15%)×100×18×2/3−96 000 | 108 000 | 204 000 |
| 2×24 | 155×100×18−204 000 | 75 000 | 279 000 |

(2) 账务处理如下:

2×22年1月1日:

有等待期的,授予日不作账务处理。

2×22年12月31日:

借:管理费用　　96 000
　贷:资本公积——其他资本公积　　96 000

2×23年12月31日:

借:管理费用　　108 000
　贷:资本公积——其他资本公积　　108 000

2×24年12月31日:

借:管理费用　　75 000
　贷:资本公积——其他资本公积　　75 000

至此,等待期结束。

假设全部155名职员都在2×25年12月31日行权,A公司股份面值为1元:

借:银行存款(155×100×5)　　77 500(行权价)
　资本公积——其他资本公积　　279 000(反向结转)
　贷:股本　　15 500(面值)
　　资本公积——股本溢价　　341 000(倒轧)

**【例 9-3】** 2×22 年 1 月 1 日，A 公司为其 100 名管理人员（管理费用）每人授予 100 份股票期权：

（1）可行权条件。

第一年年末的可行权条件为公司净利润增长率达到 20%（非市场条件）；

第二年年末的可行权条件为公司净利润 2 年平均增长 15%；

第三年年末的可行权条件为公司净利润 3 年平均增长 10%。每份期权在 20×7 年 1 月 1 日（授予日）的公允价值为 24 元。

（2）每年情况。

2×22 年 12 月 31 日，A 公司净利润增长了 18%（没有满足行权条件），同时有 8 名管理人员离开，A 公司预计 20×8 年将以同样速度增长，因此预计将于 20×8 年 12 月 31 日可行权。另外，A 公司预计 20×8 年 12 月 31 日又将有 8 名管理人员离开公司。

2×23 年 12 月 31 日，A 公司净利润仅增长了 10%，因此无法达到可行权状态。另外，实际有 10 名管理人员离开，预计第 3 年将有 12 名管理人员离开 A 公司（等待期延长到 3 年）。

2×24 年 12 月 31 日，A 公司净利润增长了 8%，三年平均增长率为 12%，因此达到可行权状态。当年有 8 名管理人员离开。

本例为附非市场业绩条件的权益结算股份支付。按照企业会计准则，本例中的可行权条件是一项非市场业绩条件。

（1）费用和资本公积的计算如表 9-2 所示。

**表 9-2　　费用和资本公积的计算**　　单位：元

| 年份 | 计　算 | 当期费用 | 累计费用 |
|---|---|---|---|
| 2×22 | (100－8－8)×100×24×1/2 | 100 800 | 100 800 |
| 2×23 | (100－8－10－12)×100×24×2/3－100 800 | 11 200 | 112 000 |
| 2×24 | (100－8－10－8)×100×24－112 000 | 65 600 | 177 600 |

（2）账务处理如下：

2×22 年 1 月 1 日：

有等待期的，授予日不作账务处理。

2×22 年 12 月 31 日：

借：管理费用　　100 800
　贷：资本公积——其他资本公积　　100 800

2×23 年 12 月 31 日：

借：管理费用　　11 200
　贷：资本公积——其他资本公积　　11 200

2×24 年 12 月 31 日：

借：管理费用　　65 600
　贷：资本公积——其他资本公积　　65 600

至此，等待期结束。

假设全部 74 名职员都在 2×25 年 12 月 31 日行权(免费获得 A 公司股票)，A 公司股票面值为每股 1 元：

借：资本公积——其他资本公积　　177 600(反向结转)
　贷：股本　　7 400(面值)
　　资本公积——股本溢价　　170 200(倒轧)

**【例 9-4】** 2×20 年年初，A 公司为其 200 名中层以上职员每人授予 100 份现金股票增值权，这些职员从 2×20 年 1 月 1 日(授予日)起在 A 公司连续服务 3 年(等待期)，即可按照当时股价的增长幅度获得现金，该增值权应在 2×24 年 12 月 31 日(第 5 年年末)之前行使。A 公司估计，该增值权在负债结算之前的每一资产负债表日以及结算日的公允价值和可行权后的每份增值权现金支出额如表 9-3 所示。

**表 9-3　增值权情况表**　　单位：元

| 年　份 | 公允价值 | 支付现金 |
|---|---|---|
| 2×20 | 14 | |
| 2×21 | 15 | |
| 2×22 | 18 | 16 |
| 2×23 | 21 | 20 |
| 2×24 | | 25 |

第一年有 20 名职员离开 A 公司，A 公司估计 3 年中还将有 15 名职员离开；
第二年又有 10 名职员离开 A 公司，A 公司估计还将有 10 名职员离开；
第三年又有 15 名职员离开 A 公司。第三年年末，有 70 人行使股份增值权取得了现金。
第四年年末，有 50 人行使了股份增值权。
第五年年末，剩余 35 人也行使了股份增值权。
(1) 费用和应付职工薪酬的计算如表 9-4 所示。

**表 9-4　费用和应付职工薪酬的计算**　　单位：元

| 年份 | 负债计算过程<br>(1) | 支付现金计算过程<br>(2) | 负债<br>(3) | 支付现金<br>(4) | 当期费用<br>(5) |
|---|---|---|---|---|---|
| 2×20 | (200－35)×100×14×1/3＝77 000 | | 77 000 | | 77 000 |
| 2×21 | (200－40)×100×15(公允价值)×2/3＝160 000 | | 160 000 | | 83 000 |
| 2×22 | [200－45－70(行权)]×100×18＝153 000 | 70×100×16＝112 000 | 153 000 | 112 000 | 105 000 |
| 2×23 | (200－45－70－50)×100×21＝73 500 | 50×100×20＝100 000 | 73 500 | 100 000 | 20 500 |
| 2×24 | 0 | 35×100×25＝87 500 | 0 | 87 500 | 14 000 |
| 总额 | | | | 299 500 | 299 500 |

其中：(1)计算得(3)，(2)计算得(4)；当期(3)－前一期(3)＋当期(4)＝当期(5)。

(2) 账务处理如下：

2×20 年 1 月 1 日，授予日有等待期，不作账务处理。

2×20 年 12 月 31 日：

借：管理费用　　77 000
　贷：应付职工薪酬——股份支付　　77 000

2×21 年 12 月 31 日：

借：管理费用　　83 000
　贷：应付职工薪酬——股份支付　　83 000

2×22 年 12 月 31 日：

借：应付职工薪酬——股份支付　　112 000
　贷：银行存款　　112 000

借：管理费用　　105 000
　贷：应付职工薪酬——股份支付　　105 000

至此，等待期结束。

2×23 年 12 月 31 日：

借：应付职工薪酬——股份支付　　100 000
　贷：银行存款　　100 000

借：公允价值变动损益　　20 500
　贷：应付职工薪酬——股份支付　　20 500

2×24 年 12 月 31 日：

借：应付职工薪酬——股份支付　　87 500
　贷：银行存款　　87 500

借：公允价值变动损益　　14 000
　贷：应付职工薪酬——股份支付　　14 000

**(四) 回购股份进行职工期权激励**

企业以回购股份形式奖励本企业职工的，属于权益结算的股份支付。企业回购股份时，应按回购股份的全部支出作为库存股处理，同时进行备查登记。按照权益结算股份支付的规定，企业应当在等待期内每个资产负债表日按照权益工具在授予日的公允价值，将取得的职工服务计入成本费用，同时增加资本公积(其他资本公积)。在职工行权购买本企业股份时，企业应转销交付职工的库存股成本和等待期内资本公积(其他资本公积)累计金额，同时，按照其差额调整资本公积(股本溢价)。

**(五) 授予限制性股票进行股权激励**

在会计实务中，上市公司实施限制性股票股权激励安排的，其常见做法是上市公司以非公开发行的方式向激励对象授予一定数量的公司股票，并规定锁定期和解锁期，在锁定期和解锁期内，不得上市流通及转让。达到解锁条件，则可以解锁；如果全部或部分股票未被解锁而失效或作废，则通常由上市公司按照事先约定的价格立即进行回购。

对于此类授予限制性股票的股权激励计划，向职工发行的限制性股票按有关规定履行了注册登记等增资手续的，上市公司应当根据收到职工交纳的认股款确认股本和资本公积（股本溢价），按照职工交纳的认股款，借记“银行存款”等科目，按照股本金额，贷记“股本”科目，按照其差额，贷记“资本公积——股本溢价”科目；同时，就回购义务确认负债（作收购库存股处理），按照发行限制性股票的数量以及相应的回购价格计算确定的金额，借记“库存股”科目，贷记“其他应付款——限制性股票回购义务”（包括未满足条件而须立即回购的部分）等科目。

上市公司应当综合考虑限制性股票锁定期和解锁期等相关条款，按照《企业会计准则第11号——股份支付》相关规定判断等待期，进行与股份支付相关的会计处理。对于因回购产生的义务确认的负债，应当按照《企业会计准则第22号——金融工具确认和计量》相关规定进行会计处理。上市公司未达到限制性股票解锁条件而需回购的股票，按照应支付的金额，借记“其他应付款——限制性股票回购义务”等科目，贷记“银行存款”等科目；同时，按照注销的限制性股票数量相对应的股本金额，借记“股本”科目，按照注销的限制性股票数量相对应的库存股的账面价值，贷记“库存股”科目，按其差额，借记“资本公积——股本溢价”科目。上市公司达到限制性股票解锁条件而无须回购的股票，按照解锁股票相对应的负债的账面价值，借记“其他应付款——限制性股票回购义务”等科目，按照解锁股票相对应的库存股的账面价值，贷记“库存股”科目，如有差额，则借记或贷记“资本公积——股本溢价”科目。

上市公司在等待期内发放现金股利的会计处理，应视其发放的现金股利是否可撤销采取不同的方法：

(1) 现金股利可撤销，即一旦未达到解锁条件，被回购限制性股票的持有者将无法获得（或需要退回）其在等待期内应收（或已收）的现金股利。

等待期内，上市公司在核算应分配给限制性股票持有者的现金股利时，应合理估计未来解锁条件的满足情况，该估计与进行股份支付会计处理时在等待期内每个资产负债表日对可行权权益工具数量进行的估计应当保持一致。

对于预计未来可解锁限制性股票持有者，上市公司应分配给限制性股票持有者的现金股利作为利润分配进行会计处理，借记“利润分配——应付现金股利或利润”科目，贷记“应付股利——限制性股票股利”科目；同时，按分配的现金股利金额，借记“其他应付款——限制性股票回购义务”等科目，贷记“库存股”科目；实际支付时，借记“应付股利——限制性股票股利”科目，贷记“银行存款”等科目。

对于预计未来不可解锁限制性股票持有者，上市公司应分配给限制性股票持有者的现金股利冲减相关的负债，借记“其他应付款——限制性股票回购义务”等科目，贷记“应付股利——限制性股票股利”科目；实际支付时，借记“应付股利——限制性股票股利”科目，贷记“银行存款”等科目。后续信息表明不可解锁限制性股票的数量与以前估计不同的，应当作为会计估计变更处理，直到解锁日预计不可解锁限制性股票的数量与实际未解锁限制性股票的数量一致。

(2) 现金股利不可撤销，即不论是否达到解锁条件，限制性股票持有者仍有权获得（或不得被要求退回）其在等待期内应收（或已收）的现金股利。

在等待期内，上市公司在核算应分配给限制性股票持有者的现金股利时，应合理估计未来解锁条件的满足情况，该估计与进行股份支付会计处理时在等待期内每个资产负债表日对可行权权益工具数量进行的估计应当保持一致。对于预计未来可解锁限制性股票持有者，上市公司应分配给限制性股票持有者的现金股利作为利润分配进行会计处理，借记“利润分配——应付现金股利或利润”科目，贷记“应付股利——限制性股票股利”科目；实际支付时，借记“应付股利——限制性股票股利”科目，贷记“银行存款”等科目。对于预计未来不可解锁限制性股票持有者，上市公司应分配给限制性股票持有者的现金股利计入当期成本费用，借记“管理费用”等科目，贷记“应付股利——限制性股票股利”科目；实际支付时，借记“应付股利——限制性股票股利”科目，贷记“银行存款”等科目。后续信息表明不可解锁限制性股票的数量与以前估计不同的，应当作为会计估计变更处理，直到解锁日预计不可解锁限制性股票的数量与实际未解锁限制性股票的数量一致。

**(六) 企业将以现金结算的股份支付修改为以权益结算的股份支付的会计处理**

企业修改以现金结算的股份支付协议中的条款和条件，使其成为以权益结算的股份支付的，在修改日，企业应当按照所授予权益工具当日的公允价值计量以权益结算的股份支付，将已取得的服务计入资本公积，同时终止确认以现金结算的股份支付在修改日已确认的负债，两者之间的差额计入当期损益。上述规定同样适用于修改发生在等待期结束后的情形。如果由于修改延长或缩短了等待期，则企业应当按照修改后的等待期进行上述会计处理(无须考虑不利修改的有关会计处理规定)。如果企业取消一项以现金结算的股份支付，授予一项以权益结算的股份支付，并在授予权益工具日认定其是用来替代已取消的以现金结算的股份支付(因未满足可行权条件而被取消的除外)的，按上述原则处理。

**【例 9-5】** 2×21 年年初，A 公司向 500 名中层以上职工每人授予 100 份现金股票增值权，这些职工从 2×21 年 1 月 1 日起在该公司连续服务 4 年即可按照股价的增长幅度获得现金。A 公司估计，该增值权在 2×21 年年末和 2×22 年年末的公允价值分别为 10 元和 12 元。2×22 年 12 月 31 日，A 公司将向职工授予 100 份现金股票增值权修改为授予 100 股股票期权，这些职工从 2×23 年 1 月 1 日起在该公司连续服务 3 年，即可以每股 5 元购买 100 股 A 公司股票。每份期权在 2×22 年 12 月 31 日的公允价值为 16 元。A 公司预计所有的职工都将在服务期限内提供服务。假设 A 公司 500 名职工都在 2×25 年 12 月 3 日行权，股份面值为 1 元。假定不考虑其他因素。

**分析：**在本例中，企业将以现金结算的股份支付修改为以权益结算的股份支付，修改日为 2×22 年 12 月 31 日。

2×21 年 12 月 31 日，A 公司按照承担负债的公允价值，将当期取得的服务计入相关费用和相应的负债，金额为 125 000 元(100×500×10×1/4)。

| | | |
|---|---|---|
| 借：管理费用 | 125 000 | |
| 　　贷：应付职工薪酬——股份支付 | | 125 000 |

2×22 年 12 月 31 日，A 公司将以现金结算的股份支付修改为以权益结算的股份支付，等待期由 4 年延长至 5 年。A 公司应当按照权益工具在修改日的公允价值，将当期取得的服务计入资本公积，金额为 320 000 元(100×500×16×2/5)，同时终止确认已确认的负债，两者的差额计入当期损益，金额为 195 000 元(320 000－125 000)。

| | | |
|---|---|---|
| 借：管理费用 | 195 000 | |
| 　　应付职工薪酬——股份支付 | 125 000 | |
| 　　贷：资本公积——其他资本公积 | | 320 000 |

2×23年12月31日，按照权益工具在修改日的公允价值将当期取得的服务计入相关费用和资本公积，金额为160 000元(100×500×16×3/5－320 000)。

借：管理费用 160 000
　　贷：资本公积——其他资本公积 160 000

2×24年12月31日，按照权益工具在修改日的公允价值将当期取得的服务计入相关费用和资本公积，金额为160 000元(100×500×16×4/5－320 000－160 000)。

借：管理费用 160 000
　　贷：资本公积——其他资本公积 160 000

2×25年12月31日，按照权益工具在修改日的公允价值将当期取得的服务计入相关费用和资本公积，金额为160 000元(100×500×16－320 000－160 000－160 000)。

借：管理费用 160 000
　　贷：资本公积——其他资本公积 160 000

当日，职工行权。

借：银行存款 250 000
　　资本公积——其他资本公积 800 000
　　贷：股本 50 000
　　　　资本公积——股本溢价 1 000 000

## 五、集团股份支付的处理

企业集团(由母公司和其全部子公司构成)内发生的股份支付交易，应当按照以下规定进行会计处理：

(1) 结算企业以其本身权益工具结算的，应当将该股份支付交易作为权益结算的股份支付处理；除此之外，应当作为现金结算的股份支付处理。

结算企业是接受服务企业的投资的，应当按照授予日权益工具的公允价值或应承担负债的公允价值确认为对接受服务企业的长期股权投资，同时确认资本公积(其他资本公积)或负债。

(2) 接受服务企业没有结算义务或授予本企业职工的是其本身权益工具的，应当将该股份支付交易作为权益结算的股份支付处理；接受服务企业具有结算义务且授予本企业职工的是企业集团内其他企业权益工具的，应当将该股份支付交易作为现金结算的股份支付处理。

母公司向子公司高管授予股份支付，在合并财务报表中计算子公司少数股东损益时，虽然子公司的股权激励全部由母公司结算，但子公司少数股东损益应包含按照少数股东持股比例分享的子公司股权激励费用。

如果受到激励的高管在集团内调动导致接受服务的企业变更，但高管人员应取得的股权激励并未发生实质性变化，则应根据受益情况，在等待期内按照合理的标准(例如，按服务时间)，在原接受服务的企业与新接受服务的企业间分摊该高管的股权激励费用。即谁受益、谁确认费用。

集团内股份支付包括集团内任何主体的任何股东，并未限定结算的主体为控股股东；非控股股东授予职工公司的权益工具满足股份支付条件时，也应当视同集团内股份支付进行处理。

**【例 9-6】** 甲公司实施一项股权激励计划。甲公司按照公允价值从二级市场回购甲公司股票并授予自愿参与该计划的员工，授予价格为授予日股票的公允价值，激励对象在甲公司服务满 3 年后可以一次性解锁所授予的股份。该股权激励计划同时约定，甲公司控股股东对员工因解锁日前股票价格变动产生的损失进行兜底，即甲公司股票价格上涨的收益归员工所有，甲公司股票价格下跌的损失由甲公司控股股东承担且以现金支付损失。

**分析：**甲公司控股股东承担了甲公司员工因股票价格下跌而产生的损失，属于企业集团与职工之间发生的交易；该交易安排要求甲公司员工为获得收益(享有股票增值收益且不承担贬值损失)连续 3 年为公司提供服务，因此该交易以获取员工服务为目的；该交易的对价与公司股票未来价值密切相关。综上，该交易符合股份支付的定义，适用《企业会计准则第 11 号——股份支付》。

控股股东交付现金的金额与甲公司股票价格下行风险相关，该股份支付属于为获取服务承担以股份为基础计算确定的交付现金的交易，在控股股东合并报表中，应当将该交易作为现金结算的股份支付处理。甲公司作为接受服务企业，没有结算义务，应当将该交易作为权益结算的股份支付处理。

**【例 9-7】** 2×22 年 1 月 20 日，甲公司股东大会批准了一项股权激励方案，向集团内的 60 名管理人员每人授予 10 万份股票期权，这些人员 2×22 年 1 月 1 日起为集团连续服务 3 年，每人即可以每股 2 元的价格购买甲公司普通股 10 万股。甲公司估计该期权在授予日的公允价值为每份 6 元。

2×22 年，授予期权的 60 名员工，有 40 名在甲公司任职，20 名在甲公司的子公司乙公司任职。假定 3 年内授予期权的员工没有离职。

该股份支付为甲公司以自身权益工具结算的集团内股份支付，甲公司个别财务报表应当作为权益结算的股份支付进行会计处理，乙公司作为接受服务企业没有结算义务，应当作为权益结算的股份支付进行会计处理。甲公司和乙公司应根据受益情况，按照享有受益员工所提供的服务分别确认费用；结算企业(甲公司)作为接受服务企业(乙公司)的母公司，应按照授予乙公司员工的股票期权在授予日的公允价值确认对乙公司的长期股权投资，同时，确认资本公积。

甲公司 2×22 年个别财务报表应确认的股份支付费用＝40×10×6/3＝800(万元)

乙公司 2×22 年个别财务报表应确认的股份支付费用＝20×10×6/3＝400(万元)

甲公司 2×22 年个别财务报表的相关账务处理如下：

| | | |
|---|---|---|
| 借：管理费用 | 8 000 000 | |
| 　　长期股权投资——乙公司 | 4 000 000 | |
| 　　贷：资本公积——其他资本公积 | | 12 000 000 |

乙公司 2×22 年个别财务报表的相关账务处理如下：

| | | |
|---|---|---|
| 借：管理费用 | 4 000 000 | |
| 　　贷：资本公积——其他资本公积 | | 4 000 000 |

甲公司在编制2×22年合并财务报表时，从合并财务报表的角度出发，由于甲公司的权益工具也属于自身权益工具，即授予集团内员工自身权益工具以换取员工服务，应当作为权益结算的股份支付进行会计处理，其抵销分录如下：

借：资本公积——其他资本公积　　4 000 000

　　贷：长期股权投资——乙公司　　4 000 000

练习题

# 第十章

# 所得税

课程思政

## 本章导读

所得税问题来源于会计目标与税法目标的不同。

会计的目标之一是真实公允地反映企业的财务状况、经营成果和现金流量情况;税法的主要目标是保证国家财政收入的平稳增长。会计目标和税法目标可能产生冲突,从而产生所得税问题。

目前,我国所得税会计采用资产负债表债务法,该法贯彻资产负债表观和权责发生制。企业本期承担的所得税费用是企业本应承担的费用,不管是否支付。因此,企业本期的所得税费用可能等于本期应交所得税,也可能不等。本章逻辑主线如下所示:

所得税费用=当期所得税+递延所得税

本章根据 2006 年的《企业会计准则第 18 号——所得税》编写。

## 本章导图

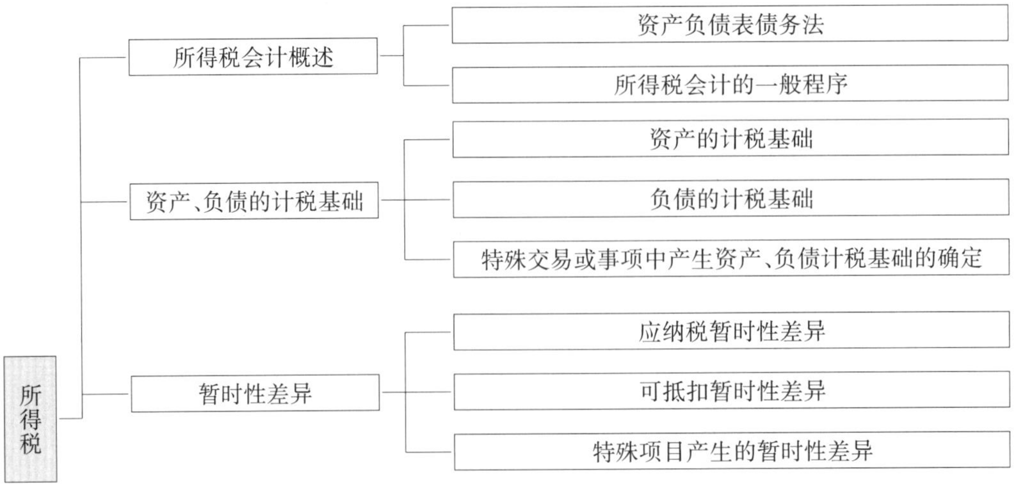

- 所得税
  - 递延所得税资产及负债的确认和计量
    - 递延所得税负债的确认和计量
    - 递延所得税资产的确认和计量
    - 特殊交易或事项中涉及递延所得税的确认和计量
    - 适用税率变化对已确认递延所得税资产和递延所得税负债的影响
  - 所得税费用的确认和计量
    - 当期所得税
    - 递延所得税
    - 所得税费用
  - 所得税的列报
    - 列报的基本原则
    - 所得税费用(或收益)与会计利润关系的说明

# 第一节 所得税会计概述

我国所得税会计采用了资产负债表债务法,要求企业从资产负债表出发,通过比较资产负债表上列示的资产负债按照企业会计准则规定确定的账面价值与按照税法规定确定的计税基础,对于两者之间的差异分别应纳税暂时性差异与可抵扣暂时性差异,确认相关的递延所得税负债与递延所得税资产,在综合考虑当期应交所得税的基础上,确定每一会计期间利润表中的所得税费用。

## 一、资产负债表债务法

资产负债表债务法在所得税的会计核算方面遵循了资产、负债的界定。从资产负债角度考虑,资产的账面价值代表的是某项资产在持续持有及最终处置的一定期间内为企业带来未来经济利益的总额,而其计税基础代表的是该期间内按照税法规定就该项资产可以税前扣除的总额。资产的账面价值小于其计税基础的,表明该项资产于未来期间产生的经济利益流入低于按照税法规定允许税前扣除的金额,产生可抵减未来期间应纳税所得额的因素,减少未来期间以所得税税款的方式流出企业的经济利益,应确认为递延所得税资产。反之,一项资产的账面价值大于其计税基础的,两者之间的差额会增加企业于未来期间的应纳税所得额及应交所得税,对企业形成经济利益流出的义务,应确认为递延所得税负债。

资产负债表债务法是基于资产负债表中所列示的资产、负债账面价值和计税基础经济含义的基础上,分析按照会计原则列报的账面价值与税法规定的差异,并就有关差异确定相关所得税影响的会计方法。相较于仅将当期实际应交所得税作为利润表中所得税费用的核算方法,资产负债表债务法除能够反映企业已经持有的资产、负债及其变动对当期利润的影响外,还能够反映有关资产、负债对未来期间的所得税影响,在所得税核算领域贯彻了资产负债观。

## 二、所得税会计的一般程序

在采用资产负债表债务法核算所得税的情况下，企业一般应于每一资产负债表日进行所得税的核算。企业合并等特殊交易或事项发生时，在确认因交易或事项取得的资产、负债时即应同时确认相关的所得税影响。企业进行所得税核算一般应遵循以下程序：

(1) 按照相关企业会计准则规定确定资产负债表中除递延所得税资产和递延所得税负债外的其他资产和负债项目的账面价值。资产、负债的账面价值，是指企业按照相关企业会计准则的规定进行核算后在资产负债表中列示的金额。计提了减值准备的各项资产，是指其账面余额减去已计提的减值准备后的金额。例如，企业持有的应收账款账面余额为1 000 万元，企业对该应收账款计提了 50 万元的坏账准备，其账面价值为 950 万元。

(2) 按照资产和负债计税基础的确定方法，以适用的税收法规为基础，确定资产负债表中有关资产、负债项目的计税基础。

(3) 比较资产、负债的账面价值与其计税基础，对于两者之间存在差异的，分析其性质，除企业会计准则中规定的特殊情况外，区分应纳税暂时性差异与可抵扣暂时性差异，确定资产负债表日递延所得税负债和递延所得税资产的应有金额，并与期初递延所得税资产和递延所得税负债的余额相比，确定当期应予进一步确认的递延所得税资产和递延所得税负债金额或应予转销的金额，作为递延所得税。

(4) 就企业当期发生的交易或事项，按照适用的税法规定计算确定当期应纳税所得额，将应纳税所得额与适用的所得税税率计算的结果确认为当期应交所得税，作为当期所得税。

(5) 确定利润表中的所得税费用。利润表中的所得税费用包括当期所得税（当期应交所得税）和递延所得税两个组成部分，企业在计算确定了当期所得税和递延所得税后，两者之和（或之差）是利润表中的所得税费用。

# 第二节　资产、负债的计税基础

所得税会计的关键在于确定资产、负债的计税基础。在确定资产、负债的计税基础时，应严格遵循税法中对于资产的税务处理及可税前扣除的费用等的规定进行。

## 一、资产的计税基础

资产的计税基础是指企业收回资产账面价值过程中，计算应纳税所得额时按照税法规定可以自应税经济利益中抵扣的金额，即某一项资产在未来期间收回该资产的账面价值计税时，按照税法规定可以税前扣除的总金额。如果这些经济利益不需纳税，则该资产的计税基础即为其账面价值。

资产在初始确认时，其计税基础一般为取得成本，即企业为取得某项资产支付的成本在未来期间准予税前扣除。在资产持有过程中，其计税基础是指资产的取得成本减去以前期间按照税法规定已经税前扣除的金额后的余额。如固定资产、无形资产等长期资产在某一资产负债表日的计税基础，是指其成本扣除按照税法规定已在以前期间税前扣除的累计折旧额或累计摊销额后的金额。

现举例说明部分资产项目计税基础的确定。

**(一) 固定资产**

以各种方式取得的固定资产,在初始确认时按照企业会计准则规定确定的入账价值基本上是被税法认可的,即取得时其账面价值一般等于计税基础。

固定资产在持有期间进行后续计量时,由于会计与税法规定在折旧方法、折旧年限及固定资产减值准备的提取等方面的处理不同,造成固定资产的账面价值与计税基础存在差异。

1. 折旧方法、折旧年限的差异

企业会计准则规定,企业应当根据与固定资产有关的经济利益的预期实现方式合理选择折旧方法,如可以按年限平均法计提折旧,也可以按照双倍余额递减法、年数总和法等计提折旧,前提是企业选用的有关折旧方法反映相关固定资产包含经济利益的实现方式。在税法中除某些按照规定可以加速折旧的情况外,基本上可以税前扣除的是按照年限平均法计提的折旧;另外,税法还就每一类固定资产的最低折旧年限作出了规定,而企业会计准则规定折旧年限是由企业根据固定资产的性质和使用情况合理确定的。如企业进行会计处理时确定的折旧年限与税法规定不同,也会因每一期间折旧额的差异产生固定资产在资产负债表日账面价值与计税基础的差异。

2. 因计提固定资产减值准备产生的差异

持有固定资产期间,在对固定资产计提了减值准备以后,因税法规定企业计提的资产减值准备在发生实质性损失前不允许税前扣除,在有关减值准备转变为实质性损失前,会造成固定资产的账面价值与计税基础的差异。

**【例 10-1】** 甲公司于 2×22 年 12 月 20 日取得的某项固定资产,原价为 750 万元,使用年限为 10 年,会计上采用年限平均法计提折旧,净残值为 0。税法规定该类(由于技术进步、产品更新换代较快的)固定资产采用加速折旧法计提的折旧可予税前扣除,该公司在计税时采用加倍余额递减法计提折旧,使用年限及净残值与会计相同。2×24 年 12 月 31 日,公司估计该项固定资产的可收回金额为 550 万元,该固定资产以前期间未计提减值准备。

**分析:** 2×24 年 12 月 31 日,该项固定资产的账面价值为 600 万元(750－75×2),该账面价值大于其可收回金额 550 万元,两者之间的差额应计提 50 万元的固定资产减值准备。

2×24 年 12 月 31 日,该项固定资产的账面价值为 550 万元(750－75×2－50);其计税基础为 480 万元(750－750×20%－600×20%)。

该项固定资产的账面价值 550 万元与其计税基础 480 万元之间存在的 70 万元差额,将于未来期间计入企业的应纳税所得额。

**【例 10-2】** 乙企业于 2×22 年年末以 750 万元购入一项生产用固定资产,按照该项固定资产的预计使用情况,B 企业在会计核算时估计其使用寿命为 5 年。计税时,按照税法规定,其最低折旧年限为 10 年,该企业计税时按照 10 年计算确定可税前扣除的折旧额。假定会计与税法规定均按年限平均法计列折旧,净残值均为 0。2×23 年该项固定资产按照 12 个月计提折旧。假定固定资产未发生减值。

**分析:** 该项固定资产在 2×23 年 12 月 31 日的账面价值为 600 万元(750－750÷5);其在 2×23 年 12 月 31 日的计税基础为 675 万元(750－7 504－10)。

该项固定资产的账面价值 600 万元与其计税基础 675 万元之间产生的 75 万元差额,在未来期间会减少企业的应纳税所得额。

**(二) 无形资产**

除内部研究开发形成的无形资产外,其他方式取得的无形资产,初始确认时按照企业会计准则规定确定的入账价值与按照税法规定确定的计税基础之间一般不存在差异。无形资产的差异主要产生于内部研究开发形成的无形资产和使用寿命不确定的无形资产。

(1) 内部研究开发形成的无形资产,其成本为开发阶段符合资本化条件以后至达到预定用途前发生的支出,除此之外,研究开发过程中发生的其他支出应予费用化计入损益;税法规定,自行开发的无形资产,以开发过程中该资产符合资本化条件后至达到预定用途前发生的支出为计税基础。另外,对于研究开发费用的加计扣除,假定税法中规定企业为开发新技术、新产品、新工艺发生的研究开发费用,未形成无形资产计入当期损益的,在按照规定据实扣除的基础上,按照研究开发费用的100%加计扣除;形成无形资产的,按照无形资产成本的200%摊销。

另外,企业会计准则规定了例外条款,即如该无形资产的确认不是产生于企业合并交易,同时在确认时既不影响会计利润也不影响应纳税所得额,则不确认该暂时性差异的所得税影响。在该种情况下,无形资产在初始确认时,对于会计与税收规定之间存在的暂时性差异不予确认,在持有过程中,对在初始未予确认暂时性差异的所得税影响范围内的摊销额等的差异亦不予确认。

**【例10-3】** 丙企业当期为开发新技术发生研究开发支出共计2 000万元,其中,研究阶段支出为400万元,开发阶段符合资本化条件前发生的支出为400万元,符合资本化条件后至达到预定用途前发生的支出为1 200万元。假定税法规定,企业为开发新技术、新产品、新工艺发生的研究开发费用,未形成无形资产计入当期损益的,按照研究开发费用的100%加计扣除;形成无形资产的,按照无形资产成本的200%摊销。假定开发形成的无形资产在当期期末已达到预定用途(尚未开始摊销)。

**分析:** 丙企业当期发生的研究开发支出中,按照企业会计准则规定应予费用化的金额为800万元,形成无形资产的成本为1 200万元,即该企业期末所形成无形资产的账面价值为1 200万元。

丙企业当期发生的2 000万元研究开发支出,按照税法规定可在当期税前扣除的金额为1 600万元,所形成无形资产在未来期间可予税前扣除的金额为2 400万元,其计税基础为2 400万元,形成暂时性差异1 200万元。

应予说明的是,上述1 200万元暂时性差异因产生于无形资产的初始确认,该无形资产并非产生于企业合并,且该无形资产在初始确认时既未影响会计利润,也未影响应纳税所得额,因此,该1 200万元暂时性差异的所得税影响不予确认。

(2) 无形资产在后续计量时,会计与税法的差异主要产生于是否需要摊销、摊销方法和年限的差异及无形资产减值准备的提取。

企业会计准则规定,企业应根据无形资产的使用寿命情况,将无形资产分为使用寿命有限的无形资产与使用寿命不确定的无形资产。对于使用寿命不确定的无形资产,不要求摊销,但持有期间每年应进行减值测试。税法规定,企业取得的无形资产成本(外购商誉除外),应在一定期限内摊销。对于使用寿命不确定的无形资产,在会计处理时不予摊销,但计税时按照税法规定确定的摊销额允许税前扣除，造成该类无形资产账面价值与计税基础存在差异。

在对无形资产计提减值准备的情况下，因税法规定计提的无形资产减值准备在转变为实质性损失前不允许税前扣除，即在提取无形资产减值准备的期间，无形资产的计税基础不会随减值准备的提取发生变化，从而造成无形资产的账面价值与计税基础存在差异。

**【例 10-4】** 丁企业于 2×24 年 1 月 1 日取得某项无形资产，取得成本为 1 500 万元。取得该项无形资产后，据各方面情况判断，丁企业无法合理预计其使用期限，故将其作为使用寿命不确定的无形资产。2×24 年 12 月 31 日，丁企业对该项无形资产进行减值测试，表明其未发生减值。企业在计税时，对该项无形资产按照 10 年的期限采用直线法摊销，摊销金额允许在税前扣除。

**分析：**会计上将该项无形资产作为使用寿命不确定的无形资产，因未发生减值，其在 2×24 年 12 月 31 日的账面价值为取得成本 1 500 万元。

该项无形资产在 2×24 年 12 月 31 日的计税基础为 1 350 万元(成本－按照税法规定可予税前扣除的摊销额＝1 500－150)。

该项无形资产的账面价值 1 500 万元与其计税基础 1 350 万元之间的差额 150 万元，将计入未来期间企业的应纳税所得额，或者可以理解为因为该 150 万元已经在当期计算应纳税所得额时税前扣除，从而减少了当期应交所得税，未来期间不会再予扣除。当企业于未来期间产生相关的经济利益流入时，即应交所得税。

### (三) 以公允价值计量的金融资产

按照《企业会计准则第 22 号——金融工具确认和计量》的规定，以公允价值计量且其变动计入当期损益的金融资产于某一会计期末的账面价值为其公允价值。税法规定，企业以公允价值计量的金融资产，如金融负债及投资性房地产等，持有期间公允价值的变动不计入应纳税所得额，在实际处置或结算时，处置取得的价款扣除其历史成本后的差额应计入处置或结算期间的应纳税所得额。按照该规定，以公允价值计量的金融资产在持有期间市价的波动在计税时不予考虑，有关金融资产在某一会计期末的计税基础为其取得成本，从而造成在公允价值变动的情况下，对以公允价值计量的金融资产账面价值与计税基础之间的差异。

企业持有的以公允价值计量且其变动计入其他综合收益的金融资产，其计税基础的确定，与以公允价值计量且其变动计入当期损益的金融资产类似，可比照处理。

**【例 10-5】** 2×24 年 10 月 20 日，甲公司自公开市场取得一项权益性投资，支付价款 2 000 万元，作为交易性金融资产核算。2×24 年 12 月 31 日，该投资的市价为 2 200 万元。

**分析：**该项交易性金融资产的期末市价为 2 200 万元，其按照企业会计准则规定进行核算的在 2×24 年资产负债表日的账面价值为 2 200 万元。

因税法规定以公允价值计量的金融资产在持有期间公允价值的变动不计入应纳税所得额，故其在 2×24 年资产负债表日的计税基础应维持原取得成本不变，为 2 000 万元。

该交易性金融资产的账面价值 2 200 万元与其计税基础 2 000 万元之间产生了 200 万元的暂时性差异，该暂时性差异在未来期间转回时会增加未来期间的应纳税所得额。

**【例 10-6】** 2×24 年 11 月 8 日，甲公司自公开的市场上取得一项债权性投资，作为以公允价值计量且其变动计入其他综合收益的金融资产核算。该投资的成本为 1 500 万元。

2×24 年 12 月 31 日，其市价为 1 575 万元。

**分析**：按照企业会计准则的规定，该项金融资产在会计期末应以公允价值计量，其账面价值应为期末公允价值 1 575 万元。

因税法规定资产在持有期间公允价值变动不计入应纳税所得额，则该项金融资产的期末计税基础应维持其原取得成本不变，为 1 500 万元。

该金融资产在 2×24 年资产负债表日的账面价值 1 575 万元与其计税基础 1 500 万元之间产生的 75 万元暂时性差异，在企业预期以 1 575 万元的价格出售该金融资产时，出售价格与取得成本之间的差额 75 万元将会增加未来期间的应纳税所得额。

**（四）长期股权投资**

企业持有的长期股权投资，按照《企业会计准则第 2 号——长期股权投资》规定根据对被投资单位的影响程度等，分别采用成本法及权益法进行核算。

税法中对于投资资产的处理，要求按规定确定投资资产成本后，在转让或处置时，其成本准予扣除。因此，税法中对于长期股权投资并没有权益法的概念。长期股权投资取得以后，如果按照权益法核算，则一般情况下在持有过程中随着应享有被投资单位净资产份额的变化，其账面价值与计税基础会产生差异。该差异主要源于下列三种情况：

（1）初始投资成本的调整。采用权益法核算的长期股权投资，在取得时应比较其初始投资成本与按照持股比例计算应享有被投资单位可辨认净资产公允价值的份额，在初始投资成本小于按照比例计算应享有被投资单位可辨认净资产公允价值份额的情况下，应当调整长期股权投资的账面价值，同时确认为当期收益。因该种情况下在确定了长期股权投资的初始投资成本以后，按照税法规定并不要求对其成本进行调整，计税基础维持原取得成本不变，其账面价值与计税基础会产生差异。

（2）投资损益的确认。对于采用权益法核算的长期股权投资，持有投资期间在被投资单位实现净利润或发生净损失时，投资企业按照持股比例计算应享有的部分，应调整长期股权投资的账面价值，同时，确认为各期损益。长期股权投资的账面价值因确认投资损益变化的同时，其计税基础不会随之发生变化。按照税法规定，居民企业直接投资于其他居民企业取得的投资收益免税，即作为投资企业，其在未来期间自被投资单位分得有关现金股利或利润时，该部分现金股利或利润免税，在持续持有的情况下，该部分差额对未来期间不会产生计税影响。

（3）应享有被投资单位其他权益的变化。采用权益法核算的长期股权投资，除确认应享有被投资单位的净损益外，对于应享有被投资单位的其他权益变化，也应调整长期股权投资的账面价值，但其计税基础不会发生变化。

**【例 10-7】** 甲公司于 2×22 年 1 月 2 日以 6 000 万元取得乙公司 30%的有表决权股份，拟长期持有并能够对乙公司施加重大影响，该项长期股权投资采用权益法核算。投资时乙公司可辨认净资产公允价值总额为 18 000 万元（假定取得投资时乙公司各项可辨认资产、负债的公允价值与账面价值相同）。乙公司 2×22 年实现净利润 2 300 万元，未发生影响权益变动的其他交易或事项。甲公司及乙公司均为居民企业，适用的所得税税率均为 25%，双方采用的会计政策及会计期间相同。税法规定，居民企业之间的股息红利免税。

具体会计处理如下：

(1) 确认初始投资成本时：

借：长期股权投资　　60 000 000
　贷：银行存款　　60 000 000

因该项长期股权投资的初始投资成本 6 000 万元大于按照持股比例计算应享有 B 公司可辨认净资产公允价值的份额 5 400 万元，故其初始投资成本无须调整。

(2) 确认当年投资损益时：

借：长期股权投资——损益调整(23 000 000×30%)　　6 900 000
　贷：投资收益　　6 900 000

该项长期股权投资的计税基础如下：

一是取得时成本为 6 000 万元。

二是期末因税法中没有权益法的概念，对于应享有被投资单位的净损益不影响长期股权投资的计税基础，其于 2×22 年 12 月 31 日的计税基础仍为 6 000 万元。

**(五) 其他资产**

因企业会计准则规定与税法规定不同，企业持有的其他资产，可能造成其账面价值与计税基础之间存在差异。这些资产包括投资性房地产、其他计提了资产减值准备的各项资产。

1. 投资性房地产

企业持有的投资性房地产进行后续计量时，企业会计准则规定可以采用两种模式：一种是成本模式，采用该种模式计量的投资性房地产，其账面价值与计税基础的确定与固定资产、无形资产相同；另一种是在符合规定条件的情况下，可以采用公允价值模式对投资性房地产进行后续计量。对于采用公允价值模式进行后续计量的投资性房地产，其账面价值的确定类似于以公允价值计量的金融资产。因税法中没有投资性房地产的概念及专门的税收处理规定，其计税基础的确定类似于固定资产或无形资产的计税基础。

**【例 10-8】** A 公司于 2×24 年 1 月 1 日将其某自用房屋用于对外出租，该房屋的成本为 750 万元，预计使用年限为 20 年。转为投资性房地产之前已使用 4 年，企业按照年限平均法计提折旧，预计净残值为 0。转为投资性房地产核算后，预计能够持续可靠取得该投资性房地产的公允价值，A 公司采用公允价值模式对该投资性房地产进行后续计量。假定税法规定的折旧方法、折旧年限及净残值与会计规定相同。同时，税法规定资产在持有期间公允价值的变动不计入应纳税所得额，待处置时一并计算确定应计入应纳税所得额的金额。该项投资性房地产在 2×24 年 12 月 31 日的公允价值为 900 万元。

**分析：** 该投资性房地产在 2×24 年 12 月 31 日的账面价值为其公允价值 90 万元，其计税基础为取得成本扣除按照税法规定允许税前扣除的折旧额后的金额，即其计税基础为 562.5 万元(750－750÷20×5)。

该项投资性房地产账面价值 900 万元与其计税基础 562.5 万元之间产生了 337.5 万元的暂时性差异，在其未来期间预期能够产生 900 万元的经济利益流入，而按照税法规定仅能够扣除 562.5 万元的情况下，该差异会增加企业在未来期间的应纳税所得额。

2. 其他计提了资产减值准备的各项资产

有关资产计提了减值准备后，其账面价值会随之下降，而税法规定资产在发生实质性损失之前，预计的减值损失不允许税前扣除，即其计税基础不会因减值准备的提取而变化，这造成在计提资产减值准备以后，资产的账面价值与计税基础之间存在差异。

**【例 10-9】** A 公司于 2×24 年购入原材料成本为 5 000 万元，因部分生产线停工，当年未领用任何原材料，2×24 年资产负债表日估计该原材料的可变现净值为 4 000 万元。假定该原材料在 2×24 年的期初余额为 0。

**分析：** 该项原材料因期末可变现净值低于成本，故应计提的存货跌价准备为 1 000 万元（5 000－4 000）。计提该存货跌价准备后，该项原材料的账面价值为 4 000 万元。

该项原材料的计税基础不会因存货跌价准备的提取而发生变化，其计税基础 5 000 万元不变。

该存货的账面价值 4 000 万元与其计税基础 5 000 万元之间产生了 1 000 万元的暂时性差异，该差异会减少企业在未来期间的应纳税所得额。

## 二、负债的计税基础

负债的计税基础是指负债的账面价值减去未来期间计算应纳税所得额时按照税法规定可予抵扣的金额。对于预收收入，所产生负债的计税基础是其账面价值减去未来期间非应税收入的金额。用公式表示为：

$$\text{负债的计税基础}=\text{账面价值}-\text{未来期间按照税法规定可予税前扣除的金额（或未来期间非应税收入的金额）}$$

负债的确认与偿还一般不会影响企业的损益，也不会影响其应纳税所得额，未来期间计算应纳税所得额时按照税法规定可予抵扣的金额为 0，计税基础即为账面价值。但是，在某些情况下，负债的确认可能会影响企业的损益，进而影响不同期间的应纳税所得额，使得其计税基础与账面价值之间产生差额，如按照会计规定确认的某些预计负债。

**（一）企业因销售商品提供售后服务等原因确认的预计负债**

按照《企业会计准则第 13 号——或有事项》的规定，企业对于预计提供售后服务将发生的支出在满足有关确认条件时，销售当期即应确认为相关成本，同时确认预计负债。如果税法规定，与销售产品相关的支出应于实际发生时税前扣除，因该类事项产生的预计负债在期末的计税基础为其账面价值与未来期间可税前扣除的金额之间的差额即为 0。

其他交易或事项中确认的预计负债，应按照税法规定的计税原则确定其计税基础。在某些情况下，因有些事项确认的预计负债，税法规定其支出无论是否实际发生均不允许税前扣除，即未来期间按照税法规定可予抵扣的金额为 0，账面价值等于计税基础。

**【例 10-10】** 甲公司 2×24 年因销售产品承诺提供 3 年的保修服务，在当年度利润表中确认了 500 万元的营业成本，同时确认为预计负债，当年度未发生任何保修支出。假定按照税法规定，与产品售后服务相关的支出在实际发生时允许税前扣除。

**分析：** 该项预计负债在甲公司 2×24 年 12 月 31 日资产负债表中账面价值为 500 万元。

$$\text{该项预计负债的计税基础}=\text{账面价值}-\text{未来期间计算应纳税所得额时按照税法规定可予抵扣的金额}=500-500=0。$$

该项预计负债的账面价值 500 万元与其计税基础 0 之间的暂时性差异可以理解为：未来期间企业实际发生 500 万元的经济利益流出用以履行产品保修义务时，税法规定允许税前扣除，即减少未来实际发生期间的应纳税所得额。

### (二) 合同负债

企业在收到客户预付的销售商品款项时，因不符合收入确认条件，会计上将其确认为一项负债(合同负债)，待履行了相关履约义务时再转为收入。税法中对于收入的确认原则一般与会计规定相同，即会计上未确认收入时，计税时一般亦不计入应纳税所得额，该部分经济利益在未来期间计税时可予税前扣除的金额为0，计税基础等于账面价值。

某些情况下，因不符合企业会计准则规定的收入确认条件，未确认为收入而确认为合同负债的，按照税法规定应计入当期应纳税所得额时，该合同负债的计税基础为0，即因其产生时已经计算交纳所得税，故未来期间可全额税前扣除。

**【例10-11】** 甲公司于2×24年12月20日自客户收到一笔合同预付款，金额为2 500万元，作为合同负债核算。按照适用税法规定，该款项应计入取得当期应纳税所得额计算交纳所得税。

**分析：** 该项合同负债在A公司2×24年12月31日资产负债表中的账面价值为2 500万元。

该项合同负债的计税基础＝账面价值－未来期间计算应纳税所得额时按照税法规定可予抵扣的金额＝2 500－2 500＝0。

该项合同负债的账面价值2 500万元与其计税基础0之间产生2 500万元暂时性差异。该项暂时性差异的含义为在未来期间企业按照会计规定确认收入，产生经济利益流入时，因其在产生期间已经计算交纳了所得税，未来期间则不再计入应纳税所得额，从而会减少企业于未来期间的所得税税款流出。

### (三) 应付职工薪酬

企业会计准则规定，企业为获得职工提供的服务给予的各种形式的报酬以及其他相关支出均应作为企业的成本费用，在未支付之前确认为负债。税法中对于合理的职工薪酬基本允许税前扣除，但税法中如果规定了税前扣除标准，按照企业会计准则规定计入成本费用支出的金额超过规定标准部分，应进行纳税调整。因超过部分在发生当期不允许税前扣除，在以后期间也不允许税前扣除，即该部分差额对未来期间计税不产生影响，故所产生应付职工薪酬负债的账面价值等于计税基础。

**【例10-12】** 甲公司于2×24年12月计入成本费用的职工工资总额为4 000万元，至2×24年12月31日尚未支付。按照适用税法规定，当期计入成本费用的4 000万元工资支出中，可予税前扣除的合理部分为3 000万元。

**分析：** 该项应付职工薪酬负债于2×24年12月31日的账面价值为4 000万元。

$$\begin{array}{c}\text{该项应付职工薪酬负债于}\\ 2\times24\text{ 年 12 月 31 日的计税基础}\end{array}=\begin{array}{c}\text{账面}\\ \text{价值}\end{array}-\begin{array}{c}\text{未来期间计算应纳税所得额时}\\ \text{按照税法规定可予抵扣的金额}\end{array}$$

$$=4\,000-0=4\,000(\text{万元})$$

该项负债的账面价值4 000万元与其计税基础4 000万元相同，不形成暂时性差异。该事项的会计处理与税收处理存在差异，但之所以不形成暂时性差异，是因为两者之间的1 000万元差异在产生当期不能税前扣除，在未来期间亦不能税前扣除，从而构成一项永久性差异，其不会对企业未来期间的计税产生影响。

### (四) 其他负债

其他负债，如企业应交的罚款和滞纳金等，在尚未支付之前，按照企业会计准则规定确认为损失，同时作为负债反映。税法规定，罚款和滞纳金不能税前扣除，即该部分费用无论是在发生当期还是在以后期间，均不允许税前扣除，其计税基础为账面价值减去未来期间计税时可予税前扣除的金额 0 之间的差额，即计税基础等于账面价值。

其他交易或事项产生的负债，其计税基础的确定应当遵从适用税法的相关规定。

**【例 10-13】** 2×24 年 12 月，A 公司因违反当地有关环保法规的规定，接到环保部门的处罚通知，要求其支付罚款 500 万元。税法规定，企业因违反国家有关法律法规支付的罚款和滞纳金，计算应纳税所得额时不允许税前扣除。截至 2×24 年 12 月 31 日，该项罚款尚未支付。

**分析：**应支付罚款产生的负债账面价值为 500 万元。

该项负债的计税基础＝账面价值－未来期间计算应纳税所得额时按照税法规定可予抵扣的金额＝500－0＝500（万元）

该项负债的账面价值 500 万元与其计税基础 500 万元相同，不形成暂时性差异，不会对未来期间的计税产生影响。

## 三、特殊交易或事项中产生资产、负债计税基础的确定

除企业在正常生产经营活动过程中取得的资产和负债外，对于某些特殊交易中产生的资产、负债，其计税基础的确定应遵从税法规定，如企业合并过程中取得资产、负债计税基础的确定。

《企业会计准则第 20 号——企业合并》视参与合并各方在合并前后是否为同一方或相同的多方最终控制，将企业合并分为同一控制下的企业合并与非同一控制下的企业合并两种类型。对于同一控制下的企业合并，合并中取得的有关资产、负债基本上维持其原账面价值不变，合并中不产生新的资产和负债；对于非同一控制下的企业合并，合并中取得的有关资产、负债应按其在购买日的公允价值计量，企业合并成本大于合并中取得可辨认净资产公允价值的份额部分确认为商誉，企业合并成本小于合并中取得可辨认净资产公允价值的份额部分计入合并当期损益。

对于企业合并的税收处理，在通常情况下被合并企业应视为按公允价值转让、处置全部资产，计算资产的转让所得，依法交纳所得税。合并企业接受被合并企业的有关资产，计税时可以按经评估确认的价值确定计税基础。另外，在考虑有关企业合并是应税合并还是免税合并时，在某些情况下还需要考虑在合并中涉及的获取资产或股权的比例、非股权支付额的比例，具体划分标准和条件应遵从税法规定。

由于企业会计准则与税收法规对企业合并的划分标准不同，处理原则也不同，这在某些情况下会造成企业合并中取得的有关资产、负债的入账价值与其计税基础存在差异。

例如，某项企业合并按照企业会计准则规定，因合并方与被合并方在合并前后均处于同一集团内母公司的最终控制之下，故进行会计处理时将其作为同一控制下企业合并处理，合并方对于合并中取得的被合并方的有关资产、负债均按照其原账面价值确认。在该项合并中，假如从合并方取得的股权比例、合并中支付的非股权支付额的角度考虑，不考虑税法中规定的免税合并的条件，则合并方自被合并方取得的有关资产、负债的计税基础应当重新认定。假如按照税法规定确定的被合并方有关资产、负债的计税基础为合并日的市场价格，则相关资产、负债的账面价值与其计税基础会存在差异，从而产生需要确认的递延所得税资产

或负债。因有关暂时性差异产生于企业合并交易，且该企业合并为同一控制下企业合并，故在确认合并中产生的递延所得税资产或负债时，相关影响应当计入所有者权益。

又如，某项企业合并交易为市场独立主体之间发生，按照企业会计准则规定属于非同一控制下企业合并，购买方对于合并中取得的被购买方各项可辨认资产、负债应当按照公允价值确认。在该项合并中，如果购买方取得被购买方的股权比例、合并中股权支付额的比例等达到税法中规定的免税合并的条件，则计税时可以作为免税合并处理，即购买方对于交易中取得被购买方各项可辨认资产、负债的计税基础应承继其原有计税基础。比较该项企业合并中取得有关可辨认资产、负债的账面价值与其计税基础会产生暂时性差异。因有关暂时性差异产生于企业合并，且该企业合并为非同一控制下企业合并，故与暂时性差异相关的所得税影响确认的同时，将影响合并中确认的商誉。

因合并中取得可辨认资产、负债的账面价值与计税基础不同产生的暂时性差异的所得税影响，在控股合并的情况下，应于合并财务报表中确认。购买方或合并方的个别财务报表中产生的会计与税收的差异可能源于相关长期股权投资的入账价值与计税基础之间的差异。一般在长期股权投资初始确认时，应当确认相关的递延所得税影响。

## 第三节 暂时性差异

暂时性差异是指资产、负债的账面价值与其计税基础不同产生的差额。因资产、负债的账面价值与其计税基础不同，产生了在未来收回资产或清偿负债的期间内，应纳税所得额增加或减少并导致未来期间应交所得税增加或减少的情况，形成企业的资产或负债，在有关暂时性差异发生当期，符合确认条件的情况下，应当确认相关的递延所得税负债或递延所得税资产。

暂时性差异根据其对未来期间应纳税所得额的影响，分为应纳税暂时性差异和可抵扣暂时性差异。

除因资产、负债的账面价值与其计税基础不同产生的暂时性差异外，按照税法规定可以结转以后年度的未弥补亏损和税款抵减，也视同可抵扣暂时性差异处理。

### 一、应纳税暂时性差异

应纳税暂时性差异是指在确定未来收回资产或清偿负债期间的应纳税所得额时，将导致产生应税金额的暂时性差异，即在未来期间不考虑该事项影响的应纳税所得额的基础上，由于该暂时性差异的转回，会进一步增加转回期间的应纳税所得额和应交所得税金额，在其产生当期应当确认相关的递延所得税负债。

应纳税暂时性差异通常产生于以下情况。

**（一）资产的账面价值大于其计税基础**

资产的账面价值代表的是企业在持续使用及最终出售该项资产时将取得的经济利益的总额，而计税基础代表的是资产在未来期间可予税前扣除的总金额。资产的账面价值大于其计税基础，该项资产未来期间产生的经济利益不能全部税前抵扣，两者之间的差额需要交税，产生应纳税暂时性差异。例如，一项资产的账面价值为 500 万元，计税基础如为 375 万元，两者之间的差额会造成未来期间应纳税所得额和应交所得税的增加，在其产生当期，应确认相关的递延所得税负债。

**(二) 负债的账面价值小于其计税基础**

负债的账面价值为企业预计在未来期间清偿该项负债时的经济利益流出,而其计税基础代表的是账面价值在扣除税法规定未来期间允许税前扣除的金额之后的差额。负债的账面价值与其计税基础不同产生的暂时性差异,实质上是税法规定就该项负债在未来期间可以税前扣除的金额(即与该项负债相关的费用支出在未来期间可予税前扣除的金额)。负债的账面价值小于其计税基础,则意味着就该项负债在未来期间可以税前抵扣的金额为负数,即应在未来期间应纳税所得额的基础上调增,增加未来期间的应纳税所得额和应交所得税金额,产生应纳税暂时性差异,应确认相关的递延所得税负债。

## 二、可抵扣暂时性差异

可抵扣暂时性差异是指在确定未来收回资产或清偿负债期间的应纳税所得额时,将导致可抵扣金额的暂时性差异。该差异在未来期间转回时会减少转回期间的应纳税所得额,减少未来期间的应交所得税。在可抵扣暂时性差异产生当期,符合确认条件时,应当确认相关的递延所得税资产。

可抵扣暂时性差异一般产生于以下情况。

**(一) 资产的账面价值小于其计税基础**

资产的账面价值小于其计税基础意味着资产在未来期间产生的经济利益少,按照税法规定允许税前扣除的金额多,两者之间的差额可以减少企业在未来期间的应纳税所得额并减少应交所得税,符合有关条件时,应当确认相关的递延所得税资产。例如,一项资产的账面价值为500万元,计税基础为650万元,则企业在未来期间就该项资产可以在其自身取得经济利益的基础上多扣除150万元,未来期间应纳税所得额会减少,应交所得税也会减少,形成可抵扣暂时性差异。

**(二) 负债的账面价值大于其计税基础**

负债产生的暂时性差异实质上是税法规定就该项负债可以在未来期间税前扣除的金额。即:

负债产生的暂时性差异=账面价值-计税基础
=账面价值-(账面价值-未来期间计税时按照税法规定可予税前扣除的金额)
=未来期间计税时按照税法规定可予税前扣除的金额

负债的账面价值大于其计税基础,意味着未来期间按照税法规定与负债相关的全部或部分支出可以自未来应税经济利益中扣除,减少未来期间的应纳税所得额和应交所得税。符合有关确认条件时,应确认相关的递延所得税资产。

## 三、特殊项目产生的暂时性差异

**(一) 未作为资产、负债确认的项目产生的暂时性差异**

某些交易或事项发生以后,因为不符合资产、负债确认条件而未体现为资产负债表中的资产或负债,但按照税法规定能够确定其计税基础的,其账面价值零与计税基础之间的差异也构成暂时性差异。如企业发生的符合条件的广告费和业务宣传费支出,除另有规定外,不超过当年销售收入15%的部分准予扣除，超过部分准予在以后纳税年度结转扣除。该类费用在发生时按照企业会计准则规定即计入当期损益，不形成资产负债表中的资产，但按照税法规定可以确定其计税基础的，两者之间的差异也形成暂时性差异。

**【例 10-14】** A公司于2×24年发生了2 000万元广告费支出，发生时已作为销售费用计入当期损益。税法规定，该类支出不超过当年销售收入15%的部分允许当期税前扣除，超过部分允许向以后年度结转税前扣除。A公司2×24年实现销售收入10 000万元。

**分析：**该广告费支出因按照企业会计准则规定在发生时已计入当期损益，不体现为期末资产负债表中的资产，如果将其视为资产，则其账面价值为0。

因按照税法规定，该类支出税前列支有一定的标准限制，根据当期A公司销售收入15%计算，当期可予税前扣除1 500万元(10 000×15%)，当期未予税前扣除的500万元可以向以后年度结转，其计税基础为500万元。

该项资产的账面价值0与其计税基础500万元之间产生了500万元的暂时性差异，该暂时性差异在未来期间可减少企业的应纳税所得额，为可抵扣暂时性差异，符合确认条件时，应确认相关的递延所得税资产。

#### (二) 可抵扣亏损及税款抵减产生的暂时性差异

按照税法规定可以结转以后年度的未弥补亏损及税款抵减，虽不是因资产、负债的账面价值与计税基础不同产生的，但与可抵扣暂时性差异具有同样的作用，均能够减少未来期间的应纳税所得额，进而减少未来期间的应交所得税，会计处理上视同可抵扣暂时性差异，在符合条件的情况下，应确认与其相关的递延所得税资产。

**【例 10-15】** 甲公司于2×24年因政策性原因发生经营亏损2 000万元，按照税法规定，该亏损可用于抵减以后5个年度的应纳税所得额。该公司预计其于未来5年期间能够产生足够的应纳税所得额以弥补该亏损。

**分析：**该经营亏损不是资产、负债的账面价值与其计税基础不同产生的，但从性质上可以减少未来期间企业的应纳税所得额和应交所得税，属于可抵扣暂时性差异。企业预计未来期间能够产生足够的应纳税所得额弥补该可抵扣亏损时，应确认相关的递延所得税资产。

## 第四节 递延所得税资产及负债的确认和计量

企业在计算确定了应纳税暂时性差异与可抵扣暂时性差异后，应当按照《企业会计准则第18号——所得税》规定的原则确认相关的递延所得税负债和递延所得税资产。

### 一、递延所得税负债的确认和计量

#### (一) 递延所得税负债的确认

1. 确认递延所得税负债

企业在确认因应纳税暂时性差异产生的递延所得税负债时，应遵循以下原则：

第一，除《企业会计准则第18号——所得税》中明确规定可不确认递延所得税负债的情况外，企业对于所有的应纳税暂时性差异均应确认相关的递延所得税负债。

第二，除与直接计入所有者权益的交易或事项以及企业合并中取得资产、负债相关的外，在确认递延所得税负债的同时，应增加利润表中的所得税费用。与应纳税暂时性差异相关的递延所得税负债的确认，体现了会计上的谨慎性原则，即企业进行会计核算时不应高估资产，不应低估负债。

**【例 10-16】** A 企业于 2×23 年 12 月 6 日购入某项设备，取得成本为 500 万元，会计上采用年限平均法计提折旧，使用年限为 10 年，净残值为 0，因该资产常年处于强震动状态，计税时按双倍余额递减法计列折旧，使用年限及净残值与会计相同。A 企业适用的所得税税率为 25%。假定 A 企业不存在其他会计与税收处理的差异。

**分析：** 2×24 年年末资产负债表日，该项固定资产按照企业会计准则规定计提的折旧额为 50 万元，计税时允许扣除的折旧额为 100 万元，则该固定资产的账面价值 450 万元与其计税基础 400 万元的差额构成应纳税暂时性差异，企业应确认相关的递延所得税负债。

**【例 10-17】** 甲公司于 2×18 年 12 月月底购入一台机器设备，成本为 525 000 元，预计使用年限为 6 年，预计净残值为 0。会计上按直线法计提折旧，因该设备符合税法规定的税收优惠条件，计税时可采用年数总和法计提折旧，假定税法规定的使用年限及净残值均与会计相同。在本例中，假定该公司各会计期间均未对固定资产计提减值准备，除该项固定资产产生的会计与税法之间的差异外，不存在其他会计与税收的差异。甲公司适用的企业所得税税率为 25%。

该公司每年因固定资产账面价值与计税基础不同应予确认的递延所得税情况如表 10-1 所示。

**表 10-1** **递延所得税情况表** 金额单位：元

| 项目 | 2×19 年 | 2×20 年 | 2×21 年 | 2×22 年 | 2×23 年 | 2×24 年 |
|---|---|---|---|---|---|---|
| 实际成本 | 525 000 | 525 000 | 525 000 | 525 000 | 525 000 | 52 5000 |
| 会计累计折旧 | 87 500 | 175 000 | 262 500 | 350 000 | 437 500 | 525 000 |
| 账面价值 | 437 500 | 350 000 | 262 500 | 175 000 | 87 500 | 0 |
| 计税累计折旧 | 150 000 | 275 000 | 375 000 | 450 000 | 500 000 | 525 000 |
| 计税基础 | 375 000 | 250 000 | 150 000 | 75 000 | 25 000 | 0 |
| 暂时性差异 | 62 500 | 100 000 | 112 500 | 100 000 | 62 500 | 0 |
| 适用税率 | 25% | 25% | 25% | 25% | 25% | 25% |
| 递延所得税负债余额 | 15 625 | 25 000 | 28 125 | 25 000 | 15 625 | 0 |

**分析：**

该项固定资产各年度账面价值与计税基础确定如下：

(1) 2×19 年年末资产负债表日：

账面价值＝实际成本－会计折旧＝525 000－87 500＝437 500(元)

计税基础＝实际成本－税前扣除的折旧额＝525 000－150 000＝375 000(元)

因资产的账面价值 437 500 元大于其计税基础 375 000 元，两者之间产生的 62 500 元差异会增加未来期间的应纳税所得额和应交所得税，属于应纳税暂时性差异，应确认与其相关的递延所得税负债 15 625 元(62 500×25%)，账务处理如下：

借：所得税费用　　15 625
　贷：递延所得税负债　　15 625

(2) 2×20 年年末资产负债表日：

账面价值＝525 000－87 500－87 500＝350 000(元)

计税基础＝实际成本－累计已税前扣除的折旧额＝525 000－275 000＝250 000(元)

因资产的账面价值 350 000 元大于其计税基础 250 000 元，两者之间产生的 100 000 元差异为应纳税暂时性差异，应确认与其相关的递延所得税负债 25 000 元，但递延所得税负债的期初余额为 15 625 元，当期应进一步确认递延所得税负债 9 375 元，账务处理如下：

借：所得税费用　　9 375
　贷：递延所得税负债　　9 375

(3) 2×21 年年末资产负债表日：

账面价值＝525 000－262 500＝262 500(元)

计税基础＝525 000－375 000＝150 000(元)

因资产的账面价值 262 500 元大于其计税基础 150 000 元，两者之间产生的 11 2500 元差异为应纳税暂时性差异，应确认与其相关的递延所得税负债 28 125 元，但递延所得税负债的期初余额为 25 000 元，当期应进一步确认递延所得税负债 3 125 元，账务处理如下：

借：所得税费用　　3 125
　贷：递延所得税负债　　3 125

(4) 2×22 年年末资产负债表日：

账面价值＝525 000－350 000－175 000(元)

计税基础＝525 000－450 000＝75 000(元)

因资产的账面价值 175 000 元大于其计税基础 75 000 元，两者之间产生的 100 000 元差异为应纳税暂时性差异，应确认与其相关的递延所得税负债 25 000 元，但递延所得税负债的期初余额为 28 125 元，当期应转回原已确认的递延所得税负债 3 125 元，账务处理如下：

借：递延所得税负债　　3 125
　贷：所得税费用　　3 125

(5) 2×23 年年末资产负债表日：

账面价值＝525 000－437 500＝87 500(元)

计税基础＝525 000－500 000＝25 000(元)

因资产的账面价值 87 500 元大于其计税基础 25 000 元，两者之间产生的 62 500 元差异为应纳税暂时性差异，应确认与其相关的递延所得税负债 15 625 元，但递延所得税负债的期初余额为 25 000 元，当期应转回递延所得税负债 9 375 元，账务处理如下：

借：递延所得税负债　　9 375
　贷：所得税费用　　9 375

(6) 2×24 年年末资产负债表日：

该项固定资产的账面价值及计税基础均为 0，两者之间不存在暂时性差异，前期已确认的与该项资产相关的递延所得税负债应予全额转回，账务处理如下：

借：递延所得税负债　　15 625
　贷：所得税费用　　15 625

2. 不确认递延所得税负债的特殊情况

在有些情况下，虽然资产、负债的账面价值与其计税基础不同，产生了应纳税暂时性差异，但出于各方面考虑，《企业会计准则第 18 号——所得税》中规定不确认相应的递延所得税负债的主要包括：

(1) 商誉的初始确认。非同一控制下的企业合并中，企业合并成本大于合并中取得的被购买方可辨认净资产公允价值份额的差额，按照会计准则规定应确认为商誉。因会计与税收的划分标准不同，会计上作为非同一控制下的企业合并，但如果按照税法规定计税时作为免税合并的情况下，商誉的计税基础为 0，其账面价值与计税基础形成应纳税暂时性差异，准则中规定不确认与其相关的递延所得税负债。

**【例 10-18】** A 企业以增发市场价值为 15 000 万元的自身普通股为对价购入 B 企业 100%的净资产，对 B 企业进行吸收合并，合并前 A 企业与 B 企业不存在任何关联方关系。假定该项合并符合税法规定的免税合并条件，交易各方选择进行免税处理，购买日，B 企业各项可辨认资产、负债的公允价值及其计税基础如表 10-2 所示。

表 10-2　　**B 企业情况表**　　单位：万元

| 项目 | 公允价值 | 计税基础 | |
|---|---|---|---|
| 固定资产 | 6 750 | 3 875 | 2 875 |
| 应收账款 | 5 250 | 5 250 | — |
| 存货 | 4 350 | 3 100 | 1 250 |
| 其他应付款 | −750 | 0 | −750 |
| 应付账款 | −3 000 | −3 000 | 0 |
| 不包括递延所得税的可辨认资产、负债的公允价值 | 12 600 | 9 225 | 3 375 |

**分析：** B 企业适用的所得税税率为 25%，预期在未来期间不会发生变化，该项交易中应确认递延所得税负债及商誉的金额(单位：万元)计算如下：

| | |
|---|---|
| 可辨认净资产公允价值 | 12 600 |
| 递延所得税资产(750×25%) | 187.5 |
| 递延所得税负债(4 125×25%) | 1 031.25 |
| 考虑递延所得税后 | |
| 可辨认资产、负债的公允价值 | 11 756.25 |
| 企业合并成本 | 5 000 |
| 商誉 | 3 243.75 |

因该项合并符合税法规定的免税合并条件，当事各方选择进行免税处理的情况下，购买

方在免税合并中取得的被购买方有关资产、负债应维持其原计税基础不变。被购买方原账面上未确认商誉，即商誉的计税基础为0。

该项合并中所确认的商誉金额3 243.75万元与其计税基础0之间产生的应纳税暂时性差异，按照企业会计准则的规定，不再进一步确认相关的所得税影响。

应予说明的是，按照企业会计准则规定在非同一控制下企业合并中确认了商誉，并且按照所得税法规的规定商誉在初始确认时计税基础等于账面价值的，该商誉在后续计量过程中因企业会计准则与税法规定不同产生暂时性差异的，应当确认相关的所得税影响。

(2) 除企业合并外的其他交易或事项中，如果该项交易或事项发生时既不影响会计利润，也不影响应纳税所得额，则所产生的资产、负债的初始确认金额与其计税基础不同，形成应纳税暂时性差异的，交易或事项发生时不确认相应的递延所得税负债。该规定主要是考虑到交易发生时既不影响会计利润，也不影响应纳税所得额，确认递延所得税负债的直接结果是增加有关资产的账面价值或是降低所确认负债的账面价值，使得资产、负债在初始确认时，违背历史成本原则，影响会计信息的可靠性。

(3) 与子公司、联营企业、合营企业投资等相关的应纳税暂时性差异，一般应确认相应的递延所得税负债，但同时满足以下两个条件的除外：一是投资企业能够控制暂时性差异转回的时间；二是该暂时性差异在可预见的未来很可能不会转回。满足上述条件时，投资企业可以运用自身的影响力决定暂时性差异的转回，如果不希望其转回，则在可预见的未来期间，该项暂时性差异不会转回，对未来期间计税不产生影响，从而无须确认相应的递延所得税负债。

对于采用权益法核算的长期股权投资，其账面价值与计税基础产生的有关暂时性差异是否应确认相关的所得税影响，应当考虑该项投资的持有意图：

如果企业拟长期持有，则因初始投资成本的调整产生的暂时性差异预计未来期间不会转回，对未来期间没有所得税影响；因确认投资损益产生的暂时性差异，如果在未来期间逐期分回现金股利或利润时免税（我国税法规定，居民企业间的股息、红利免税），也不存在对未来期间的所得税影响；因确认应享有被投资单位其他权益变动而产生的暂时性差异，在长期持有的情况下预计未来期间也不会转回。因此，在准备长期持有的情况下，对于采用权益法核算的长期股权投资账面价值与计税基础之间的差异，投资企业一般不确认相关的所得税影响。

投资企业改变持有意图拟对外出售的情况下，按照税法规定，企业在转让或者处置投资资产时，投资资产的成本准予扣除。在持有意图由长期持有转变为拟近期出售的情况下，因长期股权投资的账面价值与计税基础不同产生的有关暂时性差异，均应确认相关的所得税影响。

**(二) 递延所得税负债的计量**

《企业会计准则第18号——所得税》规定，资产负债表日，对于递延所得税负债，应当根据适用税法规定，按照预期收回该资产或清偿该负债期间的适用税率计量。即递延所得税负债应以相关应纳税暂时性差异转回期间按照税法规定适用的所得税税率计量。无论应纳税暂时性差异何时转回，相关的递延所得税负债均不要求折现。

## 二、递延所得税资产的确认和计量

### （一）递延所得税资产的确认

1. 确认的一般原则

递延所得税资产产生于可抵扣暂时性差异。确认因可抵扣暂时性差异产生的递延所得税资产应以未来期间可能取得的应纳税所得额为限。在可抵扣暂时性差异预期转回的未来期间内，企业无法产生足够的应纳税所得额用来利用可抵扣暂时性差异的影响，使得与可抵扣暂时性差异相关的经济利益无法实现的，不应确认递延所得税资产；企业有明确的证据表明其于可抵扣暂时性差异转回的未来期间能够产生足够的应纳税所得额，进而利用可抵扣暂时性差异的，则应以可能取得的应纳税所得额为限，确认相关的递延所得税资产。

在判断企业于可抵扣暂时性差异转回的未来期间是否能够产生足够的应纳税所得额时，应考虑企业在未来期间通过正常的生产经营活动能够实现的应纳税所得额及以前期间产生的应纳税暂时性差异在未来期间转回时将增加的应纳税所得额。

（1）对与子公司、联营企业、合营企的投资相关的可抵扣暂时性差异，同时满足下列条件的，应当确认相关的递延所得税资产：一是暂时性差异在可预见的未来很可能转回；二是未来很可能获得用来抵扣可抵扣暂时性差异的应纳税所得额。

对联营企业和合营企业等的投资产生的可抵扣暂时性差异，主要产生于权益法下被投资单位发生亏损时，投资企业按照持股比例确认应予承担的部分相应减少长期股权投资的账面价值，但税法规定长期股权投资的成本在持有期间不发生变化，造成长期股权投资的账面价值小于其计税基础，产生可抵扣暂时性差异。

投资企业对有关投资计提减值准备的情况下，也会产生可抵扣暂时性差异。

（2）对于按照税法规定可以结转以后年度的未弥补亏损和税款抵减，应视同可抵扣暂时性差异处理。在有关的亏损或税款抵减金额得到税务部门的认可或预计能够得到税务部门的认可且预计可利用未弥补亏损或税款抵减的未来期间内能够取得足够的应纳税所得额时，除企业会计准则中规定不予确认的情况外，应当以很可能取得的应纳税所得额为限，确认相应的递延所得税资产，同时减少确认当期的所得税费用。

2. 不确认递延所得税资产的情况

在某些情况下，企业发生的某项交易或事项不属于企业合并，并且交易发生时既不影响会计利润也不影响应纳税所得额，且该项交易中产生的资产、负债的初始确认金额与其计税基础不同，产生可抵扣暂时性差异的，《企业会计准则第18号——所得税》中规定在交易或事项发生时不确认相应的递延所得税资产。

**【例10-19】** A企业进行内部研究开发所形成的无形资产成本为1 200万元，假定按照税法规定可于未来期间税前扣除的金额为2 400万元，其计税基础为2 400万元。

**分析：** 该项无形资产并非产生于企业合并，同时在初始确认时既不影响会计利润也不影响应纳税所得额，确认其账面价值与计税基础之间产生暂时性差异的所得税影响需要调整该项资产的历史成本，企业会计准则规定该种情况下不确认相关的递延所得税资产。

### （二）递延所得税资产的计量

同递延所得税负债的计量原则相一致，确认递延所得税资产时，应当以预期收回该资产期间的适用所得税税率为基础计算确定。无论相关的可抵扣暂时性差异何时转回，递延所得税资产均不要求折现。

企业在确认了递延所得税资产以后，资产负债表日，应当对递延所得税资产的账面价值进行复核。如果未来期间很可能无法取得足够的应纳税所得额用以利用可抵扣暂时性差异带来的利益，则应当减记递延所得税资产的账面价值。减记的递延所得税资产，除原确认时计入所有者权益的，其减记金额亦应计入所有者权益外，其他情况均应增加当期的所得税费用。

因无法取得足够的应纳税所得额利用可抵扣暂时性差异减记递延所得税资产账面价值的，以后期间根据新的环境和情况判断能够产生足够的应纳税所得额利用可抵扣暂时性差异，使得递延所得税资产包含的经济利益能够实现的，应相应恢复递延所得税资产的账面价值。

另外，无论是递延所得税资产还是递延所得税负债的计量，均应考虑资产负债表日企业预期收回资产或清偿负债方式的所得税影响，在计量递延所得税资产和递延所得税负债时，应当采用与收回资产或清偿债务的预期方式相一致的税率和计税基础。例如，企业持有的某项固定资产，一般情况下是为企业的正常生产经营活动提供必要的生产条件，但在某一时点上，企业决定将该固定资产对外出售，实现其为企业带来的未来经济利益，且假定税法规定长期资产处置时适用的所得税税率与一般情况不同的，则企业在计量因该资产产生的应纳税暂时性差异或可抵扣暂时性差异的所得税影响时，应考虑该资产带来的经济利益预期实现方式的影响。

## 三、特殊交易或事项中涉及递延所得税的确认和计量

### （一）与直接计入所有者权益的交易或事项相关的所得税

与当期及以前期间直接计入所有者权益的交易或事项相关的当期所得税及递延所得税应当计入所有者权益。直接计入所有者权益的交易或事项主要有：会计政策变更采用追溯调整法或对前期差错更正采用追溯重述法调整期初留存收益、以公允价值计量且其变动计入其他综合收益的金融资产公允价值的变动金额、同时包含负债及权益成分的金融工具在初始确认时计入所有者权益、自用房地产转为采用公允价值模式计量的投资性房地产时公允价值大于原账面价值的差额计入其他综合收益等。

### （二）与企业合并相关的递延所得税

在企业合并中，购买方取得的可抵扣暂时性差异，如购买日取得的被购买方在以前期间发生的未弥补亏损等可抵扣暂时性差异，按照税法规定可以用于抵减以后年度应纳税所得额，但在购买日不符合递延所得税资产确认条件而不予以确认。购买日后 12 个月内，如取得新的或进一步的信息表明购买日的相关情况已经存在，预期被购买方在购买日可抵扣暂时性差异带来的经济利益能够实现的，应当确认相关的递延所得税资产，同时减少商誉，商誉不足冲减的，差额部分确认为当期损益；除上述情况外，确认与企业合并相关的递延所得税资产，应当计入当期损益。

**【例 10-20】** 甲公司于 2×24 年 1 月 1 日购买乙公司 80%股权，形成非同一控制下企业合并。因企业会计准则规定与适用税法规定的处理方法不同，在购买日产生可抵扣暂时性差异 300 万元。假定购买日及未来期间企业适用的所得税税率为 25%。

购买日，因预计未来期间无法取得足够的应纳税所得额，未确认与可抵扣暂时性差异相关的递延所得税资产 75 万元。购买日确认的商誉为 50 万元。

在购买日后 6 个月，甲公司预计能够产生足够的应纳税所得额用来抵扣企业合并时产生的可抵扣暂时性差异 300 万元，且该事实于购买日已经存在，则甲公司的账务处理如下：

| | | |
|---|---|---|
| 借：递延所得税资产 | 750 000 | |
| 贷：商誉 | | 500 000 |
| 所得税费用 | | 250 000 |

假定在购买日后 6 个月，甲公司根据新的事实预计能够产生足够的应纳税所得额用来抵扣企业合并时产生的可抵扣暂时性差异 300 万元，且该新的事实于购买日并不存在，则甲公司的账务处理如下：

| | | |
|---|---|---|
| 借：递延所得税资产 | 750 000 | |
| 贷：所得税费用 | | 750 000 |

### （三）与股份支付相关的当期及递延所得税

与股份支付相关的支出在按照企业会计准则规定确认为成本费用时，其相关的所得税影响应区别于税法的规定进行处理：如果税法规定与股份支付相关的支出不允许税前扣除，则不形成暂时性差异；如果税法规定与股份支付相关的支出允许税前扣除，则在按照企业会计准则规定确认成本费用的期间内，企业应当根据会计期末取得的信息估计可税前扣除的金额计算确定其计税基础及由此产生的暂时性差异，符合确认条件的情况下，应当确认相关的递延所得税。

根据相关税法规定，对于附有业绩条件或服务条件的股权激励计划，企业按照企业会计准则的相关规定确认的成本费用在等待期内不得税前抵扣，待股权激励计划可行权时方可抵扣，可抵扣的金额为实际行权时的股票公允价值与激励对象支付的行权金额之间的差额。因此，企业未来可以在税前抵扣的金额与等待期内确认的成本费用金额很可能存在差异。企业应根据期末的股票价格估计未来可以税前抵扣的金额，以未来期间很可能取得的应纳税所得额为限来确认递延所得税资产。此外，如果预计未来期间可抵扣的金额超过等待期内确认的成本费用，则超出部分形成的递延所得税资产应直接计入所有者权益，而不是计入当期损益。

**【例 10-21】** 甲公司于 2×24 年 1 月 1 日授予 1 名管理人员 1 000 份限制性股票激励计划，服务期限条件为 2 年，甲公司预计 1 000 份限制性股票在 2 年后均可行权。限制性股票的每股授予价格为 10 元，甲公司股票在授予日的每股市场价格为 18 元。经测算，限制性股票在授予日的每股公允价值为 9 元。假定甲公司满足确认递延所得税资产的条件，适用的所得税税率为 25%。

**分析：**根据相关税法规定，对于该限制性股票激励计划，甲公司按照企业会计准则的相关规定确认的成本费用在等待期内不得税前抵扣，待该限制性股票激励计划可行权时方可抵扣，可抵扣的金额为可行权时甲公司股票的公允价值与激励对象支付的限制性股票授予价格之间的差额。

2×24 年 12 月 31 日，甲公司确认股份支付费用的账务处理如下：

| | | |
|---|---|---|
| 借：管理费用（1 000×9×1/2） | 4 500 | |
| 贷：资本公积——其他资本公积 | | 4 500 |

假设甲公司股票在2×24年12月31日的每股市场价格为17元，甲公司估计未来可税前抵扣的每股金额为7元(17－10)，未来可税前抵扣的总额为7 000元(1 000×7)。2×24年12月31日，甲公司确认递延所得税的账务处理如下：

借：递延所得税资产(7 000×1/2×25%)　　875
　贷：所得税费用　　875

2×25年12月31日，甲公司确认股份支付费用的账务处理如下：

借：管理费用(1 000×9－4 500)　　4 500
　贷：资本公积——其他资本公积　　4 500

假设甲公司股票在2×25年12月31日的每股市场价格为22元，甲公司估计未来可税前抵扣的每股金额为12元(22－10)，未来可税前抵扣的总额为12 000元(1000×12)。甲公司估计未来可税前抵扣的金额(12 000元)超过等待期内确认的股份支付费用(累计为9 000元)，超出部分3 000元形成的递延所得税资产应直接计入所有者权益。2×25年12月31日，甲公司确认递延所得税的账务处理如下：

借：递延所得税资产(12 000×25%－875)　　2 125
　贷：所得税费用(9 000×25%－875)　　1 375
　　资本公积——其他资本公积(3 000×25%)　　750

**(四) 与单项交易相关的递延所得税**

对于不是企业合并、交易发生时既不影响会计利润也不影响应纳税所得额(或可抵扣亏损)，且初始确认的资产和负债导致产生等额应纳税暂时性差异和可抵扣暂时性差异的单项交易(包括承租人在租赁期开始日初始确认租赁负债并计入使用权资产的租赁交易，以及因固定资产等存在弃置义务而确认预计负债并计入相关资产成本的交易等，以下简称单项交易)，不适用上述关于豁免初始确认递延所得税负债和递延所得税资产的规定。企业对该单项交易因资产和负债的初始确认所产生的应纳税暂时性差异和可抵扣暂时性差异，应当在交易发生时分别确认相应的递延所得税负债和递延所得税资产。

**【例10-22】** 2×23年1月1日(租赁期开始日)，承租人甲公司与出租人乙公司签订了为期7年的商铺租赁合同。每年的租赁付款额为450 000元(不含税)，于每年年末支付。甲公司无法确定租赁内含利率，其增量借款利率为每年5.04%。在租赁期开始日，甲公司按租赁付款额的现值所确认的租赁负债为2 600 000元，甲公司已支付与该租赁相关的初始直接费用50 000元。甲公司在租赁期内按照直线法对使用权资产计提折旧。假定按照适用税法规定，该交易属于税法上的经营租赁，甲公司支付的初始直接费用于实际发生时一次性税前扣除，每期支付的租金允许在支付当期进行税前抵扣，甲公司适用的所得税税率为25%。假设甲公司未来期间能够取得足够的应纳税所得额用以抵扣可抵扣暂时性差异，不考虑其他因素。

**分析：** 在租赁期开始日，甲公司租赁负债的账面价值为2 600 000元，计税基础(即账面价值减去未来期间计算应纳税所得额时按照税法规定可予抵扣的金额)为0，产生可抵扣暂时性差异2 600 000元；甲公司使用权资产的账面价值为2 650 000元(2 600 000＋50 000)，其中，按照与租赁负债等额确认的使用权资产部分(2 600 000元)的计税基础(即收回资产账面价值过程中计算应纳税所得额时按照税法规定可以自应税经济利益中抵扣的金额)为0，产生应纳税暂时性差异2 600 000元。企业对该单项交易因资产和负债的初始确认所产生的应纳税暂时性差异和可抵扣暂时性差异，不适用上述关于豁免初始确认递延所得税负债和递延所得税资产的规定，应当在交易发生时分别确认相应的递延所得税负债和递延所得税资产。

计入甲公司使用权资产的租赁初始直接费用的账面价值为50 000元，计税基础为0(根据税法规定初始直接费用已从当年应纳税所得额中全额扣除，因此未来收回资产账面价值过程中计算应纳税所得额时按照税法规定可以自应税经济利益中进一步抵扣的金额为0)，产生应纳税暂时性差异50 000元；同时，由于该初始直接费用影响交易发生时的应纳税所得额，不适用上述关于豁免初始确认递延所得税负债和递延所得税资产的规定，甲公司应当就该初始直接费用相关的暂时性差异确认相应的递延所得税负债。

租赁期开始日，甲公司确认递延所得税的账务处理如下：

借：递延所得税资产(2 600 000×25%)　　650 000
　　所得税费用　　12 500
　　贷：递延所得税负债(2 650 000×25%)　　662 500

租赁期第1年，甲公司计提租赁负债利息131 040元(2 600 000×5.04%)，甲公司向乙公司支付第1年的租赁付款额450 000元，甲公司租赁期第1年年末租赁负债账面价值为2 281 040元(2 600 000+131 040−450 000)，与年初相比，租赁负债账面价值减少318 960元，相关的可抵扣暂时性差异也减少318 960元。甲公司相应调整递延所得税资产的账面价值，账务处理如下：

借：所得税费用(318 960×25%)　　79 740
　　贷：递延所得税负债　　79 740

同时，甲公司使用权资产在初始确认时的账面价值(未计提折旧前)为2 650 000元，在7年内计提折旧，年折旧费为378 571元(2 650 000÷7)。租赁期第1年年末，使用权资产的账面价值减少378 571元，相关的应纳税暂时性差异也减少378 571元。甲公司相应调整递延所得税负债的账面价值，账务处理如下：

借：递延所得税负债(378 571×25%)　　94 643
　　贷：所得税费用　　94 643

### (五) 发行方分类为权益工具的金融工具相关股利的所得税影响

对于企业(指发行方)按照《企业会计准则第37号——金融工具列报》等规定分类为权益工具的金融工具(如分类为权益工具的永续债等)，相关股利支出按照税收政策相关规定在企业所得税税前扣除的，企业应当在确认应付股利时，确认与股利相关的所得税影响。该股利的所得税影响通常与过去产生可供分配利润的交易或事项更为直接相关，企业应当按照与过去产生可供分配利润的交易或事项时所采用的会计处理相一致的方式，将股利的所得税影响计入当期损益或所有者权益项目(含其他综合收益项目)。对于所分配的利润来源于以前产生损益的交易或事项，该股利的所得税影响应当计入当期损益；对于所分配的利润来源于以前确认在所有者权益中的交易或事项，该股利的所得税影响应当计入所有者权益项目。

### 四、适用税率变化对已确认递延所得税资产和递延所得税负债的影响

税收法规的变化导致企业在某一会计期间适用的所得税税率发生变化的,企业应对已确认的递延所得税资产和递延所得税负债按照新的税率进行重新计量。递延所得税资产和递延所得税负债的金额代表的是有关可抵扣暂时性差异或应纳税暂时性差异于未来期间转回时,导致企业应交所得税金额的减少或增加的情况。适用税率变动的情况下,应对原已确认的递延所得税资产及递延所得税负债的金额进行调整,以反映税率变化带来的影响。

除直接计入所有者权益的交易或事项产生的递延所得税资产及递延所得税负债,相关的调整金额应计入所有者权益外,其他情况下因税率变化产生的调整金额应确认为税率变化当期的所得税费用(或收益)。

## 第五节 所得税费用的确认和计量

所得税会计的主要目的之一是确定当期应交所得税和利润表中的所得税费用。在按照资产负债表债务法核算所得税的情况下,利润表中的所得税费用包括当期所得税和递延所得税两个部分。

### 一、当期所得税

当期所得税是指企业按照税法规定计算确定的针对当期发生的交易或事项,应交纳给税务部门的所得税金额,即当期应交所得税。

企业在确定当期应交所得税时,对于当期发生的交易或事项,会计处理与税法处理不同的,应在会计利润的基础上,按照适用税收法规的规定进行调整,计算出当期应纳税所得额,按照应纳税所得额与适用所得税税率计算确定当期应交所得税。在一般情况下,应纳税所得额可在会计利润的基础上,考虑会计与税收法规之间的差异,公式如下:

应纳税所得额=会计利润+按照会计准则规定计入利润表但计税时不允许税前扣除的费用±计入利润表的费用与按照税法规定可予税前抵扣的金额之间的差额±计入利润表的收入与按照税法规定应计入应纳税所得额的收入之间的差额-税法规定的不征税收入±其他需要调整的因素

### 二、递延所得税

递延所得税是指按照《企业会计准则第 18 号——所得税》的规定当期应予确认的递延所得税资产和递延所得税负债金额,即递延所得税资产及递延所得税负债当期发生额的综合结果,但不包括计入所有者权益的交易或事项的所得税影响。用公式表示即为:

$$\text{递延所得税}=\left(\text{递延所得税负债的期末余额}-\text{递延所得税负债的期初余额}\right)-\left(\text{递延所得税资产的期末余额}-\text{递延所得税资产的期初余额}\right)$$

应予说明的是,企业因确认递延所得税资产和递延所得税负债产生的递延所得税,一般应当计入所得税费用,但以下两种情况除外:

(1) 某项交易或事项按照企业会计准则规定应计入所有者权益的,由该交易或事项产生的递延所得税资产或递延所得税负债及其变化亦应计入所有者权益,不构成利润表中的递延所得税费用(或收益)。

**【例 10-23】** 甲公司持有的某项以公允价值计量且其变动计入其他综合收益的其他债权投资,成本为 500 万元,会计期末,其公允价值为 600 万元,该企业适用的所得税税率为 25%。除该事项外,该企业不存在其他会计与税收法规之间的差异,且递延所得税资产和递延所得税负债不存在期初余额。

会计期末在确认 100 万元的公允价值变动时,账务处理如下:

| | | |
|---|---|---|
| 借:其他债权投资 | 1 000 000 | |
| 贷:其他综合收益 | | 1 000 000 |

确认应纳税暂时性差异的所得税影响时,账务处理如下:

| | | |
|---|---|---|
| 借:其他综合收益 | 250 000 | |
| 贷:递延所得税负债 | | 250 000 |

(2) 企业合并中取得的资产、负债,其账面价值与计税基础不同,应确认相关递延所得税的,该递延所得税的确认影响合并中产生的商誉或是计入当期损益的金额,不影响所得税费用,参见[例 10-18]。

## 三、所得税费用

计算确定了当期所得税及递延所得税以后,利润表中应予确认的所得税费用为两者之和,即:

$$所得税费用=当期所得税+递延所得税$$

**【例 10-24】** A 公司 2×24 年度利润表中利润总额为 3 000 万元,该公司适用的所得税税率为 25%。递延所得税资产及递延所得税负债不存在期初余额。与所得税核算有关的情况如下:

2×24 年发生的有关交易和事项中,会计处理与税收处理存在差别的有:

(1) 2×24 年 1 月开始计提折旧的一项固定资产,成本为 1 500 万元,使用年限为 10 年,净残值为 0,会计处理按双倍余额递减法计提折旧,税收处理按直线法计提折旧。假定税法规定的使用年限及净残值与会计规定相同。

(2) 向关联企业捐赠现金 500 万元。假定按照税法规定,企业向关联方的捐赠不允许税前扣除。

(3) 当期取得作为交易性金融资产核算的股票投资成本为 800 万元,2×24 年 12 月 31 日的公允价值为 1 200 万元。税法规定,以公允价值计量的金融资产持有期间市价变动不计入应纳税所得额。

(4) 违反环保法规定应支付罚款 250 万元。

(5) 期末对持有的存货计提了 75 万元的存货跌价准备。

**分析:**

(1) 2×24 年度当期应交所得税:

应纳税所得额=3 000+150+500-400+250+75=3 575(万元)

应交所得税=3 575×25%=893.75(万元)

(2) 2×24 年度递延所得税:

递延所得税资产=225×25%=56.25(万元)

递延所得税负债=400×25%=100(万元)

递延所得税=100-56.25=43.75(万元)

(3) 利润表中应确认的所得税费用为 937.50 万元(893.75+43.75),确认所得税费用的账务处理如下:

| | | |
|---|---|---|
| 借:所得税费用 | 9 375 000 | |
| 递延所得税资产 | 562 500 | |
| 贷:应交税费——应交所得税 | | 8 937 500 |
| 递延所得税负债 | | 1 000 000 |

A 公司 2×24 年资产负债表相关项目金额及其计税基础如表 10-3 所示。

**表 10-3　　A 公司 2×24 资产负债表相关项目金额及其计税基础**　　单位:万元

| 项目 | 账面价值 | 计税基础 | 差异 | |
|---|---|---|---|---|
| | | | 应纳税暂时性差异 | 可抵扣暂时性差异 |
| 存货 | 2 000 | 2 075 | | 75 |
| 固定资产 | | | | |
| 固定资产原价 | 1 500 | 1 500 | | |
| 减:累计折旧 | 300 | 150 | | |
| 减:固定资产减值准备 | 0 | 0 | | |
| 固定资产账面价值 | 1 200 | 1 350 | | 150 |
| 交易性金融资产 | 1 200 | 800 | 400 | |
| 其他应付款 | 250 | 250 | | |
| 总计 | | | 400 | 225 |

**【例 10-25】** 承[例 10-24],假定 A 公司 2×25 年当期应交所得税为 1 155 万元。资产负债表中有关资产、负债的账面价值与其计税基础相关资料如表 10-4 所示。除所列项目外,其他资产、负债项目不存在会计和税收的差异。

**表 10-4　　A 公司相关情况表**　　单位:万元

| 项目 | 账面价值 | 计税基础 | 差异 | |
|---|---|---|---|---|
| | | | 应纳税暂时性差异 | 可抵扣暂时性差异 |
| 存货 | 4 000 | 4 200 | | 200 |
| 固定资产: | | | | |
| 固定资产原价 | 1 500 | 1 500 | | |

（续表）

| 项目 | 账面价值 | 计税基础 | 差异 | |
|---|---|---|---|---|
| | | | 应纳税暂时性差异 | 可抵扣暂时性差异 |
| 减：累计折旧 | 540 | 300 | | |
| 减：固定资产减值准备 | 50 | 0 | | |
| 固定资产账面价值 | 910 | 1 200 | | 290 |
| 交易性金融资产 | 1 675 | 1 000 | 675 | |
| 预计负债 | 250 | 0 | | 250 |
| 总计 | | | 675 | 740 |

**分析：**

(1) 当期所得税＝当期应交所得税＝1 155（万元）

(2) 递延所得税（单位：万元）：

| | |
|---|---|
| ① 期末递延所得税负债（675×25%） | 168.75 |
| 期初递延所得税负债 | 100 |
| 递延所得税负债增加 | 68.75 |
| ② 期末递延所得税资产（740×25%） | 185 |
| 期初递延所得税资产 | 56.25 |
| 递延所得税资产增加 | 128.75 |

递延所得税＝68.75－128.75＝－60（万元）（收益）

(3) 确认所得税费用：

所得税费用＝1 155－60＝1 095（万元），确认所得税费用的账务处理如下：

| | | |
|---|---|---|
| 借：所得税费用 | 10 950 000 | |
| 递延所得税资产 | 1 287 500 | |
| 贷：递延所得税负债 | | 687 500 |
| 应交税费——应交所得税 | | 11 550 000 |

# 第六节 所得税的列报

## 一、列报的基本原则

企业对所得税的核算结果，除利润表中列示的所得税费用外，在资产负债表中形成的应交税费（应交所得税）及递延所得税资产和递延所得税负债应当遵循企业会计准则规定列报。其中，递延所得税资产和递延所得税负债一般应当分别作为非流动资产和非流动负债在资产负债表中列示，所得税费用应当在利润表中单独列示，同时还应在附注中披露与所得税有关的信息。

在一般情况下，个别财务报表中的当期所得税资产与当期所得税负债、递延所得税资产及递延所得税负债可以以抵销后的净额列示。在合并财务报表中，纳入合并范围的企业中一方的当期所得税资产或递延所得税资产与另一方的当期所得税负债或递延所得税负债一般不能予以抵销，除非所涉及的企业具有以净额结算的法定权利并且意图以净额结算。

## 二、所得税费用（或收益）与会计利润关系的说明

企业会计准则要求企业在会计报表附注中就所得税费用（或收益）与会计利润的关系进行说明，该说明意图在利润表中已列示所得税费用的基础上，对当期以会计利润为起点，考虑会计与税收规定之间的差异，计算得到所得税费用的调节过程。自会计利润到所得税费用之间的调整包括两个方面：①未包括在利润总额的计算中，但包含在当期或递延所得税计算中的项目；②未包括在当期或递延所得税计算中，但包含在利润总额中的项目。具体调整项目一般包括：①与税率相关的调整；②税法规定的非应税收入、不得税前扣除的成本费用和损失，或者可加计扣除的费用（如直接计入当期损益的研发费用按税法规定可加计扣除的金额）等永久性差异；③本期未确认递延所得税资产的可扣暂时性差异或可抵扣亏损的影响、使用前期未确认递延所得税资产的可抵扣亏损影响；④对以前期间所得税进行汇算清缴的结果与以前期间确认金额不同调整报告期间所得税费用等。其格式及内容见表 10-5。

**表 10-5　　所得税费用（或收益）与会计利润关系的说明**　　单位：元

| 项目 | 2×24 年度 | 2×23 年度 |
|---|---|---|
| 利润总额 | | |
| 按法定/适用税率计算的所得税费用 | | |
| 子公司适用不同税率的影响 | | |
| 调整以前期间所得税的影响 | | |
| 非应税收入的影响 | | |
| 不可抵扣的成本、费用和损失的影响 | | |
| 使用前期未确认递延所得税资产的可抵扣亏损的影响 | | |
| 本期未确认递延所得税资产的可抵扣暂时性差异或可抵扣亏损的影响 | | |
| 研发费用加计扣除 | | |
| …… | | |
| 所得税费用 | | |

练习题

# 第十一章

# 租　赁

课程思政

## 本章导读

租赁准则于2019年作了重大修改，主要的变化在于承租人的会计处理：即除短期租赁和低价值资产租赁外，所有租赁的承租人在确认租赁负债的同时确认使用权资产。这个修改的目的主要是保证不同企业间的会计信息可比。

学习本章，学生需注意几个重要知识点：

(1) 适用租赁准则与适用收入准则的不同业务区别。

(2) 如何运用经济人假设判断租赁期。

(3) 实际利率法在租赁中的运用。

本章根据2019年1月1日开始施行的《企业会计准则第21号——租赁》编写。

## 本章导图

- 租赁
  - 租赁概述
    - 租赁的定义
    - 租赁的分拆与合并
    - 租赁期
  - 承租人的会计处理
    - 初始计量
    - 后续计量
    - 短期租赁和低价值资产租赁
  - 出租人的会计处理
    - 出租人的租赁分类
    - 出租人对融资租赁的会计处理
    - 出租人对经营租赁的会计处理
  - 特殊租赁业务的会计处理
    - 转租赁的会计处理
    - 生产商或经销商出租人的融资租赁会计处理
    - 售后租回交易的会计处理

# 第一节 租赁概述

租赁是指在一定期间内，出租人将资产的使用权让与承租人以获取对价的合同。

## 一、租赁的定义

在合同开始日，企业应当评估合同是否为租赁或者包含租赁。如果合同一方让渡了在一定期间内控制一项或多项已识别资产使用的权利以换取对价，则该合同为租赁或者包含租赁。

一项合同要被分类为租赁，必须具有三要素：

(1) 存在一定期间。

(2) 存在已识别资产。

(3) 资产供应方向客户转移对已识别资产使用权的控制。

企业应当就合同进行评估，判断其是否为租赁或包含租赁。同时符合下列条件的，使用已识别资产的权利构成一项单独租赁：

(1) 承租人可从单独使用该资产或将其与易于获得的其他资源一起使用中获利。

(2) 该资产与合同中的其他资产不存在高度依赖或高度关联关系。另外，接受商品或服务的合同可能由合营安排或合营安排的代表签订。在这种情况下，企业评估合同是否包含一项租赁时，应将整个合营安排视为该合同中的客户，评估该合营安排是否在使用期间有权控制已识别资产的使用。除非合同条款或条件发生变化，否则企业无须重新评估合同是否为租赁或者是否包含租赁。

以下分别解释租赁三要素。

**(一) 一定期间**

在通常情况下，“一定期间”指的是从某一时点到另一时点的时间间隔，但在某些合同中，“一定期间”也可以表述为已识别资产的使用量，例如，某项设备的产出量。如果客户有权在部分合同期内控制已识别资产的使用，则合同包含一项在该部分合同期间的租赁。

**(二) 已识别资产**

1. 对资产的指定

已识别资产通常由合同明确指定，也可以在资产可供客户使用时隐性指定。

**【例 11-1】** 甲公司(客户)与乙公司(供应方)签订了使用乙公司一节火车车厢的 5 年期合同。该车厢专用于运输甲公司生产过程中使用的特殊材料而设计，未经重大改造，不适合其他客户使用。合同中没有明确指定轨道车辆(例如，通过序列号)，但是乙公司仅拥有一节适合客户甲使用的火车车厢。如果车厢不能正常工作，则合同要求乙公司修理或更换车厢。

**分析：**具体是哪节火车车厢虽未在合同中明确指定，但是其已被隐含指定，因为乙公司仅拥有一节适合客户甲使用的火车车厢，必须使用其来履行合同，乙公司无法自由替换该车厢。因此，火车车厢是一项已识别资产。

2. 物理可区分

如果资产的部分产能在物理上可区分(例如,建筑物的一层),则该部分产能属于已识别资产。

如果资产的某部分产能与其他部分在物理上不可区分(例如,光缆的部分容量),则该部分不属于已识别资产,除非其实质上代表该资产的全部产能,从而使客户获得因使用该资产所产生的几乎全部经济利益的权利。

3. 实质性替换权

即使合同已对资产进行指定,如果资产供应方在整个使用期间拥有对该资产的实质性替换权,则该资产不属于已识别资产。其原因在于,如果资产供应方在整个使用期间均能自由替换合同资产,那么实际上合同只规定了满足客户需求的一类资产,而不是被唯一识别出的一项或几项资产。也就是说,在这种情况下,合同规定的资产并未和资产供应方的同类其他资产明确区分开来,并未被识别出来。

同时符合下列条件时,表明资产供应方拥有资产的实质性替换权:

(1) 资产供应方拥有在整个使用期间替换资产的实际能力。例如,客户无法阻止供应方替换资产,且用于替换的资产对于资产供应方而言易于获得或者可以在合理期间内取得。

(2) 资产供应方通过行使替换资产的权利将获得经济利益,即替换资产的预期经济利益将超过替换资产所需成本。

需要注意的是,如果合同仅赋予资产供应方在特定日期或者特定事件发生日或之后具有替换资产的权利或义务,考虑到资产供应方没有在整个使用期间替换资产的实际能力,资产供应方的替换权不具有实质性。

企业在评估资产供应方的替换权是否为实质性权利时,应基于合同开始日的事实和情况,而不应考虑在合同开始日企业认为不可能发生的未来事件。例如:①未来某个客户为使用该资产同意支付高于市价的价格;②引入了在合同开始日尚未实质开发的新技术;③客户对资产的实际使用或资产实际性能与在合同开始日认为可能的使用或性能存在重大差异;④使用期间资产市价与合同开始日认为可能的市价存在重大差异。

与资产位于资产供应方所在地相比,如果资产位于客户所在地或其他位置,则替换资产所需要的成本更有可能超过其所能获取的利益。资产供应方在资产运行结果不佳或者进行技术升级的情况下,因修理和维护而替换资产的权利或义务不属于实质性替换权。

企业难以确定资产供应方是否拥有实质性替换权的,应视为资产供应方没有对该资产的实质性替换权。

**(三) 客户是否控制已识别资产使用权的判断**

为确定合同是否让渡了在一定期间内控制已识别资产使用的权利,企业应当评估合同中的客户是否有权获得在使用期间因使用已识别资产所产生的几乎全部经济利益,并有权在该使用期间主导已识别资产的使用。

1. 客户是否有权获得因使用资产所产生的几乎全部经济利益

在评估客户是否有权获得因使用已识别资产所产生的几乎全部经济利益时,企业应当在约定的客户权利范围内考虑其所产生的经济利益。例如:①如果合同规定汽车在使用期间仅限在某一特定区域使用,则企业应当仅考虑在该区域内使用汽车所产生的经济利益,而不包括在该区域外使用汽车所产生的经济利益;②如果合同规定客户在使用期间仅能在特定里程范围内驾驶汽车，则企业应当仅考虑在允许的里程范围内使用汽车所产生的经济利益，而不包括超出该里程范围使用汽车所产生的经济利益。

为了控制已识别资产的使用，客户应当有权获得整个使用期间使用该资产所产生的几乎全部经济利益(如在整个使用期间独家使用该资产)。客户可以通过多种方式直接或间接获得使用资产所产生的经济利益，如通过使用、持有或转租资产。使用资产所产生的经济利益包括资产的主要产出和副产品(包括来源于这些项目的潜在现金流量)以及通过与第三方之间的商业交易实现的其他经济利益。

如果合同规定客户应向资产供应方或另一方支付因使用资产所产生的部分现金流量作为对价，则该现金流量仍应视为客户因使用资产而获得的经济利益的一部分。例如，如果客户因使用零售区域需向供应方支付零售收入的一定比例作为对价，该条款本身并不妨碍客户拥有获得使用零售区域所产生的几乎全部经济利益的权利。因为零售收入所产生的现金流量是客户使用零售区域而获得的经济利益，而客户支付给零售区域供应方的部分现金流量是使用零售区域的权利的对价。

2. 客户是否有权主导资产的使用

存在下列情形之一的，可视为客户有权主导对已识别资产在整个使用期间的使用：

(1) 客户有权在整个使用期间主导已识别资产的使用目的和使用方式。

(2) 已识别资产的使用目的和使用方式在使用期间前已预先确定，并且客户有权在整个使用期间自行或主导他人按照其确定的方式运营该资产，或者客户设计了已识别资产(或资产的特定方面)并在设计时已预先确定了该资产在整个使用期间的使用目的和使用方式。

关于上述第(1)种情况，如果客户有权在整个使用期间在合同界定的使用权范围内改变资产的使用目的和使用方式，则视为客户有权在该使用期间主导资产的使用目的和使用方式。

在判断客户是否有权在整个使用期间主导已识别资产的使用目的和使用方式时，企业应当考虑在该使用期间与改变资产的使用目的和使用方式最为相关的决策权。相关决策权是指对使用资产所产生的经济利益产生影响的决策权。最为相关的决策权可能因资产性质、合同条款和条件的不同而不同。此类例子包括：①变更资产的产出类型的权利，如决定将集装箱用于运输商品还是储存商品，或者决定在零售区域销售的产品组合；②变更资产的产出时间的权利，如决定机器或发电厂的运行时间；③变更资产的产出地点的权利，如决定卡车或船舶的目的地，或者决定设备的使用地点；④变更资产是否产出以及产出数量的权利，如决定是否使用发电厂发电以及发电量的多少。

某些决策权并未授予客户改变资产的使用目的和使用方式的权利，例如，在资产的使用目的和使用方式未预先确定的情况下，客户仅拥有运行或维护资产的权利。这些决策权对于资产的高效使用通常是必要的，但它们往往取决于有关资产使用目的和使用方式，而并非主导资产的使用目的和使用方式的权利。

关于上述第(2)种情况，与资产使用目的和使用方式相关的决策可以通过很多方式预先确定。例如，通过设计资产或在合同中对资产的使用作出限制来预先确定相关决策。

在评估客户是否有权主导资产的使用时，除非资产(或资产的特定方面)由客户设计，否则企业应当仅考虑在使用期间对资产使用作出决策的权利。例如，如果客户仅能在使用期间之前指定资产的产出而没有与资产使用相关的任何其他决策权，则该客户享有的权利与任何购买该项商品或服务的其他客户享有的权利并无不同。

合同可能包含一些旨在保护资产供应方在已识别资产或其他资产中的权益、保护资产供应方的工作人员，或者确保资产供应方不因客户使用租赁资产而违反法律法规的条款和条件。例如，合同可能规定资产使用的最大工作量，限制客户使用资产的地点或时间，要求客户遵守特定的操作惯例，或者要求客户在变更资产使用方式时通知资产供应方。这些权利虽然对客户使用资产权利的范围作出了限定，但是其本身不足以否定客户拥有主导资产使用的权利。

## 二、租赁的分拆与合并

### (一) 租赁的分拆

合同中同时包含多项单独租赁的，承租人和出租人应当将合同予以分拆，并分别各项单独租赁进行会计处理。

合同同时包含租赁和非租赁部分的，承租人和出租人应当将租赁和非租赁部分进行分拆，除非企业适用《企业会计准则第 21 号——租赁》的简化处理。分拆时，各租赁部分应当分别按照《企业会计准则第 21 号——租赁》进行会计处理，非租赁部分应当按照其他适用的企业会计准则进行会计处理。

同时符合下列条件，使用已识别资产的权利构成合同中的一项单独租赁：

(1) 承租人可从单独使用该资产或将其与易于获得的其他资源一起使用中获利。易于获得的资源是指出租人或其他供应方单独销售或出租的商品或服务，或者承租人已从出租人或其他交易中获得的资源。

(2) 该资产与合同中的其他资产不存在高度依赖或高度关联关系。例如，若承租人租入资产的决定不会对承租人使用合同中的其他资产的权利产生重大影响，则表明该项资产与合同中的其他资产不存在高度依赖或高度关联关系。

1. 承租人的处理

在分拆合同包含的租赁和非租赁部分时，承租人应当按照各项租赁部分单独价格及非租赁部分的单独价格之和的相对比例分摊合同对价。租赁和非租赁部分的相对单独价格，应当根据出租人或类似资产供应方就该部分或类似部分向企业单独收取的价格确定。如果可观察的单独价格不易于获得，则承租人应当最大限度地利用可观察的信息估计单独价格。

为简化处理，承租人可以按照租赁资产的类别选择是否分拆合同包含的租赁和非租赁部分。承租人选择不分拆的，应当将各租赁部分及与其相关的非租赁部分分别合并为租赁，按照《企业会计准则第 21 号——租赁》进行会计处理。但是，对于按照《企业会计准则第 22 号——金融工具确认和计量》应分拆的嵌入衍生工具，承租人不应将其与租赁部分合并进行会计处理。

**【例 11-2】** 甲公司从乙公司租赁一台推土机、一辆卡车和一台长臂挖掘机用于采矿业务，租赁期为 4 年。乙公司同意在整个租赁期内维护各项设备。合同固定对价为 3 000 000 元，按年分期支付，每年支付 750 000 元。合同对价包含了各项设备的维护费用。

**分析：**甲公司未采用简化处理，而是将非租赁部分(维护服务)与租入的各项设备分别进行会计处理。甲公司认为租入的推土机、卡车和长臂挖掘机分别属于单独租赁，原因如下：①甲公司可以单独使用这三项设备中的每一项，或将其与易于获得的其他资源一起使用中获利(例如,甲公司易于租入或购买其他卡车或挖掘机用于其采矿业务);②尽管甲公司租入这三项设备只有一个目的(即从事采矿业务),但这些设备不存在高度依赖或高度关联关系。因此,甲公司得出结论,合同中存在三个租赁部分和对应的三个非租赁部分(维护服务)。甲公司将合同对价分摊至三个租赁部分和对应的三个非租赁部分。

市场上有多家供应方提供类似推土机和卡车的维护服务,因此这两项租入设备的维护服务存在可观察的单独价格。假设其他供应方的支付条款与甲公司和乙公司签订的合同条款相似,甲公司能够确定推土机和卡车维护服务的可观察单独价格分别为 160 000 元和 80 000 元。长臂挖掘机是高度专业化机械,其他供应方不出租类似挖掘机或为其提供维护服务。乙公司对从本公司购买相似长臂挖掘机的客户提供 4 年的维护服务,可观察对价为固定金额 280 000 元,分 4 年支付。因此,甲公司估计长臂挖掘机维护服务的单独价格为 280 000 元。甲公司观察到乙公司在市场上单独出租租赁期为 4 年的推土机、卡车和长臂挖掘机的价格分别为 900 000 元、580 000 元和 1 200 000 元。甲公司将合同固定对价 3 000 000 元分摊至租赁和非租赁部分的情况如表 11-1 所示。

**表 11-1** 合同固定对价分摊情况表 金额单位:元

| 项目 | | 推土机 | 卡车 | 长臂挖掘机 | 合计 |
|---|---|---|---|---|---|
| 可观察的单独价格 | 租赁 | 900 000 | 580 000 | 1 200 000 | 2 680 000 |
| | 非租赁 | | | | 520 000① |
| | 合计 | | | | 3 200 000 |
| 固定对价总额 | | | | | 3 000 000 |
| 分摊率② | | | | | 93.75% |

注:①160 000+80 000+280 000=520 000(元);

②按照规定,承租人按照推土机、卡车、长怿挖掘机这三个租赁部分单独价格 900 000 元、580 000 元、1 200 000 元和非租赁部分的单独价格之和 520 000 元的相对比例,来分摊合同对价。分拆后,推土机、卡车和长臂挖掘机的租赁付款额(折现前)分别为 843 750 元、543 750 元和 1 125 000 元。

2. 出租人的处理

出租人应当分拆租赁部分和非租赁部分,根据《企业会计准则第 14 号——收入》关于交易价格分摊的规定分摊合同对价。

**(二) 租赁的合并**

企业与同一交易方或其关联方在同一时间或相近时间订立的两份或多份包含租赁的合同,在满足下列条件之一时,应当合并为一份合同进行会计处理:

(1) 该两份或多份合同基于总体商业目的而订立并构成"一揽子交易",若不作为整体考虑,则无法理解其总体商业目的(实质重于形式原则)。

(2) 该两份或多份合同中的某份合同的对价金额取决于其他合同的定价或履行情况。

(3) 该两份或多份合同让渡的资产使用权合起来构成一项单独租赁。

两份或多份合同合并为一份合同进行会计处理的,仍然需要区分该一份合同中的租赁部分和非租赁部分。租赁部分适用《企业会计准则第 14 号——收入》,非租赁部分适用其他企业会计准则(主要是收入准则)。

## 三、租赁期

租赁期是指承租人有权使用租赁资产且不可撤销的期间。承租人有续租选择权，即有权选择续租该资产，且合理确定将行使该选择权的，租赁期还应当包含续租选择权涵盖的期间；承租人有终止租赁选择权，即有权选择终止租赁该资产，但合理确定将不会行使该选择权的，租赁期应当包含终止租赁选择权涵盖的期间。

### (一) 租赁期开始日

租赁期自租赁期开始日起计算。租赁期开始日是指出租人提供租赁资产使其可供承租人使用的起始日期。如果承租人在租赁协议约定的起租日或租金起付日之前，已获得对租赁资产使用权的控制，则表明租赁期已经开始。租赁协议中对起租日或租金支付时间的约定，并不影响租赁期开始日的判断。租赁期开始日可能与起租日是同一时点，也可能为不同时点。

**【例 11-3】** 在某商铺的租赁安排中，出租人于 2×24 年 1 月 1 日将房屋钥匙交付给承租人，承租人在收到钥匙后，就可以自主安排对商铺的装修布置，并安排搬迁。合同约定有 3 个月的免租期，起租日为 2×24 年 4 月 1 日，承租人自起租日开始支付租金。

**分析：** 此交易中，承租人自 2×24 年 1 月 1 日起就已拥有对商铺使用权的控制，因此租赁期开始日为 2×24 年 1 月 1 日，即租赁期包含出租人给予承租人的免租期。本题中租赁期开始日可与起租日为非同一时点。

### (二) 不可撤销期间

在确定租赁期和评估不可撤销租赁期间时，企业应根据租赁条款约定，确定可强制执行合同的期间。

如果承租人和出租人双方均有权在未经另一方许可的情况下终止租赁，且罚款金额不重大，则该租赁不再可强制执行。如果只有承租人有权终止租赁，则在确定租赁期时，企业应将该项权利视为承租人可行使的终止租赁选择权予以考虑。如果只有出租人有权终止租赁，则不可撤销的租赁期包括终止租赁选择权所涵盖的期间。

### (三) 续租选择权和终止租赁选择权

在租赁期开始日，企业应当评估承租人是否合理确定将行使续租或购买标的资产的选择权，或者将不行使终止租赁选择权。在评估时，企业应当考虑对承租人行使续租选择权或不行使终止租赁选择权带来经济利益的所有相关事实和情况，包括自租赁期开始日至选择权行使日之间的事实和情况的预期变化。

基于经济人假设，需考虑的因素包括但不限于以下方面：

(1) 与市价相比，选择权期间的合同条款和条件。例如，选择权期间内为使用租赁资产而需支付的租金；可变租赁付款额或其他或有款项，如因终止租赁罚款和余值担保导致的应付款项；初始选择权期间后可行使的其他选择权的条款和条件，如续租期结束时可按低于市价的价格行使购买选择权。

(2) 在合同期内，承租人进行或预期进行重大租赁资产改良的，在可行使续租选择权、终止租赁选择权或者购买租赁资产选择权时，预期能为承租人带来的重大经济利益。

(3) 与终止租赁相关的成本。例如，谈判成本、搬迁成本、寻找与选择适合承租人需求的替代资产所发生的成本、将新资产融入运营所发生的整合成本、终止租赁的罚款、将租赁资产恢复至租赁条款约定状态的成本、将租赁资产归还至租赁条款约定地点的成本等。

（4）租赁资产对承租人运营的重要程度。例如，租赁资产是否为一项专门资产，租赁资产位于何地及是否可获得合适的替换资产等。

（5）与行使选择权相关的条件及满足相关条件的可能性。例如，租赁条款约定仅在满足一项或多项条件时方可行使选择权，此时还应考虑相关条件及满足相关条件的可能性。

租赁的不可撤销期间的长短会影响对承租人是否合理确定将行使或不行使选择权的评估。通常，租赁的不可撤销期间越短，承租人行使续租选择权或不行使终止租赁选择权的可能性就越大，原因在于不可撤销期间越短，获取替代资产的相对成本就越高。此外，评估承租人是否合理确定将行使或不行使选择权时，如果承租人以往曾经使用过特定类型的租赁资产或自有资产，则可以参考承租人使用该类资产的通常期限及原因。例如，承租人通常在特定时期内使用某类资产，或承租人时常对某类租赁资产行使选择权，则承租人应考虑以往这些做法的原因，以评估是否合理确定将对此类租赁资产行使选择权。

续租选择权或终止租赁选择权可能与租赁的其他条款相结合。例如，无论承租人是否行使选择权，均保证向出租人支付基本相等的最低或固定现金，在此情形下，应假定承租人合理确定将行使续租选择权或不行使终止租赁选择权。又如，同时存在原租赁和转租赁时，转租赁期限超过原租赁期限，如原租赁包含 5 年的不可撤销期间和 2 年的续租选择权，而转租赁的不可撤销期限为 7 年，此时应考虑转租赁期限及相关租赁条款对续租选择权评估的可能影响。

购买选择权的评估方式应与续租选择权或终止租赁选择权的评估方式相同，购买选择权在经济上与将租赁期延长至租赁资产全部剩余经济寿命的续租选择权类似。

**【例 11-4】** 承租人签订了一份建筑租赁合同，包括 4 年不可撤销期限和 2 年按照市价行使的续租选择权。在搬入该建筑之前，承租人花费了大量资金对租赁建筑进行了改良，预计在 4 年结束时租赁资产改良仍将具有重大价值，且该价值仅可通过继续使用租赁资产实现。

**分析：**在此情况下，承租人合理确定将行使续租选择权，因为如果在 4 年结束时放弃该租赁资产改良，将蒙受重大经济损失。因此，在租赁开始时，承租人确定租赁期为 6 年。

**【例 11-5】** 某租赁合同约定，初始租赁期为 1 年，如有一方撤销租赁，则将支付重大罚金，1 年期满后，如经双方同意租赁期可再延长 2 年，如有一方不同意将不再续期，没有罚金且预计给交易双方带来的经济损失不重大。按照上述租赁合同约定，租赁期开始日的第 1 年有强制的权利和义务，是不可撤销期间。对于此后 2 年的延长期，承租人和出租人均可单方面选择不续约而无须支付任何罚金，且预计对交易双方带来的经济损失不重大，该租赁不再可强制执行，即后续 2 年延长期非不可撤销期间。因此，该租赁合同在初始确认时，应将租赁期确定为 1 年。

### （四）对租赁期和购买选择权的重新评估

发生承租人可控范围内的重大事件或变化，且影响承租人是否合理确定将行使相应选择权的，承租人应当对其是否合理确定将行使续租选择权、购买选择权或不行使终止租赁选择权进行重新评估，并根据重新评估结果修改租赁期。承租人可控范围内的重大事件或变化包括但不限于下列情形：

（1）在租赁期开始日未预计到的重大租赁资产改良，在可行使续租选择权、终止租赁选择权或购买选择权时，预期将为承租人带来重大经济利益。

（2）在租赁期开始日未预计到的租赁资产的重大改动或定制化调整。

（3）承租人作出的与行使或不行使选择权直接相关的经营决策，例如，决定续租互补性资产、处置可替代的资产或处置包含相关使用权资产的业务。

如果不可撤销的租赁期间发生变化，则企业应当修改租赁期。例如，在下述情况下，不可撤销的租赁期将发生变化：①承租人实际行使了选择权，但该选择权在之前企业确定租赁期时未涵盖；②承租人未实际行使选择权，但该选择权在之前企业确定租赁期时已涵盖；③某些事件的发生，导致根据合同规定承租人有义务行使选择权，但该选择权在之前企业确定租赁期时未涵盖；④某些事件的发生，导致根据合同规定禁止承租人行使选择权，但该选择权在之前企业确定租赁期时已涵盖。

在租赁期开始日，企业应当基于既有相关事实和情况判断可强制执行合同的期间及是否存在实质续租、终止等选择权以合理确定租赁期，其他相关会计估计应与此一致。例如，与该租赁相关的租赁资产改良支出、初始直接费用等的摊销期限应当与租赁期保持一致。

## 第二节　承租人的会计处理

在租赁期开始日，承租人应当对租赁确认使用权资产和租赁负债，应用短期租赁和低价值资产租赁简化处理的除外。

### 一、初始计量

#### （一）租赁负债的初始计量

租赁负债应当按照租赁期开始日尚未支付的租赁付款额的现值进行初始计量。识别应纳入租赁负债的相关付款项目是计量租赁负债的关键。

1. 租赁付款额

租赁付款额是指承租人向出租人支付的与在租赁期内使用租赁资产的权利相关的款项。租赁付款额包括以下五项内容：

第一，固定付款额及实质固定付款额，存在租赁激励的，扣除租赁激励相关金额。

租赁业务中的实质固定付款额是指在形式上可能包含变量但实质上无法避免的付款额。例如：

（1）付款额设定为可变租赁付款额，但该可变条款几乎不可能发生，没有真正的经济实质。例如，付款额仅需在租赁资产经证实能够在租赁期间正常运行时支付，或者仅需在不可能不发生的事件发生时支付。又如，付款额初始设定为与租赁资产使用情况相关的可变付款额，但其潜在可变性将于租赁期开始日之后的某个时点消除，在可变性消除时，该类付款额成为实质固定付款额。

（2）承租人有多套付款额方案，但其中仅有一套是可行的。在此情况下，承租人应采用该可行的付款额方案作为租赁付款额。

(3) 承租人有多套可行的付款额方案，但必须选择其中一套。在此情况下，承租人应采用总折现金额最低的一套作为租赁付款额。

**【例 11-6】** 甲公司是一家知名零售商，从乙公司处租入已成熟开发的零售场所开设一家商店。根据租赁合同，甲公司在正常工作时间内必须经营该商店，且甲公司不得将商店闲置或进行分租。合同中关于租赁付款额的条款为：如果甲公司开设的这家商店没有发生销售，则甲公司应付的年租金为 100 元；如果这家商店发生了任何销售，则甲公司应付的年租金为 1 000 000 元。

**分析：** 在本例中，该租赁包含每年 1 000 000 元的实质固定付款额。该金额不是取决于销售额的可变付款额。因为甲公司是一家知名零售商，根据租赁合同，甲公司应在正常工作时间内经营该商店，所以甲公司开设的这家商店不可能不发生销售。

租赁激励是指出租人为达成租赁向承租人提供的优惠，包括出租人向承租人支付的与租赁有关的款项、出租人为承租人偿付或承担的成本等。存在租赁激励的，承租人在确定租赁付款额时，应扣除租赁激励相关金额。

第二，取决于指数或比率的可变租赁付款额。

可变租赁付款额是指承租人为取得在租赁期内使用租赁资产的权利，而向出租人支付的因租赁期开始日后的事实或情况发生变化(而非时间推移)而变动的款项。可变租赁付款额可能与下列各项指标或情况挂钩：

(1) 由于市场比率或指数数值变动导致的价格变动。例如，基准利率或消费者价格指数变动可能导致租赁付款额调整。

(2) 承租人源自租赁资产的绩效。例如，零售业不动产租赁可能会要求基于使用该不动产取得的销售收入的一定比例确定租赁付款额。

(3) 租赁资产的使用。例如，车辆租赁可能要求承租人在超过特定里程数时支付额外的租赁付款额。

需要注意的是，在可变租赁付款额中，仅取决于指数或比率的可变租赁付款额纳入租赁负债的初始计量中，包括与消费者价格指数挂钩的款项、与基准利率挂钩的款项和为反映市场租金费率变化而变动的款项等。此类可变租赁付款额应当根据租赁期开始日的指数或比率确定。除取决于指数或比率的可变租赁付款额外，其他可变租赁付款额均不纳入租赁负债的初始计量，而应当在实际发生时计入当期损益(按其他准则规定应计入相关资产成本的除外)。

第三，购买选择权的行权价格，前提是承租人合理确定将行使该选择权。

在租赁期开始日，承租人应评估是否合理确定将行使购买标的资产的选择权。在评估时，承租人应考虑对其行使或不行使购买选择权产生经济激励的所有相关事实和情况。如果承租人合理确定将行使购买标的资产的选择权，则租赁付款额中应包含购买选择权的行权价格。

第四，行使终止租赁选择权需支付的款项，前提是租赁期反映出承租人将行使终止租赁选择权。

在租赁期开始日，承租人应评估是否合理确定将行使终止租赁的选择权。在评估时，承租人应考虑对其行使或不行使终止租赁选择权产生经济激励的所有相关事实和情况。如果承租人合理确定将行使终止租赁选择权，则租赁付款额中应包含行使终止租赁选择权需支付的款项，并且租赁期不应包含终止租赁选择权涵盖的期间。

**【例 11-7】** 承租人甲公司租入某公司一层办公楼，租赁期为 10 年。甲公司有权选择在第 5 年后提前终止租赁，并以相当于 6 个月的租金作为罚金。每年的租赁付款额为固定金额 200 000 元。该办公楼是全新的，并且在周边商业园区的办公楼中处于技术领先水平。上述租赁付款额与市场租金水平相符。

**分析：** 在租赁期开始日，甲公司评估后认为，6 个月的租金对于甲公司而言金额重大，同等条件下，也难以按更优惠的价格租入其他办公楼，可以合理确定不会选择提前终止租赁，因此，其租赁负债不应包括提前终止租赁时需支付的罚金，租赁期确定为 10 年。

第五，根据承租人提供的担保余值预计应支付的款项。

担保余值是指与出租人无关的一方向出租人提供担保，保证在租赁结束时租赁资产的价值至少为某指定的金额。

如果承租人提供了对余值的担保，则租赁付款额应包含该担保下预计应支付的款项，它反映了承租人预计将支付的金额，而不是承租人担保余值下的最大敞口。

需要说明的是，承租人向出租人支付的款项中包含增值税的，该增值税不属于租赁付款额的范畴，不应纳入租赁负债和使用权资产的计量。出租人为确保承租人履行合同相关义务收取租赁保证金的，该租赁保证金不属于承租人的租赁付款额，承租人应将其作为单独的资产进行会计处理。

2. 折现率

租赁负债应当按照租赁期开始日，尚未支付的租赁付款额的现值进行初始计量。在计算租赁付款额的现值时，承租人应当采用租赁内含利率作为折现率；无法确定租赁内含利率的，应当采用承租人增量借款利率作为折现率。

租赁内含利率是指使出租人的租赁收款额的现值与未担保余值的现值之和等于租赁资产公允价值与出租人的初始直接费用之和的利率。其中，未担保余值是指租赁资产余值中，出租人无法保证能够实现或仅由与出租人有关的一方予以担保的部分。初始直接费用是指为达成租赁所发生的增量成本。增量成本是指若企业不取得该租赁，则不会发生的成本，如佣金、印花税等。无论是否实际取得租赁都会发生的支出，不属于初始直接费用。例如，为评估是否签订租赁而发生的差旅费、法律费用等，此类费用应当在发生时计入当期损益。

**【例 11-8】** 承租人甲公司与出租人乙公司签订了一份车辆租赁合同，租赁期为 5 年。在租赁开始日，该车辆的公允价值为 100 000 元，乙公司预计在租赁结束时其公允价值(即未担保余值)将为 10 000 元。租赁付款额为每年 23 000 元，于年末支付。乙公司发生的初始直接费用为 5 000 元。乙公司计算租赁内含利率 $r$ 的方法如下：

$$23\,000\times(P/A,r,5)+10\,000\times(P/F,r,5)=100\,000+5\,000$$

在本例中，计算得出的租赁内含利率 $r$ 为 5.79%。

承租人增量借款利率是指承租人在类似经济环境下为获得与使用权资产价值接近的资产，在类似期间以类似抵押条件借入资金须支付的利率。该利率与下列事项相关：①承租人自身情况，即承租人的偿债能力和信用状况；②“借款”的期限，即租赁期；③“借入”资金的金额，即租赁负债的金额；④“抵押条件”，即租赁资产的性质和质量；⑤经济环境，包括承租人所处的司法管辖区、计价货币、合同签订时间等。

在具体操作时，承租人可以先根据所处经济环境，以可观察的利率作为确定增量借款利率的参考基础，再根据承租人自身情况、标的资产情况、租赁期和租赁负债金额等租赁业务的具体情况对参考基础进行调整，得出适用的承租人增量借款利率。企业应当对确定承租人增量借款利率的依据和过程作好记录。

**（二）使用权资产的初始计量**

使用权资产是指承租人可在租赁期内使用租赁资产的权利。在租赁期开始日，承租人应当按照成本对使用权资产进行初始计量。该成本包括下列四项：

（1）租赁负债的初始计量金额。

（2）在租赁期开始日或之前支付的租赁付款额；存在租赁激励的，应扣除已享受的租赁激励相关金额。

（3）承租人发生的初始直接费用。

（4）承租人为拆卸及移除租赁资产、复原租赁资产所在场地或将租赁资产恢复至租赁条款约定状态预计将发生的成本。前述成本属于为生产存货而发生的，适用《企业会计准则第 1 号——存货》。

关于上述第(4)项成本，承租人有可能在租赁期开始日就承担了上述成本的支付义务，也可能在特定期间内因使用标的资产而承担了相关义务。承租人应在其有义务承担上述成本时，将这些成本确认为使用权资产成本的一部分。但是，承租人由于在特定期间内将使用权资产用于生产存货而发生的上述成本，应按照《企业会计准则第 1 号——存货》进行会计处理。承租人应当按照《企业会计准则第 13 号——或有事项》对上述成本的支付义务进行确认和计量。承租人发生的租赁资产改良支出不属于使用权资产，应当记入“长期待摊费用”科目。

在某些情况下，承租人可能在租赁期开始前就发生了与标的资产相关的经济业务或事项。例如，租赁合同双方经协商在租赁合同中约定，标的资产需经建造或重新设计后方可供承租人使用；根据合同条款与条件，承租人需支付与资产建造或设计相关的成本。

承租人如发生与标的资产建造或设计相关的成本，应适用其他相关准则（如《企业会计准则第 4 号——固定资产》）进行会计处理。同时，需要注意的是，与标的资产建造或设计相关的成本不包括承租人为获取标的资产使用权而支付的款项，此类款项无论在何时支付，均属于租赁付款额。

**【例 11-9】** 承租人甲公司就某栋建筑物的某一层楼与出租人乙公司签订了为期 10 年的租赁协议，并拥有 5 年的续租选择权。有关资料如下：

（1）初始租赁期内的不含税租金为每年 50 000 元，续租期间为每年 55 000 元，所有款项应于每年年初支付。

（2）为获得该项租赁，甲公司发生的初始直接费用为 20 000 元，其中，15 000 元为向该楼层前任租户支付的款项，5 000 元为向促成此租赁交易的房地产中介支付的佣金。

（3）作为对甲公司的激励，乙公司同意补偿甲公司 5 000 元的佣金。

（4）在租赁期开始日，甲公司评估后认为，不能合理确定将行使续租选择权，因此，其将租赁期确定为 10 年。

（5）甲公司无法确定租赁内含利率，其增量借款利率为每年 5%，该利率反映的是甲公司以类似抵押条件借入期限为 10 年、与使用权资产等值的相同币种的借款而必须支付的利率。为简化处理，假设不考虑相关税费的影响。

**分析：**承租人甲公司的会计处理如下：

第一步，计算租赁期开始日租赁付款额的现值，并确认租赁负债和使用权资产。

租赁期开始日，甲公司支付第 1 年的租金 50 000 元，并将剩余 9 年租金(每年 50 000 元)按 5%的年利率折现后的现值计量租赁负债。计算租赁付款额现值的过程如下：

剩余 9 年租赁付款额＝50 000×9＝450 000(元)

租赁负债＝剩余 9 年租赁付款额的现值＝50 000×($P/A$，5%，9)＝355 391(元)

未确认融资费用＝剩余 9 年租赁付款额－剩余 9 年租赁付款额的现值
＝450 000－355 391＝94 609(元)

| | | |
|---|---|---|
| 借：使用权资产 | 405 391 | |
| 　租赁负债——未确认融资费用 | 94 609 | |
| 　贷：租赁负债——租赁付款额 | | 450 000 |
| 　　银行存款(第 1 年的租赁付款额) | | 50 000 |

第二步，将初始直接费用计入使用权资产的初始成本。

| | | |
|---|---|---|
| 借：使用权资产 | 20 000 | |
| 　贷：银行存款 | | 20 000 |

第三步，将已收的租赁激励相关金额从使用权资产入账价值中扣除。

| | | |
|---|---|---|
| 借：银行存款 | 5 000 | |
| 　贷：使用权资产 | | 5 000 |

综上，甲公司使用权资产的初始成本为 420 391 元(405 391＋20 000－5 000)。

## 二、后续计量

### (一) 租赁负债的后续计量

1. 计量基础

在租赁期开始日后，承租人应当按以下原则对租赁负债进行后续计量：

(1) 确认租赁负债的利息时，增加租赁负债的账面金额。

(2) 支付租赁付款额时，减少租赁负债的账面金额。

(3) 因重估或租赁变更等原因导致租赁付款额发生变动时，重新计量租赁负债的账面价值。

承租人应当按照固定的周期性利率计算租赁负债在租赁期内各期间的利息费用，并计入当期损益，但按照《企业会计准则第 17 号——借款费用》等其他准则规定应当计入相关资产成本的，从其规定。此处的周期性利率，是指承租人对租赁负债进行初始计量时所采用的折现率，或者因租赁付款额发生变动或因租赁变更而需按照修订后的折现率对租赁负债进行重新计量时，承租人所采用的修订后的折现率。

**【例 11-10】** 承租人甲公司与出租人乙公司签订了为期 7 年的商铺租赁合同。每年的租赁付款额为 450 000 元，在每年年末支付。甲公司无法确定租赁内含利率，其增量借款利率为 5.04%。

**分析：**在租赁期开始日，甲公司按租赁付款额的现值所确认的租赁负债为 2 600 000 元。

在第1年年末，甲公司向乙公司支付第1年的租赁付款额450 000元，其中，131 040元(2 600 000×5.04%)是当年的利息，318 960元(450 000－131 040)是本金，即租赁负债的账面价值减少318 960元。甲公司的账务处理如下：

| | | |
|---|---|---|
| 借：租赁负债——租赁付款额 | 450 000 | |
| 　贷：银行存款 | | 450 000 |
| 借：财务费用——利息费用 | 131 040 | |
| 　贷：租赁负债——未确认融资费用 | | 131 040 |

未纳入租赁负债计量的可变租赁付款额，即并非取决于指数或比率的可变租赁付款额，应当在实际发生时计入当期损益，但按照《企业会计准则第1号——存货》等其他准则规定应当计入相关资产成本的，从其规定。

2. 租赁负债的重新计量

在租赁期开始日后，当发生下列四种情形时，承租人应当按照变动后的租赁付款额的现值重新计量租赁负债，并相应调整使用权资产的账面价值。使用权资产的账面价值已调减至0，但租赁负债仍需进一步调减的，承租人应当将剩余金额计入当期损益。

第一，实质固定付款额发生变动。

如果租赁付款额最初是可变的，但在租赁期开始日后的某一时点转为固定，那么在潜在可变性消除时，该付款额成为实质固定付款额，应纳入租赁负债的计量。承租人应当按照变动后租赁付款额的现值重新计量租赁负债。在该情形下，承租人采用的折现率不变，即采用租赁期开始日确定的折现率。

**【例11-11】** 承租人甲公司签订了一份为期10年的机器租赁合同。租金于每年年末支付，并按以下方式确定：第1年，租金是可变的，根据该机器在第1年下半年的实际产能确定；第2年至第10年，每年的租金根据该机器在第1年下半年的实际产能确定，即租金将在第1年末转变为固定付款额。在租赁期开始日，甲公司无法确定租赁内含利率，其增量借款利率为5%。假设在第1年年末，根据该机器在第1年下半年的实际产能所确定的租赁付款额为每年20 000元。

**分析：**在本例中，在租赁期开始时，未来的租金尚不确定，因此，甲公司的租赁负债为0。在第1年年末，租金的潜在可变性消除，成为实质固定付款额(即每年20 000元)，因此甲公司应基于变动后的租赁付款额重新计量租赁负债，并采用不变的折现率(即5%)进行折现。在支付第1年的租金之后，甲公司后续年度需支付的租赁付款额为180 000元(20 000×9)，租赁付款额在第1年年末的现值为142 156元[20 000×($P/A$,5%,9)]，未确认融资费用为37 844元(180 000－142 156)。甲公司在第1年年末的相关账务处理如下：

支付第1年租金：

| | | |
|---|---|---|
| 借：制造费用等 | 20 000 | |
| 　贷：银行存款 | | 20 000 |

确认使用权资产和租赁负债：

| | | |
|---|---|---|
| 借：使用权资产 | 142 156 | |
| 　　租赁负债——未确认融资费用 | 37 844 | |
| 　贷：租赁负债——租赁付款额 | | 180 000 |

第二，担保余值预计的应付金额发生变动。

在租赁期开始日后，承租人应对其在担保余值下预计支付的金额进行估计。该金额发生变动的，承租人应当按照变动后租赁付款额的现值重新计量租赁负债。在该情形下，承租人采用的折现率不变。

第三，用于确定租赁付款额的指数或比率发生变动。

在租赁期开始日后，因浮动利率的变动而导致未来租赁付款额发生变动的，承租人应当按照变动后租赁付款额的现值重新计量租赁负债。在该情形下，承租人应采用反映利率变动的修订后的折现率进行折现。

在租赁期开始日后，用于确定租赁付款额的指数或比率（浮动利率除外）的变动导致未来租赁付款额发生变动的，承租人应当按照变动后租赁付款额的现值重新计量租赁负债。在该情形下，承租人采用的折现率不变。

需要注意的是，仅当现金流量发生变动，即租赁付款额的变动生效时，承租人才应重新计量租赁负债，以反映变动后的租赁付款额。承租人应基于变动后的合同付款额，确定剩余租赁期内的租赁付款额。

第四，购买选择权、续租选择权或终止租赁选择权的评估结果或实际行使情况发生变化。

租赁期开始日后，发生下列情形的，承租人应采用修订后的折现率对变动后的租赁付款额进行折现，以重新计量租赁负债：

（1）发生承租人可控范围内的重大事件或变化，且影响承租人是否合理确定将行使续租选择权或终止租赁选择权的，承租人应当对其是否合理确定将行使相应选择权进行重新评估。上述选择权的评估结果发生变化的，承租人应当根据新的评估结果重新确定租赁期和租赁付款额。前述选择权的实际行使情况与原评估结果不一致等导致租赁期变化的，也应当根据新的租赁期重新确定租赁付款额。

（2）发生承租人可控范围内的重大事件或变化，且影响承租人是否合理确定将行使购买选择权的，承租人应当对其是否合理确定将行使购买选择权进行重新评估。评估结果发生变化的，承租人应根据新的评估结果重新确定租赁付款额。

在上述两种情形下，承租人计算变动后租赁付款额的现值，应当采用剩余租赁期间的租赁内含利率作为折现率；无法确定剩余租赁期间的租赁内含利率的，应当采用重估日的承租人增量借款利率作为折现率。

**【例 11-12】** 承租人甲公司与出租人乙公司签订了一份办公楼租赁合同，每年的租赁付款额为 50 000 元，于每年年末支付。甲公司无法确定租赁内含利率，其增量借款利率为 5%。

不可撤销租赁期为 5 年，并且合同约定在第 5 年年末，甲公司有权选择以每年 50 000 元续租 5 年，也有权选择以 1 000 000 元购买该房产。甲公司在租赁期开始时评估认为，可以合理确定将行使续租选择权，而不会行使购买选择权，因此其将租赁期确定为 10 年。

**分析：** 在租赁期开始日，甲公司确认的租赁负债和使用权资产为 386 000 元[50 000×($P/A$,5%,10)]。租赁负债将按表 11-2 所述方法进行后续计量。

表 11-2　　租赁负债的后续计量　　单位：元

| 年度 | 租赁负债<br>年初金额<br>① | 利息<br>②=①×5% | 租赁付款额<br>③ | 租赁负债<br>年末金额<br>④=①+②-③ |
|---|---|---|---|---|
| 1 | 386 000[①] | 19 300 | 50 000 | 355 300 |
| 2 | 355 300 | 17 765 | 50 000 | 323 065 |
| 3 | 323 065 | 16 153 | 50 000 | 289 218 |
| 4 | 289 218 | 14 461 | 50 000 | 253 679 |
| 5 | 253 679 | 12 684 | 50 000 | 216 363 |
| 6 | 216 363 | 10 818 | 50 000 | 177 181 |
| 7 | 177 181 | 8 859 | 50 000 | 136 040 |
| 8 | 136 040 | 6 802 | 50 000 | 92 842 |
| 9 | 92 842 | 4 642 | 50 000 | 47 484 |
| 10 | 47 484 | 2 516[②] | 50 000 | — |

注：① 为便于计算，本题中，年金现值系数取两位小数。
② 作尾差调整，2 516=50 000-47 484。

在租赁期开始日，甲公司的账务处理为：

借：使用权资产　　386 000
　租赁负债——未确认融资费用(500 000-386 000)　　114 000
　贷：租赁负债——租赁付款额　　500 000

在第 4 年，该房产所在地房价显著上涨，甲公司预计租赁期结束时该房产的市价为 2 000 000 元，甲公司在第 4 年年末重新评估后认为，能够合理确定将行使上述购买选择权，而不会行使上述续租选择权。该房产所在地区的房价上涨属于市场情况发生的变化，不在甲公司的可控范围内。因此，虽然该事项导致购买选择权及续租选择权的评估结果发生变化，但甲公司不需重新计量租赁负债。

在第 5 年年末，甲公司实际行使了购买选择权。截至该时点，使用权资产的原值为 386 000 元，累计折旧为 193 000 元(386 000×5/10)；支付了第 5 年租赁付款额之后，租赁负债的账面价值为 216 363 元，其中，租赁付款额为 250 000 元，未确认融资费用为 33 637 元(250 000-216 363)。甲公司行使购买选择权的会计分录为：

借：固定资产——办公楼　　976 637
　使用权资产累计折旧　　193 000
　租赁负债——租赁付款额　　250 000
　贷：使用权资产　　386 000
　　租赁负债——未确认融资费用　　33 637
　　银行存款　　1 000 000

如果某项租赁合同约定，承租人租赁设备用于生产 A 产品，租赁期为 5 年，每年的租赁付款额按照设备当年运营收入的 80%计算，于每年年末支付给出租人，假定不考虑其他因素。在这种情况下,租赁付款额按照设备年运营收入的一定比例计算,属于可变租赁付款额,但该可变租赁付款额取决于设备的未来绩效而不是指数或比率,因而不纳入租赁负债的初始计量。在不存在其他租赁付款额的情况下,该租赁合同的租赁负债初始计量金额为0。后续计量时,承租人应将按照设备运营收入80%计算的可变租赁付款额计入A产品成本。

**(二)使用权资产的后续计量**

1. 计量基础

在租赁期开始日后,承租人应当采用成本模式对使用权资产进行后续计量,即以成本减累计折旧及累计减值损失计量使用权资产。

承租人按照《企业会计准则第21号——租赁》有关规定重新计量租赁负债的,应当相应调整使用权资产的账面价值。

2. 使用权资产的折旧

承租人应当参照《企业会计准则第4号——固定资产》有关折旧规定,自租赁期开始日起对使用权资产计提折旧。使用权资产通常应自租赁期开始的当月计提折旧,当月计提确有困难的,为便于实务操作,企业也可以选择自租赁期开始的下月计提折旧,但应对同类使用权资产采取相同的折旧政策。计提的折旧金额应根据使用权资产的用途,计入相关资产的成本或者当期损益。

承租人在确定使用权资产的折旧方法时,应当根据与使用权资产有关的经济利益的预期实现方式作出决定。通常承租人按直线法对使用权资产计提折旧,其他折旧方法更能反映使用权资产有关经济利益预期实现方式的,应采用其他折旧方法。

承租人在确定使用权资产的折旧年限时,应遵循以下原则:承租人能够合理确定租赁期届满时取得租赁资产所有权的,应当在租赁资产剩余使用寿命内计提折旧;承租人无法合理确定租赁期届满时能够取得租赁资产所有权的,应当在租赁期与租赁资产剩余使用寿命两者孰短的期间内计提折旧。如果使用权资产的剩余使用寿命短于前两者,则应在使用权资产的剩余使用寿命内计提折旧。

3. 使用权资产的减值

在租赁期开始日后,承租人应当按照《企业会计准则第8号——资产减值》的规定,确定使用权资产是否发生减值,并对已识别的减值损失进行会计处理。使用权资产发生减值的,按应减记的金额,借记"资产减值损失"科目,贷记"使用权资产减值准备"科目。使用权资产减值准备一旦计提,不得转回。承租人应当按照扣除减值损失之后的使用权资产的账面价值,进行后续折旧。

企业执行《企业会计准则第21号——租赁》后,《企业会计准则第13号——或有事项》有关亏损合同的规定仅适用采用短期租赁和低价值资产租赁简化处理方法的租赁合同,以及在租赁开始日前已是亏损合同的租赁合同,不再适用其他租赁合同。

4. 承租人发生的租赁资产改良支出及其导致的预计复原支出的会计处理

对于承租人为拆卸及移除租赁资产、复原租赁资产所在场地或将租赁资产恢复至租赁条款约定状态预计将发生的成本,属于为生产存货而发生的,适用《企业会计准则第1号——存货》,否则计入使用权资产的初始计量成本;承租人应当按照《企业会计准则第13号——或有事项》进行确认和计量。

承租人发生的租赁资产改良支出不属于使用权资产，应当记入“长期待摊费用”科目。对于由租赁资产改良导致的预计复原支出，属于为生产存货而发生的，适用《企业会计准则第 1 号——存货》，并按照《企业会计准则第 13 号——或有事项》进行确认和计量。

**（三）租赁变更的会计处理**

租赁变更是指原合同条款之外的租赁范围、租赁对价、租赁期限的变更，包括增加或终止一项或多项租赁资产的使用权，延长或缩短合同规定的租赁期等。租赁变更生效日是指双方就租赁变更达成一致的日期。

1. 租赁变更作为一项单独租赁处理

租赁发生变更且同时符合下列条件的，承租人应当将该租赁变更作为一项单独租赁进行会计处理：

（1）该租赁变更通过增加一项或多项租赁资产的使用权而扩大了租赁范围。

（2）增加的对价与租赁范围扩大部分的单独价格按该合同情况调整后的金额相当。

2. 租赁变更未作为一项单独租赁处理

租赁变更未作为一项单独租赁进行会计处理的，在租赁变更生效日，承租人应当按照《企业会计准则第 21 号——租赁》有关租赁分拆的规定对变更后合同的对价进行分摊；按照《企业会计准则第 21 号——租赁》有关租赁期的规定确定变更后的租赁期；并采用变更后的折现率对变更后的租赁付款额进行折现，以重新计量租赁负债。在计算变更后租赁付款额的现值时，承租人应当采用剩余租赁期间的租赁内含利率作为折现率；无法确定剩余租赁期间的租赁内含利率的，应当采用租赁变更生效日的承租人增量借款利率作为折现率。

就上述租赁负债调整的影响，承租人应区分以下情形进行会计处理：

（1）租赁变更导致租赁范围缩小或租赁期缩短的，承租人应当调减使用权资产的账面价值，以反映租赁的部分终止或完全终止。承租人应将部分终止或完全终止租赁的相关利得或损失计入当期损益。

（2）其他租赁变更，承租人应当相应调整使用权资产的账面价值。

值得注意的是，租赁变更导致租赁期缩短至 1 年以内的，承租人应当调减使用权资产的账面价值，部分终止租赁的相关利得或损失记入“资产处置损益”科目。企业不得改按短期租赁进行简化处理或追溯调整。

## 三、短期租赁和低价值资产租赁

对于短期租赁和低价值资产租赁，承租人可以选择不确认使用权资产和租赁负债。作出该选择的，承租人应当将短期租赁和低价值资产租赁的租赁付款额，在租赁期内各个期间按照直线法或其他系统合理的方法计入相关资产成本或当期损益。其他系统合理的方法能够更好地反映承租人的受益模式的，承租人应当采用该方法。

**（一）短期租赁**

短期租赁是指在租赁期开始日，租赁期不超过 12 个月（1 年）的租赁。

当承租人与出租人签订租赁期为 1 年的租赁合同时，不能简单认为该租赁的租赁期为 1 年，而应当基于所有相关事实和情况判断可强制执行合同的期间以及是否存在实质续租、终止等选择权以合理确定租赁期。如果历史上承租人与出租人之间存在逐年续签的惯例或者承租人与出租人互为关联方，则尤其应当谨慎确定租赁期。企业在考虑所有相关事实和情况后确定租赁期为1年的，其他会计估计应与此一致。例如，与该租赁相关的租赁资产改良支出、初始直接费用等，应当在1年内以直线法或其他系统合理的方法进行摊销。包含购买选择权的租赁，即使租赁期不超过12个月，也不属于短期租赁。

对于短期租赁，承租人可以按照租赁资产的类别作出采用简化会计处理的选择。如果承租人对某类租赁资产作出了简化会计处理的选择，则未来该类资产下所有的短期租赁都应采用简化会计处理。某类租赁资产是指企业运营中具有类似性质和用途的一组租赁资产。

按照简化会计处理的短期租赁发生租赁变更或者其他原因导致租赁期发生变化的，承租人应当将其视为一项新租赁，重新按照上述原则判断该项新租赁是否可以选择简化会计处理。

**【例11-13】** 承租人与出租人签订了一份租赁合同，约定不可撤销期间为9个月，且承租人拥有5个月的续租选择权。在租赁期开始日，承租人判断可以合理确定将行使续租选择权，因为续租期的月租赁付款额明显低于市场价格。在此情况下，承租人确定租赁期为14个月，不属于短期租赁，承租人不能选择上述简化会计处理。

### （二）低价值资产租赁

低价值资产租赁是指单项租赁资产为全新资产时价值较低的租赁。承租人在判断是否是低价值资产租赁时，应基于租赁资产的全新状态下的价值进行评估，不应考虑资产已被使用的年限。

对于低价值资产租赁，承租人可根据每项租赁的具体情况作出简化会计处理选择。低价值资产同时还应满足以下条件，即只有承租人能够从单独使用该低价值资产或将其与承租人易于获得的其他资源一起使用中获利，且该项资产与其他租赁资产没有高度依赖或高度关联关系时，才能对该资产租赁选择进行简化会计处理。

低价值资产租赁的标准应该是一个绝对金额，即仅与资产全新状态下的绝对价值有关，不受承租人规模、性质等影响，也不考虑该资产对于承租人或相关租赁交易的重要性。常见的低价值资产的例子包括平板电脑、普通办公家具、电话等小型资产。但是，如果承租人已经或者预期要把相关资产进行转租赁，则不能将原租赁按照低价值资产租赁进行简化会计处理。值得注意的是，符合低价值资产租赁的，也并不代表承租人若采取购入方式取得该资产时，该资产不符合固定资产确认条件。

# 第三节　出租人的会计处理

## 一、出租人的租赁分类

### （一）融资租赁和经营租赁

出租人应当在租赁开始日将租赁分为融资租赁和经营租赁。

租赁开始日是指租赁合同签署日与租赁各方就主要租赁条款作出承诺日中的较早者。租赁开始日可能早于租赁期开始日，也可能与租赁期开始日重合。

基于实质重于形式原则，一项租赁属于融资租赁还是经营租赁取决于交易的实质，而不是合同的形式。如果一项租赁实质上转移了与租赁资产所有权有关的几乎全部风险和报酬，则出租人应当将该项租赁分类为融资租赁。出租人应当将除融资租赁以外的其他租赁分类为经营租赁。

出租人的租赁分类是以租赁转移与租赁资产所有权相关的风险和报酬的程度为依据的。风险包括由于生产能力的闲置或技术陈旧可能造成的损失，以及由于经济状况的改变可能造成的回报变动。报酬可以表现为在租赁资产的预期经济寿命期间经营的盈利及因增值或残值变现可能产生的利得。

租赁开始日后，除非发生租赁变更，否则出租人无须对租赁的分类进行重新评估。租赁资产预计使用寿命、预计余值等会计估计变更，承租人按照原合同条款行使续租选择权或终止租赁选择权导致租赁期变化或发生承租人违约等情况变化的，出租人不对租赁进行重分类。

租赁合同可能包括因租赁开始日与租赁期开始日之间发生的特定变化而需对租赁付款额进行调整的条款与条件(例如，出租人标的资产的成本发生变动，或出租人对该租赁的融资成本发生变动)。在此情况下，出于租赁分类目的，此类变动的影响均视为在租赁开始日已发生。

**(二) 融资租赁的分类标准**

一项租赁存在下列一种或多种情形的，通常分类为融资租赁：

(1) 在租赁期届满时，租赁资产的所有权转移给承租人。即如果在租赁协议中已经约定，或者根据其他条件，在租赁开始日就可以合理地判断，租赁期届满时出租人会将资产的所有权转移给承租人，那么该项租赁通常分类为融资租赁。

(2) 承租人有购买租赁资产的选择权，所订立的购买价款预计将远低于行使选择权时租赁资产的公允价值，因而在租赁开始日就可以合理确定承租人将行使该选择权。

(3) 资产的所有权虽然不转移，但租赁期占租赁资产使用寿命的大部分。在会计实务中，这里的“大部分”一般是指租赁期占租赁开始日租赁资产使用寿命的75%以上(含75%)。需要说明的是，这里的量化标准只是指导性标准，企业在具体运用时，必须以企业会计准则规定的相关条件进行综合判断。这条标准强调的是租赁期占租赁资产使用寿命的比例，而非租赁期占该项资产全部可使用年限的比例。如果租赁资产是旧资产，在租赁前已使用年限超过资产自全新时起算可使用年限的75%以上，则这条判断标准不适用不能使用这条标准确定租赁的分类。

(4) 在租赁开始日，租赁收款额的现值几乎相当于租赁资产的公允价值。在会计实务中，这里的“几乎相当于”，通常掌握在90%以上。需要说明的是，这里的量化标准只是指导性标准，企业在具体运用时，必须根据企业会计准则规定的相关条件进行综合判断。

(5) 租赁资产性质特殊，如果不作较大改造，则只有承租人才能使用。租赁资产是由出租人根据承租人对资产型号、规格等方面的特殊要求专门购买或建造的，具有专购、专用性质。这些租赁资产如果不作较大的重新改造，则其他企业通常难以使用。在这种情况下，通常也分类为融资租赁。

一项租赁存在下列一项或多项迹象的，也可能分类为融资租赁：

(1) 若承租人撤销租赁,撤销租赁对出租人造成的损失由承租人承担。

(2) 资产余值的公允价值波动所产生的利得或损失归属于承租人。例如,租赁结束时,出租人以相当于资产销售收益的绝大部分金额作为对租金的退还,说明承租人承担了租赁资产余值的几乎所有风险和报酬。

承租人有能力以远低于市场水平的租金继续租赁至下一期间。此经济激励政策与购买选择权类似,如果续租选择权行权价远低于市场水平,则可以合理确定承租人将继续租赁至下一期间。

值得注意的是,出租人判断租赁类型时,上述情形和迹象并非总是决定性的,而是应综合考虑经济激励的有利方面和不利方面。若有其他特征充分表明,租赁实质上没有转移与租赁资产所有权相关的几乎全部风险和报酬,则该租赁应分类为经营租赁。例如,若租赁资产的所有权在租赁期结束时是以相当于届时其公允价值的可变付款额转让至承租人,或者存在可变租赁付款额导致出租人实质上没有转移几乎全部风险和报酬,就可能出现这种情况。

## 二、出租人对融资租赁的会计处理

### (一) 融资租赁的初始计量

在租赁期开始日,出租人应当对融资租赁确认应收融资租赁款,并终止确认融资租赁资产。出租人对应收融资租赁款进行初始计量时,应当以租赁投资净额作为应收融资租赁款的入账价值。

租赁投资净额为未担保余值和租赁期开始日尚未收到的租赁收款额按照租赁内含利率折现的现值之和。

租赁内含利率是指使出租人的租赁收款额的现值与未担保余值的现值之和(即租赁投资净额)等于租赁资产公允价值与出租人的初始直接费用之和的利率。因此,出租人发生的初始直接费用包括在租赁投资净额中,亦即包括在应收融资租赁款的初始入账价值中。

租赁收款额是指出租人因让渡在租赁期内使用租赁资产的权利而应向承租人收取的款项,包括以下部分:

(1) 承租人需支付的固定付款额及实质固定付款额。存在租赁激励的,应当扣除租赁激励相关金额。

(2) 取决于指数或比率的可变租赁付款额。该款项在初始计量时根据租赁期开始日的指数或比率确定。

(3) 购买选择权的行权价格,前提是合理确定承租人将行使该选择权。

(4) 承租人行使终止租赁选择权需支付的款项,前提是租赁期反映出承租人将行使终止租赁选择权。

(5) 由承租人、与承租人有关的一方以及有经济能力履行担保义务的独立第三方向出租人提供的担保余值。

需要说明的是,出租人向承租人收取的款项中包含增值税的,该增值税不属于租赁收款额的范畴,不应纳入应收融资租赁款的计量。出租人为确保承租人履行合同相关义务收取租赁保证金的,该租赁保证金不属于出租人的租赁收款额,出租人应当将其作为单独的负债进行会计处理，不应冲减应收融资租赁款。

**【例 11-14】** 2×19 年 12 月 1 日，甲公司与乙公司签订了一份租赁合同，从乙公司租入塑钢机一台。租赁合同主要条款如下：

(1) 租赁资产：全新塑钢机。

(2) 租赁期开始日：2×20 年 1 月 1 日。

(3) 租赁期：2×20 年 1 月 1 日至 2×25 年 12 月 31 日，共 72 个月。

(4) 固定租金支付：自 2×20 年 1 月 1 日，每年年末支付租金 160 000 元。如果甲公司能够在每年年末的最后一天及时付款，则给予减少租金 10 000 元的奖励。

(5) 取决于指数或比率的可变租赁付款额：租赁期限内，如遇中国人民银行贷款基准利率调整，出租人将对租赁利率作出同方向、同幅度的调整。基准利率调整日之前各期和调整日当期租金不变，从下一期租金开始按调整后的租金金额收取。

(6) 租赁开始日租赁资产的公允价值：该机器在 2×19 年 12 月 31 日的公允价值为 700 000 元，账面价值为 600 000 元。

(7) 初始直接费用：在签订租赁合同过程中乙公司发生可归属于租赁项目的手续费、佣金 10 000 元。

(8) 承租人的购买选择权：租赁期届满时，甲公司享有优惠购买该机器的选择权，购买价为 20 000 元，估计该日租赁资产的公允价值为 80 000 元。

(9) 取决于租赁资产绩效的可变租赁付款额：2×21 年和 2×22 年 2 年，甲公司每年按该机器所生产的产品——塑钢窗户的年销售收入的 5%向乙公司支付。

(10) 承租人的终止租赁选择权：甲公司享有终止租赁选择权。在租赁期间，如果甲公司终止租赁，则需支付的款项为剩余租赁期间的固定租金支付金额。

(11) 担保余值和未担保余值均为 0。

(12) 全新塑钢机的使用寿命为 7 年。

**分析：**出租人乙公司的会计处理如下：

第一步，判断租赁类型。

本例存在优惠购买选择权，优惠购买价 20 000 元远低于行使选择权日租赁资产的公允价值 80 000 元，因此在 2×19 年 12 月 31 日就可合理确定甲公司将会行使这种选择权。另外，在本例中，租赁期 6 年，占租赁开始日租赁资产使用寿命的 86%（占租赁资产使用寿命的大部分）。同时，乙公司综合考虑其他各种情形和迹象，认为该租赁实质上转移了与该项设备所有权有关的几乎全部风险和报酬，因此将这项租赁认定为融资租赁。

第二步，确定租赁收款额。

(1) 承租人的固定付款额为考虑扣除租赁激励后的金额。承租人的固定付款额为 900 000 元[(160 000－10 000)×6]。

(2) 取决于指数或比率的可变租赁付款额。该款项在初始计量时根据租赁期开始日的指数或比率确定，因此本例在租赁期开始日不作考虑。

(3) 承租人购买选择权的行权价格。租赁期届满时，甲公司享有优惠购买该机器的选择权，购买价为 20 000 元，估计该日租赁资产的公允价值为 80 000 元。优惠购买价 20 000 元远低于行使选择权日租赁资产的公允价值，因此在 2×19 年 12 月 31 日就可合理确定甲公司将会行使这种选择权。

结论：租赁付款额中应包括承租人购买选择权的行权价格 20 000 元。

(4) 终止租赁的罚款。虽然甲公司享有终止租赁选择权，但若终止租赁，则甲公司需支付的款项为剩余租赁期间的固定租金支付金额。

结论：根据上述条款，可以合理确定甲公司不会行使终止租赁选择权。

(5) 由承租人向出租人提供的担保余值：甲公司向乙公司提供的担保余值为 0。

综上所述，租赁收款额为 920 000 元(900 000＋20 000)。

第三步，确认租赁投资总额。

租赁投资总额＝在融资租赁下出租人应收的租赁收款额＋未担保余值

＝920 000＋0＝920 000(元)

第四步，确认租赁投资净额的金额和未实现融资收益。

租赁投资净额＝租赁资产在租赁期开始日的公允价值＋出租人发生的租赁初始直接费用

＝700 000＋10 000＝710 000(元)

未实现融资收益＝租赁投资总额－租赁投资净额

＝920 000－710 000＝210 000(元)

第五步，计算租赁内含利率。

租赁内含利率是使租赁投资总额的现值(即租赁投资净额)等于租赁资产在租赁开始日的公允价值与出租人的初始直接费用之和的利率。

在本例中列出公式 $150\,000\times(P/A,r,6)+20\,000\times(P/F,r,6)=710\,000$，计算得到租赁的内含利率为 7.82%。

第六步，账务处理。

2×20 年 1 月 1 日：

| | | |
|---|---|---|
| 借：应收融资租赁款——租赁收款额 | 920 000 | |
| 　　贷：银行存款 | | 10 000 |
| 　　　　融资租赁资产 | | 600 000 |
| 　　　　资产处置损益 | | 100 000 |
| 　　　　应收融资租赁款——未实现融资收益 | | 210 000 |

若某融资租赁合同必须以收到租赁保证金为生效条件，则出租人收到承租人交来的租赁保证金，借记“银行存款”科目，贷记“其他应收款——租赁保证金”(或“其他应付款——租赁保证金”)科目。承租人到期不交租金，以保证金抵作租金时，借记“其他应收款——租赁保证金”(或“其他应付款——租赁保证金”)科目，贷记“应收融资租赁款”科目。承租人违约，按租赁合同或协议规定没收保证金时，借记“其他应收款——租赁保证金”(或“其他应付款——租赁保证金”)科目，贷记“营业外收入”等科目。

**(二) 融资租赁的后续计量**

出租人应当按照固定的周期性利率计算并确认租赁期内各个期间的利息收入。

**【例 11-15】** 承[例 11-14]，以下说明出租人如何确认计量租赁期内各期间的利息收入。

**分析：**

第一步，计算租赁期内各期的利息收入，如表 11-3 所示。

表 11-3　　租赁期内各期的利息收入　　单位：元

| 日期<br>① | 租金<br>② | 确认的利息收入<br>③＝期初④×7.82% | 租赁投资净额余额<br>期末④＝期初④－②＋③ |
|---|---|---|---|
| 2×20 年 1 月 1 日 | | | 710 000 |
| 2×20 年 12 月 31 日 | 150 000 | 55 522 | 615 522 |
| 2×21 年 12 月 31 日 | 150 000 | 48 134 | 513 656 |
| 2×22 年 12 月 31 日 | 150 000 | 40 168 | 403 824 |
| 2×23 年 12 月 31 日 | 150 000 | 31 579 | 285 403 |
| 2×24 年 12 月 31 日 | 150 000 | 22 319 | 157 722 |
| 2×25 即 12 月 31 日 | 150 000 | 12 278* | 20 000 |
| 2×25 年 12 月 31 日 | 20 000 | | |
| 合计 | 920 000 | 210 000 | |

注：* 作尾数调整，12 278＝150 000＋20 000－157 722。

第二步，会计分录：

2×20 年 12 月 31 日收到第一期租金时：

借：银行存款　150 000
　　贷：应收融资租赁款——租赁收款额　150 000

借：应收融资租赁款——未实现融资收益　55 522
　　贷：租赁收入　55 522

2×21 年 12 月 31 日收到第二期租金时：

借：银行存款　150 000
　　贷：应收融资租赁款——租赁收款额　150 000

借：应收融资租赁款——未实现融资收益　48 134
　　贷：租赁收入　48 134

纳入出租人租赁投资净额的可变租赁付款额只包含取决于指数或比率的可变租赁付款额。在初始计量时，应当采用租赁期开始日的指数或比率进行初始计量。出租人应定期复核计算租赁投资总额时所使用的未担保余值。若预计未担保余值降低，则出租人应修改租赁期内的收益分配，并立即确认预计的减少额。

出租人取得的未纳入租赁投资净额计量的可变租赁付款额，如与资产的未来绩效或使用情况挂钩的可变租赁付款额，应当在实际发生时计入当期损益。

**（三）融资租赁变更的会计处理**

融资租赁发生变更且同时符合下列条件的，出租人应当将该变更作为一项单独租赁进行会计处理：

(1) 该变更通过增加一项或多项租赁资产的使用权而扩大了租赁范围。

(2) 增加的对价与租赁范围扩大部分的单独价格按该合同情况调整后的金额相当。

如果融资租赁的变更未作为一项单独租赁进行会计处理，且满足假如变更在租赁开始日生效，该租赁会被分类为经营租赁条件的，则出租人应当自租赁变更生效日开始将其作为一项新租赁进行会计处理，并以租赁变更生效日前的租赁投资净额作为租赁资产的账面价值。

**【例 11-16】** 承租人就某套机器设备与出租人签订了一项为期 5 年的租赁，构成融资租赁。合同规定，每年年末承租人向出租人支付租金 10 000 元，租赁期开始日，出租资产公允价值为 37 908 元。按照公式 $10\,000\times(P/A,r,5)=37\,908$，计算得出租赁内含利率为 10%，租赁收款额为 50 000 元，未实现融资收益为 12 092 元。在第 2 年年初，承租人和出租人同意对原租赁进行修改，缩短租赁期限到第 3 年年末，每年支付租金时点不变，租金总额从 50 000 元变更到 33 000 元。假设本例不涉及未担保余值、担保余值、终止租赁罚款等。

**分析：** 在本例中，如果原租赁期限设定为 3 年，在租赁开始日，租赁被分类为经营租赁，那么，在租赁变更生效日，即第 2 年年初，出租人将租赁投资净额余额 31 699 元（37 908＋37 908×10%－10 000）作为该套机器设备的入账价值，并从第 2 年年初开始，作为一项新的经营租赁（2 年租赁期，每年年末收取租金 11 500 元）进行会计处理。

第 2 年年初会计分录如下：

| | | |
|---|---|---|
| 借：固定资产 | 31 699 | |
| 　　应收融资租赁款——未实现融资收益（12 092－37 908×10%） | 8 301 | |
| 　贷：应收融资租赁款——租赁收款额（50 000－10 000） | | 40 000 |

如果融资租赁的变更未作为一项单独租赁进行会计处理，且满足假如变更在租赁开始日生效，该租赁会被分类为融资租赁条件的，则出租人应当按照《企业会计准则第 22 号——金融工具确认和计量》中关于修改或重新议定合同的规定进行会计处理。即修改或重新议定租赁合同，未导致应收融资租赁款终止确认，但导致未来现金流量发生变化的，应当重新计算该应收融资租赁款的账面余额，并将相关利得或损失计入当期损益。重新计算应收融资租赁款账面余额时，应当根据重新议定或修改的租赁合同现金流量，按照应收融资租赁款的原折现率或按照《企业会计准则第 24 号——套期会计》的规定重新计算的折现率（如适用）折现的现值确定。对于修改或重新议定租赁合同所产生的所有成本和费用，企业应当调整修改后的应收融资租赁款的账面价值，并在修改后的应收融资租赁款的剩余期限内进行摊销。

## 三、出租人对经营租赁的会计处理

1. 租金的处理

在租赁期内各个期间，出租人应采用直线法或者其他系统合理的方法，将经营租赁的租赁收款额确认为租金收入。如果其他系统合理的方法能够更好地反映因使用租赁资产所产生经济利益的消耗模式的，则出租人应采用该方法。

2. 出租人对经营租赁提供激励措施

出租人提供免租期的，出租人应将租金总额在不扣除免租期的整个租赁期内，按直线法或其他合理的方法进行分配，免租期内应当确认租金收入。出租人承担了承租人某些费用的，出租人应将该费用自租金收入总额中扣除，按扣除后的租金收入余额在租赁期内进行分配。

3. 初始直接费用

出租人发生的与经营租赁有关的初始直接费用应当资本化至租赁标的资产的成本，在租赁期内按照与租金收入相同的确认基础分期计入当期损益。

4. 折旧和减值

对于经营租赁资产中的固定资产，出租人应当采用类似资产的折旧政策计提折旧；对于其他经营租赁资产，应当根据该资产适用的企业会计准则，采用系统合理的方法进行摊销。

出租人应当按照《企业会计准则第 8 号——资产减值》的规定，确定经营租赁资产是否发生减值，并对已识别的减值损失进行会计处理。

5. 可变租赁付款额

出租人取得的与经营租赁有关的可变租赁付款额，如果是与指数或比率挂钩的，则应在租赁期开始日计入租赁收款额；除此之外的，应当在实际发生时计入当期损益。

6. 经营租赁的变更

经营租赁发生变更的，出租人应自变更生效日开始，将其作为一项新的租赁进行会计处理，与变更前租赁有关的预收或应收租赁收款额视为新租赁的收款额。

## 第四节 特殊租赁业务的会计处理

### 一、转租赁的会计处理

在转租情况下，原租赁合同和转租赁合同通常都是单独协商的，交易对手也是不同的企业。企业会计准则要求转租出租人对原租赁合同和转租赁合同分别根据承租人和出租人的会计处理要求，进行会计处理。承租人在对转租赁进行分类时，转租出租人应基于原租赁中产生的使用权资产，而不是租赁资产(如作为租赁对象的不动产或设备)进行分类。原租赁资产不归转租出租人所有，原租赁资产也未计入其资产负债表。因此，转租出租人应基于其控制的资产(即使用权资产)进行会计处理。

原租赁为短期租赁，且转租出租人作为承租人已按照准则采用简化会计处理方法的，应将转租赁分类为经营租赁。

**【例 11-17】** 甲企业(原租赁承租人)与乙企业(原租赁出租人)就 8 000 平方米办公场所签订了一项为期 5 年的租赁(原租赁)。在第 3 年年初，甲企业将该 8 000 平方米办公场所转租给丙企业，期限为原租赁的剩余 3 年时间(转租赁)。假设不考虑初始直接费用。

**分析：**甲企业应基于原租赁形成的使用权资产对转租赁进行分类。在本例中，转租赁的期限覆盖了原租赁的所有剩余期限。综合考虑其他因素，甲企业判断其实质上转移了与该项使用权资产有关的几乎全部风险和报酬，甲企业将该项转租赁分类为融资租赁。

甲企业的会计处理为：

(1) 终止确认与原租赁相关且转给丙企业(转租承租人)的使用权资产，并确认转租赁投资净额。

(2) 将使用权资产与转租赁投资净额之间的差额确认为损益。

(3) 在资产负债表中保留原租赁的租赁负债，该负债代表应付原租赁出租人的租赁付款额。

在转租期间，中间出租人既要确认转租赁的融资收益，也要确认原租赁的利息费用。

## 二、生产商或经销商出租人的融资租赁会计处理

生产商或经销商通常为客户提供购买或租赁其产品或商品的选择。如果生产商或经销商出租其产品或商品构成融资租赁，则该交易产生的损益应相当于按照考虑适用的交易量或商业折扣后的正常售价直接销售标的资产所产生的损益。构成融资租赁的，生产商或经销商出租人在租赁期开始日，应当按照租赁资产公允价值与租赁收款额按市场利率折现的现值两者孰低来确认收入，并按照租赁资产账面价值扣除未担保余值的现值后的余额来结转销售成本，收入和销售成本的差额作为销售损益。

由于取得融资租赁所发生的成本主要与生产商或经销商赚取的销售利得相关，故生产商或经销商出租人应当在租赁期开始日将其计入损益。即与其他融资租赁出租人不同，生产商或经销商出租人取得融资租赁所发生的成本不属于初始直接费用，不计入租赁投资净额。

**【例 11-18】** 甲公司是一家设备生产商，其与乙公司(生产型企业)签订了一份租赁合同，向乙公司出租所生产的设备，合同主要条款如下：①租赁资产：设备 A；②租赁期：2×22 年 1 月 1 日至 2×24 年 12 月 31 日，共 3 年；③租金支付：自 2×22 年起每年年末支付年租金 1 000 000 元；④租赁合同规定的利率：5%(年利率)，与市场利率相同；⑤该设备于 2×22 年 1 月 1 日的公允价值为 2 700 000 元，账面价值为 2 000 000 元；⑥甲公司取得该租赁发生的相关成本为 5 000 元；⑦该设备于 2×22 年 1 月 1 日交付给乙公司，预计使用寿命为 8 年，无残值；租赁期届满时，乙公司可以 100 元购买该设备，预计租赁到期日该设备的公允价值不低于 1 500 000 元，乙公司对此金额提供担保；租赁期内该设备的保险、维修等费用均由乙公司自行承担。假设不考虑其他因素和各项税费影响。

**分析：** 第一步，判断租赁类型。在本例中租赁期满乙公司可以远低于租赁到期日租赁资产公允价值的金额购买租赁资产，甲公司认为其可以合理确定乙公司将行使购买选择权，综合考虑其他因素，与该项资产所有权有关的几乎所有风险和报酬已实质转移给乙公司，因此，甲公司将该租赁认定为融资租赁。

第二步，计算租赁期开始日租赁收款额按市场利率折现的现值，确定收入金额。

租赁收款额＝租金×期数＋购买价格＝1 000 000×3＋100＝3 000 100(元)

租赁收款额按市场利率折现的现值＝1 000 000×($P/A$,5%,3)＋100×($P/F$,5%,3)

＝2 723 286(元)

按照租赁资产公允价值与租赁收款额按市场利率折现的现值两者孰低的原则，确认收入为 2 700 000 元。

第三步，计算租赁资产账面价值扣除未担保余值的现值后的余额，确定销售成本金额。

销售成本＝账面价值－未担保余值的现值＝2 000 000－0＝2 000 000(元)

第四步，会计分录：

2×22 年 1 月 1 日(租赁期开始日)：

借：应收融资租赁款——租赁收款额　　3 000 100
　　贷：主营业务收入　　2 700 000
　　　　应收融资租赁款——未实现融资收益　　300 100

借：主营业务成本　　2 000 000
　　贷：存货　　2 000 000

借：销售费用　　5 000
　　贷：银行存款　　5 000

甲公司在确定营业收入和租赁投资净额(即应收融资租赁款)时，基于租赁资产的公允价值，因此，甲公司需要根据租赁收款额、未担保余值和租赁资产公允价值重新计算租赁内含利率。

即 $1\,000\,000\times(P/A,r,3)+100\times(P/F,r,3)=2\,700\,000$，$r=5.460\,6\%\approx5.46\%$，计算租赁期内各期分摊的融资收益如表 11-4 所示。

**表 11-4　　租赁期内各期分摊融资收益**　　单位：元

| 日期 | 收取租赁款额 | 确认的融资收入 | 应收租赁款减少额 | 应收租赁款净额 |
|---|---|---|---|---|
| | ① | ②＝期初④×5.460 6% | ③＝①－② | 期末④＝期初④－③ |
| 2×22 年 1 月 1 日 | | | | 2 700 000 |
| 2×22 年 12 月 31 日 | 1 000 000 | 147 436 | 852 564 | 1 847 436 |
| 2×23 年 12 月 31 日 | 1 000 000 | 100 881 | 899 119 | 948 317 |
| 2×24 年 12 月 31 日 | 1 000 000 | 51 783* | 948 217* | 100 |
| 2×24 年 12 月 31 日 | 100 | | 100 | |
| 合计 | 3 000 100 | 300 100 | 2 700 000 | |

注：* 作尾数调整：51 783＝1 000 000－948 217；948 217＝948 317－100。

2×22 年 12 月 31 日：

借：应收融资租赁款——未实现融资收益　　147 436
　　贷：租赁收入　　147 436

借：银行存款　　1 000 000
　　贷：应收融资租赁款——租赁收款额　　1 000 000

2×23 年 12 月 31 日和 2×24 年 12 月 31 日的会计分录略。

为吸引客户，生产商或经销商出租人有时以较低利率报价。使用该利率会导致出租人在租赁期开始日确认的收入偏高。在这种情况下，生产商或经销商出租人应当将销售利得限制为采用市场利率所能取得的销售利得。

## 三、售后租回交易的会计处理

若企业(卖方兼承租人)将资产转让给其他企业(买方兼出租人)，并从买方兼出租人租回该项资产，则卖方兼承租人和买方兼出租人均应按照售后租回交易的规定进行会计处理。企业应当按照《企业会计准则第 14 号——收入》的规定，评估确定售后租回交易中的资产转让是否属于销售，并区别进行会计处理。

在标的资产的法定所有权转移给出租人并将资产租赁给承租人之前，承租人可能会先获得标的资产的法定所有权。但是，是否具有标的资产的法定所有权本身并非会计处理的决定性因素。如果承租人在资产转移给出租人之前已经取得对标的资产的控制，则该交易属于售后租回交易。然而，如果承租人未能在资产转移给出租人之前取得对标的资产的控制，那么即便承租人在资产转移给出租人之前先获得标的资产的法定所有权，该交易也不属于售后租回交易。

**（一）售后租回交易中的资产转让属于销售**

卖方兼承租人应当按原资产账面价值中与租回获得的使用权有关的部分，计量售后租回所形成的使用权资产，并仅就转让至买方兼出租人的权利确认相关利得或损失。买方兼出租人根据其他适用的企业会计准则对资产购买进行会计处理，并根据新租赁准则对资产出租进行会计处理。

如果销售对价的公允价值与资产的公允价值相同，或者出租人未按市场价格收取租金，则企业应当进行以下调整：

（1）销售对价低于市场价格的款项作为预付租金进行会计处理。

（2）销售对价高于市场价格的款项作为买方兼出租人向卖方兼承租人提供的额外融资进行会计处理。同时，承租人按照公允价值调整相关销售利得或损失，出租人按市场价格调整租金收入。

在进行上述调整时，企业应当按以下两者中较易确定者进行：

（1）销售对价的公允价值与资产的公允价值的差异。

（2）合同付款额的现值与按市场租金计算的付款额的现值的差异。

卖方兼承租人在对售后租回所形成的租赁负债按照《企业会计准则第 21 号——租赁》的规定进行后续计量时，确定租赁付款额或变更后租赁付款额的方式不得导致其确认与租回所获得的使用权有关的利得或损失，即使该租赁付款额或变更后租赁付款额包含不取决于指数或比率的可变租赁付款额。但租赁变更导致租赁范围缩小或租赁期缩短的，承租人仍应按规定将部分终止或完全终止租赁的相关利得或损失计入当期损益。

**（二）售后租回交易中的资产转让不属于销售**

卖方兼承租人不终止确认所转让的资产，而应当将收到的现金作为金融负债，并按照《企业会计准则第 22 号——金融工具确认和计量》进行会计处理。买方兼出租人不确认被转让资产，而应当将支付的现金作为金融资产，并按照《企业会计准则第 22 号——金融工具确认和计量》进行会计处理。

**（三）售后租回交易示例**

1. 售后租回交易中的资产转让不属于销售

**【例 11-19】** 甲公司（卖方兼承租人）以 24 000 000 元的价格向乙公司（买方兼出租人）出售一栋建筑物，款项已收存银行。交易前该建筑物的账面原价是 24 000 000 元，累计折旧是 4 000 000 元。与此同时，甲公司与乙公司签订了合同，取得了该建筑物 18 年的使用权（全部剩余使用年限为 40 年），年租金为 2 000 000 元，于每年年末支付，租赁期满时，甲公司将以 100 元购买该建筑物。根据交易的条款和条件，甲公司转让建筑物不满足《企业会计准则第 14 号——收入》中关于销售成立的条件。假设不考虑初始直接费用和各项税费的影响。该建筑物在销售当日的公允价值为 36 000 000 元。

**分析：** 在租赁期开始日，甲公司对该交易的会计处理如下：

借：银行存款 24 000 000
　贷：长期应付款 24 000 000

在租赁期开始日，乙公司对该交易的会计处理如下：

借：长期应收款 24 000 000
　贷：银行存款 24 000 000

2. 售后租回交易中的资产转让属于销售

**【例 11-20】** 甲公司(卖方兼承租人，非金融企业)以 40 000 000 元的价格向乙公司(买方兼出租人，非金融企业)出售一栋建筑物，款项已收存银行。交易前该建筑物的账面原价是 24 000 000 元，累计折旧是 4 000 000 元。与此同时，甲公司与乙公司签订了合同，取得了该建筑物 18 年的使用权(全部剩余使用年限为 40 年)，年租金为 2 400 000 元，于每年年末支付。根据交易的条款和条件，甲公司转让建筑物符合《企业会计准则第 14 号——收入》中关于销售成立的条件。假设不考虑初始直接费用和各项税费的影响。该建筑物在销售当日的公允价值为 36 000 000 元。

**分析：** 由于该建筑物的销售对价并非公允价值，甲公司和乙公司分别进行了调整，以按照公允价值计量销售收益和租赁应收款。超额售价 4 000 000 元(40 000 000－36 000 000)作为乙公司向甲公司提供的额外融资进行确认。

甲公司和乙公司均确定租赁内含年利率为 4.5%。年付款额现值为 29 183 980 元(年付款额 2 400 000 元，共 18 期，按每年 4.5%进行折现)，其中，4 000 000 元与额外融资相关，25 183 980 元与租赁相关(分别对应年付款额 328 948 元和 2 071 052 元)，具体计算过程如下：

年付款额现值＝2 400 000×($P/A$，4.5%，18)＝29 183 980(元)

额外融资年付款额＝4 000 000÷29 183 980×2 400 000＝328 948(元)

租赁相关年付款额＝2 400 000－328 948＝2 071 052(元)

(1) 在租赁期开始日，甲公司对该交易的会计处理如下：

第一步，按租回获得的使用权部分占该建筑物的原账面金额的比例，计算售后租回所形成的使用权资产。

$$使用权资产=\frac{该建筑物的}{账面价值}\times\frac{18年使用权资产的}{租赁付款额现值}\div\frac{该建筑物的}{公允价值}$$

$$=(24\,000\,000-4\,000\,000)\times25\,183\,980\div36\,000\,000=13\,991\,100(元)$$

第二步，计算与转让至乙公司的权利相关的利得。

出售该建筑物的全部利得＝36 000 000－20 000 000＝16 000 000(元)

其中：

(a) 与该建筑物使用权相关利得＝16 000 000×(25 183 980÷36 000 000)＝11 192 880(元)

(b) 与转让至乙公司的权利相关的利得＝16 000 000－(a)

＝16 000 000－11 192 880＝4 807 120(元)

第三步，会计分录：

与额外融资相关：

借：银行存款 4 000 000
　贷：长期应付款 4 000 000

与租赁相关：

| | | |
|---|---|---|
| 借：银行存款 | 36 000 000 | |
| 使用权资产 | 13 991 100 | |
| 累计折旧——建筑物 | 4 000 000 | |
| 租赁负债——未确认融资费用 | 12 094 956 | |
| 贷：固定资产——建筑物——原值 | | 24 000 000 |
| 租赁负债——租赁付款额 | | 37 278 936 |
| 资产处置损益 | | 4 807 120 |

分录中“租赁负债——租赁付款额”的金额为甲公司年付款2 400 000元中的2 071 052元。后续甲公司支付的年付款额2 400 000元中的2 071 052元作为租赁付款额处理。328 948元作为以下两项进行会计处理：结算金融负债4 000 000元而支付的款项；利息费用。以第1年年末为例：

| | | |
|---|---|---|
| 借：租赁负债——租赁付款额 | 2 071 052 | |
| 长期应付款 | 148 948 | |
| 财务费用——利息支出 | 1 313 279 | |
| 贷：租赁负债——未确认融资费用 | | 1 133 279 |
| 银行存款 | | 2 400 000 |

其中：

利息费用＝25 183 980×4.5%＋4 000 000×4.5%＝1 133 279＋180 000＝1 313 279(元)

长期应付款减少额＝328 948－180 000＝148 948(元)

(2) 综合考虑租期占该建筑物剩余使用年限的比例等因素，乙公司将该建筑物的租赁分类为经营租赁。

在租赁期开始日，乙公司对该交易的会计处理如下：

| | | |
|---|---|---|
| 借：固定资产——建筑物 | 36 000 000 | |
| 长期应收款 | 4 000 000 | |
| 贷：银行存款 | | 40 000 000 |

租赁期开始日之后，乙公司将从甲公司处年收款额2 400 000元中的2 071 052元作为租赁收款额进行会计处理。从甲公司处年收款额中的其余328 948元作为以下两项进行会计处理：结算金融资产4 000 000元而收到的款项；利息收入。以第1年年末为例：

| | | |
|---|---|---|
| 借：银行存款 | 2 400 000 | |
| 贷：租赁收入 | | 2 071 052 |
| 财务费用——利息收入 | | 180 000 |
| 长期应收款 | | 148 848 |

**练习题**

# 第十二章

# 持有待售的非流动资产、处置组和终止经营

课程思政

## 本章导读

阅读本章，学生需注意以下问题：

(1) 持有待售的非流动资产、处置组属于流动资产。

(2) 持有待售的非流动资产、处置组在划分为持有待售前和划分为持有待售后均适用其他准则，仅在划分为持有待售时适用《企业会计准则第42号——持有待售的非流动资产、处置组和终止经营》。

(3) 终止经营是和持续经营相对的。终止经营不能再为企业带来收益，为了不误导信息相关者的决策，需要将终止经营损益与持续经营损益予以严格区分。

本章根据2017年5月28日施行的《企业会计准则第42号——持有待售的非流动资产、处置组和终止经营》编写。

## 本章导图

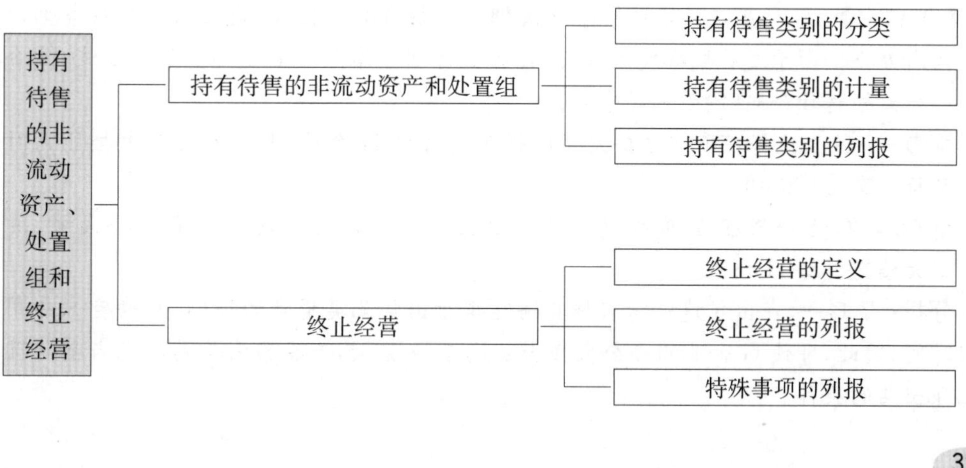

# 第一节　持有待售的非流动资产和处置组

## 一、持有待售类别的分类

### (一) 持有待售类别分类的基本要求

1. 分类原则

企业主要通过出售而非持续使用一项非流动资产或处置组收回其账面价值的，应当将其划分为持有待售类别。持有待售类别属于流动资产或流动负债。

处置组是指在一项交易中作为整体通过出售或其他方式一并处置的一组资产，以及在该交易中转让的与这些资产直接相关的负债。处置组中可能包含企业的任何资产和负债，如流动资产、流动负债、非流动资产和非流动负债。按照《企业会计准则第 8 号——资产减值》的规定，企业合并中取得的商誉应当按照合理的方法分摊至相关的资产组或资产组组合，如果处置组即为该资产组，或者包括在该资产组或资产组组合中，处置组也应当包含分摊的商誉。

对于符合持有待售类别划分条件但仍在使用的非流动资产或处置组，通过该资产或处置组的使用收回的价值相对于通过出售收回的价值是微不足道的，资产的账面价值仍然主要通过出售收回，因此企业不应当因持有待售的非流动资产或处置组仍在产生零星收入而不将其划分为持有待售类别。

非流动资产或处置组划分为持有待售类别，应当同时满足两个条件。

1) 可立即出售

根据类似交易中出售此类资产或处置组的惯例，在当前状况下即可立即出售。为满足该条件，企业应当具有在当前状态下出售该非流动资产或处置组的意图和能力。为了符合类似交易中出售此类资产或处置组的惯例，企业应当在出售前作好相关准备，例如，按照惯例允许买方在报价和签署合同前对资产进行尽职调查等。上面所述“出售”包括具有商业实质的非货币性资产交换。如果企业以非货币性资产交换形式换出非流动资产或处置组，且该交易具有商业实质，那么企业应当考虑相关非流动资产或处置组是否符合划分为持有待售类别的条件。

**【例 12-1】** G 企业在×市区繁华地段拥有一栋办公大楼，G 企业的主要业务部门均在该大楼内办公。由于发展战略发生改变，G 企业计划整体搬迁至 Y 市。G 企业与 H 企业签订了办公大楼转让合同，附带约定条款。

情形一：G 企业将在腾空办公大楼后将其交付给 H 企业，且腾空办公大楼所需时间是正常且符合交易惯例的。

情形二：G 企业将在 Y 市兴建的新办公大楼竣工前继续使用现有办公大楼，竣工后将×市大楼交付给 H 企业。

**分析：** 情形一，在出售建筑物前将其腾空属于出售此类资产的惯例，且腾空只占用常规所需时间，因此，即使 G 企业的办公大楼当前尚未腾空，也并不影响其满足在当前状况下即可立即出售的条件。

情形二,“在Y市兴建的新办公大楼竣工前继续使用现有办公大楼”的条件不属于类似交易中出售此类资产的惯例,使得办公大楼在当前状况下不能立即出售,在新大楼竣工前G企业虽然已取得确定的购买承诺,办公大楼仍然不符合持有待售类别的划分条件。

**【例12-2】** 由于F企业经营范围发生改变,企业计划将生产D产品的全套生产线出售,F企业尚有一批积压的未完成客户订单。情形一:F企业决定在出售生产线的同时,将尚未完成的客户订单一并移交给买方。情形二:F企业决定在完成所积压的客户订单后再将生产线转让给买方。

**分析:**

情形一,由于在出售日移交未完成客户订单不会影响对该生产线的转让时间,可以认为该生产线符合了在当前状况下即可立即出售的条件。

情形二,由于生产线在完成积压订单后方可出售,在完成所有积压的客户订单前,该生产线在当前状态下不能立即出售,故不符合划分为持有待售类别的条件。

2)出售极可能发生

出售极可能发生,即企业已经就一项出售计划作出决议且获得确定的购买承诺,预计出售将在1年内完成。有关规定要求企业相关权力机构或者监管部门批准后方可出售的,应当已经获得批准。具体来说,“出售极可能发生”应当包含以下几层含义:

(1)企业出售非流动资产或处置组的决议一般需要由企业相应级别的管理层作出,如果有关规定要求企业相关权力机构或者监管部门批准后方可出售,应当已经获得批准。

(2)企业已经获得确定的购买承诺,确定的购买承诺是企业与其他方签订的具有法律约束力的购买协议,该协议包含交易价格、时间和足够严厉的违约惩罚等重要条款,使协议出现重大调整或者撤销的可能性极小。

(3)预计自划分为持有待售类别起1年内,出售交易能够完成。

2. 延长1年期限的例外条款

有些情况下,由于发生一些企业无法控制的原因,可能导致出售未能在1年内完成。如果涉及的出售是关联方交易,则不允许放松一年期限条件。如果涉及的出售不是关联方交易,且有充分证据表明企业仍然承诺出售非流动资产或处置组,则允许放松1年期限条件,企业可以继续将非流动资产或处置组划分为持有待售类别。企业无法控制的原因包括以下几个方面。

1)意外设定条件

买方或其他方意外设定导致出售延期的条件,企业针对这些条件已经及时采取行动,且预计能够自设定导致出售延期的条件起1年内顺利化解延期因素。即企业在初始对非流动资产或处置组进行分类时,能够满足划分为持有待售类别的所有条件,但此后买方或是其他方提出一些意料之外的条件,且企业已经采取措施应对这些条件,预计能够自设定这些条件起1年内满足条件并完成出售,那么即使出售无法在最初1年内完成,企业仍然可以维持原持有待售类别的分类。

**【例12-3】** E企业计划将整套钢铁生产厂房和设备出售给F企业,E企业和F企业不存在关联关系,双方已于2×24年9月16日签订了转让合同。因该厂区的污水排放系统存在缺陷,故对周边环境造成污染。

情形一:E企业不知晓土地污染情况,2×24年11月6日,F企业在对生产厂房和设备进行检查过程中发现污染，并要求E企业进行补救。E企业立即着手采取措施，预计至2×25年10月底环境污染能够得到成功整治。

情形二：E企业知晓土地污染情况，在转让合同中附带条款，承诺自2×24年10月1日起开展污染清除工作，清除工作预计将持续8个月。

情形三：E企业知晓土地污染情况，在协议中标明E企业不承担清除污染义务，并在确定转让价格时考虑了该污染因素，预计转让将于9个月内完成。

**分析：**情形一，在签订转让合同前，买卖双方并不知晓影响交易进度的环境污染问题，属于符合延长1年期限的例外事项。在2×24年11月6日发现延期事项后，E企业预计将在一年内消除延期因素，因此仍然可以将处置组划分为持有待售类别。

情形二，虽然买卖双方已经签订协议，但在污染得到整治前，该处置组在当前状态下不可立即出售，不符合划分为持有待售类别的条件。

情形三，由于卖方不承担清除污染义务，转让价格已将污染因素考虑在内，故该处置组于协议签署日即符合划分为持有待售类别的条件。

2）发生罕见情况

发生罕见情况导致持有待售的非流动资产或处置组未能在1年内完成出售，企业在最初1年内已经针对这些新情况采取必要措施，且重新满足了持有待售类别的划分条件。即非流动资产或处置组在初始分类时满足了持有待售类别的所有条件，且在最初1年内出现罕见情况导致出售将被延迟至1年之后。如果企业针对这些新情况在最初1年内已经采取必要措施，而且该非流动资产或处置组重新满足了持有待售类别的划分条件，也就是在当前状况下可立即出售且出售极可能发生，那么即使原定的出售计划无法在最初1年内完成，企业仍然可以维持原持有待售类别的分类。这里的“罕见情况”主要是指不可抗力引发的情况、宏观经济形势发生急剧变化等不可控情况。

**【例12-4】** A企业拟将一栋原自用的写字楼转让，于2×23年12月6日与B企业签订了房产转让协议，预计将于10个月内完成转让，假定该写字楼于签订协议当日符合划分为持有待售类别的条件。2×24年发生全球金融危机，市场状况迅速恶化，房地产价格大跌，B企业认为原协议价格过高，决定放弃购买，并于2×24年9月21日按照协议约定交纳了违约金。A企业决定在考虑市场状况变化的基础上降低写字楼售价，并积极开展市场营销，于2×24年12月1日与C企业重新签订了房产转让协议，预计于9个月内完成转让；A企业和B企业不存在关联关系。

**分析：**A企业与B企业之间的房产转让交易未能在1年内完成，原因是发生市场恶化、买方违约的罕见事件。在将写字楼划分为持有待售类别的最初1年内，A企业已经重新签署转让协议，并预计将在2×24年12月1日开始的1年内完成，使写字楼重新符合了持有待售类别的划分条件。因此，A企业仍然可以将该资产继续划分为持有待售类别。

3. 不再继续符合划分条件的处理

持有待售的非流动资产或处置组不再继续满足持有待售类别划分条件的，企业不应当继续将其划分为持有待售类别。部分资产或负债从持有待售的处置组中移除后，如果处置组中剩余资产或负债新组成的处置组仍然满足持有待售类别划分条件，则企业应当将新组成的处置组划分为持有待售类别，否则应当将满足持有待售类别划分条件的非流动资产单独划分为持有待售类别。

**【例 12-5】** 假设在[例 12-4]中,A 企业尽管降低了写字楼售价并积极开展市场营销,但始终没有找到合适买家。

**分析:** 写字楼不再符合持有待售类别的划分条件,A 企业应当根据实际情况,重新将该写字楼作为固定资产或者投资性房地产处理。

**(二) 某些特定持有待售类别分类的具体应用**

1. 专为转售而取得的非流动资产或处置组

对于企业专为转售而新取得的非流动资产或处置组,如果在取得日满足预计出售将在 1 年内完成的规定条件,且短期(通常为 3 个月)内很可能满足划分为持有待售类别的其他条件,则企业应当在取得日将其划分为持有待售类别。这些其他条件包括:根据类似交易中出售此类资产或处置组的惯例,在当前状况下即可立即出售;企业已经就一项出售计划作出决议且获得确定的购买承诺。有关规定要求企业相关权力机构或者监管部门批准后方可出售的,应当已经获得批准。

2. 持有待售的长期股权投资

在有些情况下,企业出售对子公司投资但并不丧失对其控制权,企业不应当将拟出售的部分对子公司投资或对子公司投资整体划分为持有待售类别。

在有些情况下,企业因出售对子公司的投资等原因丧失其对子公司的控制权,出售后企业可能保留对原子公司的部分权益性投资,也可能丧失所有权益。无论企业是否保留非控制的权益性投资,都应当在拟出售的对子公司投资满足持有待售类别划分条件时,在母公司个别财务报表中将对子公司投资整体划分为持有待售类别,而不是仅将拟处置的投资划分为持有待售类别;在合并财务报表中将子公司所有资产和负债划分为持有待售类别,而不是仅将拟处置的投资对应的资产和负债划分为持有待售类别。但是,无论对子公司的投资是否划分为持有待售类别,企业始终应当按照《企业会计准则第 33 号——合并财务报表》的有关规定确定合并范围,编制合并财务报表。

企业出售对子公司投资后保留的部分权益性投资,应当区分以下情况处理:

(1) 如果企业对被投资企业施加共同控制或重大影响,在编制母公司个别财务报表时,应当按照《企业会讨准则第 2 号——长期股权投资》有关成本法转权益法的规定进行会计处理,在编制合并财务报表时,应当按照《企业会计准则第 33 号——合并财务报表》的有关规定进行会计处理。

(2) 如果企业对被投资企业不具有控制、共同控制或重大影响,应当按照《企业会计准则第 22 号——金融工具确认和计量》的有关进行会计处理。

按照《企业会计准则第 2 号——长期股权投资》的规定,对联营企业或合营企业的权益性投资全部或部分分类为持有待售资产的,应当停止权益法核算,对于未划分为持有待售资产的剩余权益性投资,应当在划分为持有待售的那部分权益性投资出售前,继续采用权益法进行会计处理。原权益法核算的相关其他综合收益等应当在持有待售资产终止确认时,按照有关处置长期股权投资的规定进行会计处理。

**【例 12-6】** G 企业集团拟出售持有的部分长期股权投资,假设拟出售的股权符合持有待售类别的划分条件。

情形一：G企业集团拥有子公司100%的股权，拟出售全部股权。

情形二：G企业集团拥有子公司100%的股权，拟出售55%的股权，出售后G企业集团将丧失对子公司的控制权，但对其具有重大影响。

情形三：G企业集团拥有子公司100%的股权，拟出售25%的股权，仍然拥有对子公司的控制权。

情形四：G企业集团拥有子公司55%的股权，拟出售6%的股权，出售后G企业集团将丧失对子公司的控制权，但对其具有重大影响。

情形五：G企业集团拥有联营企业35%的股权，拟出售30%的股权，G企业集团持有剩余的5%股权，且对被投资方不具有重大影响。

情形六：G企业集团拥有合营企业50%的股权，拟出售35%的股权，G企业集团持有剩余的15%股权，且对被投资方不具有共同控制或重大影响。

**分析：**情形一，G企业集团应当在母公司个别财务报表中将拥有的子公司全部股权划分为持有待售类别，在合并财务报表中将子公司所有资产和负债划分为持有待售类别。

情形二，G企业集团应当在母公司个别财务报表中将拥有的子公司全部股权划分为持有待售类别，在合并财务报表中将子公司所有资产和负债划分为持有待售类别。

情形三，G企业集团仍然拥有对子公司的控制权，该长期股权投资并不是"主要通过出售而非持续用收回其账面价值"的，因此不应当将拟处置的部分股权划分为持有待售类别。

情形四与情形二类似，G企业集团应当在母公司个别财务报表中将拥有的子公司55%的股权划分为持有待售类别，在合并财务报表中将子公司所有资产和负债划分为持有待售类别。

情形五，G企业集团应当将拟出售的30%股权划分为持有待售类别，不再按权益法核算，剩余5%的股权在前述30%的股权处置前，应当采用权益法进行会计处理，在前述30%的股权处置后，应当按照《企业会计准则第22号——金融工具确认和计量》的有关规定进行会计处理。

情形六与情形五类似，G企业集团应当将拟出售的35%股权划分为持有待售类别，不再按权益法核算，剩余15%的股权在前述35%的股权处置前，应当采用权益法进行会计处理，在前述35%的股权处置后，应当按照《企业会计准则第22号——金融工具确认和计量》的有关规定进行会计处理。

3. 拟结束使用而非出售的非流动资产或处置组

非流动资产或处置组可能因为种种原因而结束使用，企业并不会将其出售，或仅获取其残值。例如，因已经使用至经济寿命期结束而将某机器设备报废，因技术进步而将某子公司关停或转产。由于对该非流动资产或处置组的使用几乎贯穿其整个经济使用寿命期，其账面价值并非主要通过出售收回，故无论在停止使用之前或之后，企业均不应当将其划分为持有待售类别。对于暂时停止使用的非流动资产，不应当认为其拟结束使用，也不应当将其划分为持有待售类别。

**【例12-7】** H企业（纺织企业）拥有一条生产某类布料的生产线，由于市场需求变化，该类布料的销量锐减，H企业决定暂停该生产线的生产，但仍然对其进行定期维护，待市场转好时重启生产。

**分析**：由于生产线属于暂停使用，H企业不应当将其划分为持有待售类别。

## 二、持有待售类别的计量

对于持有待售的非流动资产（包括处置组中的非流动资产）的计量，应当区分不同情况处理：

（1）采用公允价值模式进行后续计量的投资性房地产，适用《企业会计准则第3号——投资性房地产》。

（2）采用公允价值减去出售费用后的净额计量的生物资产，适用《企业会计准则第5号——生物资产》。

（3）职工薪酬形成的资产，适用《企业会计准则第9号——职工薪酬》。

（4）递延所得税资产，适用《企业会计准则第18号——所得税》。

（5）由金融工具相关会计准则规范的金融资产，适用金融工具相关会计准则。

（6）由保险合同相关会计准则规范的保险合同所产生的权利，适用保险合同相关会计准则。

（7）除上述各项外的其他持有待售的非流动资产，按照下面所述的方法计量。

对于持有待售的处置组的计量，只要处置组中包含了上述第（7）项所述的非流动资产（以下简称适用本章计量规定的非流动资产），就应当采用下面所述的方法计量整个处置组。处置组中的流动资产、上述第（1）项至第（6）项所述的非流动资产（以下简称适用其他准则计量规定的非流动资产）和所有负债的计量适用相关会计准则。

### （一）划分为持有待售类别前的计量

企业将非流动资产或处置组首次划分为持有待售类别前，应当按照相关会计准则规定计量非流动资产或处置组中各项资产和负债的账面价值。例如，按照《企业会计准则第4号——固定资产》的规定，对固定资产计提折旧；按照《企业会计准则第6号——无形资产》的规定，对无形资产进行摊销。按照《企业会计准则第8号——资产减值》的规定，企业应当在资产负债表日判断资产是否存在可能发生减值的迹象，如果资产已经或者将被闲置、终止使用或者计划提前处置，则表明资产可能发生了减值。对于拟出售的非流动资产或处置组，企业应当在划分为持有待售类别前考虑进行减值测试。

**【例12-8】** A企业拥有一座仓库，原价为120万元，年折旧额为12万元，截至2×24年12月31日已计提折旧60万元。2×25年1月31日，A企业与B企业签署不动产转让协议，拟在6个月内将该仓库转让，假定该不动产满足划分为持有待售类别的其他条件，且不动产价值未发生减值。

**分析**：2×25年1月31日，A企业应当将仓库资产划分为持有待售类别，并按照《企业会计准则第4号——固定资产》对该固定资产计提1月份折旧1万元。2×25年1月31日，该仓库在划分为持有待售类别前的账面价值为59万元，此后不再计提折旧。

### （二）划分为持有待售类别时的计量

对于持有待售的非流动资产或处置组，企业在初始计量时，应当按照相关会计准则规定计量流动资产、适用其他准则计量规定的非流动资产和负债。

如果持有待售的非流动资产或处置组整体的账面价值低于其公允价值减去出售费用后

的净额，则企业不需要对账面价值进行调整；如果账面价值高于其公允价值减去出售费用后的净额，则企业应当将账面价值减记至公允价值减去出售费用后的净额，减记的金额确认为资产减值损失，计入当期损益，同时计提持有待售资产减值准备。

企业应当按照《企业会计准则第 39 号——公允价值计量》的有关规定确定非流动资产或处置组的公允价值。具体来说，企业应当参考所获得的确定的购买承诺中的交易价格，确定持有待售的非流动资产或处置组的公允价值，交易价格应当考虑可变对价、合同中存在的重大融资成分、非现金对价、应付客户对价等因素的影响。如果企业尚未获得确定的购买承诺，如对于专为转售而取得的非流动资产或处置组，则企业应当对其公允价值作出估计，优先使用市场报价等可观察输入值。

出售费用是企业发生的可以直接归属于出售资产或处置组的增量费用，出售费用直接由出售引起，并且是企业进行出售所必需的，如果企业不出售资产或处置组，则该费用将不会产生。出售费用包括为出售发生的特定法律服务、评估咨询等中介费用，也包括相关的消费税、城市维护建设税、土地增值税和印花税等，但不包括财务费用和所得税费用。在有些情况下，公允价值减去出售费用后的净额可能为负值，持有待售的非流动资产或处置组中资产的账面价值应当以减记至 0 为限。是否需要确认相关预计负债，应当按照《企业会计准则第 13 号——或有事项》的规定进行会计处理。

**【例 12-9】** P 企业拟将下属 Q 子公司出售给 R 企业，双方已签订了转让协议，预计将在 5 个月内完成转让，Q 子公司满足划分为持有待售类别的条件。Q 子公司与 T 银行之间存在未决诉讼，Q 子公司可能败诉。由于不符合预计负债的确认条件，P 企业仅在报表附注中披露了或有负债。

**分析：**在确定 Q 子公司的公允价值减去出售费用后的净额时，需要考虑尚未确认的或有负债的公允价值，Q 子公司的账面价值未确认该项或有负债，因此 Q 子公司的公允价值减去出售费用后的净额低于其账面价值，应当确认持有待售资产减值损失，计入当期损益。

对于取得日划分为持有待售类别的非流动资产或处置组，企业应当在初始计量时比较假定其不划分为持有待售类别情况下的初始计量金额和公允价值减去出售费用后的净额，以两者孰低计量。非同一控制下的企业合并中新取得的非流动资产或处置组划分为持有待售类别的，应当按照公允价值减去出售费用后的净额计量；同一控制下的企业合并中非流动资产或处置组划分为持有待售类别的，应当按照合并日在被合并方的账面价值与公允价值减去出售费用后的净额孰低计量。除企业合并中取得的非流动资产或处置组外，由以公允价值减去出售费用后的净额作为非流动资产或处置组初始计量金额而产生的差额，应当计入当期损益。

**【例 12-10】** 2×24 年 3 月 1 日，L 公司购入 M 公司全部股权，支付价款 1 600 万元。购入该股权之前，L 公司的管理层已经作出决议，一旦购入 M 公司，将在 1 年内将其出售给 N 公司，M 公司当前状况下即可立即出售。预计 L 公司还将为出售该子公司支付 12 万元的出售费用。L 公司与 N 公司计划于 2×24 年 3 月 31 日签署股权转让合同。情形一：L 公司与 N 公司初步议定股权转让价格为 1 620 万元。情形二：L 公司尚未与 N 公司议定转让价格，购买日股权公允价值与支付价款一致。

情形一：M 公司是专为转售而取得的子公司，其不划分为持有待售类别情况下的初始计量金额应当为 1 600 万元，当日公允价值减去出售费用后的净额为 1 608 万元，按照两者孰低计量。L公司2×24年3月1日的账务处理如下：

借：持有待售资产——长期股权投资　　16 000 000
　贷：银行存款　　16 000 000

情形二：M公司是专为转售而取得的子公司，其不划分为持有待售类别情况下的初始计量金额为1 600万元，当日公允价值减去出售费用后的净额为1 588万元，按照两者孰低计量。L公司2×24年3月1日的账务处理如下：

借：持有待售资产——长期股权投资　　15 880 000
　资产减值损失　　120 000
　贷：银行存款　　16 000 000

**（三）划分为持有待售类别后的计量**

1. 持有待售的非流动资产的后续计量

企业在资产负债表日重新计量持有待售的非流动资产时，如果其账面价值高于公允价值减去出售费用后的净额，则应当将账面价值减记至公允价值减去出售费用后的净额，减记的金额确认为资产减值损失，计入当期损益，同时计提持有待售资产减值准备。

如果后续资产负债表日持有待售的非流动资产公允价值减去出售费用后的净额增加，则以前减记的金额应当予以恢复，并在划分为持有待售类别后非流动资产确认的资产减值损失金额内转回，转回金额计入当期损益，划分为持有待售类别前确认的资产减值损失不得转回。

持有待售的非流动资产不应计提折旧或摊销。

**【例12-11】** 承[例12-10]，2×24年3月31日，L公司与N公司签订合同，转让所持有M公司的全部股权，转让价格为1 607万元，L公司预计还将支付8万元的出售费用。

情形一：2×24年3月31日，L公司持有的M公司的股权公允价值减去出售费用后的净额为1 599万元，账面价值为1 600万元，以两者孰低计量。L公司2×24年3月31日的账务处理如下：

借：资产减值损失　　10 000
　贷：持有待售资产减值准备——长期股权投资　　10 000

情形二：2×24年3月31日，L公司持有的M公司的股权公允价值减去出售费用后的净额为1 599万元，账面价值为1 588万元，以两者孰低计量，L公司不需要进行账务处理。

2. 持有待售的处置组的后续计量

企业在资产负债表日重新计量持有待售的处置组时，应当首先按照相关会计准则规定计量处置组中的流动资产、适用其他准则计量规定的非流动资产和负债的账面价值。例如，处置组中的金融工具，应当按照《企业会计准则第22号——金融工具确认和计量》的相关规定计量。

在进行上述计量后，企业应当比较持有待售的处置组整体账面价值与公允价值减去出售费用后的净额，如果账面价值高于其公允价值减去出售费用后的净额，则应当将账面价值减记至公允价值减去出售费用后的净额，减记的金额确认为资产减值损失，计入当期损益，同时计提持有待售资产减值准备。

对于持有待售的处置组确认的资产减值损失金额，如果该处置组包含商誉，则应当先抵减商誉的账面价值，再根据处置组中适用本章计量规定的各项非流动资产账面价值所占比重，按比例抵减其账面价值。确认的资产减值损失金额应当以处置组中包含的适用本章计量规定的各项资产的账面价值为限，不应分摊至处置组中包含的流动资产或适用其他准则计量规定的非流动资产。

如果后续资产负债表日持有待售的处置组公允价值减去出售费用后的净额增加，则以前减记的金额应当予以恢复，并在划分为持有待售类别后适用本章计量规定的非流动资产确认的资产减值损失金额内转回，转回金额计入当期损益，且不应当重复确认适用其他准则计量规定的非流动资产和负债按照相关准则规定已经确认的利得。已抵减的商誉账面价值，以及适用本章计量规定的非流动资产在划分为持有待售类别前确认的资产减值损失不得转回。对于持有待售的处置组确认的资产减值损失后续转回金额，应当根据处置组中除商誉外适用本章计量规定的各项非流动资产账面价值所占比重，按比例增加其账面价值。

**【例 12-12】** A企业拥有一个销售门店，2×24年6月15日，A企业与B企业签订转让协议，将该门店整体转让，转让初定价格为1 900 000元。转让协议同时约定，对于门店2×24年6月10日购买的一项作为其他权益工具投资核算的金融资产，其转让价格以转让完成当日的市场报价为准。假设该门店满足划分为持有待售类别的条件，但不符合终止经营的定义。2×24年6月15日门店部分科目余额表见表12-1。

**表 12-1　2×24年6月15日门店部分科目余额表(考虑持有待售会计处理前)**　单位：元

| 科目名称 | 借方余额 | 贷方余额 |
| --- | --- | --- |
| 库存现金 | 310 000 | |
| 应收账款 | 260 000 | |
| 库存商品 | 300 000 | |
| 存货跌价准备 | | 100 000 |
| 其他权益工具投资 | 380 000 | |
| 固定资产 | 1 100 000 | |
| 累计折旧 | | 30 000 |
| 固定资产减崔谓总备 | | 15 000 |
| 无形资产 | 950 000 | |
| 累计摊销 | | 14 000 |
| 无形资产减值准备 | | 5 000 |
| 商誉 | 200 000 | |
| 应付账款 | | 310 000 |
| 应付职工薪酬 | | 560 000 |
| 预计负债 | | 250 000 |

至2×24年6月15日，固定资产还应当计提折旧5 000元，无形资产还应当计提摊销

1 000元，固定资产和无形资产均用于管理用途。2×24 年 6 月 15 日，其他权益工具投资公允价值降至 360 000 元，固定资产可收回金额降至 1 020 000 元。2×24 年 6 月 15 日，该门店的公允价值为 1 900 000 元，A 企业预计为转让门店还需支付律师和注册会计师专业咨询费共计 70 000 元。假设 A 企业不存在其他持有待售的非流动资产或处置组，不考虑税收影响。

2×24 年 6 月 30 日，该门店尚未完成转让，A 企业作为其他权益工具投资核算的股权投资市场报价上升至 370 000 元，假设其他资产价值没有变化。B 企业在对门店进行检查时发现一些资产轻微破损，A 企业同意修理，预计修理费用为 5 000 元，A 企业还将律师和注册会计师咨询费预计金额调整至 40 000 元。当日，门店处置组整体的公允价值为 1 910 000 元。

**分析**：(1) 2×24 年 6 月 15 日，A 企业首次将该处置组划分为持有待售类别前，应当按照适用的会计准则计量各项资产和负债的账面价值。其账务处理如下：

借：管理费用　　6 000
　贷：累计折旧　　5 000
　　　累计摊销　　1 000

借：其他综合收益　　20 000
　贷：其他权益工具投资　　20 000

借：资产减值损失　　30 000
　贷：固定资产减值准备　　30 000

经上述调整后，2×24 年 6 月 15 日该门店各资产和负债的账面价值见表 12-2。

**表 12-2　2×24 年 6 月 15 日门店资产和负债的账面价值**　　单位：元

| 项目 | 账面价值 |
|---|---|
| 持有待售资产： | |
| 库存现金 | 310 000 |
| 应收账款 | 260 000 |
| 存货 | 200 000 |
| 其他权益工具投资 | 360 000 |
| 固定资产 | 1 020 000 |
| 无形资产 | 930 000 |
| 商誉 | 200 000 |
| 持有待售资产小计 | 3 280 000 |
| 持有待售负债： | |
| 应付账款 | −310 000 |
| 应付职工薪酬 | −560 000 |
| 预计负债 | −250 000 |
| 持有待售负债小计 | −1 120 000 |
| 合计 | 2 160 000 |

(2) 2×24 年 6 月 15 日，A 企业将该门店处置组划分为持有待售类别时，其账务处理如下：

借：持有待售资产——库存现金　310 000
——应收账款　260 000
——库存商品　300 000
——其他权益工具投资　360 000
——固定资产　1 020 000
——无形资产　930 000
——商誉　200 000
存货跌价准备　100 000
固定资产减值准备　45 000
累计折旧　35 000
累计摊销　15 000
无形资产减值准备　5 000
贷：持有待售资产减值准备——存货跌价准备　100 000
库存现金　310 000
应收账款　260 000
库存商品　300 000
其他权益工具投资　360 000
固定资产　1 100 000
无形资产　950 000
商誉　200 000

借：应付账款　310 000
应付职工薪酬　560 000
预计负债　250 000
贷：持有待售负债——应付账款　310 000
——应付职工薪酬　560 000
——预计负债　250 000

(3) 2×24 年 6 月 15 日，由于该处置组的账面价值 2 160 000 元高于公允价值减去出售费用后的净额 1 830 000 元(1 900 000−70 000)，故 A 企业应当以 1 830 000 元计量处置组，并计提持有待售资产减值准备 330 000 元(2 160 000−1 830 000)，计入当期损益。

持有待售资产的减值损失应当先抵减处置组中商誉的账面价值 200 000 元，剩余金额 130 000 元再根据固定资产、无形资产账面价值所占比重，按比例抵减其账面价值。2×24 年 6 月 15 日，各项资产和负债分摊持有待售资产减值损失及抵减减值损失后的账面价值见表 12-3。

**表 12-3　2×24 年 6 月 15 日门店资产和负债抵减减值损失后的账面价值**　单位：元

| 项目 | 2×24 年 6 月 15 日抵减减值损失前账面价值 | 减值损失分摊 | 2×24 年 6 月 15 日抵减减值损失后账面价值 |
|---|---|---|---|
| 库存现金 | 310 000 | — | 310 000 |
| 应收账款 | 260 000 | — | 260 000 |

（续表）

| 项目 | 2×24 年 6 月 15 日抵减减值损失前账面价值 | 减值损失分摊 | 2×24 年 6 月 15 日抵减减值损失后账面价值 |
|---|---|---|---|
| 存货 | 200 000 | — | 200 000 |
| 其他权益工具投资 | 360 000 | — | 360 000 |
| 固定资产 | 1 020 000 | −68 000* | 952 000 |
| 无形资产 | 930 000 | −62 000** | 868 000 |
| 商誉 | 200 000 | 200 000 | 0 |
| 应付账款 | −310 000 | — | −310 000 |
| 应付职工薪酬 | −560 000 | — | −560 000 |
| 预计负债 | −250 000 | — | −250 000 |
| 合计 | 2 160 000 | −330 000 | 1 830 000 |

注：* 130 000÷(1 020 000+930 000)×1 020 000；** 130 000÷(1 020 000+930 000)×930 000。

A 企业的账务处理如下：

借：资产减值损失　　330 000
　贷：持有待售资产减值准备——固定资产　　68 000
　　　　　　　　　　　　——无形资产　　62 000
　　　　　　　　　　　　——商誉　　200 000

（4）2×24 年 6 月 30 日，A 企业按照适用的会计准则计量其他权益工具投资，账务处理如下：

借：持有待售资产——其他权益工具投资　　10 000
　贷：其他综合收益　　10 000

当日，该处置组的账面价值为 1 840 000 元（包含其他权益工具投资已经确认的利得 10 000元），预计出售费用为 45 000 元(5 000+40 000)，公允价值减去出售费用后的净额为 1 865 000元(1 910 000−45 000)，高于账面价值。

处置组的公允价值减去出售费用后的净额后续增加的，应当在原已确认的持有待售资产减值损失范围内转回，但已抵减的商誉账面价值 200 000 元和划分为持有待售类别前已计提的资产减值准备不得转回，因此，转回金额应当以 130 000 元(68 000+62 000)为限。根据上述分析，A 企业可转回已经确认的持有待售资产减值损失 25 000 元[(1 865 000−10 000)−1 830 000]，根据固定资产、无形资产账面价值所占比重，按比例转回其账面价值。资产减值损失转回金额的分摊见表 12-4。

表 12-4　　2×24 年 6 月 30 日门店资产和负债减值损失转回后的账面价值　　单位：元

| 报表项目 | 2×24 年 6 月 15 日抵减减值后账面价值 | 2×24 年 6 月 30 日按照其他适用准则重新计量 | 2×24 年 6 月 30 日重新计量后的账面价值 | 减值损失转回的分摊 | 2×24 年 6 月 30 日减值损失转回后账面价值 |
|---|---|---|---|---|---|
| 持有待售资产： | | | | | |
| 库存现金 | 310 000 | | 310 000 | | 310 000 |
| 应收账款 | 260 000 | | 260 000 | | 260 000 |
| 存货 | 200 000 | | 200 000 | | 200 000 |
| 其他权益工具投资 | 360 000 | 10 000 | 370 000 | | 370 000 |
| 固定资产 | 952 000 | | 952 000 | 13 077* | 965 077 |
| 无形资产 | 868 000 | | 868 000 | 11 923** | 879 923 |
| 商誉 | 0 | | 0 | | 0 |
| 持有待售资产小计 | 2 950 000 | | | | 2 985 000 |
| 持有待售负债： | | | | | |
| 应付账款 | －310 000 | | －310 000 | | －310 000 |
| 应付职工薪酬 | －560 000 | | －560 000 | | －560 000 |
| 预计负债 | －250 000 | | －250 000 | | －250 000 |
| 持有待售负债小计 | －1 120 000 | | | | －1 120 000 |
| 合计 | 1 830 000 | 10 000 | 1 840 000 | 25 000 | 1 865 000 |

注：* 13 077＝25 000÷(952 000＋868 000)×952 000；** 11 923＝25 000÷(952 000＋868 000)×868 000。

借：持有待售资产减值准备——固定资产　　13 077
　　　　　　　　　　　　——无形资产　　11 923
　贷：资产减值损失　　25 000

A 企业在 2×24 年 6 月 30 日的资产负债表中应当分别以"持有待售资产"和"持有待售负债"列示 2 985 000 元和 1 120 000 元。由于处置组不符合终止经营定义，持有待售资产确认的资产减值损失应当在利润表中以持续经营损益列示。企业同时应当在附注中进一步披露该持有待售处置组的相关信息。

持有待售的处置组中的非流动资产不应计提折旧或摊销，持有待售的处置组中的负债和适用其他准则计量规定的非流动资产的利息或租金收入、支出以及其他费用应当继续予以确认。

**【例 12-13】** F 企业拟将拥有的核电站转让给 H 企业，双方已签订了转让协议。由于核电站主体设备核反应堆将对当地生态环境产生一定影响，在核电站最初建造完成并交付使用时，F 企业考虑到设备使用期满后将其拆除并整治污染的弃置费用，确认了 34.55 万元的预计负债，并按照每年 10%的实际利率对该弃置费用逐期确认利息费用。

**分析：** F 企业将核电站划分为持有待售类别后，该预计负债应当作为持有待售负债，且该资产弃置义务产生的利息费用应当继续确认。

**（四）不再继续划分为持有待售类别的计量**

非流动资产或处置组因不再满足持有待售类别划分条件而不再继续划分为持有待售类别或非流动资产从持有待售的处置组中移除时，应当按照以下两者孰低计量：

（1）划分为持有待售类别前的账面价值，按照假定不划分为持有待售类别情况下本应确认的折旧、摊销或减值等进行调整后的金额。

（2）可收回金额。这样处理的结果是：原来划分为持有待售的非流动资产或处置组在重新分类后的账面价值，与其从未划分为持有待售类别情况下的账面价值相一致。由此产生的差额计入当期损益，可以通过“资产减值损失”科目进行会计处理。

**（五）终止确认**

持有待售的非流动资产或处置组在终止确认时，企业应当将尚未确认的利得或损失计入当期损益。

**【例 12-14】**　承[例 12-10]和[例 12-11]，2×24 年 6 月 25 日，L 公司为转让 N 公司的股权支付律师费 5 万元。6 月 29 日，L 公司完成对 N 公司的股权转让，收到价款 1 607 万元。

情形一：L 公司于 2×24 年 6 月 25 日支付出售费用的账务处理如下：

| | | |
|---|---|---|
| 借：投资收益 | 50 000 | |
| 　贷：银行存款 | | 50 000 |

L 公司 2×24 年 6 月 29 日的账务处理如下：

| | | |
|---|---|---|
| 借：持有待售资产减值准备——长期股权投资 | 10 000 | |
| 　　银行存款 | 16 070 000 | |
| 　贷：持有待售资产——长期股权投资 | | 16 000 000 |
| 　　　投资收益 | | 80 000 |

情形二：L 公司于 2×24 年 6 月 25 日支付出售费用的账务处理如下：

| | | |
|---|---|---|
| 借：投资收益 | 50 000 | |
| 　贷：银行存款 | | 50 000 |

L 公司 2×24 年 6 月 29 日的账务处理如下：

| | | |
|---|---|---|
| 借：银行存款 | 16 070 000 | |
| 　贷：持有待售资产——长期股权投资 | | 15 880 000 |
| 　　　投资收益 | | 190 000 |

**【例 12-15】**　承[例 12-12]，2×24 年 9 月 19 日该门店完成转让，A 企业以银行存款分别支付维修费用 5 000 元和律师、注册会计师专业咨询费 37 000 元。当日，A 企业作为其他权益工具投资核算的债券投资市场报价为 374 000 元，B 企业以银行存款支付所有转让价款 1 914 000 元。

A 企业账务处理如下：

| | | |
|---|---|---|
| 借：资产处置损益 | 5 000 | |
| 　贷：银行存款 | | 5 000 |
| 借：资产处置损益 | 37 000 | |
| 　贷：银行存款 | | 37 000 |

| | | |
|---|---|---|
| 借：银行存款 | 1 914 000 | |
| 持有待售资产减值准备——存货跌价准备 | 100 000 | |
| ——固定资产 | 54 923 | |
| ——无形资产 | 50 077 | |
| ——商誉 | 200 000 | |
| 持有待售负债——应付账款 | 310 000 | |
| ——应付职工薪酬 | 560 000 | |
| ——预计负债 | 250 000 | |
| 贷：持有待售资产——库存现金 | | 310 000 |
| ——应收账款 | | 260 000 |
| ——库存商品 | | 300 000 |
| ——其他权益工具投资 | | 370 000 |
| ——固定资产 | | 1 020 000 |
| ——无形资产 | | 930 000 |
| ——商誉 | | 200 000 |
| 资产处置损益 | | 49 000 |

| | | |
|---|---|---|
| 借：资产处置损益 | 10 000 | |
| 贷：其他综合收益 | | 10 000 |

### 三、持有待售类别的列报

持有待售资产和负债不应当相互抵销。持有待售资产和持有待售负债应当分别作为流动资产和流动负债列示。对于当期首次满足持有待售类别划分条件的非流动资产或划分为持有待售类别的处置组中的资产和负债，不应当调整可比会计期间资产负债表，即不对其符合持有待售类别划分条件前各个会计期间的资产负债表进行项目的分类调整或重新列报。企业还应当在附注中披露有关持有待售的非流动资产或处置组的相关信息。

非流动资产或处置组在资产负债表日至财务报告批准报出日之间满足持有待售类别划分条件的，应当作为资产负债表日后非调整事项进行会计处理，并在附注中披露相关信息。

## 第二节　终止经营

### 一、终止经营的定义

终止经营是指企业满足下列条件之一的、能够单独区分的组成部分，且该组成部分已经处置或划分为持有待售类别：①该组成部分代表一项独立的主要业务或一个单独的主要经营地区；②该组成部分是拟对一项独立的主要业务或一个单独的主要经营地区进行处置的一项相关联计划的一部分；③该组成部分是专为转售而取得的子公司。

终止经营的定义包含以下三方面含义。

1. 终止经营应当是企业能够单独区分的组成部分

该组成部分的经营和现金流量在企业经营和编制财务报表时是能够与企业的其他部分

清楚区分的。企业组成部分可能是一个资产组，也可能是一组资产组组合，通常是企业的一个子公司、一个事业部或事业群。

2. 终止经营应当具有一定的规模

终止经营应当代表一项独立的主要业务或一个单独的主要经营地区，或者是拟对一项独立的主要业务或一个单独的主要经营地区进行处置的一项相关联计划的一部分。专为转售而取得的子公司也是企业的组成部分，但不要求具有一定规模。

并非所有处置组都符合终止经营的定义，企业需要运用职业判断来确定终止经营。如果企业主要经营一项业务或主要在一个地理区域内开展经营，则企业的一个主要产品或服务线也可能满足终止经营定义中的规模条件。有些专为转售而取得的重要的合营企业或联营企业，也可能因为符合有关组成部分的第一和第二项条件而符合终止经营的定义。

**【例 12-16】** A 企业(快餐企业)在全国拥有 500 家零售门店，A 企业决定将其位于 Z 市的 8 家零售门店中的一家 C 门店出售，并于 2×24 年 8 月 13 日与 B 企业正式签订了转让协议，假设该 C 门店符合持有待售类别的划分条件。判断 C 门店是否构成 A 企业的终止经营。

**分析：** 尽管 C 门店是一个处置组，也符合持有待售类别的划分条件，但由于它只是一个零售点，不能代表一项独立的主要业务或一个单独的主要经营地区，也不构成拟对一项独立的主要业务或一个单独的主要经营地区进行处置的一项相关联计划的一部分，因此该处置组并不构成企业的终止经营。

3. 终止经营应当满足一定的时点要求

符合终止经营定义的组成部分应当属于以下两种情况之一：

(1) 组成部分在资产负债表日之前已经处置，包括已经出售、结束使用(如关停或报废等)。多数情况下，如果组成部分的所有资产和负债均已处置，产生收入和发生成本的来源消失，这时确定组成部分“处置”的时点是较为容易的。但在有些情况下，组成部分的资产仍处于出售或报废过程中，仍可能发生清理费用，企业需要根据实际情况判断组成部分是否已经处置，从而符合终止经营的定义。

**【例 12-17】** C 企业集团拥有一家经营药品批发业务的 H 子公司，药品批发是 C 企业集团的一项独立的主要业务，且 H 子公司在全国多个城市设立了营业网点。由于经营不善，C 企业集团决定停止 H 子公司的所有业务。截至 2×24 年 10 月 13 日，C 企业集团已处置了该子公司所有存货并辞退了所有员工，但仍有一些债权等待收回，部分营业网点门店的租约尚未到期，仍需支付租金费用。判断 H 子公司是否构成 C 子公司的终止经营。

**分析：** H 子公司原药品批发业务已经停止，收回债权、处置租约等尚未结算的未来交易并不构成上述业务的延续，因此该子公司的经营已经终止，应当认为 2×24 年 10 月 13 日后该子公司符合终止经营的定义。

(2) 组成部分在资产负债表日之前已经划分为持有待售类别。在有些情况下，企业对一项独立的主要业务或一个单独的主要经营地区进行处置的一项相关联计划持续数年，并非组成部分中所有的资产组或资产组组合能够同时满足持有待售类别的划分条件。随着处置计划的进行，组成部分中的一些资产组或资产组组合可能先满足持有待售类别划分条件且构成企业的终止经营，其他资产组或资产组组合可能在未来满足持有待售类别的划分条件，应当适时将其作为终止经营处理。

**【例 12-18】** F 企业集团决定出售其专门从事酒店管理的下属 R 子公司，酒店管理构成 F 企业集团的一项主要业务。R 子公司管理一个酒店集团和一个连锁健身中心。为获取最大收益，F 企业集团决定允许将酒店集团和连锁健身中心出售给不同买家，但酒店和健身中心的转让是相互关联的，即两者或者均出售，或者均不出售。F 企业集团于 2×24 年 12 月 6 日与 S 企业就转让连锁健身中心正式签订了协议，假设此时连锁健身中心符合了持有待售类别的划分条件，但酒店集团尚不符合持有待售类别的划分条件，判断酒店集团和连锁健身中心是否构成 F 企业集团的终止经营。

**分析：** 处置酒店集团和连锁健身中心构成一项相关联的计划，虽然酒店集团和连锁健身中心可能出售给不同买家，但分别属于对一项独立的主要业务进行处置的一项相关联计划的一部分，因此连锁健身中心符合终止经营的定义，酒店集团在未来符合持有待售类别划分条件时也符合终止经营的定义。

## 二、终止经营的列报

企业应当在利润表中分别列示持续经营损益和终止经营损益。下列不符合终止经营定义的持有待售的非流动资产或处置组所产生的相关损益，应当在利润表中作为持续经营损益列报：

(1) 企业初始计量或在资产负债表日重新计量持有待售的非流动资产或处置组时，因账面价值高于其公允价值减去出售费用后的净额而确认的资产减值损失。

(2) 后续资产负债表日持有待售的非流动资产或处置组公允价值减去出售费用后的净额增加，因恢复以前减记的金额而转回的资产减值损失。

(3) 持有待售的非流动资产或处置组的处置损益。

终止经营的相关损益应当作为终止经营损益列报，列报的终止经营损益应当包含整个报告期间，而不仅包含认定为终止经营后的报告期间。相关损益具体包括：

(1) 终止经营的经营活动损益，如销售商品、提供服务的收入、相关成本和费用等。

(2) 企业初始计量或在资产负债表日重新计量符合终止经营定义的持有待售的处置组时，因账面价值高于其公允价值减去出售费用后的净额而确认的资产减值损失。

(3) 后续资产负债表日符合终止经营定义的持有待售处置组的公允价值减去出售费用后的净额增加，因恢复以前减记的金额而转回的资产减值损失。

(4) 终止经营的处置损益。

(5) 终止经营处置损益的调整金额，可能引起调整的情形包括：最终确定处置条款，如与买方商定交易价格调整额和补偿金；消除与处置相关的不确定因素，如确定卖方保留的环保义务或产品质量保义务；履行与处置相关的职工薪酬支付义务等。

企业在处置终止经营的过程中可能附带产生一些增量费用，如果不进行该项处置就不会产生这些费用，企业应当将这些增量费用作为终止经营损益列报。

**【例 12-19】** A 企业集团拥有 B 子公司，并为其专门租入一栋写字楼作为办公场所，现 A 企业集团决定将 B 子公司转让给 F 企业，转让完成后，B 子公司将整体搬迁至 F 企业的自有写字楼。由于 B 子公司目前办公所在地的租期未满，A 企业集团必须承担将办公楼低于原租金转租或者提前终止租赁合同的损失。假设B子公司符合持有待售类别的划分条件和终止经营的定义。

**分析：**尽管如果不出售B子公司，与租赁办公楼相关的损失就不会发生，但对于出售B子公司本身而言，该损失并不是必不可少的，不是与出售B子公司直接相关的增量成本。因此，在对B子公司以账面价值和公允价值减去出售费用后的净额孰低计量时，不应当将办公楼低于原租金转租或者提前终止租赁合同的损失作为出售费用处理，但应当在利润表中将其列示在"终止经营净利润"中，并在附注中作为终止经营费用的一部分披露。

拟结束使用而非出售的处置组满足终止经营定义中有关组成部分的条件的，应当自停止使用日起作为终止经营列报。列报的终止经营损益应当包含整个报告期间，而不仅包含认定为终止经营后的报告期间。如果因出售对子公司的投资等原因导致企业丧失对子公司的控制权，且该子公司符合终止经营定义，应当在合并利润表中列报相关终止经营损益。

从财务报表可比性出发，对于当期列报的终止经营，企业应当在当期财务报表中，将原来作为持续经营损益列报的信息重新作为可比会计期间的终止经营损益列报。这意味着对于可比会计期间的利润表，作为终止经营列报的不仅包括在可比会计期间即符合终止经营定义的处置组，还包括在当期首次符合终止经营定义的处置组。由于后者的存在，处置组在可比会计期间销售商品、提供劳务的收入和相关成本、费用，以及相关资产按照《企业会计准则第8号——资产减值》的规定确认的资产减值损失等也应当作为终止经营损益列报。

企业还应当在附注中披露有关终止经营的相关信息。

终止经营不再满足持有待售类别划分条件的，企业应当在当期财务报表中，将原来作为终止经营损益列报的信息重新作为可比会计期间的持续经营损益列报，并在附注中说明这一事实。

## 三、特殊事项的列报

### （一）企业专为转售而取得的持有待售子公司的列报

如果企业专为转售而取得的子公司符合持有待售类别的划分条件，应当按照持有待售的处置组和终止经营的有关规定进行列报，但适当简化了其资产负债表列示和附注披露。除非企业是投资性主体并将该子公司按照公允价值计量且其变动计入当期损益，否则应当按照《企业会计准则第33号——合并财务报表》的规定，将该子公司纳入合并范围。

在合并资产负债表中，允许采用简便方法处理，将企业专为转售而取得的持有待售子公司的全部资产和负债分别作为持有待售资产和持有待售负债项目列示。

在合并利润表中，企业专为转售而取得的持有待售子公司的列示要求与其他终止经营一致，即将该子公司净利润与其他终止经营净利润合并列示在"终止经营净利润"项目中。企业在附注中披露的信息也可以更为简化。

### （二）不再继续划分为持有待售类别的列报

对于非流动资产或处置组，如果其不再继续划分为持有待售类别或非流动资产从持有待售的处置组中移除，则在资产负债表中，企业应当将原来分类为持有待售类别的非流动资产或处置组重新作为固定资产、无形资产等列报，并调整其账面价值。在当期利润表中，企业应当将账面价值调整金额作为持续经营损益列报。企业还应在附注中披露相关信息。

对于企业的子公司、共同经营、合营企业、联营企业及部分对合营企业或联营企业的投资，按照《企业会计准则第 2 号——长期股权投资》的规定，持有待售的对联营企业或合营企业的权益性投资不再符合持有待售类别划分条件的，应当自划分为持有待售类别日起采用权益法进行追溯调整。持有待售的对子公司、共同经营的权益性投资不再符合持有待售类别划分条件的，同样应当自划分为持有待售类别日起追溯调整。上述情况下，划分为持有待售类别期间的财务报表应当作相应调整。

练习题